师道师说

中国文化书院八秩导师文集

名誉主编 汤一介

主　　编 王守常

饶宗颐卷

饶宗颐 著　陈致 王珏 编

人民东方出版传媒
東方出版社

图书在版编目（CIP）数据

师道师说. 饶宗颐卷/饶宗颐 著；陈致，王珏 编. —北京：东方出版社，2016. 10
（中国文化书院八秩导师文集）
ISBN 978－7－5060－9301－9

Ⅰ. ①师… Ⅱ. ①饶… ②陈… ③王… Ⅲ. ①社会科学—文集 ②自然科学—文集
Ⅳ. ①Z427

中国版本图书馆 CIP 数据核字（2016）第 254663 号

师道师说：饶宗颐卷
（SHIDAO SHISHUO：RAO ZONGYI JUAN）

作　　者：饶宗颐
编　　者：陈　致　王　珏
责任编辑：王　艳　李　森　胡淑芳
出　　版：东方出版社
发　　行：人民东方出版传媒有限公司
地　　址：北京市东城区东四十条 113 号
邮政编码：100007
印　　刷：三河市金泰源印务有限公司
版　　次：2017 年 4 月第 1 版
印　　次：2017 年 4 月第 1 次印刷
开　　本：700 毫米 ×960 毫米　1/16
印　　张：26. 25
字　　数：396 千字
书　　号：ISBN 978－7－5060－9301－9
定　　价：56. 00 元
发行电话：（010）85924663　85924644　85924641

《中国文化书院导师文集》编辑出版工作委员会

中国文化书院简介

中国文化书院由著名学者梁漱溟、冯友兰、张岱年、季羡林、朱伯昆、汤一介、庞朴、李泽厚、乐黛云、李中华、魏常海、王守常等共同发起，以及杜维明、傅伟勋、陈鼓应等港台及海外著名学者共同创建，于1984年10月在北京正式成立。

中国文化书院的宗旨：通过对中国传统文化的研究和教学活动，继承和阐扬中国的优秀文化遗产；通过对海外文化的介绍、研究以及国际性学术交流活动，提高对中国传统文化的研究水平，并促进中国文化的现代化，为推动中国文化走向世界、世界文化走向中国作贡献。

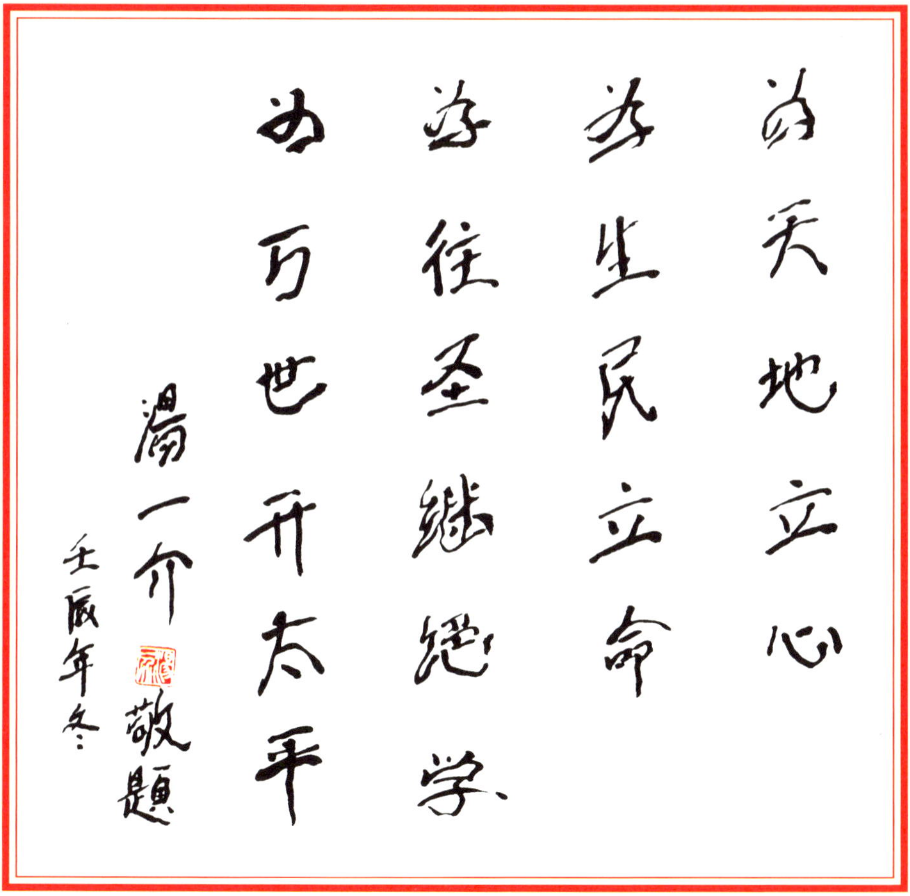

著名学者、北京大学资深教授、中国文化书院创院院长汤一介先生为《中国文化书院导师文集》题词：

北宋张载“横渠四句”——“为天地立心，为生民立命，为往圣继绝学，为万世开太平”。

著名学者、北京大学教授、中国文化书院院长王守常先生为《中国文化书院导师文集》题词：

“返本开新”。

总序一

中国文化书院创办于1984年，是一所在众多老一代著名学者梁漱溟、冯友兰、张岱年、邓广铭、周一良、任继愈等先生的支持下，由一批中青年学者办起来的民间学术文化团体。到今年（2011）已经有二十七年的历史，一个纯民间的学术团体在艰难的情况下，能坚持下来，而且对推动中国学术文化的建设多多少少出了点力，是可以感到欣慰的。

自1949年后，民办的书院在中国大陆逐渐消失了，1984年中国文化书院的建立也可以算是一件新事物。据我所知，如果说中国文化书院不能算1949年后第一个颇有影响的纯民间学术文化团体，大概也是最早办起来的少数几个中的一个了。自中国文化书院建立后，全国各地出现了众多的新办书院，并恢复了多所在历史上有影响的书院。因此，说中国文化书院对民办书院起了个带头作用，大概也不为过吧！

我认为，对中国文化书院来说，也许最为宝贵的是，书院集合了一批有志发展和创新中国文化的老中青三代学者。老一代学者如梁漱溟、冯友兰、张岱年、邓广铭、周一良、任继愈等，他们的学术风范，无疑是当时维系书院的精神力量。1984年底，文化书院在中国社会科学院近代史所开会，当时我们没有院址，也没有什么经费。任继愈先生说："草棚大学可以办，我们连草棚都没有也要办。"因此，1985年3月中国文化书院借青年干部学院场地举办了第一期"中国传统文化讲习班"。这次讲习班是梁漱溟先生自1953年后的第一次公开演讲，当时梁先生已经88岁了。我们请他坐着讲，而梁先生一定要站着讲，他说这是一种规范。梁先生在演讲中高声地说："我是一个拼命干的人，我一生都是拼命干。”这对在场二百多名听众是极大的鼓舞，也给了中国文化书院在风风雨雨艰难的环境中得以支持下去的一种精神力量。

一个希望在中国发生良好作用的学术团体，应该是一个“思想自由、兼容并包”的开放型群体。中国文化书院在走过的二十多年中虽然存在过这样那样的问题，但它却是一个能容纳不同学术观点，无门户之见，有良好学术风气的团体。例如在中国文化书院中，对中国传统文化，既有持激进批判态度的青年学者，也有被视为致力复兴中国传统文化的大师，还有努力寻求使中国传统文化与西方文化接轨的中坚力量。这些在文化问题上具有不同认识的学者集合在一起，虽然对中国文化发展路向的考虑有所不同，但他们所抱有的一种推动中国文化从传统走向现代、走向世界的愿望则是一致的。在这一时期，中国文化书院也和国内外的许多学术团体和非学术团体建立了良好的合作关系。在中国文化书院导师队伍中不仅有众多的我国第一流学者，而且还聘请了一批美国、加拿大、日本、德国、澳大利亚、新加坡以及中国台湾和中国香港地区的著名学者作为导师。

中国文化书院的“宗旨”是：“通过对中国文化的教学和研究，继承和发扬中国文化的优良传统；通过对海外文化的研究、介绍和学术交流，提高对中国文化的研究水平，促进中国文化的现代化。”我们有一个共同的认识：弘扬中国文化在世界走向全球化的时刻要有一个观照全球的眼光，我们一方面要坚持自身文化的主体性，另一方面我们也要有吸收和融化其他民族文化的开放性。根据这样的认识，中国文化书院一直在努力使它成为一个更加有主体精神、更加开放、能容纳多元趋向的有朝气的学术团体。

回顾中国文化书院二十多年的历史，在它将进入“而立”之年时，我们从2010年起开始筹备编辑出版一套已故去的和现仍在世的90岁以上导师每人一册的“文集”。在这套“文集”中，收入他们有代表性的论文和他们的子女、学生的纪念文章。这套“文集”不仅为了表示对他们的怀念和尊敬，而且它也从一个侧面反映出现代中国文化走过的历程。

在我们编辑的过程中，江力同志出力颇多，东方出版社的同仁给予大力支持，并由东方出版社出版，特此致谢。

汤一介

2011年12月1日

注：此序为汤一介先生为《中国文化书院九秩导师文集》所作。

总序二

斗转星移，历史沧桑，时间过得真快，去年编辑出版了《中国文化书院九秩文集》，而今年就着手编辑《八秩文集》。我们在编辑这两部丛书的时候，似乎在重新认识、理解20世纪的“学人生活史”。

我曾经多次谈过，中国文化书院已逝去的90岁以上的导师，他们用生命写就了20世纪中国学术史上最恢弘的著作，指引着后辈学者的学术前行。

我想，如没有这辈学者融会中学与西学，从而在20世纪30年代于人文、社会学科建构了中国学术范式，我不知道21世纪中国学术该如何发展？

19世纪末或20世纪初，在欧风浸荡下的国难中，他们以一己之学术良知与社会担当去拯救中国，他们有过幸福，有过迷茫，有过痛苦，有过期盼，相继于20世纪80年代带着“这个世界还会好吗”的追问，离开了这个让他们梦牵不舍的祖国。

读其书，念其人，思其学，心会痛！

而今编辑《八秩文集》时。我熟悉的这代学者在这寒冷的深夜一一呈现眼前！

他们大多生于20世纪30年代，又在21世纪前十年左右相继去世。今天，健在学者已是花果飘零。读这代学人的学术生活史，更令我有扼腕之叹！

他们在中学毕业时代满怀喜悦且自责的心态去迎接新中国的建设。尔后在“左倾”思潮的一浪接一浪中，不断否定自我价值，努力改造自己心中的“小资产阶级王国”。在那求新求变的荒诞年代，没有一座安静书房容纳了他们承接前辈父辈的学业，以便更好地投身于新中国的建设大潮中。纠结且痛苦，让他们在中年时代，荒废了他们的学识智慧。

好在充满“思想启蒙”、“文艺复兴”气象的梦幻般的20世纪80年代，又燃起他们的文化自觉。

他们像孩子般似的夜以继日“补课”。他们在思考西方学术的理论与方法，并理性地批评扬弃；他们在各自的学术领域承继前贤学术成果，且又开创了新的研究课题方向。同时他们针对社会丧失文化的主体性及自我价值的根源，作出深刻反思并发出肺腑之言。

作为学生的我，在课堂、在各讲座中经常听到他们最爱张载的四句教：“为天地立心，为生民立命，为往圣继绝学，为万世开太平。”我们深切地知道，他们矢志不渝地践行他们的人文关怀。

我不禁要问，如果没有这一辈学者，21世纪学术如何延续与发展？我开始思考，在今天全球化思潮的中国人，如何“返本开新”，如何做到文化自觉、自信、自强？

在中国文化书院成立30周年之际，编辑《八秩导师文集》，每每想到这辈导师的声容与教诲，我不敢懈怠！

唯有坚持，唯有努力，唯有守正，让中国文化书院面向历史，立足现在，走向未来。

谢谢我敬爱的导师！谢谢你们带着我们，带着温暖的光明的信仰，找到自己，“找到了家”。

让我们可以告慰——“这个世界会好起来的！”

王守常

2014年12月10日深夜谨识

目录

序 …… 1

文学

骚言志说 …… 3

论战国文学 …… 19

词与禅 …… 47

论清词在词史上之地位 …… 55

历史

论古史的重建 …… 75

谈三重证据法

——十干与立主 …… 79

古史的二元说 …… 84

《国史上之正统论》通论 …… 94

经学

新经学的提出

——预期的文艺复兴工作 …… 163

天神观与道德思想 …… 169

神道思想与理性主义 …… 198

宋学的渊源

——后周复古与宋初学术 …… 228

明代经学的发展路向及其渊源 …… 235

甲骨

《殷代贞卜人物通考》自序 …… 247

论殷代之职官、爵、姓 …… 250

贞人问题与坑位 …… 277

敦煌

我和敦煌学 …… 297

唐宋的皇帝、军阀与曲子词
——关于唐昭宗御制的《杨柳枝》及敦煌所出他所写的《菩萨蛮》与他人的和作 …… 304

宗教

中国文化史上宗教与文学的特殊关系 …… 319

道教与楚俗关系新证
——楚文化的新认识 …… 327

简帛

从郭店简追踪古哲之"重言"
——儒、道学脉试论 …… 341

从云梦《腾文书》谈秦代文学 …… 347

艺术

关于中国书法的二三问题 …… 359

词与画
——论艺术的换位问题 …… 368

明季文人与绘画 …… 382

总后记 …… 397

序

饶宗颐教授，字伯濂，号固庵，又号选堂，1917 年生于广东潮州。饶先生幼承庭训，少禀家学，以其天赋异禀及后天的努力，不惟具有传统文人士大夫在琴棋书画的各方面修养，而且在学术领域上几乎独跨国学所有领域。同时他又精通英、法、拉丁、梵文、巴利文及一些中亚语言。饶公治学七十馀载，共出版了上千万字的学术著作。除了著有六十多种专著外，尚有发表在世界各大学术期刊及各大书刊上的论文、短文和杂文四百馀篇，“从上古史到明清，几乎没有一个时代是交白卷的”，“凡触角所及，饶宗颐莫不一针见血、入木三分”。近年出版的《饶宗颐二十世纪学术文集》，内容遍及上古史、甲骨、金文、简帛、经学、诸子学、学术史、佛教、道教、词学、思想史、近东古史、中外关系史、敦煌学、方志学、目录学及古代艺术等国学众多领域，因此学界皆赞扬饶公“业精六学、才备九能”，为“国学”领域最后一位“集大成”者。

此次中国文化书院策划出版八秩导师文集系列，意在全景展示大师的学术生活史。由于篇幅和体例限制，本书精选出饶公文学、历史、经学、甲骨、敦煌学、宗教、简帛、艺术八大领域的学术文章。但这只是饶公广博学问的一小部分。本书的编选谈不上对饶公的学术作全面介绍，其旨在于窥豹一斑，向世人展示这位学问家的学术视野。

在文学方面，饶公于《诗经》、楚辞、诗学理论、词学断代分期、选学、赋学等都有卓著贡献，难以一一细述。这部文集，只选取饶公文章中有代表性的一部分，可供读者品玩。

史学方面，饶公的学术视野极其开阔，中外古今皆能信手拈来，历史问题又与文学、哲学、宗教、艺术多学科冶为一炉。在方法论上，本书选了几篇重要的文章，例如在《古史的二元说》一文中，饶公将传世文献与出土文献相互印证，征引近东古史和史诗，就古史传说中的炎黄二帝二系形成进行探讨，有典型的饶公治学风格。1982 年，饶公提出“三重证据法”，在王国维“纸上之材料”和“地下之材料”外再加上物质文化证据；2003 年，饶公又增加了“民族学数据”和“异邦古史资料”两种间接史料。几十年来，饶公以精进的学力，丰硕的实绩，在中西学术文化的融通方面，建起一座连通中外汉学的桥梁。

饶公于 1977 年出版《中国史学上之正统论》（即《国史上之正统论》），朱渊清教授认为：

> 饶公书《通论》部分虽仅六万字，但淹博贯通，对正统之观念的生发、历史上正统论思想之述评，十分精审；《数据》部分体量巨大（是通论部分的 3.3 倍），将中国历史上正统论讨论文字几乎网罗殆尽。《国史上之正统论》不仅是迄今为止这个领域最博学最精当的著作，也是饶公史学思想的代表作。①

又例如饶公的《殷代贞卜人物通考》，其中人地同名说对后来影响尤大，台湾张秉权先生曾撰文有相同的观点支持。②如果说前书开启了甲骨贞人研究先河的话，那么《甲骨文通检》第一分册《贞人问题与坑位》的前言（以下简称《前言》）可以说继《通考》之后，再次将卜辞中的贞人是否是私名，以及贞人的年代等问题，推向更深入的讨论。该书一经出版便引起学术界轰动，并于 1962 年荣获有“西方汉学诺贝尔”之称的“儒林汉学特赏”。该书不仅见出饶公深厚的小学功底，更始开创了“贞人研究法”的新路径，其中很多创见都被后来的考古发现所印证，足见饶公的远见卓识。但因囿于篇幅，我们只收录了该书的序言。

此外，诚如陈伟武先生所言：

---

① 朱渊清：《〈国史上之正统论〉涉及的理论问题》，收入饶宗颐国学院编《饶宗颐学术研究论文集》，香港：中华书局，2015 年，页 53—80。

② 张秉权：《甲骨文中所见人、地同名考》，《庆祝李济先生七十论文集》（台湾：清华学报社，1965 年）下，页 773。

饶先生主编《甲骨文通检》，具体编纂由沈建华女士负责，共出版五巨册，每册有饶先生长篇前言，阐述与各分册相关的甲骨学问题，如第一册前言论贞人问题与坑位。第一册“先公先王·先妣·贞人”，第二册“地名”，第三册“天文气象”，第四册“职官人物”，第五册“田猎”。这一大型的甲骨文分类数据索引，为人们更多更好地使用甲骨材料、推动甲骨学的深入发展提供了莫大的便利。①

关于饶公在甲骨学上的贡献，沈建华、刘钊、陈伟武等先生皆有详尽的论述，这里不必缕述。②

饶公的敦煌学研究更是举世瞩目，他的第一部敦煌学著作《敦煌本老子想尔注校笺》曾引发了欧洲五六十年代的道教研究热潮。其他如《敦煌曲》《敦煌曲绪论》《敦煌白画》《敦煌书法丛刊》《敦煌琵琶谱论集》等，均是填补学术空白的扛鼎之作，也奠定了饶公在敦煌学研究的卓越地位。

简帛学方面，饶公主要贡献在这一部论文集中是无法全面概括的。他对长沙子弹库文书的整理和释读，对其他战国竹简、秦简、汉简及新莽简，及诅楚文、马王堆帛书都有重要文章，这里也无法一一收入。

本书的最后一部分收入了饶公论书法和绘画的文章。我们都知道，饶先生一人集诗书画三绝于一身。此书仅择要选入了饶公的三篇文章。清代舒位赞宋思仁《竹梧清啸图》云：“书画诗称三绝，仙佛儒集一身”，此诚饶公之谓也。除自己寿至期颐如地行仙之外，饶公于古代神话，佛学与道家文献都深造自得，非常人所能至。本书也选入了其几篇宗教方面的文章，以飨读者。

饶公一生足迹踏遍五洲四洋，一生夙愿便是看到中国文化复兴。在

---

① 陈伟武：《选堂先生语言文字学成就述略》，收入饶宗颐国学院编《饶宗颐学术研究论文集》，香港：中华书局，2015年，页1—20。

② 刘钊：《谈饶宗颐教授在甲骨学研究上的贡献》，《中国图书评论》2010年3月号，页118。

《新经学的提出——预期的文艺复兴工作一文》中，饶公充满信心地提到，21世纪将是我们国家踏上“文艺复兴”的时代，为此他建议重新整理古籍，重新塑造我们的新经学。我们选编这一套文集，当然也有整理经典的意思，希望有更多读者能感受到这位国学大师的学术风采。本书的出版得到香港浸会大学饶宗颐国学院孟飞、谈仁、周康桥三位同事的大力协助，在此一并致谢。2015年恰逢饶公百岁寿诞，谨以本书的出版表达我们对他崇高的敬意，并衷心祝愿他健康长寿。

陈致　王珏

2015年岁杪

文　学

骚言志说

《诗》言志，《骚》亦言志。淮南之论屈子云："推此志也，虽与日月争光，可也。"史公录以入传，故假《骚》以言志，其事汉、唐已然，而特盛于宋、明，盖又与义理之学有关。近世治《楚辞》者多措意于训诂校勘，而颇昧斯义。诗言志之说，朱自清已有专书讨论，若骚学则尚阙如。贾谊谪长沙，为文以吊屈原，其云"方正倒植"，又云"瞝九州而相君兮，何必怀此都也"，既以自况，亦以自宽也。班固以《诗经》之《小弁》，与《离骚》相提并论。《汉书·冯奉世传》赞云：

> 谗邪交乱，贞良被害，自古而然，故伯奇放流，孟子宫刑，申生雉经，屈原赴湘，《小弁》之诗作，《离骚》之辞兴。

班氏虽议其露才扬己，然于骚之文辞，良深嗟叹，日月争光，非淮南之私褒，固天下之公言。借骚以言志，不特出于儒生，即缁流亦沿此途径，法琳即其例也。释彦悰著《唐护法沙门法琳别传》卷下云：

> 帝（太宗）曰法琳虽毁朕宗祖，非无典据，特可赦其极犯，徙在益郡为僧。法师见放，意不自得，因作《悼屈原》篇，用申厥志。其词曰："何天道之幽昧兮，乖张列宿。使忠正之屈原兮，而见放逐。谗佞从旨兮，位显名彰。直言不讳兮，遂焉逢殃。和璞捐于山泽兮，燕石为珍。西施屡而不幸兮，嫫母见亲。抚心思会屈原兮，博达广识。君王不察其贞正兮，斥逐去国。纳谗谄之诐惑兮，自昏厥德。燕苏弃于荒野兮，蘩藩见殖。鸱鸮鸣啸于君林兮，鹓鸾戢翼。豺狼当路而从横兮，麟麋伏匿。凤鸟尚知怀德兮，见覆巢而高翔。麒麟犹忻有道兮，瞩不仁而腾骧。忠谏之不入兮，箕子

佯狂。杜伯之谅直兮，遭尤逢殃，比干正而剖心兮，伍子胥贞而抉眼。痛清白之屈原兮，沉汨罗而不返。”……（琳）谓三五友人曰：……昔屈原被谗放逐，原岂不为忠？卞氏献璧加刑，谁言是瑕？此亦时君用与不用也。屈原虽放逐，《离骚》盛行。……因为诗曰：……仆秉屈原操，不探《渔父篇》。问言蓬转者，答为直如弦①。

法琳见放，即以屈原自比。吊屈原之文字，历代甚多，如僧皎然有《吊灵均词》②，王守仁有《引屈原赋》③，若法琳之作，世罕知之，故为表彰于此。

两宋骚学盛行，晁无咎、朱考亭皆其尤也。晁氏重编《楚辞》；复取历代拟骚之作，自王逸《九思》至韩愈《复志赋》二十六人，其六十篇，为《续楚辞》；又录荀卿《成相》至顾况《招北客》等三十八人，通九十六首，为《变离骚》。区楚辞之流派为“续”与“变”。朱子因之，厘为《楚辞后语》，共五十二篇，起荀子《成相》，终吕大临之《拟招》，而揭其遴选之准则有二：曰“辞”，曰“义”。其言云：“晁氏之书，固主于‘辞’，而亦不得不兼于‘义’。今因其旧，则其考于辞也宜益精，而择于义也当益严矣。”夫辞者，文之外形；而义者，文之寓旨。治骚者于“辞”与“义”固皆宜措意。惟义为一切文学之内蕴，举凡诗文词曲，有幽忧穷蹙怨慕凄凉之意者，无不与《离骚》之微旨相通。如是而博稽遍考，则将泛滥而莫知所裁矣。

宋人之治《楚辞》，有二途焉：一拟其文，如黄山谷是也；一求其文或思更有以正之，如东坡经屈原祠下为赋以诋扬雄，而申原之志。其辑之乱曰：“君子之道，不必全兮。全身远害，亦或然兮。嗟子区区，独为难兮。虽不适中，要以为贤兮。夫我何悲，子所安兮。”朱子以为此有发于屈原之心，故其论屈原也，称其不能合于中庸之道。即洪兴祖

---

① 《大正藏》第五十史传部二。
② 《昼上人集》。
③ 《王文成公全书》卷十九外集一。

论“屈子之事，盖贤之变者，使遇孔子，当与三仁同称”。朱子虽援其说于后语，而始终以为“屈原之忠，忠而过者也，屈原之过，过于忠者也”，似缘东坡以立说。此宋人治《楚辞》而又有以正之者也。

朱子收吕大临《拟招》，谓此词寓夫求放心、复常性之微意，故附之使游艺者知有所归宿，尤具深意所在，此则因辞而正之者也。复云：“上帝若曰：哀我人斯，资道之微。……圈豚放驰，散无适归。……魂兮来归反故居，盍归休兮复吾初。……曷自苦兮一方拘，魂兮来归故居。”则不为屈子招魂而亦为一己招魂。如孟子云求其放心，用意尤深长也。

朱子谓屈子志行过于中庸，不知《离骚》自言“耿吾既得此中正”。《九章·惜诵》云：“指苍天以为正，令五帝以折中。”中正之义，本于易教。《骚》云“我固知謇謇之为患兮，忍而不能舍也”二句，实用《蹇卦》语。屈子尝熟读《易》，盖无疑也。

宋人注《楚辞》者特多，盖托《楚辞》以言志。洪兴祖之为《楚辞补注》是也。兴祖《楚辞》学，远有所承。直斋称其从柳展如得东坡手校《楚辞》十卷，凡诸本异同皆两出之。《郡斋读书志》著录此书引洪氏自序，今本无之。可能因其获罪而为人所删削，故意没著者名姓，故其序不载于今书。《宋史·儒林传》称其南渡后，知真州、饶州，忤秦桧，编管昭州，卒。据《建炎以来系年要录》卷一六七记：

> 绍兴二十四年十二月丙戌，左朝散大夫主管台州崇道观洪兴祖送昭州编管。先是右正言王珉言：故龙图阁学士程瑀本实妄庸，见识凡下……其窃世之誉如洪兴祖者，则为文以冠其首……朋附鼓唱异说。珉又言：兴祖天姿阴险，趋向不正，如程瑀妄人之雄者，兴祖倾心附之，结为死党。……于是刑部尚书韩仲通乞将兴祖送熙州，并编管。

《宋史·艺文志·子部·杂家》兴祖有“圣贤眼目一卷”，其人以希圣自居。其论屈子长文，今附载《补注》中。自序虽亡，而微旨可见。

其后朱子著《楚辞集注》，则为赵汝愚而作。《历代诗馀》卷一一八引《宋名家词评》云："汝愚谪后，晦庵注《楚辞》以表之。"此说亦见周密《齐东野语》记绍熙内禅事。

余考嘉庆间谭抡纂《福鼎县志》卷八有杨楫作《朱子楚辞集注跋》云：

> 庆元乙卯，楫侍先生于考亭精舍。忽一日，出示学者以所释《楚辞》一篇。楫退而思之，先生平居教学者，首以《大学》《语》《孟》《中庸》四书，资以六经，又次而史传，至于秦汉以后词章，特馀论及之耳。乃独为《楚辞》解释，其义何也？然先生终不言，某辈亦不敢有请焉。

又题后自注云："时朝廷治党人方急，丞相赵公谪死于永，公忧时之意，屡形于色，因注《楚辞》以见志。"乙卯即宁宗庆元元年。此篇端平本不载，至可宝也。

杨楫字通老，杨兴宗从弟，与杨方、杨简为朱门高弟，时号"三杨"，官莆田尉、湖南提刑。《县志》入《理学传》(卷六)。选举表楫淳熙五年戊戌进士。朱子《答黄直卿论杨通老书》，即此人也。《县志》黄崎山条于："闽穷海也。有屏风山为障。又有文星明山，朱子避伪禁到此止焉。作《中庸·序》于民家，乡僻无纸，写序于屏，后舁入州库。"朱子晚岁因伪学之故，转徙至于福鼎。《县志》所言，可补史传，故并记之。

太史公以屈贾并论而作合传，明人则喜言"屈、扬"。举例言之：

（一）李赞

> 李生曰离骚，离，忧也。反骚，反其辞以甚忧也。
> 屈子夷之伦，扬雄者惠之类，虽相反而实相知也。[1]

---

① 《温陵集》卷十六"反骚"条。

史公《屈传》引《易》“王明并受其福”，李贽云：

故知王明则臣主并受其福，不明则臣主并受其辱，又何福之能得乎！

此以人臣事君之道，臣之所以广忠益者，真大忠也。

此誉屈原为大忠。

（二）明诸城邱志广《为离骚太玄作》一篇云：

《离骚》《太玄》，千古奉之为“经”。屈原本于忠，扬雄嗜其奥。

文以明白简易入情入理为主。如《论语》《孟子》在十三经中，是千古奉之为经者，何曾有诘屈之词如屈、艰深之词如扬哉？

古人云屈原之忠，忠而过者也，况其文耶。且文章关乎人之性情，阅乎人之祸福，文如《离骚》，文中之鬼道……屈之文虽不足为法，而品犹可重……①

其说屈子忠而过，其文亦过，则拾朱子议屈失于中庸之馀唾。称骚为鬼道，尤异乎常论。

《王祎忠文集》述《骚》云：“粤义命之是安兮，弗舍己而人从，虽一身之终绌兮，固百世之耿光。”

义与命之所安，忠耿不渝，明人则深誉其忠，不似宋儒议论之苛。方震孺《读离骚诗》云：“信美修能莫认真，独蹇兰芷复谁亲。乾坤若有同醒者，憔悴江潭增一人。”亦颇哀其志。

明季拟骚之作大行。堵允锡作《坠龙骚》，哀甲申之变。其文五章，皆用“些”字。自序云：“楚臣楚声，寸肠断矣。”死节之士，若夏允彝作《招魂》《九哀》，黄道周为《续离骚》《续招魂》《续天问》及《从骚》十五首②，尤为集大成之制。黄文焕因坐道周党下狱，著

① 《紫村文集》卷十二“杂著”。

② 文见《漳浦先生集》卷三十六。

《楚辞听直》一书，取《惜诵》“命咎繇使听直”以名其书，亦借《骚》言志之作也。

清乾隆间高安陈远新特著《屈子说志》一书，读其凡例数则，对灵均作骚之用心，颇多抉发。兹摘大要如下：

（一）《离骚》有三答问：“众不可户说”以下，答女媭之詈；“民好恶其不同”以下，答灵氛之占；“汤禹俨而求合”以下，答巫咸之告是也。今一一就其两下语气，机锋相对处，寻其脉理，似觉辞旨分明。

（二）《骚》《问》原是一时之作。观《天问》起手，便为女媭“鲧婞直”一句洗刷可见。“鲧营”“禹成”二句，足翻千古罪鲧德禹之案。其不满禹、启，而于汤武无讥者，一以病其塞传贤之路，一以大其创兴王之门，为当世舍贤立爱、偏霸自安讽也。屈子生楚仕楚，尽忠于楚，正不得以《春秋》之义绳之。大意归于自奋用人，自明己忠，只末一句。然通篇许多话说，而云“吾告堵敖以不长，则何试上自予忠名弥彰”之语，又不为短矣，此《骚》心微渺，令人探索不尽处也。

（三）《卜居》自叙竭尽忠而障蔽于谗。是《九章》提纲，故以冠《九章》之首。《惜诵》通篇发忠蔽于谗，末云“重著自明”，又是以下各章冒子，故次之。《思美人》，著明其不得于君之故；《惜往日》，著其先信后疏之寔；《抽思》是四章结尾，因《惜往日》，不毕辞以赴渊二句而反复著明之也，合为一章。《橘颂》著明己之内美，借物以自况，《悲回风》，著明“依彭咸之遗则”，“从彭咸之所居”，此二篇始终《离骚》之义，应为一卷。

所论虽未必真能尽窥古人心事，诚如沈澜序所云“别具会心”，“融释贯串，屈子之考既得，读者亦旷若发蒙”矣。此书有慎余斋刻本，流传不广。向于京都大学文学部获见其书，因为补记于此。

故《诗》以言志，《骚》亦言志，取义谅有同然。论汉文学者，盛言“《诗》言志”，而不及《骚》，因试摭若干事，发其端倪，论其大略如此。年前在香港中文大学退休演讲稿《楚辞学及其相关问题》，其中有一节论及“骚言志”，原文未刊布，今附载于末。

戴密微教授晚岁治大谢诗，特赏其临终“本自江海人，忠义感君子”之句，因广及中日文士僧徒易箦前作品。积稿盈尺，未遑写定。曩曾与余论及文天祥就义前之《正气歌》，嗣因读《远游》，方知“正气”二字，实出该篇“内惟省以端操兮，求正气之所由”句。惜先生墓木已拱，不及举以请益，临文握管，为之泫然。

附录 楚辞学及其相关问题

中文大学文学院和新亚书院为我的退休特别举办这一次演讲会，我非常感激他们的安排。

《楚辞》与《诗经》同是古代中国文学作品的宝库；尤以南方文学作品，到了《楚辞》即成为第一部总集。《汉书·艺文志·诗赋略》诗与赋并列，赋大部分即是楚辞。《隋书·经籍志》以来，集部以《楚辞》为首，自成一类，后此相承不替。《诗经》既厕于经之列，汉代《楚辞》的首篇《离骚》亦被人称为“离骚经”。它在文学和历史上，跟《诗经》有着同样重要的地位。

（一）“楚辞学”建立的意义

过去研究《楚辞》的专书和论文，到1958年为止，计有专书228种，论文447篇[①]；就中以朱子的《楚辞集注》而论，最早刊本印于南宋宁宗嘉定四年（1211）而非（如姜亮夫所说）庆元四年[②]。自刊布以后，几乎成为一部极流行的教科书。它的翻刻次数最多，计宋有4次，元有4次，明有10次，清有4次，在日本刊印了一次，朝鲜4次，总共合计27次。《楚辞》的外文译本，到David Hawkes的英译可说成为之一个总结。该书出版于1959年。由于近年三楚地区考古成绩的卓著，

---

① 第一部楚辞著作目录考证是拙作《楚辞书录》，于1956年印行；其后姜亮夫再编撰《楚辞书目五种》。兹据姜氏书统计。惟拙著所收，有姜氏所不载者。

② 明人如毛以阳疑朱熹《楚辞集注》为伪，姜亮夫辩之。称及庆元四年戊午刻本。谓在熹生前已有刊行本（《楚辞书目五种》，页42）。查大正三年内阁文库目原书，实作庆安四年，非庆元四年。庆安乃日本年号，即顺治八年。姜说有误。此庆安本乃据成化何乔新本刻刊。参拙作《楚辞书录》，页11。

新资料层出不穷，对于《楚辞》的了解，有许多需要进一步的研究。

中国文学重要总集，如《诗经》与《文选》，都已有人著书成为专门之学，像《诗经》学，《文选》学之类，《楚辞》尚属阙如。本人认为今日治学方法的进步，如果配合新材料和新观念，《楚辞》的研究，比《诗经》更有它的重要性。由于研究领域的开拓，《楚辞》学的建立，成为一种独立的学问，是极其重要而有意义的。

（二）屈原人格的影响

行吟泽畔，憔悴投江的屈原，在历史上人们对他的评价有许多不同的说法。董仲舒取他与伍员相比，誉其“无所后顾”（《士不遇赋》）；淮南王安谓《离骚》兼有《国风》《小雅》之美，可与日月争光，刘向称他为节士（《新序》）。从司马迁、班固以下，诸家抑扬不一，后来刘勰《辨骚》已有折中之论。屈原的身后遭遇，倘若泉下有知，应该感到莫名其妙。在唐哀帝的时候，他竟被封为昭灵侯（《全唐文·哀帝封屈原敕》）[①]；宋神宗元丰六年改封忠洁侯（《神宗纪》）；又封为清烈公（《宋史·礼志》）；元延祐五年七月，又被加封为忠节清烈公（《元史·仁宗纪》）。虽然朱熹曾批评他的志行或过乎中庸，但清季还有人要请他入圣庙（记得是王颂蔚），我想他应该是受宠若惊呢！

屈原的人格对后人影响极大，死后愈走红运。近年世界各处对屈原作品研究的热烈，令他在地下一定发生不可思议的惊讶。他如果看到一些对他曲解的文章，一定又要叫屈。历代对他的评论之多，真如万花筒，有关礼赞和评骘方面，我曾搜集了许多资料；而且为他写过“屈原论”的人，尤属不少。现在试举二例来谈谈：

（一）明末方以智的《屈原论》，见《浮山文集·前编》卷八，大意谓：

> 古人（指屈子）不以死生介意，而并不以文介意。古人之心，翱翔乎天地，呼吸乎古今：随所出处，倘然自适。或著书以垂教，

---

① 《旧唐书》卷二十一《哀帝纪》，三闾大夫祠，先以澧朗观察使雷满奏，已封昭灵侯，宜依天祐元年九月二十九日敕处分。

或发声以言志，何与乎死生！屈子以不死之文，死其所不必死，以成其不死之死。后人爱惜其死，以爱惜古人之死。何能知古人耶？

方氏对屈子之死，确有进一步的看法。

（二）清季陆懋修（润庠父）的《屈原论》[①]，竟谓屈原“不过为一骄且咎之人耳”；他的见观十分支离，不足为训。

以上两种极端的说法，可以看出“褒贬任声”（《文心雕龙》）的情形。倘若能够把历来各种各样对屈子的评论汇集起来，对于知人论世，当然是很有帮助的。这正是《楚辞》学的一项应该做的工作。

（三）楚辞研究者的“以骚言志”问题

古人喜欢以《诗》言志，后人亦喜欢以“骚”言志。中国文学史上作家著为文章，每每有所寄托。不特文学作品如此，即注解古人之书亦有这种习惯。故就注《骚》而申己志的，大不乏人。

丹阳洪兴祖的《楚辞补注》，是王逸以后，朱熹以前的名著。他少时曾从柳展如得到东坡手校《楚辞》十卷（见《直斋书录解题》），这一项特殊资料，正为他这本书打好基础。《宋史·儒林传》说他“南渡后知真州、饶州，忤秦桧，编管昭州，卒”。他著这书，究在何时，尚难论定。最可惜的是他的原有序文[②]失去了，或为人所删去，故意没著者名姓。[③] 洪氏以忤秦桧获谴，也许这篇序是著者言志之作（说明著书缘由）。著录家有所忌讳，故不敢举其名。[④]

朱熹之著《楚辞集注》，据《齐东野语》一云：“赵汝愚永州安置，至衡州而卒。朱熹为之注《离骚》以寄意焉。”杨万里《诚斋集》《退休集》有《戏跋朱元晦楚辞解诗二首》，其一云：“霜后藜枯无可羹，饥吟长作候虫声，藏神上诉天应泣，与赐江蓠与杜蘅。”（卷三八）今

① 见《窳翁文钞》。

② 晁公武《郡斋读书志》引洪氏自序，但对此却云：“未详撰人。”

③ 参看游国恩《楚辞讲录》，《文史》第1辑，页139。

④ 今观卷一在王逸《离骚经序》注语，论屈子之事云：“盖圣贤之变者，使遇孔子，当与三仁同称。”可见其对屈子的推崇。

看书中解说，每每言及忠君之意思，可见他的确有所寄托。吴仁杰著《离骚草木疏》，据他庆元丁巳（1197）自跋，以芗草比之忠义独行传，资菉葹之类犹佞幸奸臣传，亦意有所指，与庆元党案有关，似在攻击韩侂胄。①

注《楚辞》以言志，明清以来尚有其人，如黄文焕《楚辞听直》。崇祯中，文焕坐黄道周党下狱，在狱中著此书，其序例已言之甚明："朱子因受伪学之斥，始注《离骚》，余因钩党之祸，为镇抚司所罗织，亦坐以平日与黄石斋前辈讲学立伪，下狱经年，始了《骚》注。屈子二千余年中，得两伪学，为之洗发机缘，固有奇异。而余抱病狱中，憔悴枯槁，有倍于行吟泽畔者。著书自贻，用等招魂之法。其惧国运之替，则尝与原同痛矣。"可见其著作之意。

又魏元旷有《离骚逆志》，惜原书未见。

陈远新，乾隆间人，撰有《离骚说志》。姜亮夫有此书，称其章有章旨，用以极细极深。从他们所著书名称看来，应是属于言志一派。

（四）《楚辞》的作者及时代、地理问题

关于《楚辞》各篇的作者，楚辞学史上存在着相当有趣的问题，因为向来有不少的人认为《楚辞》的作者，并不是屈原。亦有人以为连《九辩》、二招亦是屈原所作，像乾隆时山东栖霞人牟廷相，他著《楚辞述芳》便是持这样的主张。他说《楚辞》被王逸误注，考其时地，重定《九辩》《招魂》《大招》的作者，都应是屈原。结果招来李慈铭的讪笑，说他是"心劳日拙"（《越缦堂读书记》，页1166）。清季廖平作《楚辞讲义》，更为大放厥词，主张《大招》《招魂》为道家神游说，与屈子无涉。《楚辞》即秦时的《仙真人诗》，其书序略云："秦

① 鲍廷博《跋》六："是书成于庆元丁巳，维时宁王初政，韩侂胄方专拥戴功，与赵汝愚相轧，既而斥汝愚，罢朱子，严伪学之禁，从而得罪者五十九人。先生官止国录，未敢诵言。乃祖述《离骚》，譬之草木，按《神农本草》诸书，为之别流品，辨异同。薰莸既判，忠佞斯呈。用补刘杳旧疏之亡，因以畅其流芳遗臭之旨。庶几言者无罪，闻者足戒。观其自序，厥意微矣。至前三卷，首列名衔，而末卷自资菉葹以下，缺而不署。又隐然寓不屑与小人为伍之意。"

本纪始皇三十六年，使博士为《仙真人诗》，即《楚词》也。楚词即《九章》《远游》《卜居》《渔夫》《大招》诸篇。著录多人，故词意重复，工拙不一，知非屈子一人所作。当日始皇有博士七十人，命题之后，各有呈撰，年湮岁远，遗佚姓氏。及史公立传，后人附会改说，多不可通。”“著书讳名，文人恒事，使为屈子一人拟撰，自当整齐故事，扫涤陈言，不至旨意重复、词语参差若此。”他竟然大胆到要把《楚辞》变成秦代的仙诗，实在是毫无根据。

胡适读《楚辞》曾怀疑屈原并无其人，后来更有人主张《楚辞》作于汉代之说①。最近日本学者曾把这一桩事重新提出讨论。

关于《楚辞》地理方面，过去钱宾四先生在《先秦诸子系年》，论过《楚辞》所说洞庭、沅、澧诸水，皆指江北地名；又写过一篇《楚辞地名考》，根据地名相同，可能由于人民迁徙的缘故，又以为湘域在两汉时尚为蛮陬荒区，岂得先秦之世已有此美妙典则之民歌。基于这两个理由，因而推论屈原放居宜在汉北，不惜把《楚辞》中所见的江、湘等地，北移于汉水流域。当然，长江、汉水两区域可以有相同的地名，但地名尽管相同，屈原书中所记的“上洞庭而下江”等句，如果放在汉北，是很难解说得通的。四十年前，我在中山大学广东通志馆，利用馆藏的地方志写成《楚辞地理考》一书（商务出版）和钱先生讨论（该书最近有人翻印）。我想如果现在看到安徽六安所得的鄂君启舟、车两节，具体地说明楚怀王时楚国通行证经过的路线，和《九歌》所说完全一致②。至于长沙马王堆出土的《相马经》，虽不知出自谁氏之手，而词藻文采，比之荀卿《赋篇》，尚有过之，不必怀疑汉初湘境文化程度之低了。新资料可以帮助我们解决不必要的疑难。关于《楚辞》中作者、时、地的考证，虽是无关宏旨，但在楚辞学史上仍应占一页之地位。

---

① 如何天行、朱东润等，因《九歌》《封禅书》同出现“寿宫”一名。

② 《文物精华》第二集，商承祚《鄂君启节考》，节云：“大司马阳败晋师于襄陵。”即楚世家怀王六年（公元前323年）昭阳攻破襄陵事。舟节屡言“内江”，“让江”，又见资、沅、澧、淡诸水名，可见不必移于汉北。

（五）《楚辞》与其他科学及艺术关系问题

《楚辞》与其他科学最有密切关系的无如音韵学。利用《楚辞》考证古音及先秦韵部分合，自陈第以来，已极著成绩。在古代《楚辞》一书，原有数家的“音”。晋徐广的兄长徐仙民（邈），著有《楚辞音》。该书宋时尚存，洪兴祖补注于《离骚》“索”字引徐邈读作“苏故切”，这一条可说是现存最早的音训。敦煌所出列伯希和目二四九四的僧道骞的《楚辞音》，虽只存84行，但为朱子所未见；是卷对于中古音的探讨及协韵说的重订，极有贡献，已有许多人写过研究文章。

其次谈到考古学。近若干年来，楚地出土文物十分丰富；我于1957年曾在德国慕尼黑所举行的第二十四次东方学家会议，提出《楚辞与考古学》一文，那时候信阳、马王堆……各处的楚遗物尚未出土，材料至为贫乏。以现在新获考古资料而论，如能加以适当的运用，可以写成一本像“圣经考古学”之类的专书，来供研究者参考。最可惜的，信阳的简书，马王堆第三号帛书，湖北江陵的竹简，尚未正式完全公布，就所知而论，信阳简上记着“犹芑蘭与（欤）”，兰字写作蘭，可证《离骚》“滋兰九畹”，象征贤者之义。简上又记载许多儒家、先王的言论，和楚语申叔时的遗教亦可印证，说明楚人文化和中原向来已有非常密切的联系。

考古资料还需要和纸上资料取得印证，对于《楚辞》帮助尤多，像《天问》谈开辟之初，明明暗暗，和《楚缯书》说“瞢瞢墨墨”，马王堆《道原篇》的“湿湿梦梦”，是同样句型，正可得到恰当的理解。

从神话学的观点来研究《楚辞》，在当前已成为一主流，日本学者藤野岩友曾著《巫系文学论》（1951，大学书店），把巫术和《楚辞》联系起来研究《九歌》《天问》，可能得到若干新解，有关 chamanisme 一类著述（著者如 Mircea Eliade），已有专章讨论《招魂》《远游》等篇（页350—352）。昆仑山与不死之乡，在《楚辞》屡屡被提及。唐段成式言“昆仑为天地之齐（脐）”，虽出道家之说《酉阳杂俎》卷二，亦见《云笈七籤》，必有远源。近世讨论昆仑山的学人，大都认为即神语中铁围山的苏迷卢（Sumeru），或比附西亚 Ziqqurat。帕米尔（Pamirs）有地名 Garan，有人以为即是昆仑，说得更为泛滥。其实，人类对 Piller du Monde（天柱或地轴）的观念，古埃及、印度（Ṛig-Veda x89.4）、希腊、巴比伦皆有之，中国亦然。古代不死观念，甚为普通；《山海经》有不死树，《淮南子》谈到不死民。不死和印度吠陀的 Amṛta 观念很相似。神话是诗，诗与神话本来已很难分别。《楚辞》与《山海经》一方面是人类史上远东地区有关 myth 的最重要题材，同样的，用比较神话学的方法来处理《楚辞》，自然可以得到许多旁证与合理的解答。

《楚辞》因为保存着南方文化的传说，它的文字及内容，后来给人多方面的运用，已成为所有文学的典故及各种艺术的题材。绘画史上的《九歌图》，与古琴曲中有《离骚》《屈原问渡》《搔首问天》《宋玉悲秋》等等，都说明《楚辞》给予后来影响之大及如何与艺术结上了不解缘。这些问题，本人另有专书论述[①]，这里恕不再赘了。

（六）楚辞是否受到域外文化影响问题

《楚辞》中《天问》体裁是否受过域外文化的影响？苏雪林认为它是有蓝本的，但她只引用《赞诵明论》（即《梨俱吠陀》）一段话，及《旧约·约伯传》第三十八章两处，作为佐证；其实，在印度经典中，这类句式甚多。《吠陀》是和《火教经》最有密切的关系。苏氏认为：“或者《圣经·约伯传》先传入印度，印度学人拟其体作《吠陀颂》，《吠陀颂》又传入我国，乃启发了屈原写《天问》的动机。”这一说法，证据似乎未够充足。《吠陀》各篇的年代，本来就很难确定[②]。尤其《吠陀》卷十、一二九的《创造歌》，固为其中表现着极浓厚的高度一元论思想（monism），如 tad ekam（that one）观念的出现，正如我们的“太一”。此歌开头便说：“太初无无，亦复无有。”有点像老子一派主张：“建之以常无、有，主之太一。”（《庄子·天下篇》）太一观念，在

---

① 见拙著《楚辞书录·图像第四》及《楚辞与词曲音乐》。

② 印度学者 B. G. Tilak 著 *The Orion*（《猎户星座》）一书，提出吠陀年代可能在公元前 4000 年—前 2500 年，但未为西方印度学者所承认。

战国以后已经神化了。[1] 而《吠陀》中的 tad ekam 是纯理的、抽象的，所以被认为是很晚出的。[2]

屈原的《天问》，文体很奇怪，光是这个题目，过去学人就有许多聚讼。英国 Arthur Waley 在他编选的 *The Temple and Other Poems*，竟说《天问》好像是一些试题，不知何以渗入屈原的作品。这引起苏雪林带着讥讽的口吻，说他“强把‘升学南针’的‘考题汇刊’一类书来看《天问》，未免太可笑了”[3]。其实，从比较文学的观点来考察，这种“发问型态”的文学作品，自有它的源远流长的历史。印度最古经典的《吠陀经》和伊兰《火教经》中的祀歌，都出现同样的句型；《圣经·旧约·约伯传》亦有类似的问句。中国在战国以来，随着天文学的发展，“天”的观念有很大的转变。有些学者对一切事物，抱着怀疑态度，对宇宙现象的形成，尽量提出问题，如惠施同时的楚人黄缭，便是这样一个著名的人物。屈原的《天问》，是在这种风气下茁长起来。《天问》文体确立以后，晋六朝以来，便有不少摹仿他的作品，在中国文学史上，且成为一条支流，可参看拙作《〈天问〉文体的源流》一文。

《天问》中注意到“东西南北，其修孰多？南北顺椭，其衍几何”等问题，在《山海经》的《中山经》，《管子·地数篇》及《河图括地象》都已举出宇宙广袤的一些数字，恐怕《天问》作者，尝接触过这类记载，所以会提出质问。屈原到过齐国。[4] 当时喜欢谈天的邹衍，他的议论，也许对屈子不无影响。屈子所获得的世界地理知识，有无取自域外，这是极有趣而值得研究的问题，但一时尚难解决。然而，《天问》本身却是先秦神话资料的渊薮，这是不能不承认的。我们对于神话

---

① 如《九歌》有东皇太一。宋玉《高唐赋》云：“醮诸神，礼太一。”

② 参看 Swami Ghanananda, *The Dawn of Indian Philosophy—The Cultural Heritage of India* Ⅰ, p. 333。

③ 见苏氏著《天问正简·引言》，页 23。

④ 有人说屈子到过燕国，但细查《说苑》八云：“苏子屈景，以周楚至。”原文是屈景非屈原。

的追寻（quest myth），这当然是非常重要的文学史上的工作。如果我们放开视野，把世界古代文学上的具有发问句型的材料，列出来作为比较，以及从同样文体推寻它的成长、滋生的经过，来作深入的探讨，这种研究的方向，亦可以说几乎接近 Northrop Frye 所说的“文学的人类学”的范围，而《楚辞》正为这一科学提供东方古代最重要的资料。

（七）《楚辞》对后代文学的沾溉问题

《楚辞》和《诗经》是中国自汉代以后文学作品的泉源。历代的文人，很少没有受到诗骚的影响而能够卓然成家的。沈约说：“自汉至魏四百馀年，辞人才子，各相慕习，原其飙流所始，莫不同祖《风》《骚》。”其实这一段话的时间性并不局限于梁朝，时至今日喜欢研究旧文学的人，同样也接受《诗经》和《楚辞》的沾溉。

历朝的韵文固然是从《诗》《骚》取法，但散文亦一样从那里吸取精华。柳宗元说过“参之《离骚》，以致其幽”。更指出幽字，是他得力于《骚》的地方。唐宋八家当中，韩愈、苏轼的文章气势，一向被推誉为“韩潮苏海”，他俩亦自称尝向屈子学习。韩云：“上规姚姒，下逮《庄》《骚》。”（《进学解》）苏轼对屈子更景慕不已，他说：“终身企慕，不能及于万一，惟屈子一人。”后来明蒋翚也有这一番话：“诗文有不从《楚辞》出者，纵传弗贵；能于《楚辞》出者，愈玩愈佳。如太史公文，李太白、李长吉诗是也。”因此，《楚辞》在中国文学的地位，有如昆仑溟渤，为百川所汇归，万派所朝宗，可见历来文人对它景仰的程度。

萧统在《文选》中特立“骚”一类，刘勰《辨骚》篇，用“骚”来统摄全部《楚辞》。后代文集中往往有骚体。晁无咎且谓：《诗》亡《春秋》微而后有《骚》，其后复变为赋，他的《鸡肋集》收有《离骚新序》《续楚辞序》《变离骚序》数篇，畅论此义，十分有意思。历代拟《骚》作品甚繁，自庄（严）忌《哀时命》，扬雄《反离骚》以来，遽数之不能终其物，大抵有二类，一为出于有意的摹仿，只具形式之类似，有其文而无其情，一为幽愁忧思同于屈子，环境相似，故摹仿之以表达抑郁之思，则每每文情兼茂。

东坡说："熟读《国风》《离骚》，诗之曲折尽在是。"是不特治散文须读《骚》，即诗歌韵文，亦须根柢于《骚》，六朝以来，名篇不少脱胎于《楚辞》，梁简文帝有《生别离》（即取《九歌》之"悲莫悲兮生别离"句），李白有《远别离》，馀如杜牧的《杜秋娘》篇末数句，即模仿《天问》，李长吉、李商隐诗皆得力于《骚》，而所体会到的又各有其独到之处。

《楚辞》对于后代文学沾溉之深，已如上述，不特骚人墨客为然，即遁入空门的和尚缁流，亦未能忘情，隋释道骞作《楚辞音》，唐初法琳作《悼屈原》篇，便是哀感动人，如果能够从文集中作进一步的搜讨，把历代拟《骚》的作品，详细加以论列，这亦应该是"楚辞学"的重要项目。

本文目的在指出《楚辞》的研究范围，由于今后学问领域的扩大，中国文学、史学、考古学、语言学各方面都有新的发展，与《楚辞》有深切的联系，《楚辞》应该成为一专门之学，故有建立《楚辞》学的必要。现在因时间的限制，不能缕述太多，他日有暇，当草成《楚辞学》一书。今天所讲，到此为止。

1978年讲稿，原载法国《远东学院学报》戴密微教授纪念号

小南一郎寄示《朱熹楚辞集注考》一文（《中国文学报》33期），据嘉定四年同安郡斋刊大字本《楚辞辨证》杨楫跋文，即拙作所录杨楠之文。余据志书则作杨楠。

论战国文学

战国（公元前403—前221）是诸侯力征的时代，“不统于王，分为七国”。每个国家都各自寻求它的发展的道路。因之，“律令异法，言语异声，文字异形”（《说文解字序》）。文学方面，亦各有独特和卓越的表现，像诸子的散文和楚土的韵文，都开放着灿烂的奇葩。章学诚云：“至战国而文章之变尽，至战国而著述之事专，至战国而后世文之体备。”（《诗教上》）可见战国时代在文学史上的重要性。本篇探索范围，一般文献以外，考古学的新资料，亦附带一并讨论，用以开拓文学的领域，并补苴向来文学史家所未注意的部分。

一、战国文学的地域性

一般文学史家谈及先秦文学时，都很喜欢划分为南北文学，以《诗经》和《楚辞》作为代表，这是非常肤泛的。《吕览·音初篇》已分别东、西、南、北四方的音，各有它的来源。到了战国时候，由于把春秋散漫而割裂的局面，抟聚为几个大国，处于中原的三晋算是三位一体，名为七国，其实不外五个重要单位，即秦、晋、齐、楚、燕。这里分为几个单位，加以叙述：

（一）周

周地的歌诗在《艺文志》“诗赋略”中所录的，有雒阳歌诗4篇，河南周歌诗7篇，河南周歌诗声曲折7篇，周谣歌诗75篇，周谣歌诗声曲折75篇，周歌诗2篇，总共170篇，有声曲折的共82篇。周地到了战国，成为商业的重镇，像吕不韦以阳翟大贾往来贩卖于邯郸。我们看六朝的吴歌、西曲，即流行于江南及荆州商业区域的估客，沉溺于声色玩好，饮宴取乐作品。周地歌诗的发达，当然和商业城市的发展，有密切关系。[1] 至于声曲折就占了82篇，又可推知当时已如何注重音乐歌唱的部分，可惜这些作品都没有流传下来。

（二）燕、秦

在北方，北音的起源甚早。《吕览·音初篇》："燕遗二卵，北飞遂不反，二女作歌一终。曰燕燕于飞，实始作为北音。"可以追溯到《商颂》的"天命玄鸟"及《邶风》的"燕燕于飞，差池其羽"。《汉志》"诗赋略"有燕、代讴，雁门、云中、陇西歌诗九篇。其后魏文帝有《燕歌行》。庾信云："燕歌远别，悲不自胜。"由于荆轲有易水寒之句，后来王褒因之，作《燕歌》描写塞北苦寒，梁元帝及诸文士和之，竞为凄切。燕、赵之音，向来是以悲歌慷慨闻名的。[2]

秦居关中，席岐周的旧疆，充分接受周文化。文字是继承西周的系统，所以猎碣（石鼓）上的繁体，即沿袭史籀的遗制。石鼓文是十首一组的联章诗，车攻马同语句，分明是三百篇的摹仿者。《史记》说："秦文公十三年初有史以记事。"又说："时有史敦，为秦国史官。"（《封禅书》）遂有《秦纪》一书[3]，司马迁采入于六国表。晋侍中彭权尝见过其书（《御览》六八〇引挚虞《决疑要录》）。《吕氏春秋·音初篇》说："殷整甲徙宅西河，始作西音，秦缪公取风焉，实始作为秦音。"整甲是卜辞中的戋甲，为西音的创始者，而秦风即西音之步武者。秦风《黄鸟》篇哀子车氏三子殉葬，成为后来汉、魏诗的主题（像曹植的《三良》）。秦风十篇中，《车邻》是美秦仲，《驷驖》四篇为襄公作（依据《诗序》），可是没有穆公时的诗。崤之败，穆公悔过，作《秦誓》（见《左传·僖三十三年》及《书序》），后来列于《尚书》。

---

① 以后代情形比况之，如《扬州画舫录》所载，鼓子依曲的唱奏，都在商业性都市集中流行。《西曲》《吴歌》之起于荆、扬，理有同然，可以推想周地歌诗发达的原因。

② 《水经·易水注》有荆轲馆。又引阚骃称："荆轲歌，宋如意和之。为壮声，士发冲冠；为哀声，士皆流涕。"

③ 参金德建《秦纪考证》。

至惠文王，又有《诅楚文》[1]，告于大神巫咸，以咒楚王熊相（槐）之背盟。宋章樵收入《古文苑》，其行文则仿佛春秋晋国的《吕相绝秦》，十分动人。姚宽《西溪丛语》上记《诅楚文》，又论秦誓文有三本。诅楚文中的嗣王，向来认为是惠文王。唐兰以为惠文即位时不称王，定其年代为公元前310年。[2]

秦统一天下后的诗赋，可考的大约有下列各篇：

（1）博士仙真人诗——“秦始皇三十六年，令博士撰。及行所游天下，传令乐人歌弦之。”（《史记·秦始皇纪》）疑是《远游》一类之神仙家言，或出于燕齐方士之手。

（2）长城民歌——杨泉《物理论》：“始皇起骊山之众，使蒙恬筑长城，死者相属，民歌曰：‘生男勿举，女生哺用脯，不见长城下，尸骸相支柱。’”（《水经·河水注》引）语亦见建安陈琳的《饮马长城窟行》。这可说是很早的五言诗。

（3）黄公作歌诗——汉志名家：“黄公四篇，名疵，为秦博士。作歌诗，在秦时歌诗中。”

（4）秦时杂赋九篇——《文心·诠赋》：“秦世不文，颇有杂赋。”

从秦国文章著述上来说，《吕氏春秋》一书应该为代表统一前奏的文学作品的总汇。其书写成于秦（始皇）八年涒滩之岁[3]。此书之作，乃不韦使其宾客，人著所闻，辑集而成。似其宾客借此书以收揽众誉，收买天下之人心，俨然以一家春秋，托为新王之法。在他眼中分明没有始皇，而不韦与秦廷之间，诸多矛盾，于此可见。

（三）楚

楚国地区有它独特的语言。扬雄《方言》中所列举的楚郢、南楚、江湘之间的特殊事物名称的方语，像“侘傺”“贪惏”等联绵字，是用地方音表达的语汇。有人从《楚辞》中辑出屈、宋方言[4]，同时楚人歌

---

① 米芾《群玉堂法帖》作“咀楚”。

② 见唐兰《石鼓年代考》（《故宫博物院院刊》一，1958）。

③ 参钱穆《吕不韦著书考》（《先秦诸子系年》）；又刘坦《中国岁星纪年》。

④ 见李翘《屈宋方言考》。

唱，又有它的独特作风，谓之“楚声”[①]。“楚声”到了汉初仍然流行于淮河流域等地带。

在屈子前二百年，楚康王母弟鄂君子皙泛舟，越人拥楫而歌，越译而楚说之。楚译是：“今夕何夕兮……”而原文则是：“滥兮抃草滥……”原文用古越方言，依音读录出，有如西汉四字句的《白狼歌》[②]，可惜原文无从复原，亦无法加以句读，不知是否一字一音，抑一字多音，未由拟测。可是楚译词句，如“山有木兮木有枝”句法，与《九歌》之“沅有茝兮澧有兰”相同，汉武《秋风辞》的“兰有秀兮菊有芳”亦本之。有人说楚译文词见于《说苑·善说篇》中庄辛的谈话。[③] 庄辛事，《楚策》谓其说楚襄王，去之赵，留五月，秦果举鄢郢、上蔡、陈之地。则辛乃顷襄王时人，在屈原之后。如果说这些楚译的越人歌出于庄辛，很可能译出写下来的时候，没有那么早，而实在反受屈原赋的影响呢！

此外尚有几首用楚音而较古的歌，词句古简，其中都有“兮”字，这些应该是骚辞的先导[④]：

（1）楚狂接舆歌——见《论语·微子篇》及《庄子·人间世》。

（2）汉上孺子歌——见《孟子·离娄》。

（3）徐人歌——见《新序·节士》：“延陵季子兮不忘故，脱千金之剑兮带丘墓。”

（4）吴伍胥芦之漪歌——“日月昭昭乎侵已驰，与子期乎芦之漪。”又渔父歌：“日已夕兮，予心忧悲；月已驰兮，何不渡为？事寖

① 朱谦之《中国音乐文学史·楚声考》，及铃木修次《楚风の系谱》《汉魏诗の研究》。

② 白狼王所作的《远夷乐德歌》，汉人译义之外，又用汉字记出原来夷音。丁文江谓白狼语是爨文。据方国瑜考证，白狼歌八十二字与麽些音十九相同，不同的只八九字而已，其中有一些是借用汉字的。

③ 庄辛一说，详钱穆《先秦诸子系年》卷四。

④ 黄侃在《文心雕龙札记》，举出左氏内外传所载当世的讴谣，和《国语》晋惠公改葬其世子，国人之诵有“猗兮违兮，心之哀兮……”句，先于屈子二百馀年。又《史记》载优孟歌孙叔敖事用韵方法，亦先于屈子，为南土之旧音。

急兮将奈何！”此歌见《吴越春秋》，不见于《史记·伍子胥传》。

这些歌辞分明是“楚声”，和汉初《虞兮》《三侯之章》有类似之处。试看吴歌的特点，到东汉时梁鸿适越作《五噫之歌》，仍保持着重用语助，慨叹咏言的调儿。这首歌写成的年代，无法断定，但分明是属于“楚声”系统。吴越地区后来都并入楚的疆土之内，所以吴、越古歌亦是“楚声”形成重要成分。吴、越及接舆、沧浪四歌皆用“兮”字，并是“楚声”。《吕氏春秋·音初》篇：“禹……巡省南土，塗山氏之女乃令其妾，候禹于塗山之阳，女乃作歌，歌曰：‘候人兮猗！’实始作为南音。”是“兮”字用法，通行于南音系统[①]。

楚地人文蔚盛。以著作论，老子《道德经》保存许多古代的格言。庄子、荀子都是楚人，一以寓言、卮言构成他的洮洋恣肆的文体，一以缜密的说理文胜，特别发展赋体，皆是千古妙绝的文字。（《荀子·不苟》篇引：“新浴者振其衣，新沐者弹其冠。”“其谁能以己之潐潐，受人之掝掝者哉！”则袭用《楚辞·渔父》，此荀卿之赋出自《楚辞》之证。）另一系统为天学的阐发及怀疑精神的发扬。唐昧以降，而畸人黄缭对惠施问天地所以不坠不陷风雨雷霆之故（《庄子·天下》篇）。到了屈原遂有《天问》文体的创作。在铜器铭文像《鄂君启节》为绝佳的交通地理纪事文[②]，缯书以四字为句，构成韵语，这二篇都是楚辞以外可以讽诵的突出楚国文章。

（四）齐

齐国在威王时喜文学游说之士，其时以稷下为中心[③]。（刘向《别录》：“齐有稷门，城门也。谈说之士期会于稷下也。”）《新序》云：

---

① 近出马王堆三号墓《老子》汉初写本，所有“兮”字均写作“呵”，可证孔广森《诗声类》“猗”“兮”音义相同，“猗”古读“阿”之说，而“兮”亦音“呵”。

② 鄂君启节四件，楚怀王六年（公元前323年）所制，水陆路程的地理，和楚辞“上洞庭而下江”完全一致。此鄂君启节文和鄂君子皙时楚译的《越人歌》，都是楚区域内地方文学极重要的资料。

③ 钱穆《稷下通考》（《先秦诸子系年》）。

“驺忌即为齐相，稷下先生淳于髡之属七十二人。”稷下之徒咸作书刺世（刘向《荀子目录》）。《韩非·外储》：“兒说，宋人善者也。指白马非马也，服齐稷下之辩者。”稷下先生自淳于髡、田骈、荀况、邹衍等为诸子的巨擘，故稷下的学风，实为先秦学术人物的渊薮。（稷下见《水经·淄水注》引《郑志》张逸问《赞》作棘下。）齐一地在先秦文学上的重要性，尤其在散文著作方面，成就及影响更大。《管子》一书，为齐地文学著作的总汇。《晏子春秋》中有歌：“穗乎不得获，秋风至兮殚零落，风雨之拂杀也，太上之靡弊也。”（景公为长庲章）其他歌诗断句如：

田成子　《菜芑歌》（见《史记·田完世家》）

冯　谖　《弹铗歌》

齐　人　《松柏歌》（俱见《刘策》）

刘声舒缓，和燕、秦慷慨的高腔，在声曲折上表现亦有悬殊[①]。

（五）赵

法家兴于中原，商鞅出于卫，邓析、申不害产于郑，吴起、李悝、尸佼起自魏，韩非，韩诸公子，慎到、荀卿产于赵，李斯籍楚（上蔡），皆中土之人也。法家传播所及的区域，诸子游仕之地，以秦为主，而韩、魏次之。申不害相韩，商鞅先仕魏，后相秦。法家深抑文学，故中州文风，不及齐楚，文章亦朴质无华。

三晋在战国时代，诗歌寥寥可数。赵有《琴歌》（辞云：“美人荧荧兮，颜若苕之荣，命乎命乎，曾无我嬴。”见《赵世家》及《列女传》），又有《号笑之谣》（《赵世家》）；魏有《文侯之诵》（《吕览·期贤》篇）、《邺氏之歌》（《汉书·沟洫志》引。《咏史起事》云：“邺有

① 从讲唱的腔调的辨别而论，楚有楚声，秦有秦声。秦声见李斯《谏逐客书》、杨恽《报孙会宗书》，秦人以缶为伴奏主要乐器，而歌呜呜。而齐声则舒缓，一般常举齐风“遭我于狃之间兮”句为例。如以清代的《子弟书》唱法为比喻，《子弟书》有东城调、西城调之分。西调缓而低一韵，萦纡良久，东调沉雄壮阔，慷慨激昂。古代齐之声缓，和燕秦的高腔，想是这样的情况。

贤令兮为史公，决得水兮灌邺芳。终古舃卤兮生稻粱。”）。馀则无闻[1]。《文心雕龙·时序篇》云：“春秋之后，角战英雄，六经泥蟠，百家飙骇。……惟齐、楚两国，颇有文学。齐开庄衢之路，楚第兰台之宫，孟轲宾馆，荀卿宰邑，故稷下扇其清风，兰陵郁其茂谷。邹子以谈天飞誉，驺奭以雕龙驰响。屈平联藻于日月，宋玉交彩于风云。观其艳说，则笼罩雅颂，故知炜烨之奇意，出乎纵横之诡俗也。”刘氏指出齐、楚二地在文学上的重要地位。可知齐楚二国，当日除政治有其特殊政绩外，于文学亦有较深厚的文化凭借，故成就特高。

二、取自民间的新体制

新的文体起于民间，到了文人手里，加以取材而变化之，踵事增华，便成为新的制作。在战国时出现新体制，举其可研究者，有下列各种：

（一）成相

“相”本是乐器的拊，用以节乐。《礼记·乐记》云：“治乱以相；讯疾以雅。”郑注：“相即拊也。拊者以韦为表，装之以糠，糠一名拊，因以名焉。今齐人或谓糠为相。”刘熙《释名》：“搏、拊也。以韦盛糠，形如鼓，以手拊拍之也。”（亦见《尚书·益稷》郑注）《周礼》大师职大祭祀：“帅瞽登歌，合奏击拊。”则在庙堂上奏乐时，亦击拊（相）以合歌声之节奏。雅亦是乐器。郑注：“状如漆筒，中有椎。”是用椎击筒发出声音，用以节舞，即是所谓舂椟。

古代歌与舞往往联合举行，以相来调节歌，以雅来调节舞。原来单纯唱歌，一面击着糠鼓来伴奏就叫作“相”。到了后来，凡利用一定节奏来调节歌声缓急的，都可叫作“相”。

《礼记·檀弓》：“邻有丧，舂不相。”郑注：“相谓以音声相劝。”

① 先秦各地韵文，详王鸣盛《蛾术编》卷七五，说集记诸国之风。游国恩《先秦文学》中春秋战国时之杂歌诗，不具举。

朱熹云："相者，助也。成相，助力歌也。"（《楚辞后语》，又方以智《通雅》卷三）史所谓五羖大夫死而舂不相杵是已。《淮南子》："举大木者呼邪许。"刘昼《新论》："牵石拕舟，必歌嘘吁。"故"相"亦为劝力呻吟的送杵声。成字从丁为声，成相即打相（吴曾《能改斋漫录》五引欧阳修《论打字》）。所谓"请成相"，亦犹"请奏相"，有如打大鼓时的开场白，"请打打鼓，来唱一曲"一样。成相辞，该是后世弹词及鼓儿词，以及唱道情一类之祖（卢文弨即认相为弹词所自出）[①]。

《汉书·艺文志》著录《成相杂辞》十二篇，在汉人杂赋之末，惜已失传。今可见的，只有荀子的《成相篇》。和《逸周书》周祝解体裁相似。秦简为上吏之道有韵文八首。如云："审民能，以任吏。非以官禄使助治。不任其人，及官之瞀岂可悔。"即用成相句式押韵，以助记忆。所谓成相杂辞，殆此之类。《成相篇》的内容，有点像后代的劝世文。《成相篇》很少人仿其文体，摹仿它类似史诗的有元人的作品，保存在《永乐大典》中。

（二）招魂

"招魂"原是民间的一种习俗，东南亚及蒙古民族都盛行之。六朝人对招魂的看法是这样的：陈沈炯《归魂赋序》云："古语称收魂升极，《周易》有归魂卦；屈原著《招魂》篇，故知魂之可归，其日已久。余自长安反，乃作《归魂赋》。"（《全陈文》十四）人的灵魂通过巫师可以呼唤和收摄。收魂的仪式至今许多地方流行着，由道士主持。明邝露《赤雅》有"收魂"一条，记巫者瑶脱持篮以收魂。从沈炯文看来，此俗由来甚早。

刘勰又有另一说法云："若夫楚辞《招魂》，可谓祝辞之组丽也。"证以《招魂》中有"工祝招君"，及"巫阳焉乃下招曰"等语，可见古

---

① 关于《成相》的考证，可参考朱熹《楚辞后语》、俞樾《诸子平议》卷十五、李慈铭《越缦堂读书记》、胡玉缙《许庼学林》（《成相释义》）、方孝岳《屈原和稷下学派》（《关于屈原天问》）、赵仲邑《成相辞与击壤歌》（《国文月刊》47期），及 N. G. D. Malmqvist 的《荀子"成相"释》等篇。

代招魂的手续，必有“祝辞”。《庄子·天运》篇亦云：“巫咸袑[1]曰：‘来吾语女！天有六极五常，天下载之，此谓上皇。’”（此袑字借为招）巫阳、巫咸都有招和袑的事[2]，《招魂》一类的文字，原应是巫者的祝辞。屈、宋依仿之，把原有招魂所用的祝辞，加以增饰而别铸伟篇，遂有《招魂》《大招》一类的佳构。

蜀东风俗，以病者为山作祟，必延巫驱厉鬼以招魂。招魂有小招大招之分，小招俗谓之送星宿，有迎鬼、安魂、送鬼三步。安魂用薰笼，并取玄色线绳系于病者之身。送鬼则用五色线、五色布，送时呼病者名氏，招其魂来归。说者取此习俗以解释楚辞《招魂》“篝缕绵络，永啸呼些”二句。蜀东招魂，群巫皆有一套泛用巫辞，如云：“妇人之鬼，奶子丁当；产后之鬼，血泪淋泃；病夫之鬼，咳咳嗛嗛；叫化之鬼，棍棍棒棒；灾兵之鬼，刀刀枪枪。”又鲁东招魂：“荡荡游魂，何处留存？或在庙宇，或在山林；天神地神，门神灶君，招魂还家，复起精神。”其文词皆铿锵动人，可知楚辞《招魂》之辞，可能原为战国楚地流传招魂的巫辞，经宋玉辈润色成篇。[3]

我到过苏门答腊的 Battals 山，据说其土人招魂的词句是这样的：“魂啊！回来吧！”这和楚辞的“魂兮归来，返故居些”恰好一样[4]。古礼，死时招魂之辞曰“复”。《礼记·曲礼》：“复曰天子复矣。”郑注：“始死时呼魄辞也。”《檀弓》：“复，尽爱之道也。”郑注：“复谓招魂。”又《礼运》：“及其死也，升屋而号。告曰皋某复。然后饭腥而苴孰。”“复”即是“归来”之意。“复”为古礼，自天子诸侯以下至民间皆行之。《丧服小记》：“复与书铭，自天子达于士，其辞一也。”“复”的制

---

① 马叙伦《庄子义证》：袑借为招。引《说文》：招，手呼也。

② 参 E. Erkes，*Das Zuruchrufen der Seels*，Leipzig，1944；Mircer Eliade，*Sympolismes et techniques Chamaniques en Chine*（Le Chamanisme，p. 349）。蒙古招魂习惯，详 C. R. Bawden 著 *Calling the Soul*：*A Mongolian Litany*（B. S. O. A. S. Vol. XXV. 1962）。

③ 张怀瑾《〈招魂〉篝缕绵络风俗证》（《国文月刊》65 期）。

④ 文崇一《楚文化研究》，征引民族学的材料，缅甸、罗罗等的招魂习惯，兹不备述。

度，详见《丧大记》：“皆升自东荣，中屋履危，北面三号，卷衣投于前，司服受之，降自西北荣。”“凡复，男子称名，妇人称字。”朱子以为中原对死人招魂，荆楚施于生人。今广东东莞县风俗，凡儿童因受惊成疾，可请老妪以剪刀及尺掷地膜拜，招回惊散的魂魄。可见这种风俗流行地区的广泛。

《招魂》和《大招》二篇所用的语助词，一个用“些”，一个用“只”；“些”字后来尚流行着。宋柳拱辰《永州风土记》云：“竞船举棹，则有些声。”可以见之。

《楚辞》中的《招魂》《大招》，作者为谁，所招究为何人的魂，说者纷纭，今且不论。但这二篇必是根据楚俗民间巫者招魂手续所用的祝辞，在词藻上，加以组织夸饰，是可断言的。作者不论是屈抑是宋，他们是取自民间作品加以改编，踵事增华，作成新制。

《大招》只向四方招魂，《招魂》则四方之外，兼及上天下地；“幽都”一段，对地狱有具体的描写。长沙马王堆轪侯墓所出铭旌的缯画，帷幕上挂着谷璧玉璜，正是《招魂》篇“挂曲琼些，结琦璜些”的写照。是图之出土，对于楚俗招魂制度的了解，有很大的帮助。①

（三）挽歌

唐李匡乂《资暇集》：“昔谓挽歌始自田横门人，非也。《左传》哀十一年，鲁哀公会吴伐齐，将战，公孙夏命其徒歌《虞殡》。杜预注《虞殡》，送葬歌曲，示必死也。如是则已有久矣。”《史记·周勃世家》记他“为人吹箫给丧事”。《索隐》谓：“《左传》‘虞殡’若今挽歌类，歌者或有箫管也。”《御览》五五二引《庄子》佚文云：“绋讴所生，必于斥若。”司马彪注：“绋，引柩索也；讴，挽歌也。”是挽歌出于绋讴。《庄子·大宗师》记子桑户死，或相和而歌曰：“嗟来！桑户乎！嗟来！桑户乎！而已反其真，而我犹为人猗。”这当是挽歌之一例②，

① 参《长沙马王堆一号汉墓（报告）》。

② 一海知义《挽歌考》（京都《中国文学报》）；邢庆兰《挽歌的故事》（《国文月刊》61 期）。

本是挽柩者所唱的（崔豹《古今注》）。东汉顺帝时，大将军谯客，酒阑，为《薤露》之歌（《通鉴》，页 1689），挽歌十九之“人生如朝露”，当即此类。

可见挽歌在先秦已有之，后来的相和曲才演变成《薤露》《蒿里》一类。故郑樵《通志·乐略》称《薤露》歌亦曰天地丧歌，亦曰挽柩歌。到了汉以后，宾婚嘉会，酒酣之后，继以挽歌（应劭《风俗通》）。六朝时，挽歌成为娱宾的节目；文人亦学作挽歌，魏缪袭、晋陶潜所作，均为人所传诵。

上举即是文学作品吸收民间文学形式，加以改进的成相、招魂二个显著例子，一起于齐，一生于楚。至于《九歌》之制，乃因南郢沅湘之旧曲。王逸称屈原：“窜伏其域，怀忧苦毒，出见俗人祭祀歌舞之乐，其词鄙陋，因为作九歌之曲。”（《楚辞章句》）刘禹锡亦谓：“昔屈原居沅湘间，其民迎神，词多鄙陋，乃为作《九歌》。”（《刘梦得文集》九）彼之《竹枝》，亦取自建平民间之作，是说众所熟知，东坡、子由皆有《竹枝歌并序》。

三、韵文中诗、骚与赋、颂的相互关系

班固云：“赋者，古诗之流也。”诗的讽谕作用，后来转移到“赋”上面去。“赋”初时只是诗的作法，“赋诗”之外，又有所谓“赋辞”。《说苑》卷六记舟之侨事云：

> 文公曰：“二三子盍为寡人赋乎?”舟之侨进曰：“君子为赋，小子请陈辞。辞曰：有龙矫矫，顷失其所；一蛇从之，周流天下，龙反其渊。……”文公求之不得，终身诵《甫田》之诗。

这是陈辞称为“赋”的例子。

楚人把辞赋的境域大加开拓，其实是继承诗教而发皇光大。试看楚辞中的句子，每每称引及“诗”，举例如下：

"展诗兮会舞。"(《九歌·东君》)洪注云:"展诗犹陈诗。"

"二八接舞,投诗赋只。"(《大招》)王逸云:"诗赋指雅乐。"

在屈宋的作品,有时亦暗中引用《诗经》。《哀郢》云:"忽若去不信兮,至今九年而不复。"即本《诗·豳风·九罭》:"鸿飞遵陆,公归不复,于女信宿。"《九辩》云:"窃慕诗人之遗风,愿托志乎素飧。"即取自魏风《伐檀》。可见屈赋的作者,怎样熟读诗,如何吸收《诗经》句子作为词汇。①

刘勰《论赋篇》举"郑庄之赋《大隧》,士芀之赋《狐裘》,结言拉韵,词自己作,虽合赋体,明而未融(长也);及灵均唱骚,始广声貌"。此明指骚即是赋。赋自诗出,后来遂成分歧异派。

赋之成立,"以荀卿为正体"(王闿运《王志》)。荀卿《赋篇》,乃咏物之作,其内容计:礼、知、云、蚕、箴五者,句法大体为四字,杂以占曰、王曰等之疑问叠句。或为君臣问答(如《礼赋》:"王曰:此夫文而不采者与?简然易知而致有理者与?"),有如《卜居》句式。赋末间有小歌曰,则如《九章》,可见体式本于楚辞。而末系以佹诗,谓之佹者,《庄子·齐物论》云:"是其言民,其名为吊诡。"(可相当法语之 bizarre)佹与恑同,《说文》:"恑,变也。"佹诗犹言变诗,取义于"反辞",乃论其反面,以"螭龙为蝘蜓,鸱枭为凤凰,比干见刳,孔子拘匡。"仍是《九章·涉江》的遗意,而下开贾谊《吊屈原文》。其言"皓天不复,忧心无疆也;千岁必反,古之常也",亦即天道周星、物极必反之义。佹诗为赋之末章,仍旧称之曰诗,足见赋正是诗之流亚。荀卿赋首列礼、知,其辞为"致明而约,甚顺而体,请归之礼"和"百姓待之而后宁,天下待之而后平……",还是本于讽喻②,但已给以篇题,故不是诗而是赋了。刘勰谓:"荀况礼智,宋玉风钓,爰锡名号,与诗画境。六义附庸,蔚为大国。"(《诠赋》)其说良然。

---

① 参刘永济《屈赋通笺》附录。

② 参 H. Wihelm, *The Scholar's Frustration: Notes on a Type of Fu* (Chinese Thought and Institution),学人之挫折,每以诗、赋言志,申其愤懑之情。

骚以讽为主，刘勰云：“楚国讽怨，则《离骚》为刺。”（《文心·明诗》）郝懿行云：“汉志以骚为赋，此篇以骚为诗。盖《离骚》含诗人之性情，具赋家之体貌也。”王逸亦说：“屈原被谮，忧幽愁思，独依诗人之义而作《离骚》，上以讽谏，下以自慰。”（《楚辞章句序》）都指出骚和诗内在关系。然骚以夸饰为其写作手段，即向来被讥为诡异、谲怪的部分，这是以神话为基础的。汉六朝以来，人们很喜欢讨论《离骚》和经典违合的问题，其实骚不但有些地方“依经立义”，还有很多是根据历史资料，所以严格来说，骚内容分成的组成，应如下图：

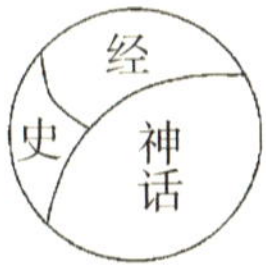

刘勰论诸子文学曾指出有纯粹及踳驳二种。他所说的踳驳者，即是神怪之类、怪谲之谈，而班固讥屈赋“昆仑悬圃，非经义所载”。刘勰为调停之说，亦称屈赋中之“托云龙、说迂怪”，其诡异之辞，谲怪之事，异乎经典。彼所目为夸诞，亦即神话部分。在旧观念中，以经术作为文学衡量的尺度，凡神话皆以夸诞目之。不知文学中最富有想象力而能够铸造伟词的，无如神话；《离骚》所以能为一时郁起的奇文，全靠它和神话结合起来，才有这种成就。孟坚、彦和的说法，在今日看来是很不公允的。

后来把骚作为楚辞的大共名，连《招魂》亦被称作《离骚》。（《水经·鲍丘水注》引《离骚》峨峨之咏，即出《招魂》“层冰峨峨”之语。）夸饰部分的发展，遂为骚赋中“丽”的主要条件。后来曹丕干脆地说：“诗赋欲丽。”（《典论·论文》）扬雄区别丽则为诗，丽淫为赋，“淫”便是夸饰达到极点的表现。

陆机《文赋》云：“赋体物而浏亮。”谓托体于物而贵清明，其文烂焉，要本隐以之显（说本王志《论诗文体式》）。王氏谓：“赋者诗之一体，即今之谜也。亦隐语而使人自悟，故以谕谏。”按荀子之《赋篇》，正是谜语，由隐而之显，乃赋的特色。

颂是诗之一体，而刘向云：“不歌而颂谓之赋。”《汉书·艺文志》

作“不歌而诵”。屈赋中有颂，所谓“三闾《橘颂》，情采芳芬，比类寓意，覃及细物”（《颂赞》篇）。有的赋像颂（王褒的《洞箫赋》，亦称《洞箫颂》），有的颂似赋（刘勰云：“马融之《广成》《上林》，雅而似赋。”）故言：“颂惟曲懿，辞必清铄；敷写似赋，而不入华侈之区。”那些不太华侈的赋，如荀卿的赋，竟反而近于颂了。

后来，颂成为独立的文体。诗、骚、赋三者，本来是应该分开的。汉人在目录书归入诗赋略，以骚包入赋中，但刘勰却分撰《明诗》《辨骚》《诠赋》各篇加以厘别，具体而微，他的见解，是很正确的。

四、散文中诸子书相当于后代的“集”

汉后若干新文体的兴起，据说都从战国诸子的作品中，分化而出。章学诚《诗教上》云：“《文选》诸体，以征战国之赅备；京都诸赋，苏张纵横六国，侈陈形势之遗也。……《客难》《解嘲》，屈原之《渔父》《卜居》，庄周之惠施问难也。《韩非·储说》，比事征偶，连珠之所肇也。”从章氏说，可见文体源流的大概。诸子的书，以一人一派的著述集为一子，和后代集部的性质并没有什么不同。其实，某子即某家某派的文集，这时虽然文集的名称未立，而文集的性质已具备了。章学诚谓“辞章实备于战国”，后来只是“承其流而变其体制”而已。又谓“至战国而著述之事专”，如“春秋之时，管子尝有其书”，其后“记管子之言行，则习管氏法者所缀缉，而非管仲所著述也”。因为“至战国而官守师传之道废，通其学者述旧闻而著于竹帛焉”（《诗教上》）。照这样说来，诸子之书，大抵是某一学派的学者所辑述，亦可说是这一派作者文辞的总集，不必是某一人所著的（参罗根泽《战国前无私家著作说》）①。

梁时，阮孝绪在《七录》中开始称四部的集类著作为“文集录”。其时始有集部之称（颜之推《观我生赋》自注），把个人文章纂在一

① 罗根泽文，见《诸子考索》，又《古史辨》第4册。

起，称之曰集。汉末记载已见之，杨修《荀爽述赞》云：“载而集之，独说十万馀言。”（《艺文类聚》四七）曹丕《与吴质书》说：“顷撰其遗文（指徐、陈、应、刘），都为一集。”而曹植序亦云：“删定别撰，为《前录》七十八篇。”（《类聚》五五引）可见“集”的名称，起源甚早。

战国至秦，逐渐趋于统一，思想界与著述的路向，亦从“小”综合而趋于“大”综合。其实一部子书，即是每一系思想圈子的小综合，它即是某一派的杂家。《老子》书是古格言的集录（如其中有古黄帝之言）。《庄子》是古代重言、卮言、寓言的结合和批判，其中有齐谐，有杨朱，有田骈等家说。这是一派系初步的结集。至于《吕览》又是一个更高的综合，网罗弥广，各派兼收并蓄，成为大杂烩式的总集，所以被称为杂家，这是第二步的结集。其实说某人的集，即是某人作品的纂录，这和先秦诸子的著作，以某一领导人，或某一派的代表为主而称为某子，本质上没有二致，所以六朝以来的集，可说是先秦的“子”的变相。

散文中诸子文的成就是多姿多彩的。《文心雕龙·诸子》篇云：“逮及七国力政，俊乂蜂起，孟轲膺儒以磬折，庄周述道以翱翔，墨翟执俭确之教，尹文课名实之符。……尸佼兼总于杂述，青史曲缀以街谈。承流而枝附者，不可胜算。”又云：“研夫孟荀所述，理懿而辞雅。管晏属篇，事覈而言练。列御寇之书，气伟而采奇。邹子之说，心奢而辞壮。墨翟随巢，意显而语质。尸佼尉缭，术通而文钝。……慎到析密理之巧，韩非著博喻之富，吕氏鉴远而体周，淮南泛采而文丽，斯则得百氏之华采，而辞气之大略也。”又《才略》篇云：“战代任武，而文士不绝。诸子以道术取资，屈宋以楚辞发采，乐毅报书辨而义，范雎上书密而至，苏秦历说壮而中，李斯自奏丽而动；若在文世，则扬班俦矣。荀况学宗，而象物名赋，文质相称，固巨儒之情也。”上面三段，对“诸子文学”算是作一个概括的论述。

诸子的文章，大抵有两大系统：

（一）尚质者以道术取胜，如墨家的质朴，法家的密察，儒家的清显。

（二）尚采者以骋辞振奇，以纵横家的陈辞夸诞，道家的卮言曼衍。

但他们的作品，也有共同地方：（1）比喻方面，表现文章的形象性；（2）辨证方面，表现文章的逻辑性。这二项都有超越前人的成果，而为后代开无限法门的。

诸子的散文，在五光十色的思想奇葩的种子孕育之下，形成一璀璨的文囿。口语的多量吸收，修辞术的充分运用，透辟的说理分析力，广泛而有机地采用设喻，使这些散文奠定了日后的基础，对唐宋的散文家沾溉无穷。

战国以来，文体在语法上之演变与运用，对于散文之形成有极重要的帮助，略揭数事：

（一）主词的重复使用，与叠句之构成：

杨树达曾比较叔夷钟喜用复词，与《吕相绝秦》相同（见《积微居金文说》）。今以《诅楚文》与《吕相绝秦》比较，注重其用主词的“我”。《诅楚文》：

> 昔我先君我穆公及楚成王是（寔）戮力同心，两邦以壹，绊以㛿敂，袗以斋盟。欲刬伐我社稷，伐灭我百姓，……取俉边城新郢及邘长敹，俉不敢曰可。（容庚《古石刻零拾》）

《吕相绝秦》：

> 昔逮我献公及穆公相好，戮力同心，申之以盟誓，重之昏姻。
>
> 殄灭我费滑，散离我兄弟，挠乱我同盟，倾覆我国家。……入我河县，焚我箕部，芟夷我农功，虔刘我边陲，我是以有辅氏之聚。

前文反复用“我”字，故词气纵横，读起来十分动听。

（二）叠字形容词及骈词四字格：

如《孟子》书中之绰绰然、巍巍然、嘐嘐、踽踽、凉凉；《庄子》

之栩栩然、蘧蘧然、恢恢乎；《荀子》之“快快而亡”“察察而残”（《荣辱》篇）等即是。有时加指示词于前，如《齐物论》“之翏翏”“之调调”“之刁刁”（参徐德庵《庄子内篇连语文示例》①）。有时还用联绵骈字四字格的，如《庄子》的“尘垢秕糠”“恢恑谲怪”“惴慄恂惧”；《荀子》的“勃乱提僈”“怠慢僄弃”“愚款端悫”“庸众驽散”一类的句子，这对文字的铺张和夸饰方面，以助长文章的气势，很是重要的。

（三）复合“谓义动词”之多量使用：

如《荀子·不苟》篇“此之谓也”，《致士》篇“夫是之谓”。此类复用“谓义动词”，用以申说解述；对于论说文很有裨益。法家文章精悍廉劲，像《韩非·说难》一文，以“说之难”为主题，而重复为说，计两用“凡说之难”句，一用“凡说之务”句，以为冒起，而连用三句“非……之难”以承接之。下文分析为言，则连用“如此者身危”，“则身危”等句，反复致意，迭用助词之“者”“则”以贯串之，而于顿笔，言“此说之难，不可不知也”，“此说之成也”，皆用“谓义动词”收束，委曲周至，所以为千古至文。

前人论战国文章的做法，如说《庄子》用跳过法，《离骚》用回抱法，《国策》用独辟法（见刘熙载《文概》），可见各自有他的手法，所以有独特的成就。会心在人，上举只是略示其例罢了。

五、金、石刻辞二者的消长

《墨子·天志》：“书于竹帛，镂之金石，琢之盘盂。”（又见《明鬼篇》）《诅楚文》云：“著人石章。”盘盂的性质，必有点像彝器款识的缀录。盘盂在汉志“杂家”有孔甲盘盂二十六篇。王应麟引《七略》云：“孔甲者，黄帝之史也；书盘盂中为诫法，或于鼎，名曰铭。”《史记·田蚡传》：“蚡辩有口，学盘盂诸书。”由此知当时已有彝铭的撰集

① 徐文见《国文月刊》67期。

一类的著述。战国以来，石刻文学逐渐盛行，金刻反而衰微了。

石刻的发展，与秦地文化似乎很有密切的关系。《管子》称："封于泰山七十有二家。"其铭刻今不可见。降而下之，商时有磬上刻"永启""永余""夭余"等铭字，这是刻于乐器上的。现在所知战国刻石，以秦地区最为盛行。计有石鼓及《诅楚文》和秦始皇时的峄山、泰山、琅琊、芝罘、碣石等刻石。《秦本纪》记纣时，秦之先世蜚廉为坛霍太山，得石棺，铭曰："帝令处父（《索隐》：处父，蜚廉别号），不与殷乱。赐尔石棺以华氏。"而秦蜀守李冰立碑有"深陶潬，浅包隁"句（张澍《蜀典》引金石文）。秦昭襄王与巴刻石为盟（《华阳国志》一），可惜这些石刻已是失传，但由于秦地石刻的丰富，可见刻石的风气是秦人加以发展的。

秦始皇在泰山、琅琊颂功德的刻石，有三句一韵的，又有二句一韵的，为后世碑铭之祖（秦刻石用韵见《蛾术编》五七）。刘勰称："秦皇铭岱，文自李斯，法家辞气，体乏弘润。然疏而能壮，亦彼时之绝采也。"（《文心·封禅》篇）可见刻石文学，是秦文化中一种重要表现，有它的很长远之渊源的。

一方面石刻的发展，相反的便是金刻的衰落及铭辞之形式化与套语化。若干政制上习用的文词，像"显扬式"的铭和"教条式"的箴，"告诫式"的盟，都是充满"套语"，已毫无文学的意味。

铜器到了战国时期，表现下列等现象：（1）兵器的高度发展；（2）花纹之简单化；（3）以刻画代替"缀范法"。处处表现着典礼上铜器制作的没落，故铭辞亦沦于次要的地位。兹以秦器为例而讨论之。铸于秦景公时（春秋后期公元前576年）的秦公簋，是每字用一范，用以铸款；再合多范而成文，很像后来的活字①。这种缀范法，盛行于春秋时，可是战国以来的秦器都是刻铭；其他国家的器物，有的用玺印来印铭，其法不见于秦国②。孝公以后，见于容量器及兵器的文字，表现得

① 详罗振玉《松翁近稿》，页33。

② 详李学勤《战国时代的秦国铜器》，《文物》1957（8）。

非常程式化。由于锲刻之故，书法变为纤细刚劲，笔画略呈简化。这种秦式文字，开小篆的先河，成为官书的楷则，大抵有若干特征：一、铭文附记地名（如镦铭记“雍”，升铭记“重泉”之类）：二、记明督造者的官衔。试举出一些秦器物铭文如下：

公元前 346	商鞅镦	十六年大良造庶长鞅之造雎（雝）[illegible]。(《吉图》下五十；《衡斋》下三)
344	商鞅升	十八年齐趄（遬）卿夫二众来聘。冬十二月乙酉，大良造鞅爰积十六尊五分，尊五分尊一为升。重泉（《小校》一一，一九；《周存》六，一二四；《两录》二九一，二九二）。此似秦孝公十八年会诸侯于逢泽时器。
352—338	商鞅戟	全大良造鞅之造戟。(《三代》二〇，二一上下；《贞松》一二，六）大字，分两面镌，体近小篆。
334—321	樛斿戈	四年相邦樛斿之造。栎阳工上造[illegible]吾。(《双吉图》下三一；《三代》二〇、二六下)
325—312	张仪戈	十三年相邦义（仪）之造。咸阳工市田工大人耆工顭（颓?）[《录遗》五八四；1962（2）《文物》有陈邦怀释。]
289	上郡武库戈	十八年，漆工里纵口隶臣[illegible]，工正，上郡武库。(出土于易县，铭见李学勤《战国题铭》。)
286	魏冉戈	廿一年，相邦冉之造。雝工市枼（葉）。(《贞松吉金图》下三二；《三代》二〇、二三)
243 或 244	上郡守趞戈	廿五年上郡守□（　）造，高奴工市窋，工鬼薪戠（正）。 上郡武库，冶都。(《金文丛考》，页 418。)
243	相邦吕戈	四年，相邦吕〔工〕寺工龙承（丞）。[1957 年 7 月，出土长沙左家塘；1959（9）《文物》张中一文。]
342	吕不韦戈	五年，相邦吕不韦造，诏吏图，丞蕺，工寅，诏吏属邦。(《善斋古兵》上三五；周存；小校十，五九；《六书疏证》二九，页 49)
236—210	丞相触戈	□□年（秦昭十五年、六），丞相触造，咸□□（阳）市葉工（面）；武（背）。[《贞续》下二二；参 1946

(2)《文物》陈邦怀说。《史记·穰侯传》有“寿烛”。]

商鞅有关的器物，有孝公十六年大良造鞅之镦（《双剑图录下》五〇），十八年齐率卿大夫众来聘于重泉铸造之升（《国学季刊》第5卷第4期，页1）及造戟（三代二〇、二一，一）自是以后，各国似乎推行这种制度，“物勒工名”，成为一时风气。秦器冶铸兵器的地方，以上郡为最重要，所以可见到的秦器，以上郡守戈为最夥。有名的秦昭王时铸的铭文如下：“卅年上郡守趞，图帀（师）耤丞秦隶臣庚。”这便是一个例子。

秦国在政治上于战国末期成为举足轻重的国家，奠定大一统的局面。它的文学活动，应该特别受到重视，所以这里把它作为金石消长形态下的重要角色。秦文尚质，既并天下，而改命曰制。《文心·奏启》篇云：“奏者，进也。言敷于下，情进于上也。秦始立奏，而法家少文。观王绾之奏勋德，辞质而义近；李斯之奏骊山，事略而意迳，政无膏润，形于篇章矣。”秦的文学，在程式文及石刻文上，都带点法家的气味。像泰山刻石，论者谓其“一变为朴浑，知体要也”。盖乃以实用为鹄的，但这一类勒铭，却开了后来文体上的新局。

六、游说文学的兴起及小说的滥觞

先谈游说文学的技巧。纵横家所用的惯技，有下列各种：

（一）隐语

战国时的君主，若齐宣王、楚庄王都好隐语。在当时隐语的使用，成为一种风气。

刘勰《谐隐篇》：“意生于权谲，而事出于机急，与夫谐辞可相表里。”《汉书·艺文志》有隐书十八篇，《新序·杂事》：“齐宣王发隐书读之。”《文心》又云：“汉世隐书十有八篇，歆、固编文，录之赋末。”颜师古引刘向《别录》云：“隐书者，疑其言以相问对者，以虑思之，可以无不谕。”汉世辑录的隐书，今已无传，但《左》《国》《韩非》《吕览》《新序》《列女传》《说苑》所录，像秦客为廋辞于朝（《晋语》

五韦昭注：廋，隐也；谓以隐伏谲诡之言问于朝也），成公贾对楚王以有鸟不言为谏（《吕览·重言》）即淳于髡之说大鸟（《史记·滑稽列传》），靖郭君客之言海大鱼（《齐策》），都是很有名的隐语。桂馥《札朴》训隐为占。隐语在外交上的运用，施之讽谏，成为滑稽家的拿手好戏。它的流衍变为谜语，时和小说合流。怪不得刘勰谓："文辞之有谐隐，譬九流之有小说。""君子嘲隐，化为谜语。谜也者，回互其辞，使昏迷也。"（《文心·谐隐》）后世东方朔、管辂射覆之辞，亦由此出。同时，隐语在战国时有它的实用意义，作为说客及权谋家一种交际手腕。①

隐语和西方的 Riddle 颇相似，很值得搜集，而作比较研究。Riddle 在近东和西欧起源甚早，《吠陀》及《可兰经》中均有之，埃及的 Sphinx Rilddle 为最有名。Archer Taylor 在 *The Literary Riddle before 1600*（1948，California）书第二章，列举世界古代文学性的 Riddle 甚备，可惜未接触到中国的资料。

（二）"主客"

主客，本为兵家言，见《孙子·九地篇》。临沂新出《孙膑兵书》残简篇题有《主客人分》。《文心·杂文》篇："宋玉含才，颇亦负俗，始造对问，以申其主。"又《诠赋》篇："遂客主以首引，极声貌以穷文。"汉志有《主客赋》篇，此后发展成为赋在开端的惯例，而且形成杂文一类中对问的新文体。自宋玉设问以后，如东方朔、班固之流，皆沿袭之。汉赋如《两都》《两京》，皆以主客开端，都是受到主客方法的影响。

（三）问难

孔门四科，言语列为第三，儒家以此设教。邓析的无厚转辞，"操两可之说，设无穷之辞"（刘向语）。言术有八依、三避。《鬼谷子》有《抵戏》篇（《汉书·杜周传》颜注）。《韩非·说难》，指出十二种谈说不同的对象。说客对于"对话"技巧的讲求，这是极进步的"修辞

① 参王焕镳《先秦寓言研究》。

术”。希腊人注重雄辩，到 Aristotle（公元前 384—322）才写 *Rhetorike* 三卷，成为这门学问的结晶品，春秋战国这类材料，如有人整比成书，亦可建立一东方辩辞学的独立体系（像卢弼著有《古词令学》）。

其次谈小说的产生问题。

战国以来，小说的兴起原因有如下列：（1）说客喜欢用寓言之故事体。（2）若干民间故事可用为谈助的资料。（3）长篇故事的诞生，像缠绵悱恻，如盛姬之死，见于《穆天子传》；博物广识，像伊尹辨味，事存《吕览》。这些最为脍人口。兹将若干先秦小说资料，考述如次①：

百家

《汉志·诸子略》收有“百家”一三九篇。《说苑·叙录》云：“除去与《新序》复重者……别集以为百家。”则此书似曾经刘向整理，略如《说苑》的体制。古书所记如：“甘茂事下蔡史举，学‘百家’之说。”（《史记·甘茂传》）“应侯言五帝三代之事，‘百家’之说，吾既知之。”（《史记·范蔡传》）这书谅为纵横家所必读，故主父偃学“纵横长短之术”，兼及“百家言”（《史记·主父偃传》）。百家言的佚文，像《风俗通》云：“城门失火，殃及池鱼”之类，“谨案百家书宋城门失火”云云（见沈钦韩《汉书疏证》）。司马迁称：“百家言黄帝，其文不雅驯”，正以其为小说家言也。②

伊尹

《汉志》伊尹二十七篇，列于“小说家”。《吕览·本味》篇记：“有侁氏得婴儿于空桑之中，令烰人养之，是为伊尹，尹说汤以主味。”《说文》引之称曰伊尹；《本味》篇即出小说家之伊尹（王应麟说，见《汉艺文志考证》）。

青史子

《大戴礼·保傅》篇、《风俗通·祀典》均引《青史子》书说。《汉志》：《青史子》五十七篇，梁时仅存一卷。刘勰《文心》云：“青史曲

---

① 余嘉锡《小说家出于稗官说》。

② 金德建《百家书的性质》。

缀于街谈。”（《诸子》篇）街谈巷尾的缀录，这说明《青史子》正是民间故事的渊薮。

宋子

《汉志》：《宋子》十八篇，列在“小说家”。《庄子·天下》篇称其：“上说下教，虽天下不取，强聒而不舍。”《荀子·正论》谓：“宋子率其群徒，辨其谈说，明其譬称。”是其书当如桓谭所谓：“合丛残小语，近取譬论，以作短书。”顾颉刚曾举出《吕览》中的“窃铁”“攫金”诸故事，谓即出自《宋子》，其书能近取譬，有如佛徒之《百喻经》。①

汲冢书

《瑣语》十一篇：“诸国卜梦、妖怪、相书也。”《史通·六家》：“汲冢《瑣语》记太丁时事，为夏殷春秋。”《隋志》著录四卷，似其书唐代尚存。

穆天子传

《晋书·束皙传》：“言周王游行四海，见帝台西王母。”此本曾经晋人整理，有荀勖和束皙二种本子。今传荀本六卷，其第六卷即《束皙传》杂书十九篇中的周穆王美人盛姬死事一篇。②

其他诸子书与小说多有关系，如《晏子春秋》，其中故事即是小说的选集。《韩非子》中的《说林》及《内外储》，（伪）《列子》的《说符》，多记民间故事，可说是汉魏杂事小说的滥觞。隋志著录《宋玉子》一卷，楚大夫宋玉撰，与《燕丹子》并列于小说家，则宋玉亦擅长小说，不仅为赋家的巨擘而已。③

---

① 顾颉刚论《宋钘宜入小说家》，见《史林杂识初编》，页 33。

② 参朱希祖《汲冢书考》。

③ “小说”一名见《庄子·外物》篇。他述任公钓东海一事，复加以按语云：“已而后世辁才讽说之徒，皆惊而相告也。”又云：“饰小说以干县令，其于大达亦远矣。是以未尝任氏之风俗，其不可与经于世亦远矣。”这里任公钓一故事，正可视作当日“小说”的模型。小说是“谈说”之小者。《释名·释言语》：“说，述也；宣述人意也。”庄子所指那些辁才讽说之徒，便是“饰小说以干县令”的人。

周制县比郡为大。（左昭二十九年）蔡墨言刘累迁于鲁县。楚庄王灭陈为县。穀梁隐五年："寰内诸侯。"注："寰，古县字。"县是极大的行政单位，所以"干县令"即干诸侯。《庄子》所言的小说，分明是指说客干时君所用的一套手法。班《志》云："闾里小知者之所及，亦使缀而忘。"取收小说十五家，一三八〇篇。其中方士虞初周说即占九三三篇。百家有一三九卷。青史氏五七篇，为最多之者。《荀子·正名》篇云："故知者论道而已矣，小家珍说之所愿皆衰矣！"小家珍说当然指那些有乖大道的游说人物，有如宋钘一类即是。从任公子钓一事观之，这样的小说是说客的储宝。诸子书中像《韩非》有《说林》上下（即预备作内外储说的资料），《淮南子》有《说山》《说林》，《列子》有《说符》，所用的"说"字，应该和《庄子》所言的小说，意义相同。《都城纪胜》："说话有四家：讲史书，讲说前代书史……之事。最长'小说人'，尽'小说'者，能以一朝一代故事顷刻间搜破"。

陆机《文赋》云："说炜晔而谲诳。"李善云："说以感动为先，故炜晔而谲诳。"谲诳可看作寓言，炜晔可看作卮言；则《庄子》之书，实亦"说"之一种形态。谲诳即神话（Myth）部分；炜晔是极尽夸饰之能事，非 grand style 不足以当之。《庄子》之书，可算是"说"之巨观。至于小说，则取材于其小焉者。桓谭《新论》云："小说家合丛残小语，近取譬论，以作短书。""小说"和"小语"、"短书"是同样性质的。后代以小说为书名甚多。如《殷芸小说》有余嘉锡辑本。《史通·杂说》称："梁武帝令殷芸编为小说。"其书实因梁武的《通史》而作，其资料即《通史》之外乘。凡不经之碎事，另行辑录之。小说之所以为小，于此可见。《汉志》小说十五家有《伊尹》二十七篇，而道家别有《伊尹》五十篇。余嘉锡认为必出于小说家，非道家之伊尹书。按余说非是。新出马王堆《老子》甲本后佚书，附有伊尹论九主一段，且言："伊尹布图（即九主图）陈筌，以明法君、法臣。"与《殷本纪》集解引刘向《别录》论九主说同。由于是书附于《老子》之后，可见当是《汉志》著录于道家之伊尹书，不必视为出于小说家。小说与非小说之分，在汉代目录学家心目中，自有他的界限。

至于小说家的功用，原有它的讽劝意义。《隋书·经籍志》云："小说者，街谈巷语之说也。"竟把它和周官诵训、及训方氏相比况，且引《左传》"士传言，庶人谤"来加以说明，余嘉锡曾有阐述。但看《国策·齐策》记邹忌因徐公之美一事说齐王，而齐王乃下令群臣吏民能面刺寡人之过者受上赏，上书谏者受中赏，能谤议于市朝者受下赏。这一故事可以看出：（1）利用小说作讽刺的成功；（2）先秦时代拥有士传言，庶人谤的事实。小说的实际功用，在说客口中如果运用技巧非常高明，当然收效甚宏。小说是"讽说之徒"所必备的武器；讽刺（irony）是他的主要技巧。irony 有时是用反语（a speaking by contraries）来引人入胜（irony 源出希腊语之"我问"）。《老子》所谓"正言若反"，是说话一种特别技巧。西方近代小说愈来愈趋向于 ironic mode，充满嘲弄（mock）的意味。这种精神在中国先秦已十分发达，尤其是游说之士及滑稽家者流，例如淳于髡"一鸣惊人"的隐语、《吕

七、战国时“文学”观念的演变

战国时期，由于政治上斗争的剧烈，各国君主，网罗人才，有时招集宾客著书，对于文学的提倡，不遗馀力。齐稷下而外，燕昭王筑台于碣石宫，赵有丛台、野台（武灵王十七年），楚前期有章华台，后期有兰台，许多文学作品，由是产生。西汉以来，淮南王、梁孝王都是继承这一老办法，把文学家集中在一起，观摩砥砺，因之作者辈出。汉赋的蓬勃，正和此有密切的关系。

可是，战国有些国家，在法家思想控制下，其施政策略，对于“文学”之事，则深恶痛绝。自秦孝公时商鞅变法以后，整个社会风气有重大的改变，由于法家思想的抬头，文学地位遂骤为之降低。三晋地区对于文学的鄙弃，在商鞅、韩非书中，可以见之。黄河流域的文学领导地位，反为江、汉、沅、湘流域的楚人取而代之，非偶然也。齐鲁一带则尚为文学昌盛的地方。《史记·儒林传序》云：“夫齐、鲁之间于文学，自古以来，其天性也。”法家反文学的理论，像《韩非·五蠹》云：“儒以文乱法，侠以武犯禁，而人主兼礼之，此取以乱也。夫离法者罪，而诸先生以文学取；犯禁者诛，……工文学者非所用，用之则乱法。”（太史公正引用此语）在“法”的推行下，“文学”必遭受禁止的，因为它是“法”的障碍物。《五蠹》又云：“然则为匹夫计者，莫如修行义而习文学。行义修则见信，见信则受事；文学习则为明师，为明师则

氏春秋·重言》篇作成公贾谏楚庄王，“谈言微中，可以解纷”，大概春秋以来已流行着的。“小说”是以街谈巷语来帮助说明大道理，它的功用是承接这一种教训精神而来的。可惜这些资料在中国只散见于诸子书中，没有人正式把它汇集起来，像印度的《五卷书》（*Pan catantra*）一样，整理成为专书。近人颇讨论到中国短篇小说的起源问题。《汉书·艺文志》著录小说十五家共千三百八十篇，而纵横家只收十二家百七篇，可见小说数量之富。虽然许多被班《志》加上不好评语，如“其语浅薄”“荒诞依托”等等，但小说家的东西，可能是（纵横家）说客的粮食，亦可能是史料的剩馀（如《周考》七十六篇是“考周事也”）。小说的内涵也包括了神话、传说、史事、寓言，尤其小说在干县令时每还用 ironic 的技巧，来说服人。它表现的方式花样，和今天所谓小说的体裁虽不相同，可是本质上是没有二致的。

显荣，此匹夫之美也。然则无功而受事，无爵而显荣，有政如此则国必乱，主必危矣。故不相容之事，不两立也。”照这样说来，文学对个人有益，但对国家则极为有害。韩非反对私学，反对无功之爵。（应即孟子所谓：“仁义忠信，乐善不倦为天爵。”）在《六反》篇中说：“学道立方，离法之民也，而世尊之曰‘文学’之士。”又说：“息文学而明法度，塞私便而一切劳，此公利也。”他特别反对那些“学道立方”的文学之士，学道则自己有突出的主张，立方则自己有独立的行动，文学是私便，而非公利，他站在公的立场来反对文学之“私见”“私说”，所以谓之“乱法”。《秦策》上说：“文士并饰，诸侯乱惑。……辩言伟服，战攻不息，繁称文辞，天下不治。”法家反对文学，是从施政公利上来作出发点。这样只有跟随着政治走的文学，只是政治的应声虫。至是，文学的地位，已被贬抑到了极点。

相反地，儒家、墨家皆倡言文学。《论语·先进》所记孔门四科，第四即是“文学子游、子夏”。汉《武斑碑》云：“数游夏之文学。”唐人《正义》说指“文章博学”，邢昺疏引范宁云：“善先王典文。”儒家所谓“文学”，是包括前代典章礼文而言的。[①]《荀子·非相》篇描写各人的怪相之后，接着说：“从者将论志意，比类文学耶?”同篇又云：“有圣人之辩者，……发之而当，成文而类。”又云：“文而致实，博而党正，是士君子之辩者也。”杨倞注：“文谓辩说之词。”这里的文，是指“辩说”。又《大略》篇云：“人之于文学，犹玉之于琢磨也。”则以为文学是不可缺少的教育工具。

---

① 陈槃曰：“案孔子之所谓‘文学’，窃以为当以全部经艺为主体；而典章之类，则是其次。‘文学’简称则曰‘文’。《论语·学而》：‘行有馀力，则以学文’。正义：‘（马融）注言古之遗文者，则《诗》《书》《礼》《乐》《易》《春秋》六经是也。’不误也。齐鲁间之所谓‘文学’亦然。故《史记·儒林传上》言：‘齐鲁之间于文学，自古以来，其天性也。’继即云：‘故汉兴，然后诸儒得修其经艺。’《汉书·地理志下》‘齐地’条亦云：‘初太公治齐，修道术，尊贤智，赏有功，故至今，其土多好经术……’齐鲁之文学既无异于孔子之所谓文学，则与战国时期燕赵楚国所提倡所影响而产生之纯文学，似不可以相提并论（若稷下学士‘谈天’‘雕龙’之辈，则又当别论）。”

墨子亦提出“文学”一词。《墨子·非命》中云：“凡出言谈，由（犹）文学之为道也，则不可而不先立义法（按即法仪）；若言而无义，譬犹立朝夕于员均之上也；则虽有巧工，必不能得正焉。”这里的“文学”，是指“立言”的文辞。

文学都为儒与墨所注重，故汉时任为“文学”的儒官，他们论学的宗旨，往往兼及儒墨，《盐铁论·相刺》篇云：“今文学言治则尧舜，道行则称孔墨。”是其明证。

文学一名，从春秋战国至汉，其含义实在经过广狭多次的变更，略加说明如次：

（一）文指“文化”（Culture）的总体，这是“文”的宇宙义。

《国语·周语下》：“单襄公有疾，召（其子）顷公而告之曰：……其行也文，能文则天地……此十一者，夫子皆有焉……文之象也。”按此义出自《尧典》“钦明文思”，注：“经天纬地谓之文。”（《白虎通·三教》篇）周教尚文和夏教尚忠、殷教尚敬不同，孔子云：“郁郁乎文哉！吾从周。”这可说是极高度的人文观点。

（二）文学指辩说、文辞（Literary work）。

如上引墨子、荀子等家说。

（三）文学指学术（Scholarship）。

《史记·儒林传序》云：“延文学儒者数百人……以文学礼义为官。……自此以来……斌斌多文学之士矣。”汉武举方正贤良文学之士，即是此类。

（四）文学为官名（Official name），指方士或儒生。

秦人薄“文”，此为商鞅以来之传统观念，自无足怪。惟秦时有狱吏典文学者，如《史记·蒙恬传》：“恬尝书狱典文学。”《索隐》：“谓恬尝学狱法，遂作狱官，典文学。”中井积德曰：“谓作狱辞文书。”秦世教育以吏为师，此“文学”二字见于秦人史传，文学且配合法律，亦一有趣之事。

《秦始皇纪》：“悉召文学方术士甚众，欲以兴太平，方士欲谏，以求奇药。”秦所坑之儒生、方术士，亦称文学诸生。汉代学官及师儒都称曰文学（见刘宝楠《愈愚录》卷五“汉学官”条，又卷六“汉学师”条）。武威汉简：“诸文学弟子出穀。”《河平（公元前25年）月忌简》四汉地方郡国“文学”之官，始于景帝末年（见《汉书·文翁传》），如匡衡为平原文学。及曹丕为五官将，亦置文学之官。汉以后，文学往往偏指“经学”（Classics）及礼乐，见崔瑗《南阳文学颂》。以后才指纯文学（belles-letters）。文学一名，秦汉前后之演变如此。战国时代，诸子书中所谓文学，大抵是指辨说及文辞而言，涵义不如前后之为广义的和偏称的一样。

原载于《史语所集刊》第四八本第一册，1977年

词与禅

以禅说诗，人所习知；以禅论词，世犹罕道。清江顺诒《词学集成》卷七引满洲如冠九（山）为《心庵词》序云：

> “明月几时有”，词而仙者也。“吹皱一池春水”，词而禅者也。仙不易学，而禅可学矣。……是故词之为境也，空潭印月，上下一澈，屏智识也。清磬出尘，妙香远闻，参净因也。鸟鸣珠箔，群花自落，超圆觉也。

遂谓“以禅喻词，又为词家辟一途”。江氏仅举此一例。余涉猎前贤词集，所见引禅理入者，不一而足。考《碧鸡漫志》论“东坡先生非心醉于音律者，偶尔作歌，指出‘向上一路’，新天下耳目，弄笔者始知自振”。“向上”语，原见《传灯录》：“宝积禅师上堂示众曰：‘向上一路，千圣不传，学者劳形，如猿捉影。’”严沧浪《诗辨》亦点出“工夫有向上一路”。东坡有极高明之襟抱，抒写为词，不同凡近，如宗门之极高明处，故以“向上”比况之。向来讥吴梦窗词者，喜以七宝楼台，碎拆下来不成片段为喻。按《新唐书》（一〇二）《姚琦传》，奏称“弥勒成佛，七宝台须臾散坏”，语正同此。

元陆行直之《词旨》，内列“词眼”二十六则。按宋人喜言“诗眼”。范温记山谷语云：“学者先以识为主，禅家所谓正法眼藏。”“直须具此眼目，方可入道。”又云：“句中有眼，学者不知此妙，韵终不胜。”温据其说作《潜溪诗眼》一卷，称“识文章者，当如禅家有悟门”。有“诗眼”而后有“词眼”，溯其渊源，本与禅悟有关；惟《词旨》之“词眼”，乃谓警策字眼，所指少异矣。

董其昌以神喻画，名其居曰“画禅室”。明代文人大都喜言禅。李开先称谜语曰“诗禅”[1]，袁宏道校李贽《枕中十书》[2] 有“文字禅”。书画家之张瑞图，其《白毫庵集》内有《禅肤篇》。曹学佺为闽中林崇孚《瓿馀》序云：

> 洪江社集论渊明以酒为禅，谢灵运以诗为禅，远公皆随机而接之。

此说极新颖，具见明人嗜以禅设喻。吴赵宧光之夫人陆卿子，有《玄芝集》，宧光为之序云：

> 余志在禅，而意兴诗；妇志在诗，而意兴禅。故余堕鄙俚，妇堕组绘，二者皆非是。[3]

禅用偈语，故近俚俗，诗尚文藻，故多丽句。其述夫妇旨趣之异，实则殊途同归，假禅立论，别具妙谛。

词自明末，弥尚艳冶，与禅义尤乖违。而词家以禅取譬者，约有二义：一以求忏悔，一以求解脱。求忏悔者，消极之论，聊自慰释；求解脱者，则其造论往往有新之体会，于词境之开拓尤有功焉。

崇祯间，钱塘吴本泰名其词集曰《绮语障》[4]。案南宋鄱阳张辑词名曰《东泽绮语债》，吴集之命名即本此。绮语者，《大乘义章》云：“邪言不正，其犹绮色，从喻立称，故名绮语。”佛家引以为戒。敦煌P·三八八七《忏悔词》，绮语为十目之一，《爰园词话》引十戒有绮语，故宋人称词曰“语业”[5]。龚鼎孳于其词集有《绮忏自题》云：

> 湖上旅愁，呼春风柳七（永），凭栏欲语，时一吟《花间》

---

① 《肉蒲团》且题曰“觉后禅”，更为谬种。

② 《大雅堂订正》。

③ 以上三种皆日本内阁文库藏。

④ 《明词综》选录其词，吴集后为禁书。

⑤ 如杨炎正之《西樵语业》。

（集）小令，……寻自厌悔。昔山谷以绮语被诃，针鎚甚痛，要其语妙天下，无妨为大雅罪人。吾不能绮，而诡之乎忏。然则吾不当忏绮语，当忏妄语矣。

以一时艳宗，而出此语，正抒其厌悔之心。黄山谷撰《晏小山集序》云："余间作乐府，以使酒玩世。道人法秀独罪余以笔墨劝淫，于我法中当下犁舌之狱。"《冷斋夜话》卷十"鲁直悟法秀语，罢作小词"，即记此事。[①] 尤侗序王西樵（士禄）《炊闻词》云：

或谓西樵方长斋绣佛，盥写名经，不当忏此绮语耶？不也。天上无懵懂仙人，西方岂有钝根佛子？假以炊闻卮语供养如来，如来必且微笑，以教迦陵诸鸟，鹙子大弟，和以微妙之音。

语尤佻巧。乾隆间郭麐亦名其词集曰《忏馀绮语》：自序云："学道未深，幻情妄想……"盖词人固一面自言忏悔，一面仍写其绮语也。清初词人喜借禅喻词，曹秋岳有"参活句"之说。其序沈雄《古今词话》云：

换羽移宫，不留妙理于言外。虽极天分殊优，加人工之雅縟，究非当行种草，本色真乘也。……用写曲衷，亟参活句，生机欲跃，……意致相诡，无理入妙者，代不数人，人不数句。

诗有活法，宋人恒言之。如四明史弥宁《友林乙稿》云：

诗家活法类禅机，悟处工夫谁得知？寻着这些关捩子，国风雅颂不难追。[②]

诗家有活法，词家亦有活法，理固无二致也。以禅譬喻词境，惟聂先之说最有可观。其《清百名家词序》云：

---

① 又《苕溪渔隐丛话》前集卷五十七"秀老"条。

② 宋刊蝴蝶装，香港某氏藏，有苍茫斋影本。

余不知词而知禅，请以禅喻。五祖举示佛果云：“频呼小玉元无事，只要檀郎认得声。”果入室云：“少年一段风流事，只许佳人独自知。”此绝妙好词也，近于丽织。政黄牛云：“解空不解离声色，似听孤猿月下啼。”此绝妙好词也，近于清寒。端师子云：“我本潇湘一钓客，自东自西自南北。”此绝妙好词也，近于豪宕。洪觉范云：“秋阴未破雪满山，笑指千峰欲归去。”此绝妙好词也，近于淡冶。《首楞严》曰：“佛谓阿难，辟如琴瑟箜篌琵琶，虽有妙音，若非妙手，亦不能发。”今诸公之词，各以妙指而发妙音。……欲使天下之人，有目共睹，有耳共闻。尽使摸象之盲人，扣钟之聋者，忽如天眼顿开，疾雷破柱，直得香象渡河，华鲸夜吼，岂不快哉！

真是一篇佳绝之小品文。能以夸张法（atiśayokti）构想，妙用直喻（upamā）、暗喻（rūpaka），机锋四起，亦活法之善用者矣。

谭复堂于厉樊榭《齐天乐·秋声馆赋秋声》，评曰：“词禅。”此词中“独自开门，满庭都是月”，如《指月录》中语，的是名句。海盐董潮《东风齐著力》词，有句云：“石坛风静，旛影昼沉。阑角嫣然一笑，凝眸处，黛浅红深。君知否，桃花燕子，都是禅心。”凄馨秀逸，论者谓为真词禅也。[①] 此亦参活句之佳例。俞樾《采桑子》有隽句云：“死是禅心，活是仙心。一样工夫两样心。”不死不能活，亦能道破妙处也。

有以禅分南、北，以喻词之有南、北二派。张其锦道光六年《梅边吹笛谱序》云：

南宋词有两派：一为白石，以清空为主。高、史辅之。前则有梦窗、竹山、西麓、虚斋、蒲江，后则有玉田、圣与、公谨、商隐。扫除野狐，独标正谛，犹禅之南宗也。一派为稼轩，以豪迈为主。继之者龙洲、放翁、后村，犹禅之北宗也。

① 见《两浙词人小传》卷八。

董玄宰论画分南、北宗，此师其意。而以白石之清空属南宗，稼轩之豪迈为北宗，所见极新，而未必尽确。又有主融情于声色，而通乎至道者。项名达为赵秋舲《香消酒醒词》序云：

辞藻，色也；宫调，声也；选声配色，而以我咏叹其间者，情也。情与声色，去道远，而一变即可以至道。……故声色者，道之材；而情者，道之蒂也。……香与酒犹之声色，苟融情于香酒，自有不待消而消，不待醒而醒者。故知声即无声，得微妙声；色即无色，得善常色；情即无情，得普遍情。……由文字入，总持门出，生功德无量。则是词也，小乘戒之曰绮语，大乘宝之则曰道种。

其说至精，化绮语而归于至道，依大乘义，现身说法，较龚、尤辈又进一步矣。论词者又每喜以《法华》《华严》《楞严》取譬。田同之《西圃词话》云：

词之一道，纵横入妙，能转法华，则本来寂灭，不碍昙花。文字性灵，无非般若。频呼小玉，亦可证入圆通矣。

此以转《法华》为喻，乃袭取自高珩之《珂雪词序》也。施愚山《蠖斋诗话》誉渔洋诗如华严楼阁，弹指即现。《渔洋诗话》亦载之，用以自炫。顾贞观名其词曰《弹指》，诸洛为序，备述其说，谓：

先生尝曰：吾词独不落宋人圈禶。昔弥勒弹指，楼阁门开，善才即见百千万亿弥勒化身。先生以斯名集，殆自示其苦心孤诣，超神入化处。

按《梁书·处士传》刘歊独坐空室，一老父至门，弹指而出。歊与宝志善，作《革终论》，乃虔诚之佛徒，词人但借用其语。厉鹗词中《游西溪》名句"凭高一声弹指，天地入斜晖"，后人为建"弹指楼"。此掌故诚有足记者。弥勒弹指顷即现千万化身，词有无数法门，惟智者乃获悟入处，其道亦犹是也。蒋剑人敦复渡江后为僧，法名妙喜[①]。其论周保绪《六丑·赋杨花》云“声律谨严处，可谓字字从华严法界中来”[②]。此并以《华严》为喻也。项名达序《香消酒醒词》亦言赵秋舲（庆熺）尝云：“词学宜少不宜老，以时变者也。即变而入不变，舍《楞严》其谁与归？”则又比之《楞严》矣。

王半山和俞秀老禅思词，杨升庵著之《词品》。又举衲子填词二者。释氏词著名者，无如清释正岩《点绛唇》“自家拍掌，唱得千山响”[③] 二句。

宋人词集，始取名于禅。陈与义曰《无住词》，杨无咎曰《逃禅词》。清人以禅名词集者更夥。如嘉庆时大兴邵寿民（葆祺）有《情禅词》，道光间潘钟瑞有《香禅词》，龚定庵有《红禅词》。然此辈皆非方外之徒也。纳兰性德名其词曰《饮水》，自谓：“如人饮水，冷暖自知。”语本之道明禅师[④]。陈维崧名其词曰《迦陵》。梵语妙音鸟曰：“迦陵频迦”（Kalavinkā），《弥陀经》之极乐鸟[⑤]。先是黎遂球名其集曰《迦陵》，自序云：“净域之鸟，彀而能鸣，聊以忏悔云尔。”而蒋景祁序《湖海楼词》云：“夫迦陵者，西王母所使之鸟名也。其羽毛世不可得而见，其文彩世不可得而知。划然啸空，声若鸾凤。神仙之与偕，而缥缈之与宅。”维崧以名其集，岂取义乎此耶？曹贞吉名词集曰《珂雪》，亦取释典。王僧孺《初夜文》谓天尊“焕发青莲，容与珂雪”。敦煌卷S·五六四五咒生偈句：“目净修广若青莲，齿白齐密由珂雪。”是其例也。

闺秀吴蘋香（藻）词名曰《香南雪北》，盖本潞府妙胜臻禅师答僧

---

① 见《听秋声词话》卷十七。

② 《芬陀利室词话》卷一。

③ 《雨村词话》、《铜鼓书堂词话》俱载之。正岩有《豁堂老人诗馀》。

④ 答卢行者语，见《五灯会元》。性德《渌水亭杂识》四称：“钟伯敬妙解《楞严》，知有根性在钱蒙叟上。”知其早契禅机，非偶然矣。纳兰拯吴汉槎于塞外，及其覆舟而没，汉槎为容若刻《大悲陀罗尼忏》，王昶《论诗绝句》记其事。

⑤ 汉人于梵译喜作省词。郭璺频伽，即截取下半 Vinkā。伽陵则取上半之Kala。

问："金粟如来为什么却降释迦会里?"云："香山南，雪山北。"① 蒋敦复名其词曰《芬陀利室》。芬陀利，梵语 Pundarkia，白莲花也。沈寐叟名其词曰《曼陀罗室》。梵语 Mandara，天妙华，香而色清者也。凡此皆取自释氏，以名其词集，而各立胜解。王芑孙《瑶想词》有句云："不守辛苏杜撰禅，不从周柳觅蹄荃。"词家之禅，其杜撰禅之亚乎?

虽然，词人多具慧眼，吐属超脱，自非凡响。黄仲则《竹眠词》中《金缕曲》，劳濂叔手书大悲咒为赠，云可却魔障，报以此解。隽句如："论慧力，图澄堪证。""更凿险，降魔杵奋。只恐夜深惊屈宋，月明中，虽把骚魂认。"工作鬼语，妙想环生。沈寐叟《金缕曲》"健骨金刚锁"一首，贯穿内典，别开生面，如其诗之为同光体，具开埠头本领也。同时能以梵典入词而以凄婉嗟叹出之者，若陈仁先《旧月簃词》之《八声甘州》，写雷峰塔倾圮，悲凉激越。其小词如《浣溪沙·梵香》云："微滓虚空是泪痕，聊凭香篆定心魂，重帏深下易黄昏。　学道不成仍不悔，此心难冷更难温，一丝还嫋博山云。"低徊悱恻，语语真挚，不涉理路，故为高绝。是能参透唐人一关，异乎翻著袜之作，徒以戏论取悦者可同日而语也。其句又如："残年心事，寂寞礼空王。"词人老去无聊，往往托情于是。朱彊村句"禅悦新耽如有会"(《浣溪沙》)，正同此意。昔唐栖蟾有云："诗为儒者禅。"② 盖有得于禅者，具外向、内向两种：外向者，类放荡而流于狂禅；内向者，则视禅为安心立命之地，以理性情之正，尤近于儒。词亦可为儒者禅，与诗相儗，特欲缱绻蕴藉，不肯道破。难冷难温，此词心所以不同于诗心者欤！

友人陈世骧教授曩曾撰 *Chinese Poetic and Zenism* 一文，载 *Oriens* Vol. X, No. 1, 1957。近年 R. H. Blyth 有 *Zen in English Literature and Oriental Classics* 一书 (The Hokuseido Press)，多援引诗句以入禅。至于倚声之道，词人每取与释典及禅语比附。陈眉公《偃曝谈馀》(卷下)

---

① 参考《蕙风词话》卷二。

② 《弘秀集》卷十。

曾讥严沧浪为“杜撰禅”。词人言禅，大率类此。虽无关宏旨，然于文学批评，或可供拊掌谈助之资。顷值《清华学报》文学专号征文，爰类次平日读书札记，强凑成篇，不遑博考，览者以词话目之可耳。

饶宗颐附记

原载《清华学报》第七卷第一期，1968 年

论清词在词史上之地位

我之所以选定《论清词在词史上之地位》作为讲题，是因为个人年轻时曾参与叶遐庵先生《全清词钞》之编纂工作，叶先生的清词资料，我都经手过，因此对于清词不无一点体会，虽然事隔几十年，明日黄花，仍值得一讲。

一

词衰于明，至清而复盛。作者之众，为旷古所未有。叶先生《全清词钞》初次定稿，入选者3200人。其作品庸浅芟弃者，与夫耳目所限未及采录者为数尤夥。

叶先生曾初步将有清270馀年，作一清账，统计列朝作者，大致如下：

顺治	188人	康熙	117人
雍正	36人	乾隆	362人
嘉庆	328人	道光	440人
咸丰	202人	同治	110人
光绪	178人	宣统	132人

以道光时词人人数最多。叶氏以为由常州派之影响。[①]

---

① 叶说见《遐庵汇编》下演讲类《清代词学之撮影》，页367。叶表列清词人总数为4237人，注云原共4850人，除600馀人，不知籍贯。按以馀后来所知续有增加，清代词人，实不止此数。

若以地域分布而论，康熙间宜兴蒋景祁（京少）撰《瑶华集》，附有词人姓氏爵里，其集成于康熙丁卯（二十六年）。断自六十年间词人出处，清初词人分布，略具于斯。叶氏又有分省作者统计，下及光宣之世。兹比较蒋、叶两家，列表如次：

	蒋	叶
江苏（江南）	258	2009
浙江	145	1248
安徽（在江南）		1248
广东	1	159
福建	8	87
江西	4	71
湖南		60
满洲		58
直隶	1	758
山东	13	53
四川		34
河南	8	34
贵州	1	32
湖北（湖广）	7	32
山西	1	26
云南		18
广西		18
陕西	2	13
奉天		11
顺天（京师）	7	10
甘肃		3
蒙古		3
（他省无之）		

蒋集代表康熙二十五年以前，叶钞计至清末。大体观之，江苏、浙江为首屈。广东清初只 1 人（按屈大均蒋集失载），清末增至 159 人，列第四位；福建清初 8 人，至清末增为 87 人；江苏至清季得 2000 人，几占清代词人之半数。故知东南之美，在于文事，倚声之学，尤其首选焉。

词人所以集中于扬子江流域及珠江流域者，殆以其地区经济繁荣。明季以来，江南一带，土地兼并日众，苏松间棉织业尤盛，士民富庶。声伎所萃，吴门扬州之画舫，均脍炙人口。清时有总督两江者，尽逐秦淮诸姬，迨旌节即移，笙歌复集。而维扬为淮左名都，竹西歌吹，自昔著称，至清尤极一时之盛云。[①]

扬子江流域词人之蓬勃，又有二因：一为文学门第中人才之累叶继承[②]，一为业鹾政者之乐于提倡风雅[③]。

前者可以吴门潘氏为例。杜文澜云："吴县潘太傅文恭公（世恩）以殿撰居首揆，著述等身，而词无刊本。其诸子郡徒，竞为倚声，各有专集。"[④] 而三松老人潘奕隽，其侄孙曾玮以瓻蜚亏损下，为文坛领袖。同治癸酉，潘侍郎祖荫重刻周济《宋四家词选》，憩园亦记其事，具见常州词学之盛行，潘氏实有扬扢之功。兹将潘氏一门词人与词集表之如次。[⑤]

---

① 记声伎之书，余澹心《板桥杂记》而后，李斗之《扬州画舫录》、缪荃孙之《秦淮广记》，多叙词人与歌妓过从之事。清初官妓名乐户，详吴园次《扬州鼓吹词序》。

② 潘光旦《明清两代嘉兴的望族》（上海，1947）；及何炳棣，*The Ladder of Success in Imperial China*（New York：Columbia UP，1964）。

③ 何炳棣，*The Salt Merchants of Yang-Chou*（*HJAS* XVII，1954）；佐伯富《清代盐政研究》第七章《盐商之奢侈》，页 303。

④ 《憩园词话》卷二；又详丁绍仪《听秋声馆词话》卷十九。

⑤ 《著砚楼书跋》，载大阜《潘氏支谱》，页 92，颇详潘家始末。

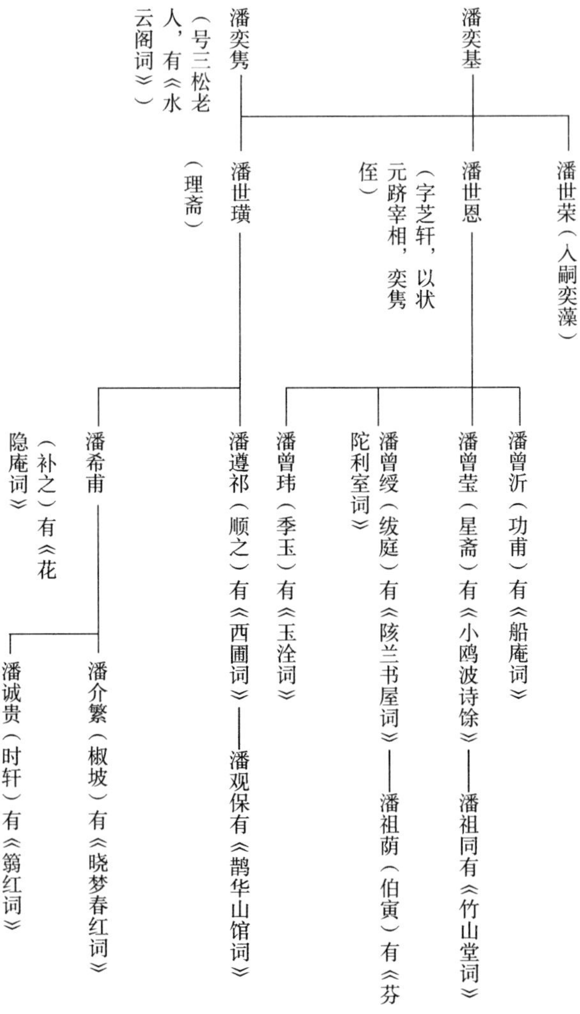

又潘钟瑞（麟生）为太傅文恭公侄孙，曾佐杜文澜重订《词律》，《憩园词话》眉批即出于钟瑞之手，著有《香禅词》。文恭族子遵璈（子绣）有《香隐庵词》①。潘氏诸子，皆生华朊，席丰履厚，居有园林水石之胜②，以书画自娱。（奕隽著有《三松堂书目》及《三松堂书画

① 殉洪杨之难，遗作收入光绪十年钟瑞辑四家诗词合刻。

② 如曾沂所居曰凤池屹，曾玮曰养闲草堂，在百花巷。

记》。）曾莹及遵祁皆擅画。曾莹著《墨缘小录》《红雪山房画品》《小鸥波馆画寄》；遵祁著《西圃题画诗》，一时雅士，皆出入其门。[①] 而地方团防措款之务，亦以巨绅参与其事，如潘曾玮倡泰西会防之议，与英将戈登会商[②]，不特主持风雅而已。

江浙闺秀多能词，世家巨族，彤管留芬，若武进庄氏，自康熙至同治，累世绵延，更为罕见。徐珂云：

> 毗陵庄氏闺秀，工诗词，……则有回生之妇沈恭人，及次女静芬、季女赟孙。仪生之妇卓媛，字萦素，柱之妇钱太夫人，定嘉之妇荆安人及长女德芬。存与之次女蟆之、季女玉芝。培因之长女环瑛，高驷之妇李孺人，蓉让之长女玉珍及次女。逢原之女芬秀，关和之女盘珠，文和之长女如珠，隽甲之妇汪孺人，钧之次女素馨，炘之次女婉娴，述之妇夏孺人，映垣之季女若韫，翊毗之妇杨孺人。自康熙以迄同治，凡得二十二人。皆以诗词名于时，而盘珠尤著。[③]

德芬（字端人，知府董思驷母）有《晚翠轩词》。盘珠（字莲佩，举人吴轼妻）有《秋水轩词》，刊刻非仅一次[④]。清世文学门第之盛，闺秀尚且如此，亦前代所罕见者也。

次论词学与鹾政。清代漕运，其初长芦、两淮并重，自乾隆之末，天津风雨缺隄，冲没盐包三十馀万。嘉庆二年，户部议准，长芦乏商，令江苏遴商接办。[⑤] 自是盐运集于两淮，扬州为都转中心，财富人文，咸荟萃焉。

---

① 为之题咏者，如宋翔凤，词集中有题潘星斋、绂庭兄弟之填词图，黄燮清《国朝词综续编》，由曾莹为之序。

② 详见《憩园词话》卷二。

③ 《近词丛话》卷二。

④ 有光绪二年丙子思补斋巾箱本，光绪十年甲申《林下雅音集》本，光绪二十二年丙申徐氏《小檀栾室闺秀词钞》本。

⑤ 山口迪子《清代之漕运与船商》，《东洋史研究》一七（1958）。

宛平查氏，以鹾业起家，查为仁（莲坡）与弟查礼（恂叔）俱嗜词，所居天津有水西庄[①]，一时为名流所聚。而祁门马氏兄弟曰琯（秋玉）、曰璐（佩兮）居扬州，时称二马，亦席鹾业，而笃好风雅。曰璐有小玲珑山馆，与查氏水西庄，南北并峙。马氏南庄有卸帆楼，查氏亦有数帆台，恰成遥对。[②] 马氏兄弟并举大科，好延揽名士以声结社，吴越才彦过淮扬者必馆其家。厉樊榭于邗上纳姬，亦马氏兄弟玉成之。谢北游经天津，亦主查为仁家。《天津府志》载为仁著述有《绝妙好词笺》十卷、《诗馀纪事》、《拟乐府补题》一卷、《押帘词》一卷。其《绝妙好词笺》，即樊榭与为仁合撰者也。又若朱彝尊之归，过扬州，安麓村与万金，马秋玉为刊《经义考》[③]，此并当日文人依附盐商之著例。

康熙以来，主两淮盐政者，多嗜风雅，周亮工（栎园）（以顺治二年官两淮盐法道）、曹寅（楝亭）、卢见曾（雅雨）、曾燠（宾谷），以至杜文澜（小舫）（署盐运使），其著者也。彼辈喜刻书，故亦网罗文士相佐为理。《两淮盐法志》，即出词人黄之隽手。乾隆二十一年，王昶应卢雅雨之招，赴扬州为撰《红桥小志》（《春融望集附年谱》）。迨乾隆三十三年，两淮运使行事发生，王昶与赵文哲坐言语不密去职[④]，一时传为话柄。安岐（著《墨缘汇观》）治盐于两淮，故扬州新城有安家巷，宋翔凤词有《扬州忆》，犹称道其事。[⑤] 翔凤道光未曾为盐官也。[⑥] 词人之为盐官者不一而足。如勒方锜官盐巡道，顾文彬为武昌盐法道，蒋春霖为淮南鹾尹，范桢（乌程范锴之孙）为鹾参军。咸、同

---

① 水西庄见于词人作品颇多，如嘉定赵虹尝与许双渠同过水西庄逭暑，赋《买陂塘》，查莲坡亦倚是调和之。

② 《清词玉屑》卷二。

③ 《扬州画舫录》卷一〇。

④ 《词征》卷六。

⑤ 见《尚箫词》之《望江南》，颇记扬州掌故。

⑥ 《憩园词话》云："两湖行销淮南纲盐，时由湖南委丞、倅、牧令一员，至汉镇稽收水程，名曰南程委员。道光末，委者为宋于庭司马，长洲老名士也。"

间，驻淮之都转，多好倚声。[1] 盐官肥缺，文人乐趋之，薄有积蓄，即可优游林下，寄情吟咏。光绪丙子、丁丑间，吴中文谳多在顾文彬（子山）之怡园。顾氏富收藏（著有《过云楼书画记》），有《眉绿楼词》，其中怡园词一千二百馀阕，以《望江南》谓分咏，闲情逸致，可以想见。两淮盐政，聚于扬州，繁盛甲东南，需次盐官多至数百，词人依附者不少，故词亦盛于扬州。自道光十二年，两江总督兼淮盐政陶奏请改票，扬州鹾业一落千丈。丁绍仪录孙汝夔（湘槎）《扬州慢》句云："而今寂寞，賸红桥波影空横。"且谓此词殆作于淮盐改票后，鹾商失业，市景日落，不无今昔之慨[2]，谭献《箧中词续》特载之《望江南·淞南乐府》（六十阕），其"盐贩荷枷凭役卖"句，谢章铤记其事，详其缘由，以为劝诫。[3] 降至晚清，周梦坡为两浙词人起祠堂，并著小传，梦坡亦以盐致富者也。[4]

二

向者目词为小道，自张皋文而后，词体始尊。兴于微言，以相感动，至以《国风》导其归，《离骚》表其洁，研经之士，顾未之废，且复要眇宜修，资词以达其款曲，于是学人之言与才人之言合轨，而恣其所诣，则骎骎乎视赵宋堂庑，更为广大焉。

试假宋人言词之语，以为比况。黄玉林《绝妙词选·序》云："及乎近世，人各有词，词各有体，……其盛丽如游金张之堂，妖冶如揽嫱施之袪，悲壮如三闾，豪俊如五陵"。此清初之词风也。滕仲因《笑笑词跋》言南宋之变，则云："其词或如惊涛出壑，或如绉縠纹江，或如净练赴海，可谓冰生于水而寒于水"。嘉道以降，词之多体，盖类是矣。

有清之词，为浙、常两派所笼罩，此外犹有若干开风气之人物，足

① 《憩园词话》所记甚悉。

② 《听秋声馆词话》卷二。

③ 《赌棋山庄词话》卷八。

④ 见章太炎《文录续编》周氏本传。

以称述。中间至顾贞观为一变，有如范仲淹、王安石以之咏史怀古。至陈其年又一变，如东坡、山谷之纵横杂出，禅机诨俚，不可方物。至王半塘又一变，如稼轩之大开户牖，噌吰象征鞳。至朱古微又一变，则似梦窗之镂冰刻楮，益臻邃密。清词演变消长之迹，与宋词复相仿佛焉。

曾谓词中之宋与清，正犹诗中有唐与宋，论诗尊唐而薄宋，则论词乌可存宋而废清耶？然宋词与清词，其间异同之故，犹可得而言者：宋词重意兴，而复尚思理，陈亮与郑景元书云："搏搦义理，劫剥经传，而卒归之曲子之律。"此一境界，清词无之。清虽重经术而非理学时代，故切问近思之言，不入操觚家之手，此其异也。宋词多真朴，出于自然；清词多刻露，具见巧思。一得于天，而一得于人，又其异也。宋人为词，大半出于馀兴戏。[①] 而清人则有以词为专业，如陈迦陵是也。迦陵向以诗与词兼治，追游广陵，遂弃诗弗作，其词几千八百篇。[②] 戈载《翠薇花馆词》二十七卷，亦极繁富。而无锡王一元所作几近万首，自订存词一千六百馀首（名《芙蓉舫集》）。孙尔准《论词绝句》云："谁知万首连城璧，眼底无人识畹仙。"[③] 作品之多，前古之所未有，足以傲睨宋贤矣。

宋词作者，多显宦巨公，借以达志。[④] 可见宋人之以词言志。清世则名士墨客以至闺秀，无不为词，呕心写怀，无病呻吟之作遂多。而学人经生，为之弥工。若名公巨卿，反罕所致力，则风气之异于汴宋者也。宋词或假以言志、论国是，辛稼轩、陈龙川为其代表。清词虽多体物咏怀，顾不若宋词之有思想有内容。宋词中时有微言，叶水心《书龙川集后》已发之。叶文云："（亮）有《长短句》四卷，每一章就，辄自叹曰平生经济之怀，略已陈矣。"余所谓微言，多此类也。清词惟末

---

① 淳祐间，胡仔撰《唐宋诸贤绝妙词选序》云："古乐府不作，而后长短句出焉。我朝巨公胜士，娱戏文章，亦多及此。"

② 见蒋景祁《迦陵词序》。

③ 见《听秋声馆词话》。

④ 李慈铭四印斋本《南宋名臣词序》："词之为道，儒所不屑言，然宋时名公巨人如韩、范、欧阳无不为之。……间为长短句，皆曲折如志，务尽其所欲言。"

叶王半塘辈，于此偶睹一二，直凤毛麟角矣。要之，清人之于词，其始也，撷兰荃之灵芬，绵逸韵于花草。继则取途姜张，力追北宋。而终也“变化益多，取材益富”（借周止庵语），仍以南宋为依归。而词律之严识分铢，词学之力求精覈，郑声弗竞，真宰长存，遂使声家小道，蔚成大国，则非宋人所可企及，此清词在文学史上所以有不祧之地位也。王静安论词，深抑南宋，似未见及此！

（一）明词之中衰与复振

我曾编纂《全明词》，得900人，我当年在“中央图书馆”检读1600馀种明代别集，又于日本内阁文库与其他图书馆（如美国哈佛、耶鲁各处）做过搜集功夫，对明词略知一二，试论其概：

明初，承宋、元馀绪，诚意伯以开国功臣，为倚声疏凿手。其《写情集》四卷，颇多雅丽可诵之作。姚广孝《转应词》之“新柳、斜日”[①]，宛曲有致。杨眉庵词多媚靡，而朱竹垞犹称其与张辑、张翥，同具姜夔之一体，且慨然于自“杨基而后，得其门者益寡”[②]。诚如是，则眉庵不啻开浙派之先河也。正统间，天游道者王耐轩（达）词，袭道家臭味，既以《忆梅十咏》分寄浙江高僧，又和刘龙洲（《念奴娇》），戴石屏（《沁园春》）之作，又为《满庭芳》（八首）。词之题材，多涉理路。[③] 而瞿祐于一日之间，尽和凌彦翀（云翰）之《霜天晓角》梅词，《柳梢青》柳词各一百首，后世传为佳话。云翰则与仇山村、贝云琚（琼）相倡和者，贝氏送其归杭诗云：“正好听君《苏武慢》。”则指其和《鸣鹤馀音》也。明初词风于喁之盛，于此可见。其以理学入词，亦明人特色，聂双江（豹）有《大江东去》，用苏韵答戴子三首，论儒、论佛、论道，自注被逮时作，论佛一道特佳，极饶思理。[④] 若此之类，犹是远承南宋“抟捓义理”之旧习也。

---

① 见《逃虚子集》。

② 见《黑蝶斋词序》。

③ 其题有“观势”“息交”“浩歌”“梦”“静坐”“慎言”“量力”“自律”等，见《天游文集》卷六，台湾“中央图书馆”藏本。

④ 见“中央图书馆”藏隆庆六年永丰云丘书院刊本《聂先生文集》卷十二。

明词之坏于以词为酬应之作品，自宰辅翰苑以次，无不以词为贺投赠，蔚成风尚。[①] 今检明人别集，触目皆是，千篇一律，如出《翰墨大全》[②]。黄茅白苇，不忍终卷。词格之卑，无逾于此矣！

另一方面，散曲之流行，词之地位，遂为所夺。王世贞《艺苑卮言》云："我朝以词名家者，伯温秾纤有致，去宋尚隔一尘。用修（杨慎）好入六朝丽事，似近而远。公谨（夏言）最号雄爽，比之稼轩，觉少精思。"《四库提要》亦称："言未相时，以词曲擅名，然集内词亦未甚工。"夏言之散曲实优于词，是时才人移其精力于曲，而词非所措意。即或为之，貌为梗概多气，实则叫嚣狂怪。王弇州云"曲兴而词亡"，"元有曲而无词，如虞、赵诸公，不免以才情属曲，而以气概属词，词所以亡也"。此言词为曲所代替，元时已然矣。明季俞彦《爰园词话》更畅言词亡于明，谓"即诗馀中可采入南剧者，亦仅引子，中调以上，通不知何物，此词之所以亡也"。其工丽之制，入于南曲，词已失其存在之价值，故诸家有词亡之叹也。

虽然，谓词剥于明则可，谓词亡于明，则论有未允。明之中叶，陈声伯（霆）崛起于浙，其《水南词》二百首，意境潇洒，有如稼轩、东坡、美成等作，盖明词之成家数者。于末造，陈卧子尤极专诣。[③] 甲申后作，更凄恻低徊，朱彊村亟称之，谓"湘真老，断代殿失明"[④]。虽长篇有所不足，然视宋季黄公绍辈，有过之无不及矣。同时作者张瑶星（怡）之手钞《张叔夏集》[⑤] 与浙西之祈向相同，吴日生之《虞美人》佳句，为蒋鹿潭所效法。[⑥] 清初曹秋岳提倡南宋词，而秋岳实与海

---

① 较早如洪武翰林学士刘三吾之《斐然稿》，"中央图书馆"藏万历本，卷下有诗馀七首，皆慢词，并代赠之制。又洪武间，武英殿大学士黄淮之《介庵集》，明初刊黑口本，卷四有词一首，题为"东里少傅遣词为寿，次韵奉谢"。此例至多，不胜枚举。

② 宋刘应李撰，内录宋元人诗馀千馀首，以庆寿门排日诗词数卷为最富。

③ 见《倚声初集》评语。

④ 拙作《朱彊村论清词望江南笺》，《文辙》，页 751—780。

⑤ 见朱彝尊《静志居诗话》。

⑥ 吴句云"撇下一天星露满江南"，而蒋句"忘却满身清露在天涯"，声情至近。

宁陆辛斋（嘉淑）、纶山（宏定）昆仲相酬唱，二陆家学渊源于其父射山先生珏[①]。秋岳之学，似与海宁陆氏不无关系，其序沈雄《古今诗话》，极称道白石、玉田，与竹垞之“倚新声，玉田差近”，正是一脉相承也。

清初词风之盛，明季诸贤有以启迪之，请言其故。尤西堂《南溪词序》云：“余惟近日词家，烘写闺襜，易流狎昵；蹈扬湖海，动涉叫嚣，二者交病。”盖不失于纤，即病于犷。且以前者为一时风尚，贺裳云：“词虽险丽为工，不及本色语之妙。”“词虽宜艳冶，不可流于秽亵。”曰险丽，曰艳冶，足见时趋所尚矣。以当日领袖词坛之彭（孙遹）、王（士祯）论之，彭之集名《延露词》，延露本亦作“延路”，见于《淮南子·人间训》，马融《长笛赋》云“延露，巴人”。高注“延路，鄙曲也”。不惜以鄙曲名其集，其不避淫冶可知矣。王士祯撰《花草蒙拾》，序称“喜读《花间》，故工小令”。唐允甲序其《衍波词》，称其作为《花间》隽语，“极哀艳之深情，穷倩盼之逸趣”。题材终不出乎美目巧笑。虽则词之产生，本为侑酒嘌唱之用，托体房帷，固其宜也；然而变本加厉，至清初可谓极挚，此盖承朱明之馀习。当是时，词几为南曲之附庸矣。[②] 赖《花间》《草堂》一类词籍之刊行，好之者不绝如缕。试观清初新编总集，选词之标准，与明人如出一辙，可窥其概。

先是，王世贞论谓“词须宛转绵丽，浅至儇俏，挟春月烟花于闺襜内奏之，一语之艳，令人色飞，乃为贵耳”。又曰：“不作则可，作则宁为大雅罪人。”[③] 其后崇祯间，卓人月汇选《古今词统》，徐士俊参与评阅，复为之序，畅论诗与词之别，其言曰：

> 诗从寺，寺者朝廷也；词从司，司者官曹也。小令中长调各有司序，故云词从𤕦从辛，辛者新也，词固以辛为贵也。又《说文》辛象人股。汉人选妃册曰秘辛，犹言股间隐处。然则词当描写柔

---

① 嘉业堂旧有《清射山诗钞》，附诗馀十六首，现藏香港大学图书馆。
② 董以宁云：“严给事与仆论词，近日诗馀好，亦似曲。”可以为证。
③ 明徐师曾《文体明辨》“论诗馀”亦采此条。

情，曲尽幽隐乎？

其言穿凿，逾于荆公《字说》，令人喷饭，然亦足见明季才士论词宗旨，力主险丽而日趋猥亵，有所自来也。此时期之作品，若马洪、施绍莘二家之《花影集》，并有淫词之目，大抵皆愁红惨绿之作（《四库提要》语）。至于清初，沿此陋习，王西樵、邹程村辈，皆以香气艳致相胜。以为古人佳句，多在歌眉舞袖、酒黏花压之间。[1] 盖仍在王世贞说笼罩下以讨生活。故清初之词，实无自己之真性命，强拾朱明之馀唾，谓为明词之延续，亦无不可也。至田同之始大斥王世贞之谬（《西圃词话》），至是词风已转变矣。

（二）清词蓬勃之由

清词所以独盛，其故有四：

（1）坛坫之倡导：蒋景祁《迦陵词钞》序云："自济南王阮亭先生至扬州，倡倚声之学，其上有吴梅村、龚芝麓、曹秋岳……主持之。先生内联同郡邹程村、董文友，始朝夕为填词。"朱彝尊序曹秋岳《静惕堂词》云："忆往日先生南游岭表，西北至云中。酒阑灯灺，往往以小令慢词更迭唱和。"竹垞与曹秋岳俱籍浙江，其词学实由秋岳有以启迪之。而曹秋岳《寓言集》，有陈素庵（大学士之遴）题语称："秋岳于诗馀，间或商之于余，余应之曰：'选义按部，考词就班。'即填词之金科玉律也。"（《百名家词》本）此援陆机《文赋》以说词，则知秋岳之学又得力于素庵也。吴伟业为田佛渊（茂遇）诗序称"龚公（鼎孳）、梁公（清标），名位在股肱心旅之间，天下士经其题拂者望尘弗及"。观龚氏临殁时，属徐虹亭（釚）于梁，而徐终由梁荐，举而授检讨。[2] 陈维崧、维岳[3]兄弟，亦受知于龚。观《定山堂诗馀》中读《乌丝集》（《沁园春》）及和纬云诸阕[4]，可见其交往之深。清初之词人霞

① 尤侗《炊闻词》序。

② 《莲子居词话》卷二。

③ 字纬云，有《红盐词》。

④ 《满江红》《浪淘沙》《百字令》。

蔚飙起，龚、梁二公提挈之功为多。

（2）词书之刊行：朱彝尊云："往者三百祀，词学失传，（秋岳）先生搜辑南宋遗集，尊曾表而出之。数十年来，浙西填词者，家白石而户玉田，春容大雅，风气之变，实由先生。"[①] 懋麟序《棠村词》云："本朝词学，近复益胜，实始于武进邹进士程村《倚声集》一选。同时休宁孙子无言（默）复有《三家诗馀》之选，由是广为六家，又十家，今且十六家，势不百家不已。"《倚声初集》刊于顺治十七年，自此以后，至康熙六十年间，词书刊刻之风气大行[②]，有刻前人词集者，如侯文灿之刻《名家词》，陆秉笏之重刊顾从敬之《草堂诗馀》是。有选刻当时人词集者，孙默而外，庐陵聂先、秀水曾王孙之刻《百名家词钞》，随到随刻，即其著例。

清初词人囿于见闻，不出《花间》《草堂》《诗馀图谱》《啸馀谱》，故曹秋岳倡读南宋人词。朱竹垞《书东田词卷后》云："浏览宋元词集，几二百家，窃谓南唐北宋，惟小令为工，若慢词，至南宋始极其变。"自非博览众集，乌能体会及此？宋人总集，如曾慥《乐府雅词》，朱竹垞初有传钞，四库本即自朱氏传出，至秦恩复始刊刻之。其对清词学影响最巨者，无如《乐府补题》，当万、全诸人议绍兴冬于义士祠祭，尚未见此书。常熟吴氏钞本初由汪森携至京师，宜兴蒋景祁激赏之，遂镂板以传，朱彝尊为序。浙派体物诸制，皆胎息于《补题》。故蒋氏于《刻瑶华集述》云："得《乐府补题》，而辇下诸公之词体又一变，继此复拟作《后补题》（按指厉樊榭辈），益见洞盘擢髓之力。"是书之流传，与浙派关系之深，有如此者！

（3）家学与师承：清初词独盛于江浙，文学之士，大抵出于宗族、父子、兄弟以至夫妇，咸擅倚声。如吴江沈氏，汾湖诸叶，人人有集，词采翩翩，照耀江滏。尤西堂云："若吴江沈氏，固词人之渊薮也。词隐[③]开疆，鞠通（即沈自晋）继之。复有适轩（指沈龙绥）著为《度

① 《静惕堂集》序。

② 参看拙作《清词年表》，《文辙》下册，页797—873。

③ 指词隐生沈璟，有《订正九宫谱》。

曲须知》《弦索辨讹》，并能分刊节度，穷极幼眇。而君庸（即沈自征）、君善（即沈自继）、君晦（即沈自炳）诸子，相与鼓吹绵绣，蔚然可观。乃至香闺彤管，亦患黄绢幼妇①。何吴兴之多才也！后来出人，又有成厦②，其长短句，同人交口称之。”③ 沈氏自宋末沈义父为《乐府指迷》，流风所被，人才辈出，闺门之内，亦盛文藻。能词曲者，词隐幼女有沈静专，从孙妇有幽馨。而沈自征室张倩倩、继室李玉照，沈自炳长女沈宪贞，又沈永启女沈女琴（周钰室）均擅倚声。与沈自征同辈者，复有沈自南（有《艺林汇考》二百卷），经师彤亦工于填词，足见词隐先生遗泽之长，凡此皆尤西堂所未列举者也。至于天道人叶绍袁，其室沈宜修（有《鹂吹集》），长女叶纨纨（有《愁言集》），幼女叶小鸾（有《返生香集》），第六子叶燮（有《已畦词》），其长孙叶舒崇（有《谢斋词》），侄孙叶舒颖、舒璐，至七世侄孙叶乃溱，竞尚新声，争传乐府，誉之者称为“叶叶交光”，尤难能可贵者矣。④

昆季之间，工词者尤众。山左则王西樵（士禄有《炊闻词》）、阮亭（士祯有《衍波词》）、礼吉（士禧有《抱山诗馀》）、叔子（士祜）。宜兴则陈其年（维崧，有《湖海楼词》）、鲁望（维岱）、纬云（维岳有《红盐词》）、半雪（维嵋，有《亦山草堂诗馀》）。无锡则顾景行（景文，梁汾兄，有《匏园词》）、梁汾（贞观，有《弹指词》）、倚平（衡文，有《清琴词》。梁汾从弟）。晋江则二丁竞爽。⑤祁门则双马并驰（马曰琯有《嶰谷词》，马曰璐有《南斋词》）。嘉兴二李（李分虎符有《耒边词》，李武曾良年有《秋锦山房词》，无异埙篪

---

① 接沈自炳女兰支有《水龙吟》吊屈原，实则悲其父之没于王事。

② 指沈时栋，永启子。有《瘦吟楼词》及《古今词选》。

③ 《艮斋倦稿》。

④ 参看陈去病《笠泽词征》。

⑤ 《赌棋山庄词话》：“澹汝丁炜与韬汝，时有词兄词弟之称。”炜有《紫云词》，韬汝有《沧霞词》。

（朱彝尊《未边词序》）。同县三盛，名媲常棣[①]。此就清初作者，略揭其概。

至于师友渊源，更有足述，毛奇龄、陈维崧，皆部业于陈卧子，沈雄从游钱牧斋（详《古今词话》），曾王孙学于朱彝尊，又与沈雄讨论（《百名家词序例》）。杜诏曾及顾梁汾之门[②]，楼俨为孙致弥门人（《词鹄》题名），李天馥乃丁澎弟子（《扶荔文集》李序），许迈孙（增）独心折于郭麐，自称私淑弟子[③]。馀若宋翔凤问于张惠言（《浮溪精舍词序》），邓辛眉学于孙麟趾（《比竹馀音》王壬秋序），张鸣珂之从游黄燮清（谢章铤《寒松阁词序》），况周颐之受知于王定甫[④]。冯煦乃恭慰农之高弟，沈祥龙（著《论词随笔》）又刘融斋之及门。咸传灯有自，词学振兴，殆非偶然，惟知之者鲜耳。（其熟知者，暂从略）

（4）其他学术之旁通：清代经史之学，迈越前古，以文章而论，亦复逸才响臻，鸿篇鳞萃，若骈若散，各有专擅。词家多兼工俪体，陈其年、彭甘亭、杨夔生，其著者也。陈海绡（洵）论学词之门径云：“博采文藻以积词，深通汉魏六朝文笔，以知离合顺逆之法。”此填词者必以《文选》植其基也。宋荔裳只闭户二月，竟为填词老手，以其本工文笔故也。

王渔洋称：“娄东祭酒（吴梅村）长短句，能驱驶南北史，为是体中独创。”此以史入词也。纳兰容若《饮水诗》《填词古体》云：“词源远过诗律近，拟古乐府特加润。不见句读参差三百篇，已自换头兼转韵。”张维屏《粤东词钞序》谓：“词之句或短或长，即本于《三百篇》。”胪举《诗经》中自一字至上四下八各种句式，以证词体之出于《诗三百篇》，虽附会之说，则援经以入词也。《说文》之学兴，论词者遂侈谈“意内言外”。乾嘉以来，声韵、校雠之术，如日中天，于是有

---

① 嘉兴盛丹山枫有《梨雨选声》，其弟盛五山禾有《稼村填词》、盛让山本柟有《滴露堂小品》，合称《棣华乐府》。

② 见《听秋声馆词话》。《弹指词》即杜诏与姚培谦同订。

③ 增刊行《灵芬馆词》于《榆园丛书》。

④ 王拯，见《蕙风词》之《莺啼序·题王定甫师媭碪课诵图序》。

戈载词韵之学，有王半塘、朱彊村校词之学，此以治经之法治词也。张惠言邃于古赋，明其风雅之义，原诗人忠爱悱恻、不淫不伤之旨，馀事治词，竟有取于董、司马士不遇之旨，以说温飞卿淫绮之句；丽辞雅义，符采相胜，则又导赋以入词矣。

清词之成就在于词境之开拓，词境之开拓，系于词心之酝酿。“赋家之心苞括宇宙”，“斯乃得之于内”，赋心如是，词心何独不如是乎？清以前，能词者为文人为才人，清则多为学人，为经师，至是倚声之道，与学术通而为一。沈去矜谓“词无大小浅深，贵乎移情”，“惝恍迷离，不能自主，文之至也”。知词为文之至，惟有得之于内者乃能道出。焦里堂，经学之巨匠也，亦以为词可以移我之情，豁我之趣。“其旨微深，非得于阴阳之理，未足与知也。朱晦翁、真西山俱不废词，词何不可学之有！”（《雕菰楼词话》）是非有得于阴阳之理，则无以喻词之旨，则词之道，直可理情性也。谭复堂云：“近世经师惠定宇、江艮庭、段懋堂、焦里堂、宋于庭、张皋文、龚定庵多工小词，其理可悟。”此窍一通，文学与学术隔阂之藩篱，遂彻底打破，不仅两者之间，了无罣碍，且可以借学问以培养词心。文以情生，言之有物，此词心之酝酿，有借于其他学问之磨砻浸灌。清词之盛，所以独美，斯又其一因，有不可不察者也。

总而论之，词之有清，等于诗之有宋。以诗况词，宋词可抵唐诗，清词可抵宋诗。故清词之地位，可与宋诗比拟相等，应加以重视，不得因其时代较近而忽略，亦不宜局限于研究少数几个人而已。

附记　清词之资料

清代词学发达，旷代罕覯，榷而言之，可分三个时期：

一为康熙，其时对当时人词篇之选刻，间及前人之作，由王士祯《倚声初集》至御纂《历代诗馀》为一结束。

二为道光，此期工作偏重于地域性之词集，至缪荃孙之《常州词录》为一结束。

三为光绪，侧重校刻宋元词籍，起《四印斋》，至《彊村丛书》为一结束。清代总集之书，拙作《词集考》总集类尚未成编。词人别集，原拟撰《清词别集综录》，因此事体大，非众力无以为功。已将未刊丛稿交与林玫仪君，其聚同好者赓续为之，以竟其事。

清词总集，往日目睹者，如番禺叶氏藏失名之《倚声新什》二十九册，傅燮词篇之《词覯》钞本十册[①]。不知现在何许。丁绍仪之《国朝词综补遗》稿本十八卷、四册[②]，此书现已印行，王謇海粟楼藏钞本《归群词丛》一册[③]，皆极难得。

明末清初总集，亦不易见。以日本藏家而论，神田喜一郎博士有《倚声初集》（南港有此书），中田勇次郎有潘游龙《古今诗馀醉》，孔传铎《词坛雅致》，佟世南《东白堂词选》，先著《词洁》，姚阶《国朝词雅》。内阁文库有侯文灿《亦园词选》。京都大学文学部有孙致弥《词鹄》、张渊懿《词坛妙品》、沈时栋《古今词选》、蒋重光《昭代词选》。东京大学文学部有周铭《林下词选》。求之海外，殊属可珍，作者均获浏览。

词选之业，近人著论，谓有便歌、传人、开宗、尊体四类。[④] 实则不离二途：一为精选，论其质也；一为旁征，存其人也。[⑤] 前者纯为文学之事，谭献《箧中词》，朱彊村《词莂》是矣；后者兼为史家之务，王昶《国朝词综》、黄燮清《续国朝词综》、丁绍仪《词综补》、沈宗畸《今词综》是矣。谢章铤《赌棋山庄词话》（续编三）有词学一项，记其所睹之词集，一一为作提要。而杜文澜《憩园词话》，几人武部为评载同时人之词，俱足以庀史。张德瀛《词征》卷六，祖述涵虚子评曲、

---

① 收清开国至康熙，凡四五七人之词。

② 丁氏有《国朝词综补》五十八卷，收一千五百馀家，咸丰刊本。此书卷首有光绪甲午心禅记云："《词综补》钞本未计五册。"现已缺其一。闻丁氏补遗尚有数十卷，存无锡余一鳌处。

③ 所收为黄崖教退谷学派作品，黄藻年、张积中等十三家。

④ 龙榆生说，见《词学季刊》第一卷第二号。

⑤ 龚定庵序张南山《国朝诗征》，区为作史、选诗二者，亦即此意。

洪稚存评诗之法，评鹭嘉道以还词人作品①，堪供缀文之助。而郭则𣸣之《清词玉屑》，详记掌故，名章俊句，络绎纷披，以作稗史观，亦无不可。

六十年代，尝着手撰《清词流别论》，此为其绪言，全书成稿有待，以旁骛他业，无力毕事，仅先刊于此，以求教于大雅君子。作者附识。

---

① 如评张皋文词“如邓尉探梅，冷香满袖”。孙尔准词“如落叶哀蝉，增人愁绪”。

历　史

论古史的重建

远东地区居民，大抵为汉藏语系及印欧伊兰语系。以种族言，前者为夷、越、戎、羌与诸夏所由构成。后者自昔统称曰胡。汉、胡对立，为汉、唐记载之所常见。

以宗教信仰言，后者即佛、祆、回诸教入华之媒介人物。百川汇合、万汇交融，以形成今日中华民族文化之共同体。自红山文化发现以来，又知远古东胡琢制夷玉工艺之卓绝，其庙墓坛壝结合形态，具见天圆地方观念之悠远。女神形状与西亚更多类似。余尝举哈拉发（Halaf）女神肩上之⊞号，与甲骨文巫字及周原所出白色西域人头部刻符之一致，中外远古文化交流之迹，粲然可见，非一般想象始料所及。地不爱宝，出土文物上之文字记录，若甲、金、简、帛等等，数量之富，与纸上文献资料，可相匹敌。以甲骨文而论，若干万片文字，诚为古史之无尽藏，倘能细心寻究，有无数新知，正待我人之探测，其事有同于开矿。略举其例：濮阳墓地之龙虎图案，足以推证卜辞之侑祭龙虎，非星象莫属。卜辞有河字而无江汉，实则漾即漾水，为汉水之源。从卜辞零碎资料，可以重构殷代之日书。凡此种种，皆余近年之新见，有待高明之扬榷。余所以提倡三重史料，较王静安增加一种者，因文物之器物本身，与文物之文字记录，宜分别处理；而出土物品之文字记录，其为直接史料，价值更高，尤应强调它的重要性。

有些未来主义者，着眼于将来，热情去追求他所虚构的理想。其实，如果对过去没有充分清楚的认识，所得到的，徒然是空中楼阁。“未来”必须建筑在“过去”历史的基础之上，否则，所有的虚拟假设，其目标与方向，往往是不正确的误导。反思过去史学界，从洋务运动以后，屡次出现这种过失，不免患了幼稚病。所有新与旧之争，伪经、疑古之争，本位文化与全盘西化之争，都是走许多冤枉路。回头是岸，现在应该是纳入正轨的时候了。以前许多错误的学说，像说古代只有龟卜而没有筮卦、易卦是从龟的形体演变而来；说五行思想要到汉代才正式发生，把古代某些制度演进的硕果尽量推迟，使古籍上的许多美丽的记录完全无法理解而受到贬视。由于不必要的假设，把事物的年代推后，反而怀疑古书种种的可信性。国史是一条绵延不断的长流，又吸收、汇合许多支流，蔚成大川。世界上没有其他国家像我们这样长远经过多民族融合而硕果仅存、屹立不动的时空体制。西亚、希腊已经过了无数次更易主人、历尽沧桑的文化断层。中国迄今还是那个老样子。中国科学智慧的早熟，如音乐音阶在六千年前已产生七孔笛，即其一例。近年大量丰收的出土文物，使古史景象完全改观。我们不能不正视历史的真实面貌。以前对于古史的看法，是把时间尽量拉后，空间尽量缩小。我们不能再接受那些的理论。对历史上事物的产生，如何去溯源、决疑，不能够再凭主观去臆断，不必再留恋那种动辄“怀疑”的幼稚成见，应该去重新估定。

我们今后采取的途径有三：

（一）尽量运用出土文物上的文字记录，作为我所说的三重证据的主要依据。

（二）充分利用各地区新出土的文物，详细考察其历史背景，作深入的探究。

（三）在可能范围下，使用同时代的其他古国的同时期事物进行比较研究，经过互相比勘之后，取得同样事物在不同空间的一种新的认识与理解。

现在，我们的视野扩大了，不再像以前只局促在本国的阃阈内，作“同室操戈”式的无谓争论；我们不能再像以前那样，仅停滞在几本古书、在纸上文献，翻筋斗式地去任意作先后的安排，来武断事物出现的层次；或者只赤手空拳打几套玄学式的历史学的猜拳游戏。须知，地下层出不穷、浪翻鲸掣似的出现古物，正要求我们须更审慎地、冷静地去借重它们以比勘古书上种种记录，归纳出符合古书记载原意的合理解释，而寻绎出有规律的历史条理。

我们要避免使用某一套外来的不切实际的理论去堆砌主观架构，来强行套入，作出未能惬心餍理的解说，这是懒惰学究的陈腐方法。我们亦要避免使用旧的口号，像“大胆假设”之类，先入为主地去做一些“无的放矢”的揣测工夫，这是一种浪费。总而言之，我们要实事求是，认真去认识历史。今天三重资料的充分提供宝贵资料记录，我们恍如走在山阴道上应接不暇，好像陈设满汉筵席，让我们好好去品尝，时代要求我们去辨味、去咀嚼。我们现在可以见到的东西——古史文物，已超过束皙时代汲冢所出的若干倍。古史的重建运动，正在等候我们参加，新的成果正待我们去共同努力。揭谛（go）！揭谛（go）！莎婆诃！

刘起釪先生在他的《古史续辨》序言，劈头儿便谈到《古史辨》第八册的往事，我所拟的该书第八册目录，经于1940年在成都齐鲁大学的《责善》第1卷第3期披露，至今已经历了半个世纪。中间有些出版界人士要我照着该目录重新加以编印，我因为工作关系没有暇晷答应。其实，主要是我的古史观有重大改变了。

记起我在弱冠前后，尤其在中山大学广东通志馆工作的时候，馆藏方志千馀种，占全国的第二位。那时候，我深受顾先生的影响，发奋潜心，研究古史上的地理问题。曾经把古书所有与地名有关的记载抄录若干册，《楚辞地理考》即其时得以刊布的一种。当日古代地理研究的讨论文字集中在《禹贡》一刊物，该刊亦曾印行过一期《古代地理专号》，我和钱先生讨论的文章亦发表在该期，我对顾老的“古史中地域扩张”论点，已有不同的看法。那些依据地名迁徙，作出推论，滥用同音假借来比附音义相近的地名，建立自己一套想象所考虑到的“地名层累”（“层累”二字可能取自顾先生的层累造成的古史观），许多古史地名都给以重新搬家。于是西周建国改为由秦迁晋，楚的洞庭、沅、湘不在湖南而移至湖北。这些论点从表面看来，似是言之成理，但经不起推敲。我认为关于把古史地域的尽量缩小，同名的古史地名可作任意易位，这是不牢固的推理方法，这样连篇累牍的讨论是没有意思的。在我屡次比勘之下，觉得无法接受，只有失望。所以我决定放弃第八册的重编工作，原因即在此，遂使《古史辨》仅留下只有七册，而没有第八册，这是我的罪过。顾先生把我带进古史研究的领域，还让我参加《古史辨》的编辑工作，我结果却交了白卷。

我的思想改变，我不敢说是“入室操戈”，但真理在前面，我是不敢回避的。古史记载出于后代许多增饰附会，王仲任谓之“虚增”，是应该加以廓清的，这无疑是《古史辨》工作的最大贡献。但把古代文明过于低估（如说湘水流域汉初文化尚低之类），把古代空间缩得太小，反而离开史实。近期各地古物的出土，本身已作充分证明，应当重新论证。我的文集第一册开宗明义是讨论古史问题，我所采用的方法和依据的资料虽然与顾先生有些不同，可是为古史而哓哓置辩，这一宗旨老实说来，仍是循着顾先生的途辙，是顾先生的工作的继承者。谨以此书敬献给顾老，表示我对他的无限敬意。

记得陈寅老在《彰所知论与蒙古源流》一文中说过：

> （元代先世系统的构成）是逐层向上增建。其例原不限于蒙古史，其他民族相传之上古史，何独不然！

这无异说是层累造成。顾老过去何曾不是运用这一观点来处理古史材料，可惜当时出土东西不多，但方法仍是正确的。

出土文物如果没有文献作为媒介说明的根据，直接的报导，只有考古学上的数据。这和当时的人地关系无法取得某历史事件的联系与说明。仅有“物”的意义，没有“史”的实证。许多人轻视纸上记载，我认为二者要互相提携，殊途而必同归，百虑务须一致，才是可靠可信的史学方法。

谈三重证据法
——十干与立主

目前要细谈夏代文化，尚嫌太早。本人虽曾游历豫、晋各地，在博物馆看到一些古陶；但许多有关实物，尚未正式接触，故谈不到研究。所谓夏文化，从广义说，可从文献记载上的夏礼，结合出土资料加以探讨。现在试从这一角度来谈：

古《礼经》每记“夏祝”。夏、殷、周三代礼制的差别，儒家经典言之不厌其详，现在只谈天干命名和丧礼立主二事，来考察殷人如何因袭夏礼的迹象。

夏末诸帝帝号有胤甲、孔甲和履癸（今本《纪年》无“履”字只称癸）。胤训嗣，孔训嘉，履和礼二字互训，诸帝号皆在天干上加一美名，这和殷王名号的戋甲、阳甲、沃甲等完全一样。可以看出商人在王号制度上是有因循夏代的迹象。殷代先公先王名曰癸的只有早于夏桀一些时候的示癸（卜辞称示癸）一人。示癸即成汤的父亲，其他无所闻。桀被放于南巢，死于亭山，国破身亡，自然无法取得庙号。这个癸字当是生称，不能说他生或死于癸日，由后人依据他的忌辰为之立庙号。如果夏主的甲、癸不是忌日，殷人当亦如之（纣称帝辛，纣之子武庚，故“辛”与“庚”不可能是庙号，亦是这个道理）。

可是向来一般甲骨学者都采用三国谯周的说法（见《古史考》），把所有殷代先王的甲乙名称说是忌日的庙号。卜辞所见的三匚六宗，说者都认为是出于成汤所追定。其实祀典上从示壬、示癸才开始有用甲乙名称的配偶，以前无之。示壬配曰妣庚，示癸配曰妣甲，庚和甲日干不相次，于省吾认为是根据当日的典册，但非出自成汤时，因示癸、妣甲是成汤的父母，应该称为父癸和母甲，但卜辞所见是称示癸和妣甲，可见必出于成汤以后礼官的典册。说甚有理。

《大戴记·诰志》:“天子,卒葬曰帝。”谯周言“死者庙主曰甲”,又云:“夏、殷之礼,生称王,死称庙主,皆以帝名配之,天亦帝也。”(《殷本纪》索隐引)按《礼记》:“措之庙立之主曰帝。”(《曲礼》下)郑玄注:“同之天神”。这是说立为木主放入庙内才可以有“帝”的称号,那是把死者当天神来看待。李学勤缀合《库方》九八五和一一〇六。举出卜辞有一则:

> 乙巳卜,其示帝?
>
> 乙巳卜,帝日,叀(惟)丁?叀乙?又日叀辛?又日。(以上一面)
>
> 乙巳卜,其示。　弜。
>
> 乙巳卜,帝日,叀丁?

此条见《合集》一一〇六,收入《美国所藏甲骨集十、十一两号缀合肋骨》的拓本。这正是卜立庙主以何日为吉,起初有丁、乙、辛三日的选择,最后才定在丁日。这条只能说是立庙主号为“帝”诹日之卜,而有三个日辰以供选择。可见立庙主不一定是甲日,主要是加上帝号,同之于天神。庙主之名可以是甲,亦可以不是甲。既有丁、乙、辛三日之卜,便该没有如忌日那样一定卒于某日。这样看来,庙号出于忌辰之说就站不住了。

汉代经学家的意见,从《白虎通》至易纬《坤凿度》及郑玄注以至晋初皇甫谧,都一致认为殷家质直,以生日为名。只有魏的谯周有点出入,《易纬》引孔子在解说前后二个帝乙同名的事实说道:“殷录质,以生日为名,顺天性也。”(《永乐大典》度字号)这里“录”字有它的特殊意义。据《礼记·檀弓》下:“铭,明旌也,以死者为不可别已,故以其旗识之,爱之斯录之矣。……重,主道也。殷主缀重焉,周主重彻焉。”郑注:“为‘重’以存录其神。”古代立主的制度,在“措之庙立之主”之前,先立一根木头,相当于铭旌的杠。士长三尺,天子长九尺,这根木叫作“重”,置重于中庭,把死者的名字写在铭旌上,取铭置于重间，出殡时，重先行，及虞葬时，由甸人抗（举）重依道左，既虞而将重埋之。（详见《仪礼·既夕礼》）《礼记外传》云：“重，未葬之前以代主也，犹以生事之，未忍作木主……”重是未有木主以前代替神主的东西，所以说“重是主（之）道也”。重在晋代称为凶门，又称衰门。王肃《丧服要记》云：“鲁哀公曰：‘衰门起于禹。’”（《御览》引）可见重是夏时丧礼的用物，原是夏文化。殷人在重上联缀木主，周人则撤去之。重上挂着铭旌，记录死者名字，所以说“重”以存录其神。记名可称为录，殷人以生日为名，所以《易纬》说“殷录质”也。录即是“爰之斯录之”的意思。立木主是安葬后的事，虞祭的木主用桑，在未葬之前用代主之木名为重，以为死者神之所凭依。这原是夏制，殷亦因之，并缀木主于其上，即所谓“殷主缀重”。人但知立庙主，而不知立庙之前尚有代主之“重”，其作用与主相同。是一种临时的“主”，其原亦出于夏礼也。重上悬铭旌记死者之名，殷录尚质，故但书生日之甲乙为名而已。《白虎通》卷八《姓名》云：“不以子丑何？曰：甲乙者，干也；子丑者，枝也；干为本，本质，故以甲乙为名也。”我疑心殷人姓子氏，对“子”有所忌讳，故不以十二辰为名而全用十干。只有高祖亥一名见于卜辞。亥还是夏时人，乃用地支最末之亥为号。卜辞亥亦作㚋，王观堂谓亥乃其正字；若然，则夏世殷商的先人命名，亦曾一度杂用十二辰，后来乃统一之改用天干，以上甲微为始。这是一项重要的礼制。

用天干甲乙为号，周初方国犹行之。《齐世家》、《古今人表》记齐太公之子丁公（伋）、继之为乙公（得）、癸公（慈母）。丁、乙、癸都是天干，但不相次。宋亦有丁公，汪中谓“夏殷之礼相沿而未革，故犹有以甲乙为号”（《述学·玎文正》）。朱骏声云：“商质，二十八王皆以生之日名也，齐盖用殷法。”周初在谥法未兴之前，仍有以甲乙为名号。

《尚书·皋陶谟》说：“（禹）娶于涂山，辛壬癸甲，启呱呱而泣，予弗子，惟荒度土功。”连续记着四个天干，自辛至甲。有的考古家把它说成婚配的对象，代表着人来看待，可是找遍先秦汉代的说法，都解说为时日。延光二年在嵩山立的开母庙石阙铭说：“爰纳涂山，辛癸之间，三□□入，实勤斯民。”《水经·淮水注》引《吕氏春秋》作：“自辛至甲，四日后往注水，故江淮之俗以辛壬癸甲为嫁娶日。”这一说是正确的。禹生启的故事，非常动人，且曾被谱为乐章，在周武王翦商灭纣、献俘的时候，龠人还奏着《崇禹生开（启）》三终，王定。（见《周书·世俘解》）由《尚书》这段话，可能夏初已使用十干，且有诹吉日之事。癸与甲周而复始，古称为“十日”，观晚期夏帝，不少以甲、癸为名，殷人踵用之。辛壬癸甲自宜以指十日中的四个日子为是。《史记·夏本纪》赞“孔子言行夏之时”，殷礼用天干记名和未葬时以重代主，原皆夏俗。殷因夏礼，这只是其中之二事，姑妄言之。其他暂置而不论。

此外，我想借此机会说一说有关研究夏文化的材料和方法的问题。现在大家都把注意力集中在田野考古中探索夏文化的遗存，这无疑是十分重要的。夏文化的研究能否出现决定性的突破，有赖于这方面的努力。但是就夏文化的整体而言，地下遗存毕竟有它本身的局限性，而且遗存也不一定有文字标志足以表明文化的内涵；所以，我们还得把考古遗存同传世文献结合起来进行考察和研究。尽管古籍中关于夏代的材料不多，但是许多零星的记载，却往往透露着夏代社会的消息，有待我们进一步去发掘。值得特别提出的是甲骨文。在甲骨文中有许多关于商代先公先王的记载，在时间上应该属于夏代的范畴，可看作是商人对于夏代情况的实录，比起一般传世文献来要可靠和重要得多。我们必须而且可以从甲骨文中揭示夏代文化某些内容。这是探索夏文化的一项有意义的工作。总之，我认为探索夏文化，必须将田野考古、文献记载和甲骨文的研究，三个方面结合起来。即用“三重证据法”（比王国维的“二重证据法”多了一重甲骨文）进行研究，互相抉发和证明。倘能在这方面做出成绩，那么，我们对于夏代情况的了解，将会更加具体而全面。那时来讨论夏文化的有关问题，就可说是适时了。我们期待着这一天早日到来。

1982年5月香港夏文化探讨会上致辞

补记

我所以强调甲骨应列为“一重”证据，由于它是殷代的直接而最可靠的记录，虽然它亦是地下资料，但和其他器物只是实物而无文字，没有历史记录是不能同样看待的，它和纸上文献是有同等的史料价值，而且是更为直接的记载，而非间接的论述，所以应该给以一个适当的地位。况且已出土的甲骨数量十分惊人，据胡厚宣先生统计，存在的甲骨总额已超过十万片，如除去复出，实际有点夸大。目前因为文字辨认的困难，所以还未能做到“物尽其用”，取得更完满的论证结果，这正需要我们大家的加倍努力。目前甲骨研究的队伍，年老者逐渐退休，年轻者以学力关系尚接不上，还要好好地培养接班人才来展开研究工作，发挥更大的收效。西亚泥板文字，从 1851 年 Rawlinson 印行他的释读成果，楔形文研究的基础遂告奠定，至今已经取得极辉煌的成就。甲骨文发现比它只迟了半个世纪，希望学者迎头赶上。

所谓“三重证”还有另一讲法，杨向奎先生提出：“民族学的材料，更可以补文献、考古之不足，所以古史研究中的三重证，代替了过去的双重证。”他所著的《宗周社会与礼乐文明》一书正好代表这一方面的见解和研究的成就。我个人认为民族学的材料只可帮助说明问题，从比较推理取得一种相关应得的理解，但不是直接记录的正面证据，仅可以作为“辅佐资料”，而不是直接史料。民族学的材料，和我所采用的异邦之同时、同例的古史材料，同样地作为帮助说明则可，欲作为正式证据，恐尚有讨论之馀地。如果必要加入民族学材料，我的意见宜再增入异邦的古史材料，如是则成为五重证了，其间相互关系有如下图所表示：

- 古史五重证
  - 直接证据
    - 实物（考古学资料）
    - 文献
      - 甲骨、金文材料
      - 经典材料
  - 间接证据
    - 民族学资料
    - 异邦古史资料

古史的二元说

此文依据近年出土的大量新材料，参以传世记载，对古史传说中的炎、黄二帝二系之形成，进行了新的探索，提出了一些新看法。

一

吾国的古史系统，从文献上看，非常秩然有序，《逸周书·尝麦解》说："天诞二后为赤帝与黄帝。"《国语·晋语》记大夫司空季子的话说："黄帝以姬水成，炎帝以姜水成。二帝用师以相济，异德之故也。"如何去解释"用师相济"这一句话呢？韦昭注："济，当为挤。挤，灭也。"许多别的文献都说到炎黄之争，总的来看，是炎、黄二系的对立，这个问题已有不少考古家和古史专家讨论过。①

近年以来地下跑出了不少新资料，需要和旧材料结合，重新研讨，所以我提出来，把我的看法向大家请教。

江陵王家台出土秦简有《归藏》，其繇词云：

> ䷌同曰：昔考黄帝与炎帝战□（《文物》1995 年第一卷）

这句话是出自殷代的《归藏》。宋本《太平御览》卷七十九《皇王部》引《归藏》云："昔，黄神（帝）与炎帝争斗涿鹿之野，将战，筮于巫咸曰：果哉而有咎。"如果楚简《同人》的繇辞，确为周人占卜所用《三易·归藏》，则炎、黄相挤之事，殷人已有此传说，其由来

---

① 像严文明先生的《炎黄传说与炎黄文化》等等。

远矣。

银雀山简的《孙子》佚文有云：

> 〔黄帝南伐〕赤帝战于反山（即阪泉）
>
> 东伐〔青〕帝至于襄平，战于平□
>
> 北伐黑帝……至于武隧
>
> 西伐白帝，至于武刚。已胜四帝，大有天下，……天下四面归之。
>
> 汤之伐桀也，……战于薄田，
>
> 武王之伐纣……至于薮遂，战牧之野。

则言及黄帝平四方之帝。则似先有五色帝，继乃有炎、黄二帝之争。

马王堆汉墓帛书《经法》中《五政》云：

> 阉冉乃起黄帝曰：可矣。黄帝于是出其锵钺，奋其戎兵，身提鼓鞄，以禺（遇）之（蚩）尤，因而擒之。帝著之明（盟）曰：反义逆时，其刑之（蚩）尤。

又《正乱》云：

> 力黑（牧）曰：单（战）数盈六十，而高阳未夫。……大（太）山之稽曰，可矣。于是出其锵钺，奋其戎兵，黄帝身禺之（蚩）尤。
>
> 因而禽（擒）之，剥其□革以为干侯，使人射之。鬄其发而建之天。名曰之（蚩）尤之罯（旌）……腐其骨肉，投之苦酭（醢），使天下谁（噍）之。上帝以禁。……其上帝未先而擅兴兵，视之（蚩）尤，共工屈其脊，使甘其箭（俞）。

所记平蚩尤之事，以此最为详尽。炎黄之争，其他载籍所记尚多，略举如次：

> 《左传·僖公二十五年》：秦穆公卜勤王，使狐偃占之吉，遇

黄帝战于阪泉之兆。

《战国策·魏策二》：黄帝战涿鹿之野，而西戎之兵不至。

《庄子·盗跖》：然而黄帝不能致德，与蚩尤战于涿鹿之野，流血百里。

《河图》云：玄女出兵符与黄帝，战蚩尤。(《钜宋广韵》引)

《逸周书·史记解》：昔阪泉氏用兵无已，诛战不休，……至于涿鹿之野，诸侯叛之，阪泉氏以亡。(《北堂书钞》卷一一三引《六韬》作“烦厚氏”，一作“烦原氏”，敦煌P·三四五四，周志二十八国，可参看。)

《山海经·大荒北经》：蚩尤作兵，伐黄帝，黄帝乃令应龙攻之冀州之野。……黄帝乃下天女曰魃，雨止，遂杀蚩尤。

以蚩尤即为赤帝，与黄帝交战，大概在先秦之世，其说已相当流行。然蚩尤之名，最早出现于《尚书·吕刑》：“蚩尤惟始作乱，延及于平民。……苗民弗用灵。制以刑。”似蚩尤是苗民的首长。《逸周书·尝麦解》记黄帝与蚩尤之战，较为翔实：

命赤帝分正二卿，命蚩尤宇于少昊，以临四方。……蚩尤乃逐帝，争于涿鹿之阿。……赤帝大慑。乃说于黄帝执蚩尤，杀之于中冀……名之曰绝辔之野。乃命少昊请司（嗣）马（为）鸟师，以正五帝之官。

杀蚩尤的地点，有阪泉、涿鹿之野、冀州之野、绝辔之野之异。马王堆佚书《正乱》力黑（牧）谈话提及“高阳”之名。

到了汉代，文帝初，贾谊《制不定》说：“炎帝者，黄帝同父母弟也，各有天下之半。黄帝行道而炎帝不听，故战于涿鹿之野，血流漂杵。”表明是时炎黄二系已正式形成。《大戴礼记》中的《五帝德》描写黄帝与炎帝战于阪泉之野，三战然后得其志。太史公采其说以撰《五帝本纪》，接着说：“蚩尤作乱，不用帝命，黄帝乃征师诸侯，与蚩尤战于涿鹿之野，遂禽杀蚩尤。”把炎帝等于蚩尤，作为一人。《经法》是战国以来的《黄帝书》，司马迁似曾参考，所以采用其说。

综观上引诸材料，由五色帝简化为炎、黄二帝，形成古史的二分法，此说在春秋非常流行，其由来已久。

二

炎黄二帝的对立，春秋以来，曾获得政治上的支持，实起于秦灵公时之作上下畤。《史记·封禅书》记秦人的祀典：

襄公	自以为主少皞之神，作西畤祠白帝。	——白帝
文公	作鄜畤，祭白帝。	（同上）
宣公	作密畤于渭南，祭青帝。	——青帝
灵公	作吴阳上畤，祭黄帝。	——黄帝
	作吴阳下畤，祭炎帝。	——赤帝
献公	作畦畤，栎阳，祀白帝。	

秦仅有四帝，而白帝之祀独多，以方位属西方之故。而灵公作吴阳上下畤，以黄帝属上，炎帝属下。炎、黄之对立，见之官方礼制，得其承认者，此为首次。

秦无黑帝。汉高祖二年入关，说道："吾闻天有五帝，而有四，何也？"莫知其说。于是高祖曰："乃待我而具五也。"乃立黑帝祠，命曰北畤。至是，五色帝所属的五畤，方才具足。高祖初起，以蚩尤衅鼓旗，又令祝官立蚩尤祠于长安。

秦灵公所以将黄帝炎帝合为上下畤，似受到殷至春秋流行的炎黄之争二分说之影响，分之为上下。

这二分说，在祀典上具体反映出来。殷卜辞有上示、下示。曹定云考证且乙以上称上〒，且辛以下称下〒，为集合庙主之称，与秦人以上下畤祀两帝不同。

我们看近东的西方古史、史诗所载亦盛行二分说，似是出于造分天地区为上下的道理，在语言学上取得一些论据。在我翻译的《近东开辟史诗》，被勘平的对手 Tiamat 为阴性，是代表深渊、溟涬，甚至地狱、阴间。

Tiamat ＜ Tēhôm（the deep）/ Tam̂pu（ocean，sea）

{ Tēbēl（inhabited earth）/ Shēôl（hell）

闪语 ensetu（earth）即由此而来。《正乱》所记蚩尤被擒杀后，受到的遭遇劁发，醢其骨肉等等，和 Tiamat 情况相同，自古以来，失败者沦于九渊之下，为众恶之所归，中外传说是一致的。

三

晋司空季子说："昔少典娶于有蟜氏，生黄帝、炎帝。黄帝以姬水成，炎帝以姜水成。故黄帝为姬，炎帝为姜。"姬、姜之为地名、水名见于殷代卜辞，羌之记录尤夥。又有洍字为田猎地名。(《合集》三七二三三）证知刘家文化即以羌人为其共同体。姬见于卜辞有姬菉（麓）……王其姬菉……其臣。(《合集》二七五四七)《晋语》又说黄帝有子二十五人，得姓者十四人为十二姓。(姬、酉、祁、己……等）惟青阳与仓林氏同于黄帝，皆为姬姓。这些氏姓在殷代卜辞及其他铜器铭辞，多有可征，见拙作《甲骨文通检》第四册《职官人物·前言》。黄帝之后己姓——为方雷之甥，其一夷鼓，则彤鱼氏之甥。余考方雷、彤鱼其地望尚有可征。

方雷之名，见于《盠驹尊》(1955 年陕西郿县出土)，其铭有"方雷骆子""方雷骓子"。殷卜辞亦有雷姓，及濡之地名。周原甲骨 H 一一·一一三有"逐虘兕"记录，即《鲁语》"幽（王）灭于戏"之地，在今临潼东之戏河，考古发掘临潼雷口之西段村即骊戎故疆。[1]

---

① 参《远望集》，页 234。

肜鱼或为复合地名，殷有鱼氏。肜者，肇自夏世。《史记·夏本纪》夏后分封，有“肜城氏”。《世本》周有“肜氏”。《尚书·顾命》有“肜伯”。肜地望在陕西。《六国表》云：“商君死于肜。”华县西南有古肜城曾出土遗物。《盐铁论》：商君困于彭池即其地。肜鱼氏或即肜伯之先。

以上具见炎黄来历有关地望与氏姓，已有若干文献及考古遗物可以证实。

古史系统原有地域性之不同，史官、礼家众说之外，又有星占家及兵家之说。

太昊、少昊、颛顼之名均被列入星占家之文献，有如秦始皇元年记录之马王堆《五星占》。

东方木为“大浩”即“大昊”，北方“湍玉”，即“颛顼”。

是时天文上五星与五行结合。上引银雀山简黄帝与四色帝交兵之记载，亦当出于金、木、水、火、土五行说盛行之后。

《正乱》于黄帝蚩尤前提及“高阳”名字。观陕西出秦景公磬铭辞称“高阳有灵，四方以鼏平”韵语，合之《离骚》之“帝高阳之苗裔”，是高阳在春秋初已被认为秦、楚之共祖。王逸谓“高阳，颛顼有天下之号”。《大戴礼·帝系》云：“颛顼娶于腾隍氏女而生老僮，为楚人之先。”兹比较诸书世系列表如下：

《晋语司空季子说》：

少典＋有蟜氏
- 以姜水成炎帝
- 以姬水成黄帝
  - 青阳、仓林　姬姓
  - 夷鼓、青阳　己姓

《大荒东经》：

犬戎＝白犬

黄帝
- 苗龙 — 融　吾
- 禺号 — 禺　京

《大戴礼·帝系》：

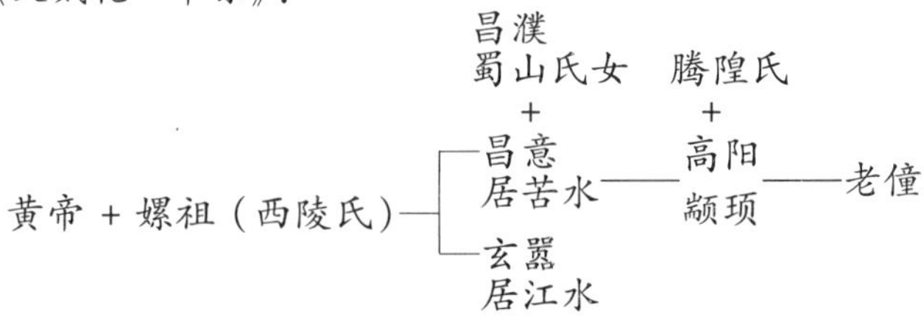

老僮之名，见于望山一号墓简：“先老禮、祝〔融〕（一二〇），媸□各一牂（一二一），先老禮□（一二二），融各一羝（一二三）。”字从示作禮。《路史·蚩尤传》有崽熊亦作仡熊。

颇疑《大荒东经》以黄帝为犬戎之先，乃出西戎之人所依托。颛项为黄帝之后代，再证楚简书写之《武王践祚》文云：

> 师上（尚）父曰不智（知）黄帝㐮□（䶮）尧（尧）（舜）之道才乎①

即以㐮䶮为颛项，《五星占》作湍玉，分明列于黄帝之后，故为五帝之一。《大荒东经》黄帝后代有禺京，《归藏》有云“昔穆王子筮卦于禺强”，《庄子·大宗师》：“禺强得之，立于北极。”释文引简文云：“北海神也，一名禺京，是黄帝之孙也。”即采自《山海经》说。然《庄子》则黄帝、颛项、禺强分列，不相统属。

至若炎帝之名，长沙子弹库战国帛书云：“炎帝乃命祝融。”以共工为祝融之子。帛书亦见共工，字从収作𢼸攻，文云：“共工夸步。”合而观之，共工亦出炎帝系统。《山海经·海内经》炎帝世系如下：

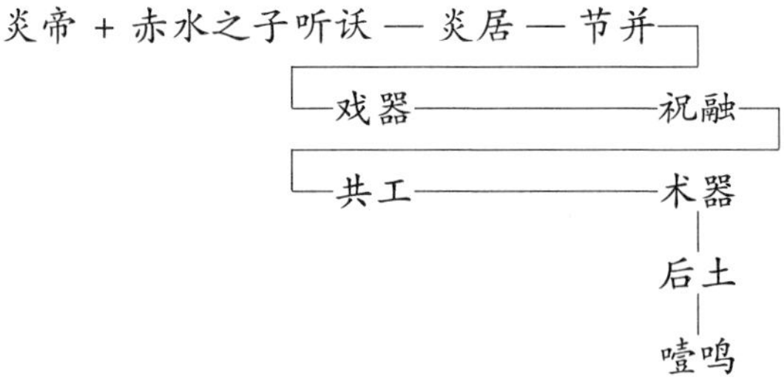

① 上海博物馆藏。

古史记载纷纭，至难殚理。兹益以近时新知，渐有头绪可寻，但无法作最后之结论，俟他时有新发现，再行考证、订定。

《晋语》记黄帝子有两青阳，一与夷鼓同为己姓，一与仓林同为姬姓，传闻多歧，令人难信。雷学淇谓其姬姓者不得在位，即西陵氏女嫘祖所生居于江水之玄嚣。楚人献青阳以西于秦，今长沙地。茶陵云阳山有青阳冢，玄嚣实国于此（《竹书纪年义证》二），只可备一说。

考《汉书·律历志》引《考德》云："少昊曰清，清者，黄帝之子青阳也。"《考德》为《逸周书》第四十二篇，已亡，此为其佚文。《越绝书·计倪内经》：

> 臣闻炎帝有天下，以传黄帝……故少昊治西方，蚩尤佐之，使主金。

《管子·五行篇》"昔者黄帝得蚩尤而明天道"。《盐铁论·结和篇》竟谓轩辕战涿鹿杀两曎（昊）、蚩尤而为帝。此类以炎帝在先，黄帝在后，及蚩尤为黄帝佐、黄帝杀两昊诸后起之说，越说越远了。

关于大暤少暤两暤传说，余另有专文讨论。①

谯周《古史考》以炎帝即大庭氏。《道藏·真灵位业图》注："炎帝大庭氏，讳庆甲，天下鬼神之宗，治罗酆山。"见《酉阳杂俎》。四川酆都烟墩堡有旧石器时代遗址，很早即有居民，是炎帝又为楚、蜀共同之大神。考大庭氏见《左传·昭公十八年》"梓慎登大庭氏之库"，地在山东。马王堆《顺道》黄帝问力黑（牧）曰："大茟氏之有天下也。"字又作茟，从艸。《庄子·胠箧》上古十二氏，为"容成氏、大庭氏、伯皇氏……轩辕氏……祝融氏、伏羲氏、神农氏"。时代纷杂难理，其名已见于出土文献，但谓为炎帝，尚乏证据。

由谯周之说，使炎帝变为酆都大司命帝君，殊觉离奇，吾人综览上列新、旧史料，可得到下面二点认识：

（一）旧载籍所列举之古帝人名，均于地下出土文献有记录可稽，

---

① 见《中国神话与传说论文集》，台湾汉学研究中心。

非纯出于子虚乌有。

（二）远之殷之《归藏·繇辞》，近之若汉初马王堆之黄帝书、占星图，战国时代之简帛，事实上炎黄二系对立互争、相济之故事，流传已久。

故知二元之说，乃出于史官之整理结果，殆先有神统，继有帝统。秦人上下畤之祀，使黄帝、炎帝取得神统地位，人间之帝统亦逐渐形成。

历史记录，在古代掌于礼官奠系世者之手。“世”之书存于今者，有《世本》。礼家之重要篇翰，若《武王践祚》存于《大戴礼》者已在楚冢发现，知其书乃成于战国之世，非如前此怀疑出于汉人之手，可信性不高。司马迁撰《五帝本纪》论到黄帝、颛顼、帝喾，十分谨慎，以《五帝德》为依据，亦有取于礼家之记录；今以出土文献证之，最少证知其所论述，乃先秦之旧说，非出汉人之妄作，可以肯定。

虽然，古史二元说不过为纷纭众说整理之结果。实际上古代地域性之帝王尚多。试举一例，四川三星堆文化之发现，为西南文明开一新局，过去习知者蜀有望帝，但常璩《华阳国志》说：

> 开明〔立〕，号曰丛帝，丛帝生卢帝，卢帝攻秦，至雍，生保子帝，帝攻青衣，雄张僚僰。

《风俗通》称之曰“卢保”，盖合“卢帝”与“保子帝”为一。秦人伐蜀以前，蜀地称帝者又有卢帝诸号。余曾考之殷卜辞，确有“卢帝”之名，殷人伐之。其辞云：

> 翌甲子伐卢……𩂋　伐盧帝（《合集》三三〇八六）
> □……卜□与虍□（屯南二一一八）
> 伐周、壹戱方（英二四二五）

卢（盧）字有三个写法，一个仅存虍头，一加皿旁，一增戈旁。殷时确有“卢帝”之名，可证常氏之说。此即非中原地区称帝之明证。

本人蒙贵校邀请，远道来京。讲述问题，过于空泛，深感惭悚。此种不易有结论之题目，只不过提出一种看法，为弥补这个弱点，最后补谈巴蜀古史上的卢帝，比较有确实的证据，聊博诸位同行前辈的莞尔。记得去年在三星堆博物馆陈德安兄面告，当地出土有关卢方遗物尚有不少有待公布。卢方称帝的事实向鲜人知，也许是一新的发现，足为常璩书之佐证。今年是甲骨文发现一百周年，所以连带谈及契文的材料。我一向提倡三重材料，其中一项是甲骨文，由于向来治古史注意出土实物，对于甲骨记录，采用者不多，此项资料犹未能尽其用，故为补充于此，望贤达有以正之。

《首都师范大学学报》1999 年第 4 期

《国史上之正统论》通论

中国史学观念，表现于史学史之上，以“正统”之论点，历代讨论，最为热烈。说者以为起于宋，似是而实非也。治史之务，原本《春秋》，以事系年，主宾畛分，而正闰之论遂起。欧公谓“正统之说始于《春秋》之作”是矣。正统之确定，为编年之先务，故正统之义，与编年之书，息息相关，其故即在此也。

一、统纪之学

唐陈鸿著《大统纪序》云：“学乎史氏，志在编年。贞元丁酉岁，乃修《大纪》三十卷，正统年代随甲子，纪年书事，条贯兴废，举王制之大纲。”（《唐文粹》九五）既名其书曰《大统纪》，又揭正统年代随甲子之义。以“统纪”二字名书，尚有唐陈岳撰之《大唐统纪》四十卷，用荀、袁体，起武德，尽长庆。《玉海》引《崇文总目》作一百卷，陈直斋著录止于武后如意。《太平广记》引书目有《唐统纪》，当即此书。《宋史·艺文志》有宋章寔《历代统纪》一卷。唐大中五年，姚康撰《统史》三百卷；贞元十三年，韩潭进《统载》三十卷（俱见《玉海》四十七）。宋司马光著《历年图》，刻者易其书名曰《帝统》（《司马公集》六十六），一时风尚，史实喜以“统”字为书名。其以“纪”名书者尤多，若贾昌朝之《通纪》，徐度之《国纪》，是其例也。考太史公《自序》于《孔子世家赞》，称“其匡乱世而反之于正，见其文辞，为天下制仪法，垂六艺之统纪于后世”。于《孟荀列传赞》云：“猎儒、墨之遗文，明礼义之统纪。”统纪二字，史公屡屡用之，其由来远矣。（《淮南子·泰族训》，记缫丝之事云：“抽其统纪则不成丝。”）

纪训丝别，见于《说文》。纪即丝端，是其本义。《尚书·洪范》“协用五纪”。五纪者即岁、月、日、星辰、历数。《汉书》注引应劭云：“合成五行，谓之条纪也。”而《律历志》谓“殷周创业改制，咸正历纪”。历法以记时日，故曰历纪。纪所以纪年月，司马贞《索隐》解释本纪一名云：“纪，理也，丝缕有纪，而帝王书所纪者，言为后代纲纪也。”裴松之《史目》则云：“纪者理也，统理众事，系之年月，名之曰纪。”纪之为书，必系年月，如网之在纲，条次不紊，与条纪、历纪，义正相通。故纬书如《春秋元命苞》直称“史之为言纪也，天度文法，以此起也”。史即是纪。《说文》：“统，纪也。”两字互训，故得合称谓之统纪。又得分言之，作为史之别名也。

马王堆三号汉轪侯利氏墓所出帛书《五星占》，于土星总结云：“卅岁一周于天，廿岁与岁星合为大阴之纪。”［《文物》1974（11）］此“纪”字之天文意义。土星表纪年始于秦始皇元年，讫汉文帝三年。于始皇三十七年后为“张楚”国号，不列秦二世年号，继续书至始皇四十年。接书汉元，及孝惠元、高皇后元。在木星表中称文帝为代皇。既不著二世年号，如《史记·秦楚之际月表》《汉书·高帝纪》之例，亦不书楚怀王义帝及西楚霸王项羽，如后代《通鉴纲目》之例。此疑出于长沙侯国星占家之手。（《五星占》属楚《甘氏星经》系统。）其大书“张楚”之号者，《史记·陈涉世家》：“涉乃立为王，号为张楚。”《索隐》李奇云：“欲张大楚国，故称张楚也。”《海内东经》：会稽山在大楚南。称楚为大楚。故张楚犹大楚也。涉为王仅六月而已；长沙故楚地，其遗民惓惓思楚，而利氏与项羽有旧，汉兴，不敢提项氏名。马王堆三号墓木牍备记轪侯利苍子安葬时，长沙王吴著之赠赗。利氏为楚姓，见《通志·氏族略》，有利几者为项羽将，以陈令反高祖，见《汉书·高帝纪》。以涉首事亡秦，故为陈王国号，不以二世系年，亦可窥见纪年存统之法，每本于书者之立场。而历书上纪年，在汉初已有此例。此一新资料，正大有研究之价值也。

姚铉编《唐文粹》，于卷三十四特立“正统”一目，收皇甫湜《东晋元魏正闰论》一篇。叶水心为朱黼（文昭）《纪年备遗》序云：“孔子殁，统纪之学废；经史文词裂而为三。……而问学统纪之辨，不可观也。”（《水心集》十二）编年以立统绪，故谓之“统纪之学”。皇甫湜撰《编年纪传》已论之（《唐文粹》三十六），水心张其说；实则以统纪名书，早见于纬候（《经义考·说纬》），《河图》有《帝通纪》，《开元占经》九二引有《帝统纪》。《汉书·李寻传》二：“通位帝纪。”纪所以纪年。张衡《东京赋》：“神用挺纪。”薛综注：“谓告年纪之处”，是其滥觞。南宋以来，竞为《春秋》之学。水心之说，殆因《春秋》而作，然后世无称述之者。其反对经、史、文词裂而为三，尤征卓识，开戴东原、姚姬传之先路。故统纪之学，有待于发挥。元、明、清以降，学人沾沾喜为正统之辨，犹是叶说统纪之支裔也。追远寻源，事至繁赜，爰草是篇，为治中国史学史者进一解焉。

二、汉人之正统说

向来说者以“正统”之义，本于一统。“一统”一词，《史记·李斯传》及《始皇纪》已见之。斯既入秦，吕不韦任为郎，因说秦王曰：“会诸侯服秦，譬若郡县。夫以秦之强，大王之贤，由灶上骚（扫）除，足以灭诸侯成帝业，为天下一统，此万世之一时也。”《史记·秦始皇本纪》：“议海内为郡县，法令由一统。”又廷尉李斯议曰：“今海内赖陛下神灵一统，皆为郡县。”夫一统之事，始于秦，而从空间以言“天下一统”之称，恐亦导源于此。欧阳修之论正统，举《公羊传》“君子大居正”及“王者大一统”二语为说。按隐公三年《公羊传》：“故君子大居正”，何休注“居正”之义云：“明修法守正最计之要者。”又隐元年《传》：“何言乎王正月？大一统也。”何注云：“统者，始也。……莫不一一系于正月，故云政教之始。”盖《春秋》大一统所以建元正朔，故训统为始。《文选·汉王褒圣主得贤臣颂》云：“记曰：共（恭）惟春秋法五始之要，在乎审己正统而已。”五始者，颜师古注云：“元者，气之始；春者，四时之始；王者，受命之始；正月者，政教之始；公即位者，一国之始；是为五始。”唐吕向注：“正位以统理天下。”此处虽用正统二字，而取义与后来有别。再考《大戴礼·诰志篇》：“虞史伯夷曰：明，孟也；幽，幼也。明幽，雌雄也。雌雄迭兴，而顺至正之统也。日归于西，起明于东，月归于东，起明于西。虞夏之历正，建于孟春。”此论“至正之统”一义，本于阴阳幽明之说，以明历正建春之旨。此“正统”说之初义，与《春秋》王正月正相应也。

乐理亦言一统。《汉书·律历志》云：“三统者，天施、地化、人事之纪也。故黄钟为天统，林钟为地统，太族为人统。”又云：“及黄钟为宫，则太族、姑洗、林钟、南吕皆以五声应，无有忽微；不复与它律为役者，同心一统之义也。……《书》曰：‘予欲闻六律、五声、八音、七始咏，以出内五言，女听。’……七者，天地四时人之始也。顺以歌咏五常之言，听之则顺乎天地，序乎四时，应人伦，本阴阳，原情性，风之以德，感之以乐，莫不同乎一。惟圣人为能同天下之意，故帝舜欲闻之也。”此段对七始之义，抉发尤精，所引《书》出《益稷篇》（今孔《传》本“七始咏”三字作“在治忽”）。汉初《安世乐房中歌》云：“七始华始，肃倡和声。”孟康注即用《律历志》语。七始乃合四时与三才，音声相和，是为同心一统。汉初以七始为天统，说实见于《大传》。

陈寿祺辑伏生《尚书大传·尧典篇》论乐律之语甚多，其记巡守观风云：“以六律、五声、八音、七始，著其素蔟以为八。……五声，天音也；八音，天化也；七始，天统也。”注云：“七始者，黄钟、林钟、大簇、南吕、姑洗、应钟、蕤宾也。歌声不应，此则去之。素，犹始也；簇，犹聚也。乐音多聚以为八也。”论八音之理中有七始，乃天统也。以七始为天统，与天音（五声）、天化（八音）相配，是天统二字原本于乐律古义。又其《略说》（陈氏谓即《尚书畅训》）屡言“三统”，如云：“王者存二王之后与己为三，所以通三统，立三正。周人以至日为正，殷人以日至后三十日为正，夏人以日至后六十日为正。天有三统，土有三王，三王者，所以统天下也。”此言“天有三统”，后来董仲舒及刘歆之言三统，盖本乎此。

《史记·封禅书》记有司论鼎云：“闻昔泰帝，兴神鼎一。一者壹统，天地万物所系终也。黄帝作宝鼎三，象天地人。”一与三皆有取义：一即壹统。《易·乾彖》言：“万物资始，乃统天。”郑注：“统、本也。”以本释统，与何休解大一统之统为始相近。帝王之史称为“本纪”，裴松之《史目》谓：“本者，系其本系，故曰本。”揆之汉儒经说，以统训本，则本纪之与统纪，于义亦有关联也。

太史公学《春秋》于董子，其《高祖本纪》称：“三王之道若循环，终而复始，周秦之间，可谓文敝矣。秦政不改，反酷刑法，岂不缪乎？故汉兴，承敝易变，使人不倦，得天统矣。”《汉书·郊祀志赞》：“刘向父子以为高祖始起，著赤帝之符，旗帜遂赤，自得天统。”邓展曰：“向父子虽有此议，时不施行。至光武建武二年，乃用火德。”司马、刘氏称誉高祖能得天统，其说盖本诸董生《春秋繁露》，《三代改制质文篇》云：

> 《春秋》曰王正月。……何以谓之王正月？曰：王者必受命而后王。王者必改正朔，易服色，制礼乐，一统于天下。所以明易姓，非继仁通以己受之于天也。……故汤受命而正，应天变夏作殷，号时正曰统。……（下记黑统、赤统、白统三统，从略。）
>
> 三代改正，必以三统天下，曰三统五端，化四方之本也。天始废始施，地必待中，是故三代必居中国，法天奉本，执端要以统天下、朝诸侯也。是以朝正之义，天子纯统色衣，诸侯统衣缠缘纽，大夫士以冠参，近夷以缓，遐方各衣其服而朝，所以明乎天统之义也。
>
> 其谓统三正者：曰正者，正也；统致其气，万物皆应而正。统正，其馀皆正。凡岁之要，在正月也。

此解释天统之义，其要点如下：（一）朝必于正月，贵首时也；（二）居必于中国，内诸夏而外夷也；（三）衣必纯统色，示服色之改易也。如是乃可谓壹统于天下，乃可以统天矣。（谓代天行事，统领万邦，是之谓天统。）此董生一统之说，太史公采用之。夫统正，则其馀皆正。以正月为岁始，岁之要即在正月故也。而《春秋》谓之王正月者，董生又云："王者受命而王，制此月以应变，故作科以奉天地，故谓之王正月。"此指易姓之君，所以承天应变以行事，故以改制为重。所云应变，盖天官家以为天运屡变，惟王者乃有以应之耳。《史记·天官书》："夫天运三十岁一小变，百年中变，五百载大变，三大变一纪，三纪而大备。"孟子亦言"五百年必有王者兴"，斯其义也。又《繁露·符瑞篇》论西狩获麟云："托乎《春秋》正不正之间，而明改制之义，一统乎天子，而加忧于天下之忧。"又《俞序篇》云："仲尼之作《春秋》也，明得失，起贤才，以待后圣，故引史记，理往事，正是非。"《春秋》之作，依董氏公羊说，正所以明改制，张一统，先天下之忧而后忧；太史公之作《史记》，即本此义，又不可不知也。

《汉书·郊祀志》称："宣帝即位，由武帝正统兴。"又王吉上宣帝《疏》云："《春秋》所以大一统者，六合同风，九州共贯也。"亦撮《公羊》为义。《汉书·董仲舒传》："《春秋》大一统者，天地之常经，古今之通谊也。"王说盖本此。此则指一姓本宗传位之正统也。

以正统一词用之帝王受命，则有东汉季傅幹之《王命叙》，其论光武中兴之由有四，第四即为得"帝皇之正统"。又云："自我高祖袭唐之统，受命龙兴。""世祖攘乱，奄有帝宇。"此文乃续班彪《王命论》而作，汉为尧后，故以上接帝尧之统也。王莽虽有即真之实，渐台之败，继起者仍为刘氏，遂致上下失据，沦于非类。班固《汉书·王莽传赞》诋之为"紫色蛙声，馀分闰位"，弥深正闰之辨。固于《东都赋》赞光武云："系唐统，接汉绪。"虽不用正统之名，而意则指正统，甚为明显。班固《典引》论高（祖）光（武）二圣之龙兴云："盖以膺当天之正统，受克让之归运。"可见正统归运之论，至班氏而愈加奠定。自此以降，受命之帝王，罔不据此以立论。

故纬书屡以一统解说古帝受命。《御览》七十六《皇王部》引：

> 《易纬》曰："天子者，继天治物，改正文一统，各得其宜。"
>
> 又引《易乾凿度》："王者，天下所归。天子者，继天理物，改一统政。"
>
> 又引《周书》："三王之统，若循连环，周而复始，穷则

反本。”

此亦东汉以来之恒言，以王统配三统，以申受命应运之由。

魏之继汉，其《受禅表》云：“大统不可以久旷。”邯郸淳《魏受命述》云：“圣嗣承统，爰宣重光。”（《古文苑》十二）南齐萧子恪与弟子范入梁之后，梁武命其读班彪《王命论》。《梁书·子恪传》云：“高祖文德殿引见之，从容谓曰：‘我欲与卿兄弟有言，夫天下之宝，本是公器，非可力得，苟无期运，虽有项籍之力，终亦败亡。所以班彪《王命论》云：所求不过一金，然终转死沟壑。卿不应不读此书。’”（《梁书》卷三十五）故萧子显于《南齐书》本纪后论皆宣扬班彪王命之说。故知班氏父子于继统之论，对后代启发独多。

“统”之观念与历法最为密切，盖深为《周易》“治历明时”一义所支配。《封禅书》云：“推历者以本统。”载齐人公孙卿札书，引“鬼臾区对黄帝得宝鼎神策，是岁乙酉朔旦冬至，得天之纪，终而复始”。《汉书·艺文志》五行家序云：“五行之序乱，五星之变作，皆出于律历之数而分为一者也。其法亦起五德终始，推其极则无不至。”可见历术与本统关系之深。《汉志》历谱类有《自古五星宿纪》，五星之著述亦以纪名书，至宋苏颂乃著《历者天地之大纪赋》（《赋汇》卷一）。

音乐言统，原起于汉。《御览》引应劭《风俗通》：“雅琴者，乐之统也。”故学人多颂言琴德，刘向《雅琴赋》称为“德乐愔愔”。及宋季徐理著《琴统》，其序云：“琴者，……君子所当御，故名曰琴统。”又《琴统外篇叙》云：“管乐统气声，实统虚也。琴统乐，实统实也；律生于道，道统气声，虚统虚也。虚虚为道之极，实实为道之极，虚极而实，实极而虚，虚实相因，琴与道俱。”（据周庆云《琴书存目》卷三引）上继《大传》及《律书》，阐发虚实相生及乐统气、声之义，渊哉言乎！

顾亭林《日知录》七“年号当从实书”条云：“正统之论，始于习凿齿，不过帝汉而伪魏吴二国耳。”按习氏著《汉晋春秋》，有晋承汉统之论。以为魏有代王之德，而其道不足；道不足则不可谓制当年，当年不制于魏，则未曾为天下之主。以晋承魏，比义唐虞，殊为可惜。若以晋承汉，功实显然，正名当事，情体亦合。其书只可谓根据正闰观念，改写史著，为后世史学开一新例。然其说不为人所接受。梁武《通史》，吴蜀二主，皆入世家（《史通·六家篇》）。宋初《太平御览》分皇王与偏霸二部，王莽、黄巢皆入皇王部。汉孝平之后，附少帝、孺子及王莽；唐僖宗之后，附黄巢。蜀刘备独列于偏霸之首；刘宋、南齐、北齐、梁、陈，皆入偏霸，难怪引起后来之辨难。其以蜀入偏霸，固违习氏之见。《史通·称谓篇》自注云："习氏《汉晋春秋》以蜀为正统，其编目叙事，皆谓蜀先主为昭烈皇帝；至于论中语则呼为玄德。"则讥其"用舍之道，于例无恒"。司马光《通鉴》，仍系魏为纪，于黄初二年论曰："秦焚书坑儒，汉兴，学者始推五德生胜，以秦为闰位，在木火之间。霸而不王，于是正闰之论兴矣。"此指取五德相生以论正闰，为汉氏以来正统之旧说。至于据王道以论位，别创为一史，自当以习氏为先例。若谓正统之论，由其作俑，则恐非事实也。

三、五德终始说新探

五德终始之说，向来皆云出于邹衍；今以新旧资料合证之，实当起于子思。荀子《非十二子》责子思、孟子云："案往旧造说，谓之五行。"（杨倞注："五行，五常：仁、义、礼、智、信是也。"）既云"案往旧造说"，则子思亦远有所承也。案《马王堆老子甲本》后《佚书》有云：

> ……胃（谓）之德之行。不刑（形）于内胃之行。……德之行。五（行）和胃之德，四行和胃之善。
>
> 善，人道也；德，天道也。

《佚书》且屡屡言及仁气、义气、礼气诸名，即班固所谓"五行者，五常之形、气也"。《礼记·乡饮酒义》云："天地严凝之气，始于西南，而盛于西北，此天地之尊严气也；此天地之义气也。天地温厚之气，始于东北，而盛于东南，此天地之盛德气也；此天地之仁气也。"知

《礼》所称之义气、仁气，盖有所本。《佚书》以“德”为天道，“善”为人道。而德之行有五。又云：

> 君子之为善也，有与始也，有与终也。君子之为德也，有与始也，无与终也。
>
> 金声而玉振之，有德者也。金声，善也；王言，圣也。善，人道也；德，〔天〕道〔也〕。〔唯〕有德者然笱（后）能金声而玉振之。

又云：

> 其至，内者之不在外也，是之胃蜀（独）；蜀也者，舍膿（体）也。
>
> 君子之为善也，有与始，有与终；言与其膿始，与其膿终也。
>
> 君子之为德也，有与始，无〔与终〕……
>
> 与其膿始，无与终者，言舍其膿而独其心也。……虽（唯）有德者，然后能金声而玉辰（振）之；金声而玉辰（振）之者，动□而□□，井（形）善于外，有德者之□。

此为始终之义。善与德之始终不同，兹表之如下：

善——人道 { 有与始
有与终

德——天道 { 有与始
无与终——舍体而独其心

考金声玉振相为始终之义，《孟子·万章》篇已言之曰：“集大成者，金声而玉振之也。金声也者，始条理也；玉振之也者，终条理也。始条理者，智之事也；终条理者，圣之事也。”取与《佚书》参证，若合符节，故疑此《佚书》即思、孟之遗说。其始与终，而曰金声，曰玉振者，盖以乐为喻。古之乐次，以金奏为终始。《燕礼记》郑注：“以乐纳宾，奏《肆夏》。《肆夏》，乐章也。今亡。以金镈播之，鼓磬应之，所谓金奏也。”此儒家之乐教也。以此比德之起始与完成，有如金奏之敲悬镈与击玉磬也。德之成亦如乐之成。《佚书》云：

乐者，言其流體也。机……者，體之至也。乐而后有體；有德而国家与；国家与者，言天下之兴仁义也。言其□□乐也。文王在尚（上），于昭于天，此之胃也。言大悳（德）备成矣。

乐而后有德，德之成则舍體而行，故与有始而不必与有终；善者则贯彻始终，故有始必有终。德则不然，德为天道，故可舍体而专一其心，不以形求之，自然如天道之流行，悬诸天地而皆准。此当为子思之五德终始说。曰善曰德，析言之：一形一气；形者与其体；而气则舍之。一为人道，一为天道，天与人正相应也。

邹衍倡五德终始说，似本此为基础而恢皇之。严安上书引邹衍曰：“政教文质者，所以云救也。”（《汉书·严安传》）太史公《高祖纪赞》言三代文质相救云：

周人承之以文；文之蔽，小人以僿，故救僿莫若忠。

《索隐》云：“此语本出《子思子》，见今《礼·表记》。”《子思子》书今不传，赖此知之。董仲舒《天人三策》引此云“道亡救弊之政”。三代文质相救之义，原出子思，而邹衍、董生、太史公皆秉之立论，此邹说之原于《子思子》之一证也。邹子之书，见于《汉书·艺文志》者，有《邹子终始》五十六篇；《史记·孟荀传》称其著“终始大圣之篇十余万言”，“称引天地，剖判以来，五德转移，治各有宜，而符应若兹”。德之行五及终始二词，实本于子思，而邹氏扩大其义，以论朝代更易之德运。夫以“终始”二字名书，又有《阴阳家公梼生终始》（十四篇，《汉志》注：“传邹奭终始书”）、《黄帝终始传》（《史记·历书》褚先生曰引汉兴百有馀年数句），其详罔闻，然以终始之义立说，固不止邹衍一人而已也。

《汉书·历志》云：“丞相属宝、长安单安国、安陵桮育治《终始》。昭帝时犹有传习者。”（《汉书艺文志条理》）惟邹衍则取以解释人事，以阐明帝王应运而兴之道理，构成其所创之历史哲学。邹氏掌握之原则有三：

(1) 确定每一代帝王之运命，自有其在五行上所属之先天德性。

(2) 根据五行相胜，互相生克，推演为五德始终，创为帝王更迭之循环说。

(3) 以一年之“纪”扩大为历年之“纪”，成为大型之终始说。

考五行相胜说，由来甚远，若《左传》史墨有火胜金、水胜火之言（昭三十年及哀九年《传》），渐次亦为墨家、兵家、名家所采用。《墨子·经说》下之论五合，《贵义篇》之五龙；《孙子·虚实篇》之论五行无常胜；山东临沂新出《孙膑兵法》有“五壤之胜”：青胜黄，黄胜黑，黑胜赤，赤胜白，白胜青之语，见《地葆篇》。《公孙龙子·通变》亦有引证木贼金。当日之言五行者，有常胜与毋常胜二系（参栾调甫《梁任公五行说之商榷》）。邹衍执常胜之说以解释历史，不沾沾于名实，从极大处落墨，故有其成就。《史记·孟荀列传》云：

> 驺衍睹有国益淫，多不能尚德，若大雅整之于身，施及黎庶矣。乃深观阴阳消息，而作怪迂之变，终始大圣之篇，……称引天地，剖判以来，五德转移，治各有宜，而符应若兹。……要其归必止乎仁义节俭……

邹氏仍以儒家伦理为基本，而主张尚德。《封禅书》谓其以“阴阳主运”显于诸侯，主运者，殆如《礼记》之《礼运》，如淳在“主运”一名下注云：“五律相次转用事，随方面为服。”又《礼运》篇有“五色、六章、十二服还相为质”之义，而服当指服色也。秦汉以来，众所讨论之“改正朔，易服色”，似即承袭邹氏主运之观点也。至若《终始大圣之篇》，大圣者，明指帝王而言，《周书·谥法》解“德象天地为帝”，此正为《战国》季世学者所讨论之主题，邹氏之篇亦针对此而发。今观《大戴礼》书中，有《五帝德》《盛德》《虞戴德》诸篇可以见之。《盛德》论圣王之盛德，而提出“明堂者，天法也；礼度，德法也，所以御民之嗜欲好恶，用以慎天法，以成德法也”。分析为天法及德法二者，显似反对法家专以刑法御民之失。

> 夫民善其德，必称其人。今之人称五帝三王者，依然若犹存者，其法诚德，其德诚厚。夫民思其德，必称其人，朝夕祝之，升闻于皇天，上帝歆焉，故永其世而丰其年。

此为《盛德篇》所描写之“德法”，乃依循“天法”而行。邹子主张“尚德”，先整之于身，然后施及于民，想必与《盛德》之篇不相违悖。五帝之名，见于《楚辞》，《惜诵》云：“令五帝以折中兮。”故《楚缯书》有炎帝一名及五色木之号，此仅见个别之五色帝而已。《晏子春秋》云：

> 楚巫微导裔款以见景公，侍坐三日，景公说之。楚巫曰：“公，明神之主，帝王之君也。公即位有七年矣，事未大济者，明神未至也。请致五帝，以明君德。”景公再拜稽首。楚巫曰：“请巡国郊以观帝位。”至于牛山而不敢登，曰：“五帝之位，在于国南，请斋而后登之。”公命百官供斋具于楚巫之所……

楚人原有五帝甚明，又由楚巫传播至齐，观《陈侯因資敦》出见黄帝之名可证。景公时楚巫微与裔款请“致五帝，以明君德”，此五帝德一说之滥觞，亦为齐学楚学合流之结果，邹衍固齐学之代表也。

五帝本非一义，现略予以说明：

（1）天官家安排之五帝：《史记·天官书》南宫朱鸟：“门内六星，诸侯。其内五星，五帝坐。”《晋书·天文志》太微五帝坐，中黄帝坐，四帝星侠黄帝坐。东方苍帝，南方赤帝，西方白帝，北方黑帝。配以五色，其资料为太史令陈卓总甘、石、巫咸三家星图。若《史记·天官书》似用甘氏《星经》之说。

（2）历史家配合“天”帝而构成之人帝：如《大戴礼·帝系》孔

子答宰予问五帝德，史公因作《五帝纪》；孔子答季康子以伏羲、神农、黄帝、少昊、颛顼配五行。

《大戴礼·五帝德》所描写之黄帝、颛顼诸帝王，俱为德合天地之领导人物，于黄帝一段，称其：

> 治五气，设五量，抚万民，度四方。教熊罴貔豹虎以与赤帝战于坂泉之野，三战然后得行其志。黄帝黼黻衣大带黼裳，乘龙扆云，以顺天地之纪，幽明之故，死生之说，存亡之难。时播百谷草木，故教化淳鸟兽、昆虫。历离日月星辰，极畋土石金玉，劳心力耳目，节用水火材物。生而民得其利百年，死而民畏其神百年，亡而民用其教百年，故曰三百年。

黄帝对人民之贡献，是民得其利，畏其神而用其教，此即"帝德"之标准，诚如是方为"大圣"。《易·文言》所谓："与天地合其德，日月合其明。"《尧典》所云："光被四表，格于上下。"《尚书纬》释稽古即同天，俞正燮以法天解之（《癸巳类稿》一）。此种与天地合德之人物，惟大圣之帝，方足以当之。《史记·秦楚之际月表序》称赞高祖"愤发其所为天下雄，……此乃传之所谓大圣乎？……非大圣孰能当此受命而帝者乎！"是邹衍所谓"大圣"者，必受命而帝者，始得与于其列矣。

《吕氏春秋》对邹说更发扬光大。《封禅书》云："自齐威、宣之时，驺子之徒，论著终始五德之运，及秦帝而齐人奏之，故始皇采用之。"秦人学术，部分盖接受邹说，《史记·始皇纪》李斯等议古教不同一节，证以严安上书引用邹衍语："政教文质者，所以云教也。当时则用，过则舍之，有易则易也。"邹氏主张变通，是以秦人在政教上亦主张"五帝不相复，三代不相袭，各以治，非其相反，时变异也"。可易者，则易之。故始皇推邹衍"终始五德之传"，以秦为水德，代周之火德；其色上黑，名河曰德水，以为水德之始，而事皆决于法，刻削毋仁恩和义，以合五德之数（见《史记·始皇本纪》）。彼一方面固采邹子五德之数，一方面则去其儒家"止乎仁义"之"尚德"部分，专尚刑法，而非"德法"，可谓修正之邹学。

医家言亦采用终始之理论，《灵枢经》有《终始篇》列第九。谓“针刺之道毕于终始，明知终始，五藏为纪”。《九针十二原》篇，岐伯论以“针通经脉，令有纲纪，始于一，终于九焉”。又《小针解》云：“调气在于终始一者，持心也。”凡用针、调气，均宜通“终始”之义。可见终始理论，自子思、邹衍以后，贯通百学，医亦其一端耳。

四、邹、刘五德之异义及正闰说之缘起

《汉书·郊祀志》班固赞云：

> 至于孝文，始于夏郊，而张苍据水德，公孙臣、贾谊更以为土德，卒不能明。孝武之世，文章为盛；太初改制，而兒宽、司马迁等犹从臣、谊之言，服色数度，遂顺黄德。彼以五德之传从所不胜，秦在水德，故谓汉据土而克之。刘向父子以为帝出于《震》，故包羲氏始受木德，……自神农、黄帝下历唐虞三代而汉得火焉。……昔共工氏以水德间于木火，与秦同运，非其次序，故皆不永。

此段文字盖言三事：（1）论汉兴之初定汉为土德；（2）刘向父子论汉为火德；（3）共工氏以水德，与秦同运，非其次序，即指共工与秦宜居闰位之谓。约言之，一为方邹、刘五德之异义，一为正闰说之所由起。试分别论之：

《始皇纪》称“秦代周德，从所不胜”。从所不胜者，左思《魏都赋》有云：“考历数之所在，察五德之所莅”，李善注引《七略》曰：“邹子有《终始五德》，从所不胜，木德继之，金德次之，火德次之，水德次之。”（《文选》卷二十应祯《华林园集诗》“五德更运”下注引《七略》作“言土德从所不胜，木德继之”。此据尤袤本。）此为邹说仅存之遗文，依其相胜之顺序，应为土、木、金、火、水；出土之《孙膑兵法》则为木（青）、土（黄）、水（黑）、火（赤）、金（白），序次有异。然《吕览·应同篇》云：

凡帝王之将兴也，天必先见祥于下民。黄帝之时，天先见大蚓大蝼。黄帝曰：“土气胜！”土气胜，故其色尚黄，其事则土。

及禹之时，天先见草木，秋冬不杀。禹曰：“木气胜！”木气胜，故其色尚青，其事则木。

及汤之时，天先见金刃生于水。汤曰：“金气胜！”金气胜，故其色尚白，其事则金。

及文王之时，天先见火，赤乌衔丹书集于周社。文王曰：“火气胜！”火气胜，故其色尚赤，其事则火。

代火者，必将水；天且先见水气胜。水气胜，故其色尚黑，其事则水。水气胜而不知数备，将徙于土。

则其序次为土、木、金、火、水，与《七略》所引邹子说全同，是知《吕览》乃用邹说也。

《太平御览》七六引《尚书大传》曰“三王之治，如环之无端，如水之胜火”。是伏生亦采相胜之说。《史记·十二诸侯年表序》称汉相张苍历谱五德。《索隐》云：“张苍著《终始五德传》也。”惜其书不存，然苍亦邹衍之信徒也。其后孝成之世，刘向作《五纪论》（见《汉书·律历志》），其书不传，惟班固于《郊祀志赞》称：“刘向父子以为帝出于震，故包羲氏始受木德。”刘氏用《说卦》“帝出于震”语以定伏羲始木德。《御览》七八皇王部引《春秋内事》云：“伏羲氏以木德王天下，天下之人，未有室宅，未有水火之和。”又黄帝下引《春秋内事》云：“轩辕氏以土德王天下，始有堂室。”以伏羲为木，黄帝为土，与《世经》同。《御览》又引《帝系谱》：“伏羲木王。”刘歆《世经》中五帝及其五行之德，序次如下：

（帝太昊）庖牺	→	炎帝神农	→	黄帝	→	少昊	→	颛顼
木（德）		火		土		金		水
帝喾	→	唐尧	→	虞帝	→	禹	→	汤
木		火		土		金		水
周								
木								

又《潜夫论·五德志》中亦言五帝，其序如下：

太皞伏羲→ →赤帝 →黄帝 →白帝 →黑帝
神农 轩辕 少昊 颛顼

文云：“其德木”“其德火纪”“其德土行”“其德金行”“其德水行”，此亦与刘歆相同，盖主五行相生说者也。《世经》之“首德始木”，与《孙膑兵法·地葆》“五壤相胜”之始木相同。《楚缯书》五木神次序为“青木、赤木、黄木、白木、墨木之精”，亦以青木列首。此为首木之说，与邹衍之首土不同。兹附三图如下：

（1）邹子《吕览·五德相胜（克）图》：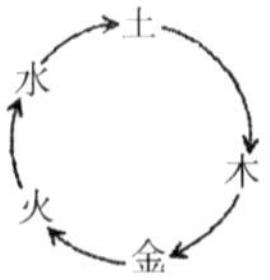

（2）《孙膑兵法·五壤相胜图》：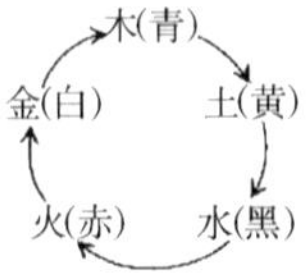

（3）刘歆《世经》、《潜夫论·五帝志》之《五德相生图》：

三个系统之不同，试比较如下：

（1）邹、吕之五行相胜始土，不始木；其他则首德始木。

（2）邹、吕、孙皆用相克论；刘则用相生论。

（3）邹、刘皆以解释历史；孙则否。

五帝所值之德，《文选》李注引邹子又云：“五德从所不胜，虞土、夏木、殷金、周火。”（沈约《齐安陆昭王碑》“是开金运”句下注）此条亦见《淮南子·齐俗训》高诱注完全相同，而与刘歆《世经》则大异，兹表之如下：

邹衍《五德终始》		刘歆《世经》	
		木德	太昊（伏羲）“首德始木”
		闰水	共工“在火木之间，非其序也。”
		火	炎帝（神农）“以火承木”
土德	黄帝（《天中记》五七　引刘向《别录》载邹衍）	土	黄帝“火生土”
		金	少昊“土生金”
		水	颛顼“金生水”
		木	帝喾“水生木”
		火	唐帝“木生火”
土	虞	土	虞帝“火生土”
木	夏	金	伯禹“土生金”
金	殷	水	成汤“金生水”
火	周（据《文选》注引邹子）	木	武王“水生木”
水	秦	闰水	秦皇
土	汉（此公孙臣说，据邹氏《终始传》推之者。）	火	汉高祖“木生火”

班固《典引》：“五德初始”，蔡邕注：“五行之德，自伏羲以下，帝王相代，始于木，终于水。”曹植《画赞》：庖牺“木德风姓”，神农“火德成木”，黄帝“土德承火”，少昊“金德承土”，颛顼“水德统天”，俱袭《世经》之说。

秦人用邹子说，以周为火德，故秦变周自为水德。《始皇本纪》所云：“始皇推终始五德之传，以为周得火德，秦代周德，从所不胜，方今水德之始。”而《郊祀志》如淳注驺子五德之运云：

> 今其书有《五德终始》。五德各以所胜为行。秦谓周为火德；灭火者水，故自谓水德。（《汉书·高祖纪》文颖曰：始皇即位，周火德，以五胜之法胜火者水。）

《郊祀志》公孙臣上书曰：

> 始秦得水德，及汉受之，推《终始传》，则汉当土德。

所推之《终始传》，当即邹子之《五德终始传》也。据秦上溯至姬周，足证邹衍正以周为火德。

汉时，丞相张苍尝主汉乃水德，公孙臣深斥其非。贾谊亦言汉为土德，兒宽、司马迁皆从之。盖邹衍之说，周为火德，秦继之为水，而汉代秦而兴，宜循环回覆虞帝之土德，因知公孙及贾子等亦即用邹氏《终始传》之说也。

至若以五德论正闰，实起于刘歆《世经》，其言云：

> 《祭典》曰："共工氏伯九域。"言虽有水德，在火木之间，非其序也。（太昊帝）《易》曰："庖牺氏没，神农氏作。"言共工伯而不王，虽有水德，非其序也。以火承木，故为炎帝。

一则引《礼记·祭法》，一则引《易·系辞》。《祭法》但云："共工氏之霸九州也，其子曰后土，能平九州，故祀以为社。"共工非王而仅为霸，虽有水德，但不得承统为序，而夹在太昊（伏羲）之木及炎帝之火之中间，故被目为闰位。《易·系辞传》言："庖牺没，神农氏作。""神农氏没，黄帝、尧、舜氏作。"《世经》断章取义，以神农接庖牺之统，故称共工不王，自不得其序，此共工为闰位之说，原出于刘歆也。班固于《郊志赞》言"共工氏以水德间于木火，与秦同运，非其次序"。则秦与共工同为水德，汉人指其不当次序，此为刘歆之闰水说；后代五德正闰，即由此而起也。

《始皇本纪》后附东汉明皇帝曰："周历已移，仁不代母。秦直其位，吕政残虐。"《索隐》云："周历已移，周亡也。仁不代母，谓周得木德，木（中华标点本误作水）生火，周为汉母也。言历运之道，仁恩之情，子不代母而王，谓火不代木，言汉不合即代周也。秦值其闰位，德在木火之间也。此论者之辞也。"《正义》云："始皇以为周火德，秦代周，从所不胜，为水德之始也。按：周木德也，秦水德也。五行之运，水生木，木生火，火生土，土生金，金生水。所生者为母，出者为子。帝王之次，子代母。秦称水是母代子，故言。若有德之君相代，不母承其子。直音值。言秦并天下称帝，是秦德值帝王之位。"按此为明帝十七年十月十五日乙丑日事。班固《典引》言："永平十七年与贾逵、傅毅、杜矩、展隆、郗萌等召诣云龙门。”即是时也。其言仁不代母者，从《世经》之五行相生说，则周当为木德，而秦乃自号水德，揆以相生之运，水生木，木生火；水为母而木为子；秦居水德，承周之木运，岂不以母（水）代子（木）？故讥其不仁，此东汉人因《世经》之五行相生故有此论。然秦乃据邹衍五德终始，邹子之说固谓周为火德，水胜火，故秦得居水德，其用邹说，灼然甚明。故晋泰始间史臣论：“五德更王，唯有二家之说。邹衍以相胜立体，刘向以相生为义。据以为言，不得出此二家者。假使即刘向之说，周为木行，秦氏代周，改其行运。若不相胜，则克木者金，相生则木实生火。秦氏乃称水德，理非谬然。”《宋书·律历志》其说良允。

《春秋繁露·五行对》，河间献王问温城董君，其对云：“木生火，火生土，土生金，金生水，是故父之所生，其子长之。”又《五行之义》章亦云：“木生火，火生土，土生金，金生水，水生木，此其父子也。”均主五行相生。倘此文真出董生之手，则刘氏之相生说，董生时已流行矣。

《左传·昭公十七年》，郯子曰：昔者黄帝氏以土纪，炎帝氏以火纪，共工氏以水纪，大皞氏以龙纪，少皞纪于鸟。是共工世次在炎帝、大皞之间。杜《注》则云：“共工以诸侯霸有九州，在神农前，大皞后，亦受水瑞，以水名官。”郯子所保存为东方古史传说。共工与黄帝、炎帝并列。《楚缯书》云：“共攻□步，十日四寺（时）”，工字作攻。《春秋》之际五德思想尚未正式成立，而共工、炎帝各以水、火为纪，或水师而水名，或火师而火名。如以少皞之鸟师、鸟名为例，有诸鸟、五鸠、九扈之号，则共工之水师水名，谅有同然，惜乎资料湮灭，未由稽考。

五、晋初及北朝修史断限之争论

晋初立国，对三分鼎峙之局，宜取何者为续统，颇引起争端。左思《三都赋》即为此而作也。王鸣盛《十七史商榷》卷五十一云：

左思于西晋初，吴蜀始平之后，作《三都赋》，抑吴都、蜀都，而申魏都，以晋承魏统耳。

今观《魏都赋》云：

榷惟庸蜀，与鸲鹊同窠，句吴与蛙黾同穴，一自以为禽鸟，一自以为鱼鳖。……或魋髻而左言，或镂肤而钻发。……揆既往之前迹，即将来之后辙。成都迄已倾覆，建业则亦颠沛。……

此为太冲贬抑蜀、吴以立魏统之说也。晋室既建，其先世尝为魏臣，作史者宜断自何年，于晋初遂成为史学论议之题目。陆机因有《晋书》限断之议。李充《翰林论》云："在朝辨政而奏议出，宜以远大为本。陆机《晋断》亦名其美言。"（《全晋文》五十三）颇重视其文。《初学记》卷二十一文部史传引陆士衡《晋书限断议》云："三祖实终为臣，故书为臣之事，不可如传，此实录之设也。而名同帝王，故自帝王之籍，不可以不称纪，则追王之义。"（《王籍》下注）《史通·正史篇》称："著作郎陆机始撰《三祖纪》。"而于《本纪篇》讥其"列纪三祖，直序其事竟不编年，年既不编，何纪之有？"是机书原不编年，故知幾嗤其失体。

《晋书》四十《贾充传》：

先是韩廷议立《晋书》限断，中书监荀勖谓宜以魏（少帝）正始（240）起年，著作郎王瓒欲引嘉平（249）以下朝臣尽入晋史，于时依违未有所决。惠帝立，更使议之。（贾）谧上议，请从泰始为断。于是事下三府，司徒王戎、司空张华、领军将军王衍、侍中乐广、黄门侍郎嵇绍、国子博士谢衡，皆从谧议。骑都尉济北侯荀畯、侍中荀藩、黄门侍郎华混以为宜用正始开元，博士荀熙、刁协谓宜嘉平起年。谧重执奏（王）戎、（张）华之议，事遂施行。

盖晋初修史有三种意见：（1）以（司马炎）泰始（265）为断；（2）

以正始开元；(3) 以嘉平起年。陆机为贾谧二十四友之一，谧之主张，当日陆机必参预其议。《初学记》(严可均《全晋文》录此) 著其片段，莫窥全豹。陆机之意见，今不可具知，恐必从贾谧之论，以司马炎泰始起元。既以晋为正统，而三祖均属魏世，既不得不用纪体，而限断又起于泰始，故于三祖但序事而不编年，职是故也。

至北齐时，魏收与李德林复有讨论《齐史》记元断限之事。往复数札，载于《隋书》四十二《李德林传》云：

> 魏收与阳休之论《齐书》记元事，敕集百司会议。收与德林书曰："前者议文，总诸事意，小如混漫，难可领解。今便随事条列，幸为留怀，细加推逐。凡言或者，皆是敌人之议。既闻人说，因而探论耳。"德林复书论即位之元，《春秋》常义云云。

魏收原议今不可见，惟《北齐书》四十二《阳休之传》对此事原委，尚记其大要，略云：

> (北齐后主武平) 六年，又领中书监。……魏收监史之日，立《高祖本纪》，取平四胡之岁为齐元。收在齐州，恐史官改夺其意，上表论之。武平中，收还朝，敕集朝贤议其事。休之立议从天保为限断。魏收存日，犹两议未决，收死后 (收殁于武平三年)，便讽动内外，发诏从其议。

可见当日论争重点，是在修纂《齐书》纪事应以何年为开始：(1) 魏收撰《高祖本纪》取平四胡之岁为齐元。(2) 阳休之主张从天保为限断，即以齐显祖 (高洋) 天保元年 (550) 开始。收复与德林书，问"一之与元，其事何别?"德林答云：

> 或以为书元年者，当时实录，非追书也。大齐之兴，实由武帝，谦匿受命，岂直史也？比观论者闻追举受命之元，多有河汉，但言追数受命之岁，情或安之。似所怖者元字耳，事类朝三，是许其一年，不许其元年也。案《易》"黄裳元吉"，郑玄注云："如舜

试天子，周公摄政。”是以试摄不殊。《大传》虽无元字，一之与元，无异义矣。《春秋》不言一年一月者，欲使人君体元以居正，盖史之婉辞，非一与元别也。汉献帝死，刘备自尊崇。陈寿蜀人，以魏为汉贼，宁肯蜀主未立，已云魏武受命乎？士衡自尊本国，诚如高议，欲使三方鼎峙，同为霸名。习氏《汉晋春秋》，意在是也。正司马炎兼并，许其帝号。魏之君臣，吴人并以为戮贼，亦宁有当涂之世，云晋有受命之征？史者，编年也，故鲁号纪年。《墨子》又云：吾见百国《春秋》，史又有无事而书年者，是重年验也。若欲高祖事事谦冲，即须号令皆推魏氏。便是编魏年，纪魏事，此即魏末功臣之传，岂复皇朝帝纪者也。陆机称纪元立断，或以正始，或以嘉平。束皙《议》云：赤雀白鱼之事，恐晋朝之议，是并论受命之元，非止代终之断也。公议云陆机不议元者，是所未喻，愿更思之。陆机以刊木著于《虞书》，龛黎见于商典，以蔽晋朝正始、嘉平之议，斯又谬矣。唯可二代相涉，两史并书，必不得以后朝创业之迹，断入前史。若然，则世宗、高祖皆天保以前，唯入魏氏列传，不作齐朝帝纪，可乎？此既不可，彼复何证？（《隋书》卷四十二《李德林传》。德林此篇李弘祺博士有英译及详细讨论。）

文中云：“恐晋朝之议，是并论受命之元，非止代终之断。”试为解释如下：

（1）受命之元——指魏之正始、嘉平时，司马懿已有受命之兆，即谓创业而未有帝号者。

（2）代终之断——指泰始司马炎正式改元，正式即位称帝号者。

德林讨论重点似在于此。陆机既撰《三祖本纪》，以受命为主，则必取正始、嘉平之议。故陆机援引“禹刊木著于《虞书》，西伯龛黎见于商典”，以为佐证，以见夏事可著于虞史，周事可入于商典（刊木语出《禹贡》外，又见《皋陶谟》)，以证晋史可从正始、嘉平开始。德林云：

> 公（指魏收）议云，陆机不论元者，是所未喻，愿更思之！

是认魏收误会陆机之意，以为不论元，故举此二证以明之。足见陆机亦论元（起始），特主受命之元，应从创业之司马懿写起。此即陆机晋代起元之说，仍是限断之问题也。德林又云：

> 史者编年也。……百国《春秋》，史又有无事而书年者，是重年验也。

故德林亦强调系年之重要。刘知幾讥陆机书“有事无年”，则其偏重事可知。惟是否全不系魏年，在行文上甚有困难，陆机原书已不可见，无从推测。

至于正统，则涉及继承者王位合法问题。傅幹指炎汉为正统，则王莽为闰位矣。本朝之人自以本朝为正统也。然此又有政治与学术因素之殊。举例言之，刘元海之建国也，用刘宣（宣即注《尔雅》孙炎之门人）之议，称国号汉，近尊刘禅为孝怀皇帝，而以上接汉统（见《晋书·载记》)，此纯为政治上之利用也。而习凿齿以为晋统当上接汉，其著《汉晋春秋》，原为裁正桓温之谋，而晚岁上疏，以为晋宜越魏继汉，言之再四。谓汉之系周而不系秦，何以晋不可上接汉统乎？习氏如在晋初，则不敢作此论。其抑魏即所以尊晋，要皆取媚于本朝者也。

易代之后，有反目前代为霸者，李德林在隋时，裒其所作文翰，谓之《霸朝杂集》。隋高祖读竟，语德林云：“方知感应之理。”德林因上《天命论》，可谓无耻。

魏收《魏书》，目东晋为僭晋。以司马睿与賨、李雄并列（卷六十九)。而凉州张实则题曰私署，可谓抑扬任声，故其视陆机《晋纪》，谓“其自尊本国（指吴)，欲使三方并峙，同为霸名”。此皆取媚于当朝而贬抑前代，与德林之贬周为霸，诚无以异。

《洛阳伽蓝记》景宁寺条，记陈庆之在北，醉谓：“魏朝甚盛，犹曰五胡，正朔相承，当在江左。秦朝玉玺，今在梁朝。”而杨元慎则讥吴为鱼鳖之徒，互相贬抑。庆之南还，对朱异曰：“自晋宋以来，号洛阳为荒土，此中谓长江以北，尽是夷狄；昨至洛阳，始知衣冠士族，并在中原。”当日南北悬绝，彼此间不能了解之情形，跃然纸上。

《北史》（卷四十三）《张彝传》（魏世宗时）：“除安西将军秦州刺史（以罪废），上《历帝图》五卷，起元庖牺，终于晋末，凡十六代，一百二十八帝，历三千二百七十年，杂事五百八十九，宣武善之。”《魏书》（卷六四四）《彝传》载上此书表略云：“忝牧秦藩，号兼安抚。……辄私访旧书，窃观图史，其帝皇兴起之元，配天隆家之业。……起元庖牺，终于晋末，凡十六代，百二十八帝，历三千二百七年，杂事五百八十九，合成五卷，名曰《历帝图》，亦谤木、谏鼓、虞人、盘盂之类。脱蒙置御坐之侧，时复披览，冀或起予左右，上补未萌。”此书《隋志》不录，盖亦后代《历年图》《帝王绍运图》一类之滥觞。彝长子始均，其传称“才干有美于父，改陈寿《魏志》为编年之体，广益异闻，为三十卷，今并亡失”。此为北人改写陈寿书之先河。盖神龟二年二月，羽林虎贲千人，焚其屋宇，父子所著，或毁于是时乎？考纪年之作，起元庖牺，吴韦昭著《洞纪》，《隋志》称其记庖牺以来，至汉建安廿七年，臧荣绪续一卷，已有此先例，非张彝所创，宋人沿袭之，更无论矣。

六、正史与霸史之确立

桓谭《新论》有《王霸篇》。《隋志》潘杰有《王霸记》三卷亡。李延寿具稿之《隋书·经籍志》始立“霸史”一类（《史部》第四），共收二十七部，三百三十五卷，乃据梁阮孝绪《七录》之伪史部。孝绪书成于梁普通四年（见序），其《记传录》（即后来之史部）所收国史部二百一十六种，五百又九帙；伪史部二十六种，二十七帙。《隋志》正史序记陈寿《三国志》后云：“自是世有著述，皆拟班马以为正史。”按正史一名，似亦本诸阮氏。（阮孝绪有《正史削繁》九十四卷。

《七录序》目附记云："《正史削繁》十四帙，一百三十五卷，序录一卷。"两《唐书》并收此书，《颜氏家训·书证》篇引此书音义一条。）道宣《广弘明集》引《隋志叙》云："自晋永嘉之乱，……后魏克平，诸国据有嵩华，始命司徒崔浩，博采旧闻，缀述国史。诸国记注，尽集秘阁。尔朱之乱，并皆散亡，今举见在谓之霸史。"又《史通·因习篇》云："当晋宅江淮，实膺正朔，嫉彼群雄，称为僭盗，故阮氏《七录》，以田（田融《赵书》）、范（范亨《燕书》）、裴（裴景仁《秦书》）、段（段龟龙《凉记》）诸记，刘、石、苻、姚等书，别创一名，题为伪史。及隋氏受命，海内为家，国靡爱憎，人无彼我，而世有撰《隋书·经籍志》者，其流别群书，还依阮录。……案国之有伪，其来尚矣。……何止取东晋一世，十有六家而已乎！"其后《唐六典》乙部为史分一十三，一曰正史，四曰霸史。《四库》史部载记类小序："阮孝绪作《七录》，伪史立焉，《隋志》改称霸史。"《唐志》又改称伪史。

《隋书·经籍志》天圣以前本题唐……魏征撰，今本题长孙无忌撰。李延寿《南北史》叙传云："贞观十七年，尚书右仆射褚遂良时以谏议大夫奉敕修《隋书》十志，复准敕召延寿撰录。"是初稿出于李延寿也。延寿《北史序传》称其祖父"大师在河西与杨恭仁游，大师常以宋、齐、梁、陈、齐、周、隋南北分隔，南书谓北为索虏，北书指南为岛夷，……拟《吴越春秋》编年以备南北。……贞观二年终于郑州，……年撰未毕。……（延寿）既家有旧本，……昼夜钞录。……（贞观）十五年令狐德棻启延寿修《晋书》，后得勘究宋、齐、魏三代之事所未得者。十七年褚遂良奉敕修《隋书》十志，召延寿撰录，雇人书写。至于魏、齐、周、隋、宋、齐、梁、陈正史，并手自写本纪。……又从此八代正史外，更勘以杂史，于正史所无者一千馀卷，皆以编入。……《南史》先写讫，以呈监国史国子祭酒令狐德棻"。是唐代八代之史，均称为正史矣。《隋书·经籍志》虽由李延寿具草，实经令狐德棻过目，又由魏征审定，最可代表官方意见。时代改易，魏收，李德林讨论之问题已不复存在矣。

载记之名，始于《后汉书》。《班固传》云："撰功臣平林新市公孙述事，作列传载记。”晋裴松之《三国志注》引有乐资（汉）《献帝春秋》，又有《山阳公载记》。《晋书》以十六国主列于载记，例即本此。《史通·题目篇》称其“巧于师古”者也。

六朝之际，宇内分裂，正朔未定，史家撰著最为纷歧。隋、唐一统，始厘定正史、霸史之别。依上所考，大抵取资阮孝绪之说而略修订之。梁时称各国之史曰国史（非指本国之史），僭窃则曰霸史，至是“正史”“霸史”乃始确立，东晋及南北朝诸史遂得厕于正史之林，后世相承不替，不致如魏收时代之纷歧矣。

宋李觏《文集·常语》下颇论王霸之义，其说曰：

> 或曰《祭法》，共工氏之霸九州，说者以无录而王谓之霸，在太昊、炎帝之间，然则霸非天子者乎？曰说者之过也。项籍亦尝霸九州矣，在秦、汉之间矣，尊怀王为义帝，分天下以王诸侯，自立为西楚伯王，非霸九州而何也？然谓籍曰天子可乎？彼共工氏，盖籍之类也。

秦与共工实为天子，而汉师不以为天子，项籍未为天子，而《史记》列之《本纪》。《祭法》言共工之霸九州，称之为霸，固不以为王也。李觏比共工为项籍，谓“霸之为言伯也，所以长诸侯也，岂天子之所得为哉？”又谓“倘武王不得天下，则文王之为伯，霸之盛者而已矣”。故霸之异于王，有事实名号之异及史家书法之异，共工之目为霸，乃出史家所贬抑，以闰位居之。

七、唐之正统论

《汉书·律历志·世经》云：“共工氏伯九域，虽有水德，在水木之间，非其序也。”司马贞言秦值闰位，德在火木之间，即取乎此。盖汉人以共工与秦为闰位也。唐世承隋氏火运，故为土德，然正闰之说颇盛行。初期有王勃著《历书》，论魏晋至周隋皆非正统。玄宗时，有人依其说以黜周隋之历史地位，果见诸施行。《旧唐书·勃传》云：

于推步历算尤精。尝作《大唐千岁历》，言唐德灵长千年，不合承周隋短祚。其言大旨云：以土王者，五十代而一千年；金王者，四十九代而九百年；水王者，二十代而六百年；木王者，三十代而八百年；火王者，二十代而七百年。此天地之常期，符历之数也。自黄帝至汉，并是五运真主，五行已遍，土运复归，唐德承之宜矣。魏晋至周隋，咸非正统，五行之沴气也，故不可承之。

封演《闻见记》卷四"运次"条即引王勃《大唐千年历》，深讥其迂，未为当时所许。宋祁《新唐书·王勃传》云：

（勃）谓王者乘土王世五十，数尽千年；乘金王世四十九，数九百年；乘水王世二十，数六百年；乘木王世三十，数八百年；乘火王世二十，数七百年，天地之常也。自黄帝至汉，五运适周，土复归唐，应继周汉，不可承周隋短祚。乃斥魏晋以降，非真主正统，皆五行沴气，遂作《唐家千岁历》。武后时，李嗣真请以周汉为二王后，而废周隋。中宗复用周隋。天宝中，太平久，上言者多以诡异进，有崔昌者，采勃旧说，上《五行应运历》，请承周汉，废周、隋为闰。右相李林甫亦赞右之，集公卿议可否。集贤学士卫包，起居舍人阎伯玙表上曰："都堂集议之夕，四星聚于尾，天意昭然矣。"于是玄宗下诏以唐承汉，黜隋以前帝王、废介、酅公，尊周汉为二王后。

《通鉴》卷二百一十六云：

天宝九载，八月辛卯，处士崔昌上言：国家宜承周、汉，以土代火，周隋皆闰位，不当以其子孙为二王后。……上乃命求殷周汉为三恪，废韩（元魏后）、介（北周后）、酅公（隋后）。

《旧唐书·玄宗纪》：

（天宝）十二载五月，以魏、周、隋依旧为三恪，及二王后，复封韩、介、酅公。

唐时，元魏、北周与隋，本被封为三恪，因王勃之正闰说，几被废黜。勃推五运，以唐宜直继周、汉，至魏、晋以下，皆为闰位。此一说在唐代颇占势力。

王起（字举之）为宰相王播之弟。唐文宗时，入为兵部尚书。李训为宰相，即起之门生也。《新唐书》（卷一百六十七）本传云："文宗上文，好古学，起以敦博显，兼太常卿礼仪使，又使广《五位图》，俾太子知古今治乱。"《旧唐书》（卷一百六十四）本传载起所作创造礼神九玉议，称其为"太子广《五运图》"，是五位即五运。《崇文总目》："王氏《五位图》三卷，自开辟至唐，以五运为序。宋朝至道二年四月甲申屯田郎吕奉天言司马迁《史记》、王起《五位图》，岁次朔闰，皆与经传不合。"《玉海》卷五十六记唐路惟衡《唐帝王历数图》："其开辟以来并不载，故依《五运图》录之。"可见起之《五运图》在唐季颇受尊重。

唐宋宰相史学家柳璨著有《正闰位历》三卷（《新唐志》编年类，《宋史·艺文志》作《补注正闰位历》。璨著《史通析微》十卷，以驳刘知幾，号柳氏《释史》，事迹见《旧唐书》卷一百二十九本传及《新唐书·奸臣传》之末），亦以正闰为说。《宋史·艺文志》别史类列于柳璨下之著述，王起《五运图》一卷之外，又有曹玄圭《五运图》十二卷，张洽《五运元纪》一卷，《崇文总目》及《通志略》有《历代帝王正闰五运图》一卷，不著撰人，天一阁有钞本，缺。此类书今固不可考，以意揣之，当与王勃、崔昌为一系统，以五运论帝王授受者也。《新唐书·艺文志》历算类收王勃《千岁历》卷亡。则其书宋初已不甚流行，元杨维桢《正统辨》云："若其推子午卯酉及五运元王，以分正统之说者，此日家小技之端，王勃儿辈之佞其君者尔，君子不取也。"盖王勃一派之正统说，入宋以后，不复为人所重视矣。

陈鸿撰《大统纪》，其序云："乃修《大纪》三十卷，正统年代，随甲子纪年书事，条贯兴废。举王制之大纲，天地变裂，星辰错行，兴帝之理，亡后之乱，毕书之。通讽谕，明劝戒也。七年书始就，故绝笔于元和六年辛卯。"（《唐文粹》卷九十五）此书已佚，赖序以存其梗概。《唐书·宣宗纪》："大中五年十一月，太子参事姚康献《帝王政纂》十卷，又撰《统史》三百卷，上自开辟，下尽隋朝，编年为之。"名曰《统史》，则《通鉴》之前驱也。《新书·萧颖士传》云："尝谓仲尼作《春秋》，为百王不易法，而司马迁作本纪、书、表、世家、列传，叙事依违，失褒贬体，不足以训。乃起汉元年，讫隋义宁编年，依《春秋》义类，为传百篇。在魏书高贵崩，曰司马昭弑帝于南阙。在梁书陈受禅，曰陈霸先反。又自以梁枝孙，而宣帝逆取顺守，故武帝得血食三纪。昔曲沃篡晋而文公为五伯，仲尼弗贬也。乃黜陈闰隋，以唐土德承梁火德。皆自断，诸儒不与论也。有太原王绪者，僧辩裔孙，撰《永宁公辅梁书》，黜陈不帝。颖士佐之，亦著《梁萧史谱》，及作《梁不禅陈论》，以发绪义例，使光明云。"王应麟《困学纪闻》："颖士《与韦述书》，欲依鲁史编年，著《历代通典》。起汉元十月，终义宁二年，约而删之，勒成百卷。于《左氏》取其文，《穀梁》师其简，《公羊》得其窍。综三传之能事，标一字以举凡，其书今无传焉。"颖士之说，近人吕思勉深辨其谬，讥为曲说（《隋唐五代史》第廿一章，页1320）以唐承梁而黜陈闰隋，此亦正闰之说。书虽不为人所重，亦可觇一时治史之风气焉。

韩愈门人皇甫湜著有《东晋元魏正闰论》（文见《皇甫持正集》卷二）以为："往之著书者，有帝元；今之为录者，皆闰晋，可谓失之远矣。"皇甫氏不帝元魏，以其为夷狄也。其论正统之系谱云：

> 我（唐）受之隋，隋得之周，周取之梁，推梁而上，以至尧舜，得天统矣。则陈奸（一作僭）于南，元闰于北，其不昭昭乎！

彼斥陈及元魏为闰位，又云："江陵之灭，则为周矣。"故谓"周取之梁"。宋洪迈驳之曰："灭梁江陵者，魏文帝也，时岁在甲戌，又三年丁丑，周乃代魏，不得云江陵之灭，则为周也。"（《容斋随笔》九）

然皇甫氏论正统之义云："王者受命于天，作主于人，必大一统。明所授所以正天下之位，一天下之心。"标出"大一统"之名目，实对后来欧阳修《正统论》有极大之启发焉。

八、宋之正统论

自昔易代之际，五德转移，膺运各异，故祖、腊之日，亦因其德。汉为火德，以午祖而以戌腊。午者南方，而戌者岁之终，万物毕成，故以戌为腊也。至魏尚土德，故博士秦静奏以未祖而以丑腊（《通典》卷四十四引秦静议）。晋则以酉日祖，嵇含《祖赋序》云："有汉卜日丙午，魏氏择用丁未。至于大晋，则祖孟月之酉日。各因行运，三代固有不同。"（《宋书》志二引）赵宋初兴，有司上言，国家受周禅，周木德，木生火，则本朝应膺火德，色当尚赤，腊以戌日，诏从之。然诸儒时有异议，雍熙元年四月，布衣赵垂庆上言，本朝当越五代而上承唐统为金德，事下尚书省集议，徐铉与百官奏宜守旧章，不可轻议改易。大中祥符三年，开封府功曹参军张君房上言以瑞应当为金运，疏奏不报。天禧四年，光禄寺丞谢绛上书盛言土德之符（绛传见《宋史》卷二九五），而大理寺丞董行父复主金德，以应天统，事皆不行，《宋史》具著其事于《律历志》四。宋循火德之运迄无改易，而诸儒犹有主金德、土德之异论云。

《宋史·宋庠传》："辑《纪年通谱》，区别正闰，为十二卷。"《直斋书录解题》曰："《纪年通谱》十二卷，丞相宋庠公序撰。自汉文后元年有年号之后，以甲子贯之，曰正、曰闰、曰伪、曰贼、曰蛮夷。以正为主，而附列其左，号《统元》，为十卷；其二卷曰《类元》，因文之同，各以汇别。庆历中，表之上，宣义郎毕仲荀续补一卷，止元符三年。"此书内容，可窥其梗概；既区正闰，又别伪、贼与蛮夷。司马光称其书以五德相承（《通鉴问疑》），欧阳公《集古录》，尝据东魏造像正《通谱》之误年，晁公武《读书志》指其蜀汉年岁之歧异，此书明王祎《大事纪续编》曾引用之（参《四库提要》编年类）。盖司马光以前之为编年体史书，极注重正闰问题，此一事实，人多忽视之。

宋景德二年，王钦若、杨亿奉敕编修历代君臣事迹，历八年书成，赐名《册府元龟》。其帝王部有"创业""继统"等门，又立"闰位"部、"僭伪"部，以秦、蜀、吴、宋、南齐、梁、陈、东魏、北齐及五代之梁为闰位。其后张方平著《南北正闰论》，谓“以晋为闰耶？未闻革命所传；以（元）魏为正耶？实非中华之旧”。似即针对《册府》提出异议。其不以元魏为正，则因皇甫持正之说也。

《高斋漫录》记三苏自蜀来，张安道（方平）、欧阳永叔（修）为延誉于朝，自是名誉大振。张与欧公俱有正闰、正统不同之见，嗣此东坡作《后正统论》，盖受其影响。

唐马总著《通纪》起自太古，讫于隋季。五代孙光宪续之，复辑全唐洎五代事迹（有《宛委别藏本》）。北宋章衡著《编年通载》十五卷，其书今存，有《四部丛刊三编》本及景印四部善本。丛刊本卷前有元祐三年六月建安章楶序（楶字质夫，东坡和其《水龙吟·杨花》），称族侄衡（子平）积二十馀年而后书成，列为十卷，名之曰《编年通载》，断自帝尧以讫皇宋丁未之岁，总三千四百年。熙宁七年，章衡进《编年通载》表，《郡斋》、《直斋》、《四库未收书目》皆著录之。其人为嘉祐二年进士首选，东坡与衡为同年友；熙宁二年，衡出牧郑州，东坡为作《诗序》（见《文集事略》卷五十六）。

太宗雍熙、端拱间，南唐旧臣龚颖（慎仪从子，字同秀，入宋为御史大夫，事迹附见《新安志》卷五《龚慎仪传》）进《运历图》（《宋史·艺文志》编年类作三卷，又别史类复出，作八卷），《郡斋读书志》称其书六卷，“起于秦昭王灭周之岁乙丑，止于国朝（宋）雍熙丁亥（四年），以历代兴亡大事附见其下。四年献于朝，优诏奖之。欧阳公尝据之考正《集古》目录，称其精博”。《玉海》（卷五十六图类）据《书目》收龚颖雍熙《运历图》三卷，起秦昭襄五十一年乙巳岁，灭周为历运之始。至雍熙四年丁亥，计一千二百四十四年。（又著录端拱元年正月壬午龚颖编《历代年纪》为二图来上。分之为二书，按端拱元年即雍熙四年之翌年，当是一事。）宋人之编年运历图，当以龚氏为最早。

真宗景德中，刘蒙叟（字道民，宋州人）直史馆上《甲子编年历》，采其父熙占所著为《五运甲子编年历》三卷，自唐尧起庚子，至太祖建隆元年庚申，凡三千三百十二年。（《玉海》卷十七引《中兴书目》）则纪年始于唐尧。

据《玉海》卷四十七，绍兴初朱绘（官左朝请大夫，《直斋解题》云绍兴五年序）纂《历代帝王年运铨要》十卷，以“欧阳修作《正统图》，黄帝五十六氏，一切采录，乃起自伏羲”。按欧公著《正统论》，此称作《正统图》，岂论之外另有图耶？魏张彝之《历帝图》，始于伏羲，王起《五位图》亦肇于开辟，朱绘盖循此一例。司马光于英宗治平元年进《历年图》，起周威烈王二十三年，至周显德六年，其上表略云：

> 今采战国以来至周之显德，凡小大之国，所以治乱兴衰之迹，举其大要，集以为图。每年为一行，六十行为一重，五重为一卷。其天下离析之时，则置一国之年于上，而以朱书诸国之君及其元年，系于其下，从而数诸国之年，则皆可知矣。凡一千三百六十有二年，离为五卷，命曰《历年图》，敢再拜稽首，上陈于黼扆之前，庶几观听不劳，而闻其甚博，善可为法，恶可为戒。

是表其后收入于《稽古录》卷十六。《历年图》原为五卷，后人增益，复有六卷与七卷、十卷之异本。《玉海》（卷五十六）《治平历年图》条云：“今本六卷，自注一云七卷，起自共和庚申，讫显德乙未，上下凡千有八百年。”自威烈二十二年，上距共和元年，增多四百三十八年，盖晚年所修，刘攽易其名曰“《帝统编年纪年珠玑》”，第为十卷。“首卷序三皇讫皇朝世次大略，《历年图》所无。”《直斋书录解题》四有“《累代历年》二卷，司马光撰，即所谓《历代图》也。治平初所进，自威烈王至显德，本为图五卷，历代皆有论，今本陈辉（晦叔）所刻，而自汉高祖始”。此又为另一本，《宋史·艺文志》著录司马光书有下列三书，书名及卷数不同，三者实为一书，试列出而说明如下：

《历年图》六卷　按此书《玉海》之《治平历年图》今本卷数相同。

《帝统编年纪事珠玑》十二卷　按刘攽所改易。《玉海》云：“第为十卷，以著论为一卷；总十一卷，首卷序为三皇。”皆后来增益。

《历代累年》二卷　按此《直斋》著录之本，陈辉所刻，始汉高。温公《历年图》一书，宋时流布至广，而为人增损亦至夥。《历年图》本于治平元年三月十七日所上，及元祐间又为《稽古录》二十卷，今宋刊本卷十一周威烈王二十二年后有一行云："右伏羲氏至周威烈王二十二年，臣今所补。"所以得二十卷者，自卷十七以下为宋事，迄于治平四年。末记："右臣于神宗皇帝时所进国朝百官公卿表，大事记。"《玉海》卷五十八称光上《稽古录表》在元祐元年三月十四日，刘攽所增之《帝统》，已采《稽古录》资料，故上及三皇。《稽古录》始于伏羲氏，与北魏张彝之《历帝图》正相同也。

欧阳修首撰《正统论》，为古今一大文字，其序论云：

> 太宗皇帝时，尝命薛居正等撰梁、唐、晋、汉、周事为五代，凡一百五十篇。又命李昉等编次前世年号为一编，藏之秘府，而昉等以梁为伪。梁为伪，则史不宜为帝纪，而亦无曰五代者。

原其《正统论》之撰著，盖为宋初对五代之统绪如何继承之问题而发。《宋史·艺文志》别史类有李昉《历代年号》一卷或即欧公所指之书。彼谓："五代之得国者，皆贼乱之君，而独梁而黜之者，因恶梁者之私论也。""夫梁固不得为正统，而唐、晋、汉、周，何以得之?"如梁为伪，则汉周等亦当为伪，则宋统无所承矣。宋初修史，不能不列五代于帝纪者，在当日自有其苦心。故欧公《新史》及温公《通鉴》均援此例。《正统论》又云：

> 或问云："子于《史记》本纪则不伪梁而进之，而于论正统则黜梁而绝之，君子之信乎后世者，固当如此乎?"……曰："凡梁之恶，余于《史记》不没其实者论之详矣。"

考《五代史记》首为《梁本纪》，其末系论云：

> 呜呼！天下之恶梁久矣！自后唐以来，皆以为伪也。至予论次五代，独不伪梁，而议者或讥予大失《春秋》之旨，以谓梁负大

> 恶，当加诛绝而反进之，是奖篡也，非《春秋》之志也。予应之曰："是《春秋》之志尔。……《春秋》于大恶之君，不诛绝之者，不害其褒善贬恶之旨也。惟不没其实，以著其罪，而信乎后世，与其为君而不得掩其恶，以息人之为恶，能知《春秋》之此意，然后知予不伪梁之旨也。"

参读此文，知欧公持论之所本，要以不没其实，正所以彰其恶也。欧公此文作于仁宗康定元年（1040），原有七篇，分《原正统》、《明正统》，及分论秦、魏、东晋、后魏、梁各代，又有《正统辨》上下，今仍附于《外集》（《全集》卷五十九）。后复删订为序论，《正统论》上下及《或问》（入《全集》卷十六），文占一卷。此文虽长，而要旨不外下列二语：

> 《传》曰："君子大居正。"又曰："王者大一统。"正者，所以正天下之不正也；统者，所以合天下之不一也。由不正与不一，然后正统之论作。

其论梁之得列于正统云：

> 由不正与不一，然后正统之论兴者也，其德不足以道矣；推其迹而论之，庶几不为无据云。

德既不足道，则论其迹，仍是不没其实之意，故其难以服人之心，章望之遂有《明统论》之作。

望之，建州浦城人。《宋史·文苑》有传，称"望之喜议论，著《救性》七篇，欧阳修论魏、梁之正统，望之以为非，著《明统》三篇"。望之为欧公所荐士。（《欧集》卷十二有《举章望之曾巩王回充馆职状》云："望之学问通博，文辞敏丽，不急仕进，行义自修，东南士子，以为师范。"）又字之曰表民（《欧集》卷四十一有章望之字序，庆历二年作。）可见欧公对其推重之深。此《明统》原文未见，惟《东坡文集·正统论》小注中颇引其说，略摘二三则如下：

余今分统为二名：曰正统，霸统。以功德而得天下者，其得者，正统也；尧、舜、夏、商、周、汉、唐、我宋其君也；得天下而无功德者，强而已矣，其得者霸统也，秦、晋、隋其君也。

章子曰：魏之有吴、蜀，犹吴、蜀之不能有魏；蜀虽见灭，吴最后亡，岂能合天下于一哉？

永叔以正统之论肇于《春秋》之学，故引《公羊》大居正、大一统之文为据，既曰大居正，而又以不正之人居之，是正、不正之相去未能远也。

章氏区分统为二类：曰正统；曰霸统。以王霸观念看正统问题，惟霸统一词，实有未当。故东坡非之，另撰《正统总论》上及《正统辨论》中、下（《东坡文集事略》卷十一）。其中篇云：

正统之论起于欧阳子，霸统之说起于章子。吾与欧阳子，故不得不与章子辨，以全欧阳子之说。

下篇云：

欧阳子纯乎名，故不知实之所止；章子杂乎实，……（则弑君者其实不过乎霸），是便乎篡者矣。故章说所谓霸统，伤乎名而丧乎实也。

其意以为欧阳据实而无害于名，章则反伤名而又丧其实矣。“霸”之一名，不足以概不正之统，故东坡讥其反丧实也。《续资治通鉴长编拾补》卷六：“王安石论苏轼为邪俭之人臣，欲附丽欧阳修，修作《正统论》，章望之非之，乃作论詈章望之，其论都无理。”此王安石对正统之意见，盖附和章氏而反对东坡者。（清初广平宋实颖亦讥欧公不伪梁，大失《春秋》之志。因著《黜朱梁纪年论》，并附《重定纪年图》，王晫为收入《檀几丛书》中。）其时毕仲游亦著《正统议》，以为得历数有道于其始，而为治乱者，不系于其终，如秦之短祚，虽有一统之局，而历数不得于天，治乱不得于人，故不得为正统。若曹魏继汉，司马晋之继魏，虽取之非道。而历年稍久，兴起自然；推其统可以为正。其说似因为欧阳、苏辈而发，仲游为文，雄伟博辨，有珠泉万斛之致，东坡尝举以自代，称其才通世务，议论有馀。若《正统》诸议，或病其不免稍失之偏驳（《四库提要》一百五十五别集八）。仲游字公叔，郑州人，元祐初召试学士院，累迁吏部郎中，事迹见《宋史》卷二八一附《毕士安传》。

东坡门下士陈师道亦撰《正统论》，训统为一，以为统者，一天下而君之者也。故自周以降，共有五型：

(1) 有其位而不一者——东周；
(2) 有天下而无位者——齐、晋；
(3) 有其统而为闰者——秦、新；
(4) 无其统而为伪者——魏、梁；
(5) 上下无所终始者——南北。

至于正，则以天地人三才说之，自言于正统之义，质之经以定其论，资之公以济其义。于东坡之外，别树一帜。

司马光撰《资治通鉴》，于卷六十九黄初二年下，著正闰之论云：

> 学者始推五德生胜，以秦为闰位，在木火之间，霸而不王，于是正闰之论兴矣。……臣愚诚不足以识前代之正闰，窃以为苟不能使九州合为一统，皆有天子之名而无其实者也。……若以有道德者为正耶？则蕞尔之国必有令主，三代之季，岂无僻王？是以正闰之论，自古及今，未有能通其义，确然使人不可移夺者也。
>
> 然天下离析之际，不可无岁时月日以识事之先后。……故不得不取魏、宋、齐、梁、陈、后梁、后唐、后晋、后汉、后周年号，以纪诸国之事，非尊此而卑彼，有正闰之辨也。

所云以秦为闰位，在木火之间者，乃刘歆《世经》之说。至言“使九州合为一统”者，按《汉书·王吉传》，上疏云：“《春秋》所以大一统者，六合同风，九州共贯也。”则有取王吉之语。推其要旨，只是据事纪时，放弃正闰，不论道德及自上相授受等问题，此种意见，实有取于欧公“推迹不没其实”之说。至于所论以五德定正闰，向不悉其何所指，以今考之，自指王勃、崔昌辈之论，下至王起、宋庠之说，甚晓然也。

司马光《答郭纯书》对章氏《明统论》中，谓秦、晋、隋不得与二帝三王，同为正统，及魏不能兼天下当为无统之说，深加称许，但亦斥其霸统，以霸易闰为误。又称郭纯著有《会统稽元图》一书。纯书今不可考，赖光书略知其内容，郭所列之闰馀、僭伪诸朝，光亦不甚赞同。

《资治通鉴》之开局也，与司马光为同僚者，惟刘恕最负重名。邵伯温《闻见录》称《通鉴》以三国历九朝至隋属恕，恕死后七年《通鉴》书成，恕子义仲裒录恕与光往还论难之词，辑为《通鉴问疑》，现有《学津讨原》本及《豫章丛书》本，《四库提要》称：“《通鉴》帝魏；朱子修《纲目》，改帝蜀，讲学家以为申明大义，上继《春秋》。今观是书，则恕尝以蜀比东晋，拟绍正统，与光力争而不从，是不但习凿齿、刘知幾先有此说，即修《通鉴》时亦未尝无人议及矣。”（史评类，卷八十八）

廖行之作《问正统策》，谓君之号，曰皇曰帝曰王，其所以异者在以道以德以业。此策问盖以孟子圣人之心，与天为一之说，推明宋室南渡以来，高宗、孝宗及光宗三世授受之降，推究其故，以正统为试题，具见此问题在宋代之通俗化。行之字禾民，延年人，登淳熙甲辰进士，官岳州巴陵尉。

南宋乾道间，侍讲广汉张栻采邵康节《皇极经世书》作《经世纪年》二卷，陈直斋著录之，自序见《文献通考》。其书以昭烈上继献帝，而附吴、魏于下方。序中颇持统绪之见，影响于后世甚巨。元时郑松（特立）著《皇极经世续书》，即续邵氏之书。

自朱子别撰《通鉴纲目》，其说曰：

> 因年以著统。凡正统之年岁下大书；非正统者两行分注。岁周于上，而天道明矣；统正于下，而人道定矣。

其统系共分正统、列国、篡贼、建国、僭国等项。与于正统者，仅有周、秦、汉、晋、隋、唐而已。建安以后，继以后主。自唐昭宣帝天祐三年以后，皆书甲子（至第九十五卷）。可见其根本不同意欧公正统之说。又于“改元”之下，明言“后唐石晋之间，温公旧例尤为颠错”。亦不韪温公不取“有道德以为正”之见。《朱子语类》卷一百有五云：

问《纲目》主义。曰：“主在正统。”问何以主在正统？曰：“三国当以蜀汉为正，而温公乃云：某年某月，诸葛亮入寇，是冠履倒置，何以示训？缘此遂欲起意成书，推此意修正处极多。”

又云：

某尝作《通鉴纲目》，有无统之说。此书今未及修，后之君子，必有取焉。

钱穆云：

此条陈淳、黄义刚同录，应在庚戌、己未间。朱子年六十九至七十，则《纲目》至朱子晚年未成书之证。

至于今传《纲目》，实成于赵师渊。

所谓无正统者，《语类》云：

秦初犹未得正统，及始皇并天下，方始得正统。晋初亦未得正统，自太康以后，方始得正统。

其说具见《语类》卷一百有五，《文集》卷八十一《跋通鉴纪事本末》，与《文集》卷七十六《资治通鉴举要历》后序。（参钱著《朱子之通鉴纲目》，见《寿罗香林论文集》，页1—11）

朱子《纲目》颇有可商之处，明宜春张自勋撰《纲目续麟》，有《校正纲目凡例》，并逐条加以按语，今并附入资料，以供参考。又明季严衍著《资治通鉴补》，观其凡例，主张严正统及存残统，其书法多依纲目改正，足为涑水之诤友也。

宋福建李沂字从圣，庆历间大理寺丞，著有《帝王纪年通录》《五运图》（《重纂福建通志》卷七三）。何乔远《闽书》称其书起盘古，迄太平兴国，分别正闰，傅以政治兴坏。又诸葛深编《绍运图》一卷，《郡斋读书志》杂史类称其"自伏羲迄皇朝神庙，五德之传及纪事，皆著于篇"。深字通甫，元祐中人。日本有《历代帝王绍运图》一册，前有熙宁九年会稽乡贡进士虞云序，原系北宋本。列举三皇以下历代帝王名氏，终于五代。室町时代及庆长年间，叠有覆刻（见宫内省《图书寮书目》，天理大学亦藏之），或即根据诸葛深之《绍运图》。《直斋书录》有《历代帝王纂要谱括》二卷，余姚孙应符仲潜撰，盖《绍运图》之详者。

南宋时，平阳朱黼（文昭）撰《纪年备遗》，乃用《通鉴稽古录》而别为论著。"始尧、舜迄五代，三千馀篇，述吕、武、王莽、曹丕、朱温，皆削其纪年，以从正统。……所以存世次，观兴坏。……扶树正义，搜举坠逸。……"（见叶水心序，《文集》卷十二）亦朱子之遗意也。《宋史・艺文志》史钞类有朱黼《纪年备遗》、《正统论》一卷。《直斋书录解题》作《纪年统纪论》一卷，永嘉朱黼文昭撰。云"黼从陈止斋学，著《纪年备遗》，起陶唐，终显德，为百卷，盖亦本《通鉴稽古录》，而撷其中论正统者为统纪论。叶水心序之"。《文献通考》载《纪年统论》一卷、《纪年备遗》一百卷。《四库提要》史评类（八十九）有《三国六朝五代纪年总辨》二十八卷，不著撰人名氏。其书三国，始于汉昭烈帝章武元年，不列曹丕。五代始于唐天祐四年迄十九年，下接后唐同光元年，不列朱温，盖与朱黼之书其例相合。《四库》谓此书题永嘉朱先生，乃开禧中用兵时，建阳书贾（魏仲举）所加，非朱黼之旧。考朱彝尊《曝书亭集》（卷三十五）有此书序，亦谓"开禧丁卯锦溪吴奂然景仲序之，非足本也"。《平阳县志》称黼隐居南雁荡山，终于布衣，尝受业陈傅良之门（《宋史翼》卷二十五）。叶水心序谓文昭能傅陈公君举之业，即指傅良也。《宋元学案・止斋学案》

（卷五十三）引朱文昭语曰："三代以上不过曰天而止，《春秋》以来，一变而为诸侯之盟诅，再变而为燕、秦之仙怪……六变而为符谶，人心泛然，无所底止，而后西方异说乘其虚而诱惑之。"此朱氏之遗说也。邵懿辰《四库标注》谓《纪年总辨》瞿氏有旧钞本，孙诒让《温州经籍志》于《纪年总辨》亦题曰存云。

嘉定间，沈枢撰《通鉴总类》，取温公书以事类编次为二百七十一门，卷二有"正统"门，述司马辨历代正统之说，如论北魏乃承晋为水德。书尝镌板于潮阳，楼钥为序。余所见者，为元至正二十三年平江路儒学刊本。枢字持要，安吉州人，官华文阁学士。钱大昕曾跋是书（《潜研堂文集》卷二十八）。

南宋尊崇道统，自理宗为《道统十三赞》，御制序称："推迹道统之传，自伏羲迄于孟子。"是专为道德作赞也。前有庚寅御书印，后有辛丑御书之宝印；庚寅为绍定三年，辛丑为淳祐元年，盖此赞于辛丑重书上石，镌碑于杭州府学。（《金石萃编》卷一百五十二）绍熙元年，黄裳为嘉王府翊善，作八图以献，其一为《帝王绍运图》（《宋史·黄裳传》及《六经天文编》）。永嘉王致远于淳祐七年丁未，司臬浙西，以此图与《天文图》《地理图》合刻于石，碑在苏州府学文庙。（孙星衍《寰宇访碑录》卷九、钱大昕《潜研堂金石文跋尾》卷十七）此《绍运图》之直系正统，起于夏、历商、周、秦、汉、新莽、后汉、三国魏、晋、隋、唐、梁、唐、晋、汉、周至大宋，大抵取司马温公之说，别有说明附刻于图之下方。法国沙畹（E. D. Chavannes）于1913年尝将《绍运图》拓本印出，加以注释，刊于所著 *L'instruction d'un Futur Empereur de Chineen L'an*，由铭文研究院出版，则此书之西传者也。

宋季周密《癸辛杂识后集》有《正闰》一篇，据其所称述，已见过萧常之《续后汉书》，又引有徐子宜及陈圣观二人之说。子宜一字宏父，温州平阳人，见《宋元学案》卷六十一徐、陈诸儒传。陈圣观事迹，见周密《志雅堂杂钞》下书史云："陈本斋、马碧梧、高耻堂、陈圣观，自世变后，极意经史，著述甚富，手抄之书，日以万字，有类日课，概闲中无以消忧”，即此人也。（马碧梧即马端临父马廷鸾）圣观之说，据朱子《纲目》所定，因年著统。其非正统者，两行分注，故正统所在，有绝有续。计自周之亡，至于五季，正统凡六续而七绝。分别虽密，而于理尚有未安。盖“徒以其统之幸得，而遂界之以正”，是亦有所不公矣。故其结语谓“三代而下，独汉、唐、本庙（指宋）可当正统；秦、晋与隋乃属于有统而无正者，当为分注”。其说甚严，所以匡正《纲目》者也。

郑思肖《心史》中有古今正统大论，其要旨在以经断史，其最精之语云：

> 大抵古今之事，成者未必皆是，败者未必皆非。史书犹讼款，经书犹法令，凭史断史，亦流于史；视经断史，庶合于理。谬例、失实、泛书，史之通弊，最不可不察。

认为一般皆从成败而论是非，凭史而断史，只论事而不论理，故必折中于理以为权衡。史书犹讼款，说者各据不同立场，故议论多端。指出史家但偏于纪事，则无以明得失，即今日之治史者，读此亦应知所警惕！文中指出：

> （1）中国正统之史，为后世中国正统帝王之取法，亦所以教后世天下之人。
>
> （2）夷狄行中国之事曰“僭”，人臣篡人君之位曰“逆”。此二者天理必诛。
>
> （3）圣人、正统、中国本一也。历史上得天下者，未可以言中国；（因不少为夷狄入主中国）得中国者未可以言正统；（因多有统而不皆正）得正统者未可以言圣人。（文中引李觏语，汤、武非圣人，参《直讲李先生文集》卷三十四《常语》下论圣人诸条。）

辞理严正，深不以欧阳永叔《正统论》辨秦非闰位之说为然，盖有疾于分正与统为二事，及以得地势之正为“正统”诸说之非。对张栻书

（即《经世纪年》）以有穷绝夏祀四十载，但以甲子书之，誉其能得史法，而有志于重撰《正统通鉴》一书。按其所援引有关史籍，仅及宋人而止，则作者似不可能为明时人，因元、明以来此类续《纲目》之著述，已车载斗量，何庸著《正统通鉴》耶？清人魏禧屡引其说，驳其“尊宋之极，至于黜唐，以为不正而得国，则陈桥之变，与隋禅唐何异？”亦颇有理。是书深严夷夏之辨，主张《北史》宜黜曰《胡史》，《南史》宜崇曰《四朝正史》。论者谓是明人依托。余所见有崇祯十二年己卯吴门刊本，张国维序刊。徐树丕世居苏州阊门外，其《识小录》记戊寅冬承天寺浚井得铁函事甚悉，顾亭林为作《井中心史歌》。而《四库提要》误以陆坦始为刊行，又从徐乾学说，以为海盐姚士粦所伪托，说亦非，余嘉锡已详辨之（见《辨证》卷二十四）。清代及近贤，多论此书为伪，惟余氏独持不同之见，今从其所提及之史书观之，并无受元、明人影响之痕迹。其秉正论史，大义凛然，安得目为伪书而废之乎？

九、金、元及明初之正统论

《玉海》卷五十六载唐王起《五位图》自开辟至唐以五运为叙。《宋史·艺文志》李焘有《混天帝王五运图古今须知》一卷。《千顷堂书目》有元冯翼翁《正统五德类要》三十四卷。以五德论正统一系之著述，尚不绝如缕，惜其书均不可见。

五运者，五德终始说家以各代定其五行之德，复定其祖与腊之日。成伯玙《礼记外传》云：“周木德、汉火德，各以其五行之王日为祖，其休废日为腊。”火王于午，木王于卯，水王于子，金王于酉，而腊各用其弃日，于魏为土行，土衰于辰，故魏腊用辰；晋为金行，金衰于丑，故晋腊用丑。其他五运相承，可以例推。今录王应麟《小学绀珠》所列祖与腊之辰及魏至宋各代所属五行之德如下：

行始于祖，行终于腊

水	子	祖
	辰	腊

火	午	祖
	戌	腊
木	卯	祖
	未	腊
金	酉	祖
	丑	腊
土	戌	祖
	辰	腊

魏土→晋金→宋水→齐木→梁火→陈土→
后魏水、继西晋→后周木→隋火→唐土→
后唐土→晋金→汉水→周木→宋火

按《风俗通·祀典篇》已云："汉家火行，衰于戌，故以戌为腊。"魏台访议，昭问何以用未祖丑腊，王肃对曰："魏土也，土畏木，丑之明日便寅，寅木也，故以丑腊。"高堂隆对曰："按月令孟冬十月腊，先祖五祀，谓荐田猎所得禽兽谓之腊。《左传》曰：虞不腊矣。唯见此二者而皆不书日。先师曰：王者各以其行之盛祖，以其终腊。水始生于申，盛于子，终于辰，故水行之君，以子祖辰腊。火始生于寅，盛于午，终于戌，故火行之君，以午祖戌腊。木始生于亥，盛于卯，终于未，故木行之君，以卯祖未腊。金始生于巳，盛于酉，终于丑，故金行之君，以酉祖丑腊。土始生于未，盛于戌，终于辰，故土行之君，以戌祖辰腊。今魏居土德，宜以辰腊也。"（参《续汉礼仪志》季冬之月刘昭注）知其说已盛行于东汉末，魏时更踵事增华，后代相沿，至金时尚行之。《金史·章宗纪》："泰和二年十一月，更定德运为土，腊日辰，诏中外。"其所以定腊之日为辰者，以土德故。土德祖在戌日，而腊在辰日，土行衰于辰，此与魏腊之用辰相同，以魏与金皆定德运为土行故也。

时有《大金德运图说》一卷，收入清《四库全书》政书类，盖金尚书省会官集议德运所存之文件，现已印入《四库全书珍本》第四集。金人讨论当代德运问题之意见，多赖保存，至为可珍。考金人发祥于爱新水；“爱新”者，满洲语之金也，故建国即以金为号。《金史》本纪云：金初色尚白，章宗泰和二年（1202）十一月，更定德运为土。至宣宗贞祐二年（1214）正月，命有司复议本朝德运。本书所记即当时诸家议状之资料也。其中议主土德者四人，主应为金德者十四人。时元兵已深入，宣宗南迁汴梁，此议遂罢（参《四库提要》）。故贞祐之后，仍沿泰和所定土德而未改。历代朝议德运之资料，多已散失，唯此书足尝鼎一脔（陈学霖已将其译成英文，并加注释，将由华盛顿大学印行），清张金吾《金文最》录其议若干篇。兹酌载之，并附其历代所属德运之五行表于资料二，以供研究。

朱子而后，正统问题，讨论仍极热烈。归纳诸家之说，考其兴起之缘故，有下列三端：

（1）对朱子《纲目》提出斟酌者。

（2）元廷修辽、金、宋三史，朝野人士提出不同意见者。

（3）明初学人，就正统问题，重加讨论者。

元儒对朱子《纲目》有意见者，如姚燧之《国统离合表》，其著者也。《元史·姚燧传》称其早岁在苏门山时（从伯父枢学）读《通鉴纲目》，尝病国统散于逐年事首，不能一览而得其离合之迹，因年经而国纬之。此书今已失传，惟《牧庵集》卷三存序一篇，其中指出《通鉴纲目》系年，有延康（建安十二年）、章武、至德三失。而云：“延康之取，至德之去，犹皆小小。何也？统固在也。若章武之距建兴才三年耳，遽有帝父主子之异？岂不于统大有关乎！”可见其说梗概。此书钱大昕《补元史艺文志》著录。

燧为杨奂之婿，《燧传》谓：“《姚枢》教督甚急，燧不能堪，奂驰书止之，且许醮以女。”奂于金末上万言书，后事耶律楚材，卒于元世祖时。《元史·奂传》言其著《正统书》六十卷行于世，颇反对紫阳之说（《新元史》本传）。《补元艺文志》著录其书，今存《正统八例》总序。所谓八例，曰得、曰传、曰衰、曰复、曰与、曰陷、曰绝、曰归（《还山遗稿》上）。《正统书》自唐虞至于五代，一年一月一日各有所书事。三代而上，存而不议；秦汉而后，附之以论（详苏天爵《名臣事略》）。俨然一新《通鉴纲目》，惜乎不传。

元修辽、金、宋三史，皆由中书右丞相脱脱为总裁。而三史之修，巎巎实发其端（《元史》卷一四三本传：“一日进读《资治通鉴》，因言当及斯时修此三史。”）《宋史》之易于措手，由资料保存之完整，董文炳之功为多。（《元史·文炳传》载其入宋，得其图籍，曰国可灭，史不可没。宋十六主，有天下三百馀年，其太史所记具在，乃得宋史及诸注记五千馀册，归之国史院。）《辽史》成于至正四年（1344）三月，《金史》成于至正四年（1344）十一月，《宋史》成于至正五年（1345）十月（见阿图鲁表，又《圭斋文集》）。先是三史倡修，状元宋本曾于乡试策问“三史宜以何体裁，及凡例正朔，如何予夺”为试题（《元文类》卷四十七），而诸儒前后论列，意见颇不一致，文献可征者，亦有下列各篇：

（1）谢（修）端：《辨辽宋金正统》

此文收入苏天爵编《元文类》卷四十五，王恽《玉堂嘉话》全录之（见《秋涧大全集》卷一百），并有小注。文中主张辽自唐末保有北方，与前宋相次而终，当为北史；金太祖破辽克宋，帝有中原，亦当为北史（以驳金于宋史中如“载记”之说）。宋太祖至靖康当为宋史。自建炎之后，中国非宋所有，宜为南宋史。又谓周当为闰，欧阳不当作《五代史》，合作四代史，见解新颖。文记及泰和（金章宗）罢修《辽史》之议，又书讨论此事，岁在甲午。[按可能是至元三十一年（1294）] 考《元史》卷六十九《谢端传》云：“与赵郡苏天爵同著《正统论》，辨金、宋正统，其世多传之。至元六年卒。”谢端为蜀之遂宁人。而王恽称为燕山修端，修端与谢端是否一人，尚难遽定。（冯家升《辽史源流考》附录谓谢端为修端之误，且列出四证据。按《滋溪文稿》十三有谢端《神道碑》，只言其以不克纂述三史为憾。又《天爵全集》具在，但载《三史质疑》而已。明人则依《元史·谢端传》以为谢端作。王圻《续通考》节录其文，署名谢端。）《千顷堂书目》五收谢端《正统论辨》一卷，钱大昕《元史·艺文志》从之。

（2）王理：《三史正统论》

王圻《续文献通考》正史考称有待诏王理祖谢端之说著《三史正统》，欲以辽金为北史，宋为南史。毕沅《续通鉴》卷二〇八亦记此事。王理原文不可见。考《金史》纂修官有江西湖东道肃政廉访副使王理，则此人后来曾参加《金史》工作。苏天爵之《元朝名臣事略》，王理为序。

（3）杨维桢：《正统辨》

《明史·文苑·杨维桢传》云："会修辽、金、宋三史成，维桢著《正统辨》千馀言，总裁官欧阳元功读且叹曰：百年后公论定于此矣。"陶宗仪《辍耕录》亦记此事。权衡《庚申外史》云："先是诸传议论三国正统久不决（缪荃孙《云自在龛随笔》一论史记此事尤详），至是脱脱独断曰：三国各与正统，各系其年号，议者遂息。然君子终以为非也。"铁崖之论，即可代表在野一种相反意见。

按此文全载入贝琼《清江集》卷二《铁崖先生传》。可见明初学人对杨氏此篇之重视，故备载于其传中。文中分驳主张分辽、金与宋为南北史说，及宋分前后说，即对修端而发。其他重要论点如下：论正统之说，出于天命人心之公，必以《春秋》为宗，不得以割据僭伪当之。论元之大一统，在平宋之后，故元统乃当承宋。又以道统立论，道统为治统所系，道统不在辽金而在宋。总之，主张元之正统，应上接宋。铁崖当日不得预修三史，故发为此论。《千顷堂书目》，又有维桢《补正三史纲目》，则在此篇之外矣。叶盛《水东日记》卷二十四记解学士大绅（缙）作《元乡贡进士周以立墓表》，称其上万言书，略云："辽与宋不相涉，又其事首已具《五代史》，虽不论可也。所当论者，宋与金而已。然本朝平金在先，而事体轻；平宋在后，而事体重。宋之为宋，媲之汉唐而有光，辽金之为辽金，比之元魏而犹歉。"其言可以佐杨廉夫说。

（4）王祎：《正统论》

此文末段，主张宋既南渡，正统又绝。自辽并于金，又并于元，及元又并南宋，然后居天下之正，合天下于一，而复正其统。故元之绍正统，当自至元十三年始。此文似作于元时。祎曾游元都，陈时务也。（明洪武初修《元史》，宋濂、王祎实为总裁。）王祎之《正统论》（文见《王忠文公集》卷一），盖仍本欧阳修旧说："正者，正天下之不正；统者，合天下之不一。"并无新意。

欧阳修《五代史记》于汉天福十四年论改元之无稽，谓一之为元，乃理之自然，未尝有法。元时吴莱因之著《改元论》上下篇。明初王祎亦作《改元论》。顾炎武《日知录》加以辩难，以为说经者过于深求而实反浅之。（见卷四"谓一为元"条）

统纪之学，盛行于浙，故金华学派以明统为己任。胡翰撰《白云亭记》："余闻之许氏，乃记之曰：儒者之学，尊本明统。宋南渡以来，朱子尝以传之黄文肃公（榦），文肃传之何文定公（基），文定之后，王鲁斋（柏）继之，金仁山（履祥）又继之，至先生盖五传矣。"许氏即许谦也。谦邃于史学，著有《治忽几微》一书，仿史家年经国纬之法，起太皞氏，迄宋元祐元年九月。总其岁年，原其兴亡，著其善恶。（详《宋元学案·北山四先生学案》）胡翰受之许谦，翰又传之方孝孺，遂有明初释统之学。

元至正间，陈桱（字子经）撰《通鉴续篇》，至正廿年周伯琦序略云：

> 曩余为太史，诏修宋辽金三史，与特别王理辈首议统纪不合，私于避忌，从而和之，如出一口，予遂移疾力辞不就，其书虽成，布在人间，而公认有所不可掩者。子经论著殆与予合。

又云：

> 子经之大父讳著，字子微，宋秘监知台州，精于史学，晚岁隐居，撰《历代纪统》以淑子弟。父讳泌，字汝泉，尝为校官，有名，又传注《纪统》千百言，至子经盖三世矣。

著，鄞县人，宋亡居四明山中，事迹详《宋史翼》（卷二十五）。陈桱之史学，盖远有所承。此《通鉴续编》以宋为正统，辽、金系年于宋统之下，以比吴、魏之于蜀，张绅序称其大义凛然，可与《三史》并行。元初修辽、金、元三史，皆为正统，论者多不以为然，此书即可代表在野之异议，故周伯琦引为同调云。书由松江贰守昭阳顾逖思邈为之梓行。

元时有郑松（特立）者，续邵雍《皇极经世书》，自庚申宋兴至甲午金亡，共续二百七十五年，吴澄为之序，称其于"邵子所纪三千三百一十六年间，颇有更定，论国统绝续离合，谓兴国无所承，亡国无所授，各为系。汉、魏、晋、宋、齐、梁、陈统代一系，魏、周、隋、唐、梁、唐、晋、汉、周、宋，十代一系也，辽、金、国朝（元）又为一系"（《吴文正集》十六）。惜其书未见。

宋人统纪之学影响且及邻邦。高丽李益斋即其一例。李穑撰《益斋墓铭》云：初公读史，笔削大义必法《春秋》，至《则天纪》曰："那将周馀分续我唐日月；后得《朱子纲目》，自验其识之正。"《益斋乱稿》卷九有策问一则云："问帝王之纪，若四时之相代有不可紊。……祖龙、巨君见谓紫色蛙声，馀分闰位，而子长述秦之纪，温公纪新之年，何也？……是皆不可不辨。"可见其说之一斑。（韩国史籍若《四国史记》《本国编年纲目》等书，体例皆沿袭于华。Michael C. Rogers 有文详论之。）安南史籍亦然，如黎嵩著《大越通鉴总论》，有历代国统分合之图，即其著例。

十、明、清学人"统纪"之著作及正统说

明初，王彝著《妫蜼子》，其卷二为《史约》，有《历》与《统》，《统》下云："凡帝王有天命，以一天下者有统焉，其子孙世守之。或其统中绝，其子孙有起而续之者，某帝、某王，各载其一世之事，曰《帝王统》。孔子……儒者以为素王，故亦著统，曰《素王统》。"（中央图书馆藏旧钞本）以孔子列入素王之统，与《帝王统》并列，为明初言史统之新说。

其后，方孝孺著《释统》三首，又撰《后正统论》（载《逊志斋

集》卷二)。自谓此文深得其师太史(指宋濂)、金华胡公(指胡翰)之称赞。考翰之《胡仲子集》内有《正纪》一篇,立天地人三纪,严夷夏之防,可与方文相参。(翰之学后来影响及黄宗羲,《明夷待访录》引其十运,即集中之《衡运》。)方氏《释统》云:“天下有正统一,变统三。”三代,正统也;汉、唐、宋可附之正统。变统者,取之不正者,及夷狄而僭中国,女后而据天位者。“二统立,而劝戒之道明。”“立变统所以扶人极也。”又《后正统论》云:

> 传曰:《春秋》大居正,又曰王者大一统,此正统之名所由本也。

此袭欧公之说。又云:

> 有天下而不可比于正统者三:篡臣也,贼名也,夷狄也。

此三者方氏列为变统。又云:

> 是则三者皆废之而不书乎?曰:不也。吾固不比之于正统而已,非废之也。不废其迹而异其辞,则其为戒也深矣。

其说基本全袭用欧公。惟区分统为正、变,较章望之称霸统为胜。其后丘濬撰《世史正纲》卅二卷,即本方孝孺《释统》之意,专明正统,起秦始皇二十六年,讫明洪武元年,以著世变之由,议论严正。胡应麟誉为“《春秋》之后有朱氏,《纲目》之后有丘氏”(见《古学占毕》)。其书于纪年干支之下,规以一圈,中书国号。至元代则施以黑圈,迨至正十五年,明太祖起兵则为白圈。其以黑色代表元代,示阳消阴翳,至明祖兴起,一阳始生。《四库提要》讥其为史家未有之变例(卷四十八)。乃清人有所忌讳,不敢持攘夷之说。

又有徐一夔者,述与周元亮讨论正统事,撰《正统问》(文载《明文衡》卷二十四),文中论四明陈氏《续通鉴纲目》,书太祖崩曰宋主赵某殂。至太平兴国四年,始揭正统归之。一夔引朱子答陈安卿谓如以正统,则秦初未可当,必平一六国而后在秦。晋初未可当,必灭吴而后在晋。朱子之论，乃一时之语，非不易之论，陈氏实非忠于朱子者。徐亦明初史家，《明史·文苑》载其论“日历”之重要，极有识见。

明初修《元史》，王祎、胡翰、贝琼皆与其事。惟有关正统之作，则为学术之探讨，非由修史而发。若方孝孺则胡之及门，能张皇其师说者也。方氏《释统》之作，足与欧阳修媲美，实为正统论之后殿。史学史上不可磨灭之大文章，须亟为表扬者也。

永乐间修《大典》，其卷之一万五千九百五十一韵目九震“运”字号，该册至今幸存。特立五运一项，于历代德运有关文字，辑录甚备。例如徐秀《帝王年代图》云“帝王五运，震为木，起自太昊”。又引宋世论德运诸家论议，较《宋史·律历志》为完整，以资料而论，极可珍贵。

宋儒喜为道统之说，李元纲著《圣门事业图》，第一图即云“传道正统”，拈出“正”字。黄榦著《圣贤道统传授总叙》，谓“太极为道之原，原之出于天者也。圣人者，又得其秀之秀而最灵者焉。于是继天立极，而得道统之传”（《勉斋学案》）。标揭道统之义，自是以后，明统之学，由史统而转为道统矣。李书现有《百川学海》本。

杨铁崖《正统辨》已论及道统，及杨升庵继方正学撰《广正统论》，以为国之统犹道之统，不以道统轻与人，则道犹尊而统犹在也。则取韩愈《原道》之说，以道统与史统合而为一。王洙《宋史质》特立道统传。影响所及，清人即有《学统》一类之著述，如刁包撰《斯文正统》七十二卷（在《用六居士所著书》中），熊赐履著《学统》五十三卷（《湖北丛书》本），杜濬《序》云：“士与之讲求学统，犹治统，然有纪纲法度焉，有是非邪正焉。”（《变雅堂文集·学统序》）张伯行著《道统录》二卷（参徐世昌《清儒学案》）。清初费密著《中传正纪》一百二十卷，序儒者授受源流，自推其学出于子夏七十二传。章实斋斥其诞妄不经（《文史通义》外篇，书《贯道堂文集》后）。其书以正纪为一名，大要具见《弘道书》之《统典论》中，凡此皆以正统观念，灌输入于学术史而成书者也。

明永乐间，宁献王朱权著《天运绍统》，自云：“考之历代帝王编年世次，推详重勘，校而正之。其未有谱系者，编其谱系，列其次序，纪其甲子，以续绍统而继之运。”自三代世系，讫于元季，僭伪亦见录焉。前有永乐四年二月涵虚子序，侈论五德之运。书为永乐四年宁藩刊本（一册），现藏士林故宫博物院。

明代有关正统之著作，尚有可得而言者：

涂观　《正统世年表》

见《千顷目》。观字恒孚，丰城人，天顺四年进士。《国朝献征录》八十三杨廉撰《涂先生墓志铭》亦云著此书。

周山　《师资论统》一百卷

见《明史·艺文志》，《千顷目》作者作周仁，云字子山，武进人，嘉靖戊戌进士，南京户部郎中，男鸿胪丞良金增广之。

郑郊　《史统》一百四十六卷见《千顷目》卷四。

以上三书，今皆未见。

章潢编《图书编》卷七十八，有论周、秦、汉、晋、隋、唐正统长文，大旨谓统天下易，正天下难，其以“混一”言正统者，论正统而不精者也；以统而有变者，论正统而不经者也，必以纲常为正统，始为古今之通谊。又论宋元正统云：“宋之有天下，与乎秦晋隋唐，其乖纲常一也，均不得为正统，然犹中国人窃中国人位，奸中国统。元则为夷狄，更不当以继中国之统。”故统之所重，在正而不在统，持论甚为严正。

类书若章俊卿之《群书考索》（卷十四）有《正统》一目，论陈寿之书纪魏而传吴、蜀之失。谢陛既补撰《季汉书》，又著《正统》；其《正帝统》第四分析统之类别，大意谓：“有有统之世，有无统之世，有分统之世，复有全统之世，有偏统之世。”“三国之时，乃无统而有统也，无全统而有偏统也，无分统而有正统也。”此为谢氏论统之要义。

临川徐奋鹏著《徐笔峒先生集》，其卷八为《古今正统辨》，以为三代以来正统惟明一代而已。说嫌太偏，殊无可取。（此书又有雍正元年刊本）又新安吴继安撰《历代帝王历祚考》八卷，始帝尧甲辰，讫元顺帝丁未，共三千七百二十四年，凡六十三甲子。凡例有一则：

> 书法国统为纲，帝王为目，凡姓系、年数、太子、诸王、改元称号，皆其著下，以便考览。其篡逆僭伪，本不当为附列，然篡逆如羿、莽不列，则一代年数缺而不合，故始附其中。僭伪如五胡不列，则一代事迹遗而不全，故另附其外。邪正义备，纲目森然。

其书有如后来《纪元编》之体例，无甚精义（末有万历辛丑其兄吴继裘作《后序》），又道光七年丁亥《大兴》朱锡庚《题记》谓：

> 是编家藏有两本版片，字数无异，一为新安吴继安、康侯甫编辑，即此本也；一卷耑题新安程扬季宣甫编辑，前有刘余祐序，末署崇祯已卯。又陈继儒《序》称其所纂辑者，上尘乙夜之观。……殆程与吴俱新安人，故攘其乡人之书，以图进取欤？

册面写朱少河跋。可知吴氏此书乃攘自程氏也。上举两书，俱为故宫博物院所藏秘笈，世所罕觏。丰坊撰《世统本纪》，其自序云："名曰《世统》。统者，授受之历数也。先辨统之正伪，然后祚之修短，政之失得。""纲祖《春秋》，严美刺也。目宗《左氏》，著本末也。"（文载味芹堂本《明文授读》）其书未见。

南丰曾焘曾撰《历代帝王统系图纪》一本，内叙明统系；列入唐、桂二王，称明十九帝，清人认为诞妄，请予销毁（见《禁毁书目》补遗）。清人于历代统纪勒为专书者，有段长基之《历代统纪表》（《四部备要》本，卷前有武亿序），黄本骐之《历代统系录》（《三长物斋丛书》本）。本书资料一摘录段氏例言，以见其概。

清初，王船山之为《读通鉴论》也，深非正统之说。谓"论之不及正统者，何也？正统之说不知其所自昉。……假邹衍五德之邪说，与刘歆历家之绪论，以文其诐解。统之为言，合而并之之谓也，因而续之之谓也，而天下之不合不续之多矣！……离矣而恶乎统之？绝矣而固不相承以为统”。因举“唐承隋而隋抑何承？承之陈则隋不因灭陈而始为君，承之宇文氏，则……何统之足云乎？无所承，无所统，正不正存乎其人而已矣”（卷末《叙论》）。论历史上之统有非其族类，不可以为统，统之中断，亦为必然。如此而言统，不如不言之为愈，语极沉痛。

船山《读通鉴论》称近世有李槩者，以萧岿延梁祀，而使之统陈云云。按李槩著《新刻世史类编》四十五卷，其书盖李纯卿草创，谢迁补遗，由大兰李槩增修，万历间张起鹏刊行，普林斯顿大学有此书。（见屈万里该大学《善本书目》，页129）

同时，魏禧著《正统论》三篇，历引欧阳修、苏轼、郑思肖三家之说，而论其各有所蔽。以为古今之统有三类：曰正统，曰偏统，曰窃统。

> 正统——以圣人得天下；德不及圣人而得之，不至于甚不正，功加天下者，亦与焉。
>
> 偏统——不能使天下归于一统，择其非篡弑居中国而强大者属焉。
>
> 窃统——身弑其君而篡其位，纵能一统乎天下，终不与之以正统，而著之曰窃统。（《魏叔子文集》卷一）

列东晋、唐、南宋于正统，而以秦、西晋、隋及北宋则系之“窃统”之列。所立纲领，乃为折中之论，而辨析各代，属之正、窃，则诚具特见，而引起后人之补充，邵廷寀其尤著者也。

邵氏为《正统论》四篇，其言曰：

> 叔子之论，辨而正。吾因其说而益以二言，曰有天行之统，有人心之统。是两者万世而不亡。叔子所谓正统绝而归之偏统，偏统绝而归之窃统者，天之所在，人不能违也。《纲目》以甲子纪之矣，吾则谓存窃统而终不使附偏统，存偏统而统不与于正统者，人之所在，天亦不能违也。

又谓：

三代而下，以兵取天下为正。而假受禅之名不与焉。其开地大而享国长久，守之以仁义，吾取汉唐及明而已。……故取其足当正统者，仅有汉、唐及明，而唐又以可已而不已之禅，使吾馀憾于千年以上。

又谓“秦、隋之统一天下，天心厌乱，适会其时……及其丧亡，世未有怜之者，以是知人心之不与也。夫不与，是其天之正也”，“叔子归窃统于秦、隋，与吾天人之说有相合也”。（《思复堂文集》卷八）亦以秦、隋为窃统，附魏叔子之说。邵氏论是非隔世而后明，又于史统中析为天人之辨。凡“人心之不与者，无由得与于正统”，秉道德以定是非，仍是方孝孺一脉之说也。

同时甘京、蒋汾功皆为正统论，以难魏叔子。于其所立窃统一名，尤深加诟病。甘氏称叔子既目西晋、北宋为窃统，而于东晋、南宋则称为正统，有失公允。而析正统之外，凡取之不于其道，宜别立篡统与攘统二者，其正统、篡统、攘统之子孙，概得为继统，但篡与攘不可不书，如是正统始可而定。蒋氏则讥叔子正而窃之，偏而正之，不免自乱其例，窃不可以言统，魏氏立窃统之名，其失与宋章望之之分霸统相同，夫曲为之名而名益舛矣。（此二篇均载《国朝文汇》。甘京字健斋，南丰人，为程山门人，与易堂诸子讲习，魏禧兄事之，著有《轴园稿》，见《清儒学案》卷十八。蒋汾功字东委，武进人，雍正癸卯进士，官松江府教授，有《读孟居文集》，见《清儒学案》卷五十六。）

钱维城亦著《续苏子正统论》上下篇，谓欧阳以为实而重之，苏子以为名而轻之；实者一身之私，一世之事也；名者天下之公，万世之事也；名附实而存，存其实则名不可得而逃。操名以治实，贤不肖之名重，则小人有所顾忌于名，而不敢犯矣。苏子所论之名实盖非也。此文虽论正统，则主题则重于名实。（维城号稼轩，武进人，乾隆乙丑一甲一名进士，官刑部侍郎，有《茶山文钞》，文见《国朝文汇》乙集卷十四。）

正统之辨，后贤哓哓不已。叶燮亦著《正统论》上下，驳叔子偏、窃之说（《已畦集》），着眼于正与统之异，谓统以正重，不以正得之，而统分之则为偏为窃。魏禧因前人霸统之言，故为正统、偏统、窃统之论。叶氏谓既已偏矣，安得称统？讥其“不知正之为义而为借袭之说，与不知统之为义而为分断之论者，皆不得其本者”。

徐世佐又为《正统论》三篇，论正统之变者有二种：

(1) 无先君之嗣，天下统于一人，有奸雄篡据而无群雄割据，如秦、西晋、隋，以天下无与分统者。此非义之，乃从其实也。

(2) 有先君一线之嗣，天下有奸雄篡据，亦有群雄割据，则以正统归先君之嗣，如汉之蜀，晋之南渡，以天下无与分正者，此则义之，从其实也。

至于先君无一线之嗣，又有奸雄篡据及群雄割据之局面，各不相统，故无正统之可言（《遁斋文集》卷一）。此从政治现象加以分析。文中特别批评苏轼见解之误。而周树槐《书东坡正统论后》以为欧阳子以东晋绝之正统，使其生南宋，必不为是言。岂惟欧阳子不绝东晋，即苏轼亦不固与魏而退蜀汉，以北宋尚非偏安之局面也，说甚通达。

储同人在《陆草堂文集》中有《正统论》六篇，驳朱子《纲目》之不当，大抵谓“轻与人一，是谓乱统；轻与人正，是谓乱正”。彼以为“统可言也，正不可言也”。复主张“为编年书者，盖一以天下为断。遇天下合于一，则称某纪以冠之；天下分裂，则以甲子书系某国某年，而勿称纪”。颇沾沾于书法问题，在陆以为史家大义在正而不在统。不可轻易与人以“一”，更不当轻易与人以“正”，其说甚辨。梁廷枏《正统道统论》以为三代以前，治从德出，而治正与道统合。后始分之，诸儒不足以承统，则统绝矣。故天下有正统，无道统。盖意谓汉学宋学均不足以接道统，盖有所激而作者。鲁一同《正统论》，泥于统为朝代继承，势不容绝，谓“不幸而得正者无统，得统者不正，如是全名则丧实，全实则丧名，不若并去正统之名”。殊为无识。馀若张宗泰（《鲁岩所学集》中《通鉴论正统闰统条》）、李慈铭（《越缦堂读书记》十二论五代以朱温、石敬瑭为正统之非），所致辨者，均无关宏旨。李氏以“正闰当论邪正，不当论内外”（即内诸夏而外夷狄），此在满清帝制之下，立论不得不尔。然无非以道德人心为正闰区别之标准，无甚胜义。

十一、宋、元、明以来本正统观念改撰之史书

自习凿齿改撰《三国志》为《汉春秋》，对后代影响至大。北魏张彝之子始均初改陈寿《魏志》为编年之体，书久已佚。高似孙《史略》列举各家别史，王沈《魏书》，梁祚《魏国统》及王涛、徐爰之《三国志评》，今均不可得见。温公《通鉴》帝魏，刘恕非之，以蜀比东晋，拟绍正统。南宋张栻序《经世纪年》，乃谓“汉献以来，曹丕虽称帝，而昭烈以正义立于蜀，不改汉号，则汉统未绝，故其书于献帝之后，即系昭烈年号，书曰蜀汉。逮后主亡国，而始系魏”。胡致堂《读史管见》深讥温公抑昭烈不得绍汉统为非。朱子为《通鉴纲目》，乃以昭烈为正统，承献帝之后，绍汉遗统。自此以后，论蜀正统问题者议论蜂起，而改撰三国之书亦接踵而兴矣。

张栻不为蜀汉撰史，而为诸葛武侯作一新传（有《四部丛刊》续编本），以为时有万变，事有大纲，大纲正则变可得而理。武侯以诛贼兴复汉室为大纲，执此不渝，洵能坚守其正。明程敏政跋其书称南轩以丞相忠献公（张浚）之长子，当宋社之南，加排和议，倡复仇之举，其心事实与武侯同，故惓惓订此传以见志，大类考亭之注《楚辞》，有深意存焉。

南宋人之论三国事者，俞文豹《吹剑录》责孔明之忠于刘备而不忠于汉，王应奎辨其非是。韩元吉论陈寿以三国名书，示天下莫适有统也，而于魏则纪之，吴、蜀则传之，是有统也，若将存汉，则不可列于传也。又称“吾将加蜀以汉，加其主以帝王而并纪之”。意欲以蜀汉为纪。黄震《日抄》则谓“蜀之号由于老瞒改其所谓汉而私谓之蜀，诚以汉之名尚存，则岂容有魏？故史氏必先蜀汉之称而后可”（《读史》三）。及尹起莘撰《纲目发明》，直书曰昭烈皇帝章武元年，而以魏黄初二年为小注，于其下复为之辨，谓以昭烈绍号，深合事宜，与光武即

位于鄗，晋元即位江左，先后一辙。此事在《纲目》为最大者，故辨之以明朱子秉笔之意云。

胡一桂著《十七史纂古今通要》十七卷（现有《四库全书》珍本），其论蜀汉，亦从朱子《纲目》之说，称《纲目》于甲申以后，犹以吴魏分书。汉亡仅二年，而晋已灭魏，乙酉以后，晋、吴犹分书。至太康庚子吴亡，晋武始得大书以续正统。终魏之世，不得在大书正统之列。甚叹朱子秉笔之严。而《读书敏求记·校证》乃谓："但以昭烈继建安，一祖朱子《纲目》，予不敢谓温公正统为非。故严修能讥钱遵王此说为悖。《四库提要》亦称其务持异议以骇听。"（卷八十八）足见朱子说久已深入人心。

元陈栎著《历代通略》，称先儒进蜀汉以承汉统，而魏、吴附焉，不可易也。又称司马氏之取蜀，乃所以取魏；蜀之亡，魏所由以速亡也，持论与黄震同。其时邯郸张之翰（字周卿，邯郸人，自翰林侍讲学士知松江府，有《西岩集》）为闽士陈光大《古今指掌图》撰序，深赞其序三国之正统，屈曹魏而进刘蜀，是准朱子《纲目》之书法。赵世延序《南唐书》谓："宋承五季周统，目（南唐）为僭伪，陆游之书最号有法，后世有能秉《春秋》直笔，究明《纲目》统绪之旨者，或有取考而辨之。"于《纲目》之书尤三致意焉。（世延字子敬，云中人，奎章阁大学士中书平章政事，与虞集等修《经世大典》，《元史》卷一八〇有传。）

王义山《稼村类稿》有《宋史提纲序》，称晦翁《纲目》大本领在帝蜀一节；不知晦翁之说，全出于习凿齿也。陈均（平甫）《作宋朝长编备要》，续《纲目》也，惟其书法多可议。王氏因作《宋史提纲》，其大节目与陈均异者三百馀条，曾质之刘后村。其书未见。陈均书今尚存，前北平图书馆藏有精钞本三种，其一有钱大昕跋。王义山，字元嵩，丰城人，景定进士，知新喻县，咸淳初与周密、陈厚同为两浙运司同僚，俱有吏才，见袁桷《清容居士集》（卷三十三《先大夫行述》）。

宋元之间，以昭烈为正统，改撰《三国志》为《续后汉书》者不止一家：

宋

（一）萧常 《续后汉书》四十二卷

现存有萧氏进书上表，其书以蜀汉为帝纪，吴、魏均为载记，周必大为之序，于习凿齿以蜀为正，魏为篡，大旨昭然。而论欧阳修议正统不黜魏，其宾客章望之著《明统论》辨之。张栻《经世纪年》亦直以先主上继献帝为汉，用意正同。有欧阳守道者，跋此书称萧氏书法与《通鉴纲目》相合。萧氏作书时，《纲目》未出，可观"我心所同"然矣。文见《巽斋文集》。

（二）郑雄飞 《续后汉书》

周密《癸辛杂识》后集云："近世如郑雄飞亦著《续后汉书》，不过踵萧常之故步，最后翁再又作《蜀汉书》，又不过拾萧郑弃之竹马耳。"雄飞，宝祐元年太子侍读，二年除宗正少师，见南宋《馆阁续录》。

（三）翁再 《蜀汉书》

见上。

元

（一）郝经 《续后汉书》九十卷

郝经自序见《陵川集》，谓"《通鉴》始更蜀曰汉，仍以魏纪事，而昭烈为僭伪，故寿书必当改作"。中统元年，经使宋留馆仪真，遂撰此编，以昭烈承汉统。冯良佐刊其书于江西，为序称陈寿书帝魏，不知蜀之正统，为史笔之玷。故朱子有"后贤盍更张"，此即朱子之志也。郝之门人苟宗道序言此书更正《陈志》，凡裴注之事当入正文者，则为删取之，命宗道掇拾具注表新书本文下。是郝书之成，宗道与有力焉。

《千顷堂目》云："经使宋，被羁于真州时作。用朱子《纲目》义例，以昭烈为正统，魏、吴为僭伪；凡为年表二卷，帝纪二卷……号曰《续后汉书》。"

（二）赵居信 《蜀汉本末》三卷

此书全本《纲目》。初名《蜀汉本末论》，见其自序，又是年有建宁路建安书院山长黄君复序。

明蓝格钞本，今存。至正本见《北京图书馆善本目》。

钱大昕《补元史艺文志》云："字季明，许州人，翰林学士，进封梁国公。"说本《千顷堂书目》。

（三）胡氏 《季汉正义》

见林景熙序云，胡君所撰，著此以翼前修而扶正统。作者不详谁氏。

（四）张枢 《刊定三国志》六十五卷 《续后汉书》七十三卷

《千顷堂书目》著录。《元史》卷一九九《隐逸》："张枢之长，婺之金华人，取三国时事，撰汉本纪、列传，以魏、吴载记，为《续后汉书》七十三卷，……危素言其书于朝，诏藏宣文阁。"至正三年修三史，屡荐不就。

《四库提要》卷十一论谢陛《季汉书》条云："沈德符《敝帚轩剩语》称世之议陛者，谓吴中吴尚俭已曾为此书。不知元时郝经、宋时萧常，俱先编著。《宋史·艺文志》又有李杞改修《三国志》，不止萧常，此未详考。"不知此外尚有多家，《四库》馆臣亦未之细考也。

谢陛字少连，歙县人。明万历间，撰《季汉书》六十卷，有钟人杰刊本。王士禛甚称其书。自序称："涑水贤者，所见仅同范氏（晔），不及习氏也。张栻作《经世纪年》，直以昭烈上接孝献为汉，而列吴、魏于下方。范祖禹、陈亮欲改而未暇，萧常之作《续后汉书》，杨焕然《驳正汉书》，谢翱作《季汉表》而俱未成。"是谢氏固未见萧常之书也。其书断自献帝，直继以昭烈皇帝、后皇帝，尊汉三朝为帝纪，以汉室诸臣为内传；等魏、吴二国为世家，以魏、吴诸臣为外传，别袁、吕诸雄为载记，以田、陈诸人为杂传，题曰《季汉书》。为之序者多人，其叶向高序云："近世赵文肃著《统论》，乃谓三国既裂，九围不纲，昭烈虽贤，史臣不能先天而与人以统，若深病朱元晦帝蜀之非者。"按赵文肃即赵贞吉（据鲍应鳌《明臣谥考》，谥文肃而赵姓者，只有赵贞吉），四川内江人，大学士，有《赵文肃公文集》十三卷，巴渝赵氏福建刊本。惟集中无《统论》一文，莫由详其底蕴。又有于若瀛序，文亦见《弗告堂集》；又邹观光、陈邦瞻、王图三序，于谢氏书之书法义例多有所抉发。此书卷前附《正论》五篇，曰《正帝历》、曰《正帝系》、曰《正帝符》、曰《正帝统》、曰《正帝号》，陈义精湛，特具史识。陈序云："凡曹魏父子睥睨而久邟，昭烈君臣之正名而讨贼，皆以有孝献在也。故初平、炎兴实为终始。方其在许，则天之所以留汉统也；方其在蜀，则汉之所以寄天统也。"尤言之有物。而邹序云："赵文肃昌言昭烈虽贤，史臣不能先天而予人以统，吾惧万世以文肃而信且疑也，甚于涑水，此谢少连氏《季汉书》所由作欤？"是谢氏之书殆因赵贞吉而作。《三国志·蜀志》收杨戏《季汉辅臣赞》，此又《季汉书》一名之由来也。

清初有赵作羹（企山）者，撰《季汉纪》；其缘起引陈圣观正闰说，已见于周密《杂识》引；杨文宪《正统八例》即杨奂《正统书序》；引杨廉夫《正统辨》，引周必大《续汉书序》，亦未获见萧常、郝经之原作，而谢少连《季汉书》则曾购而读之，而别仿荀悦、袁宏《两汉纪》之例系年纪事，撮录成纪。孙宝仁（伯纯）序云："何为不曰蜀汉而曰季汉，尊正统也。尝读杨铁崖《正统辨》而知正统之有攸归也。"盖深受杨维桢之影响，因正统观念而作史者。此书初仅有稿本，现已印行。又长洲黄中坚（震孙）著《拟更季汉书·昭烈皇帝本纪》，书载《昭代丛书》辛集，盖取谢陛之书《昭烈本纪》，少加增删，间有论断，兹载附录以存参，无精义之可言也。

清魏裔介著《三国论》，见其《兼济堂文集》。谓"曹与孙，其才与德既无足取；而昭烈仗义讨贼，才虽不足，其义则正矣，是以君子取之以续汉统"。惟俞樾别撰《蜀汉非正统说》，以为"以正统事蜀者，朱子之失，其理不过是时中原之地已尽入魏，安见天下之统不在中原之魏而在于区区一州之蜀？使昭烈而能为光武，以之黜魏可也。若夫据一州之地而欲窃天下之统，则君子所不许也"。但从地理上空间广狭以立论，未足以餍人意。

《三国志》一书本为传体，无纪一目，而称为书，以魏、蜀、吴鼎峙之局而未能为混一，遂三国之；又系私史非奉敕撰，其称曹操，文例不纯，胡玉缙撰《三国志集解》附言，特申明此义，谓"今本《国志》

由晋时范頵上书，遂入于官，可能经人巽窜，非頵本人即刘宋人所私改者，其杨戏《季汉辅臣赞》末云：‘世主能承高祖之始兆，复皇汉之宗祀。’正以尊蜀而不帝之者，痛乎汉禅已为魏所夺，先主虽自称帝，而史法不能帝之，惟因不能帝遂三国之，此《春秋》谨严之旨也”。胡氏为陈寿剖白，且悟今本《国志》有经人窜改处，为向来所未道。凡陈寿书后人循正统观念加以非难，及另行改作经过，大致如此。

明代改撰《宋史》有三家：曰王洙、曰柯维骐、曰王惟俭。洙撰《史质考》，叙略云：“《史质》所有首天王，故正闰纪以象岁，条款以象辰，目录以象月，始终以象数，法天道也。假宋人行事之实，明《春秋》一统之义，视诸迁、固、欧、苏，文质异矣。”全书有目卅，起“天王正纪第一”、“天王闰纪第二”，至“道统第三十”。其闰纪即元，自云：“闰者，岁之差也；本末相因，理乱相禅；胡元者，赵宋之闰位，昭代之驱除也，皇天命也。”秦鸣夏为之序称“一江王子取（《宋史》）而芟薙翦截之，存旧十二，而典章文献，靡不具存，乃若明帝纪之正闰，志道统之断续，则又超然独得，可以俟后圣而不惑者”。又称：“胡元继宋，以混函夏，脱脱、阿鲁图诸儒实典史局，其时与人俱出（刘）昫下，而王子所著则上追欧宋，讵必多让。”方之《新唐书》，则属过情之誉；《四库提要》称其书荒唐悖谬，可焚可斧，则又太过矣。

柯维骐（奇纯）之撰《宋史新编》，黄佐为之序云：“宋旧史成于元至正己酉，脱脱为总裁，契丹、女真亦各为史，与宋并称帝，谓之宋、辽、金三史。是时纂修者，大半虏人，以故是非不分，冠屦莫辨。景泰间，翰林学士吉水周公叙尝疏于朝，自任笔削，事竟弗成。”是柯氏之前，有人欲改编宋史而未果。柯氏凡例言“会三史为一，而以宋为正，辽、金与宋之交聘、交兵，及其卒其立，附载本纪仍详君臣行事为传，列于外国与西夏同，庶几《春秋》外夷狄之义”。此本书之宗旨也。

《凡例》又称：元人修三史“以帝王之统在辽、金也。按金杨兴宗当宋南渡，著《龙南集》明正统所在，元杨维桢闻修三史，作《正统辨》，谓辽、金不得与，斯足征脱脱等纂辑之谬矣”。柯氏以杨兴宗之文与杨铁崖相提并论。《千顷堂书目》有杨兴宗《龙南集》，兴宗高陵人；钱大昕《补元史艺文志》、袭显曾《金艺文志补录》同，倪灿《补金艺文志》误作杨与宗，管廷芬《宋诗钞补》杨兴宗，字似之。元遗山《中州集》八录兴宗《出剑门》诗一首。云："宋既渡江，故兴宗有《龙南集》，余同舍郎关中杨君美尝见之。"其集名《龙南》，意者指龙飞南渡乎？明时柯维骐必曾睹其书，今则不可见矣。

钱大昕跋柯书称其义例亦有胜于旧史，惜其见闻未广，有史才而无史学耳（《潜研堂集》卷二十八）。柯书尊宋统，而附辽、金，康大和序谓其与朱子《纲目》之黜吴、魏而帝昭烈，正统以明。柯氏书屡引《世史正纲》，其改女直为女真，不避讳，盖从明人修《续通鉴纲目》云。

王惟俭《宋史记》，现存抄本（港大冯平山图书馆藏），共二百五十卷。旧《宋史》景炎无年，祥兴失记，又降帝㬎为瀛国，此则更瀛国为帝㬎，而增入端宗、帝昺二纪。于耶律氏通称曰辽，元世祖之先号曰蒙古，至建有国号始定为元，此为其书法也。今录凡例于资料三，以供参考。

十二、释氏史书之正统论争

释氏撰僧史，对于正闰问题之处理，亦有可得而言者：隋成都人费长房著《历代三宝记》，其纪年也，尊南朝之齐、梁而黜北魏。书中年表，于晋后即继以宋、齐、梁，梁后继以周、隋，以为隋承周，周承梁，实为正统。陈援庵引《北齐书·杜弼传》称江东"萧衍，中原士大夫望之，以为正朔所在"。乃当日北方士大夫之一般心理（《佛教史籍概论》，页7）。按皇甫湜曾论隋得之周，周取之梁，即与费书吻合。持正未必取自释氏，意者隋唐人对北朝统绪继承之看法，自有此一套耳。又释道宣《大唐内典录》内后周《传译佛经录序》，以为"周承魏运，魏接晋基，馀则偏王，无所依据"。则视北朝元魏为正统，与文中子之《元经》帝北魏而黜梁相同。道宣父于陈为显宦，彼以南人仕北，或有所忌讳，具见苦心。然亦可觇隋唐时人，对南北正闰固存不同之歧见。

僧人史书，间亦援用正统之观念，以著书立说。南宋庆元中，吴克己撰《释门正统》，未及行而亡。嘉熙间，钱塘释宗鉴取吴本，仍其旧名，成《释门正统》八卷，以天台宗为正统，立释迦、龙树为本纪，仿《晋书》十六国例，以天台宗以外诸宗列入载记。后此三十年，咸淳间，释志磐撰《佛祖统纪》。以“统纪”为书名者，似与南宋学人重视“统纪之学”有深切关联（见上引《水心集》）。其书通例释题义云：“‘佛祖’者何？本教主而系诸祖也。‘统纪’者何？通理佛祖授受之事也。‘本纪’者何？始释迦，终法智，所以纪传教之正统也。”又同篇释本纪云：“通为本纪，以系正统，如世帝王正宝位而传大业。”故《四库提要》讥其“虽自尊其教，然僭已甚”。此则释氏模仿儒书，争取天台宗为正脉之巨著，自释契嵩撰《正宗记》立禅门系统，南宋以后，遂有台、禅二宗互为正统之争，兹不具论。

十三、结语

中国史学上之正统说，其理论之主要根据有二：一为采用邹衍之五德运转说，计其年次，以定正闰；唐人自王勃以后，《五行应运历》《正闰位历》等书，以至宋初宋庠之《纪元通谱》，皆属此一系统。宋儒则深辟其谬，惟《唐书·王勃传》但存其端倪而已。另一为依据《公羊传》加以推衍，皇甫湜揭“大一统所以正天下之位，一天下之心”。欧公继之，标“居正”“一统”二义。由是统之意义，由时间转为空间，渐离公羊之本旨。然对后来影响至大。温公谓“苟不能使九州合为一统，皆有天子之名而无其实也”。东坡谓“正统云者，犹曰有天下云尔”（明徐一夔引此说）。皆从空间立论。此一义后来且影响及于实际行动。元世祖之灭宋，即由此一观念所策动。《元史·刘整传》云：

> 至元四年十一月，（整）入朝，劝伐宋，曰：“自古帝王非四海一家不为正统。圣朝有天下十七八，何置一隅不问，而自弃正统

耶？”世祖曰：“朕意决矣！”

故元之有宋，即为争取正统，此正统即大一统之意也。

宋代《春秋》之学，北宋重尊王（孙复著《春秋尊王发微》十二篇可见之）；南宋重攘夷。［胡安国著《春秋传》可见之。《宋史·儒林传》云：“自王安石废《春秋》，学士不得相传习，乱伦灭理，用夏变夷，殆由乎此，故（安国）潜心是书二十馀年。”］尊王，故张大大一统之说，此欧公正统论之得于《春秋》者在此也。元世以夷狄入主中国，其言正统者，亦只能援大一统一说以立论。至明方孝孺始置夷狄之统于变统，则庶几攘夷之义，与皇甫湜之不帝元魏（亦如昌黎之辟佛，基于夷夏观念）之说相呼应，此亦取之《春秋》以立义者也。胡翰《正纪》至责唐太宗以夷狄自处，汩地之纪，莫若刘渊。胡氏为明初始倡夷夏内外之辨者，方氏之重视夷狄问题，显受其启发耳。

依《春秋》褒贬之例以论史，则发生史实与道德关联问题，正统说诸家立场各有不同。其重实而轻名，但以史实为鉴戒，不惜减轻道德观念者，欧阳修、司马光是也。其兼顾名实，而决不肯放弃道德观念，以致建立二元说者，章望之（分正统与霸统）、方孝孺（分正统与变统）是也。其纯以《春秋》书法为褒贬者，则朱子一人而已。

《春秋》言“统”之义，原本于时间，即继承以前之系绪之谓。为正闰之说者，其争论焦点，即在于承接之间是否为正与不正之问题。故保持正统，可以放弃若干被认为闰位，而遥接远代，为“超代”之论，皇甫湜即主此一说也。或以为统之承受，应加抉择，杨维桢主张元统宜接宋，而不可接辽金，此又一说也。凡此种种，皆“正统论”所执不同之立场与原则，略为疏说，以见其概焉。

自汉以来，史家致力于正统问题之探讨；表面观之，似是重床叠屋，细察则精义纷披，理而董之，正可窥见中国史学精神之所在。正统理论之精髓，在于阐释如何始可以承统，又如何方可谓之“正”之真理。持此论者，皆凛然有不可侵犯之态度。欧公、温公所以不为人谅解，由于仍屈服于史局之下。故向来官修之史，不能令人满意，而私家之史，所以不断述作，不惜重撰，且亦为人所重视，职是故也。私家史书所以可贵，其故有三：一、不受史局之约束；二、不为当前史学风气及政治立场之所囿；三、有超时空限制之精神，对于史事可作重新评价。质言之，即有超历史（Super-History）之立脚点也。

章学诚《文德篇》主张："论古必恕"，谓作史者须为古人设身处地（《文史通义·内篇》）。然史家之尚论史事，贵能据德以衡史，决不可徇史以迁德。史家眼中对于帝王（统治者）仅视作历史人物看待，其是非得失，均得加以衡量判断。记叙史事而无是非之辨，则何贵乎有史？此义郑思肖于《心史·古今正统大论》中已有淋漓尽致之发挥；实斋之说，婉而未当。

近东古史，其记录多为胜利者之自我表扬，如波斯最高王者，动辄自称为万王之王，如是之历史记录，仅为胜利者服务。中国则不然，"惟圣哲以茂行兮，乃得用此下土"（《离骚》）。"皇天集命，惟何戒之？受礼天下，又使至代之。"（《天问》）此屈原之历史观也。楚先王公卿祠庙，图绘天地贤圣怪物行事，所以存鉴戒。此事渊源甚远，伊尹从汤言素王及九主之事。刘向《别录》云："九主者，有法君、专君、授君、劳君、等君、寄君、破君、国君、三岁社君，凡九品，图画其形。"（见《殷本纪集解》引）以人主分为九等，自授君以下，均致贬词，且图绘其形以丑之。《广川画跋》有《九主图》。《九主》此书残帙，近日在马王堆三号墓发现（参《文物》1974 年第 11 期），见于《老子甲本》佚书中。伊尹论过在主者四，罪在臣者三，臣主同罪者二，又陈夏桀氏之失。足见对君主行为可作严厉而正义之道德评判，其由来甚远，实为中国史家之优良传统，不容忽视者也。

晚近之言史者，有不惜去统而弃正者矣，有不惜以自己之文化接他人之统者矣。"有抱国之图籍而降者矣；无籍其道而降者，道不可以籍也。"（《古史钩沉论》四）此龚定庵所以嗟叹唏嘘不能自已者也。反观过去郑思肖、方孝孺辈，其所争取者，一本乎正义之真是非，而非一时相对之是非，不特不屈服于某种政治之下，且不屈服于已成历史之前，其见识伟矣，其人格夐矣，此诚"贯天地而无终敝，故不得以彼之暂，夺此之常"（姚鼐《方正学祠重修建记》）。历史之真是非，正在其常，而非一时之是非所可夺也。

又龚定庵论大一统为太平世事，以为“宋明山林偏僻士多言夷夏之防比附《春秋》，不知《春秋》至所见世，吴楚近矣，伐我不言鄙，我已无外矣。故诗曰：无此疆尔界，陈常于时夏。圣无外，天亦无外者也”（《五经大义终始答问》七）。是在太平世，混一车书，王者无外，夷夏之防，已消弭于无形矣。历来持正统论者，每局于夷夏之辨；此在偏安之世则然，若大一统局面下，则地既无疆，天亦无外，《公羊》以当太平世，《大学》以论平天下，可谓涵盖乾坤气象。Arnold J. Toynbee谓中国向来就是世界国家，今尚存于世。盖中国自周秦以后，即本天下观念以看历史，视历史为一整体，与希腊史家 Polybius 见解颇相似。以世界眼光来看历史，从过去人事觅得共同规律以为行动之借鉴。故中国史家自来即富有为天地立心、为万世开太平之豁达心胸。Toynbee 晚年定论始确论史家须从历史成败获得猛省，历史如仅为描述而缺乏道德批评，则不成为史学。顾此义在中国早成为家常便饭，历代正统论即贯彻此一主张之史学观点者也。

自韩愈《原道》称尧是以传之舜，舜是以传之禹，再传至汤、文、武、周公、孔、孟，儒家道统承传之说于焉确立。陈寅恪氏以为韩氏建立道统，表面虽由孟子卒章之言所启发，实际乃受新禅宗教外传灯说所造成（《论韩愈》），惟证据未充。（颐按：寅老此说未妥。余于序郭伟川《儒家礼治与中国学术》一文中已有辨正。）朱子《中庸章句序》屡言：“盖自上古圣神，继天立极，而道统之传有自来矣。”而以允执厥中为尧、舜、禹之所传授，以子思上接道统之传，彼于道统再三致意，故宋人喜言之。宋季文及翁（字时举，绵竹人，理宗时进士）著《道统图后跋》，称“有作《道统图》上彻宸览者，以艺祖皇帝续伏羲尧舜禹汤文武之传，以濂溪周元公续周孔曾思孟之传”（《宋代蜀文辑存》卷九十四）。是宋人之《道统图》且以艺祖接伏羲之统，此乃出于政治上之渲染，殊属无谓。明杨维桢始以道统配合治统，道统观念弥为人所重视。清初刁包著《斯文正统》，其书为纂文总集，此则以正统观念侵入于文学之领域矣。惟袁枚颇非道统，其言曰：“夫道无统也，若大路然。……后儒沾沾于道外增一统字……交付若有形，收藏若有物，道甚公而忽私之，道甚广而忽狭之，陋矣！”（文集卷十七《代潘学士答雷翠庭祭酒书》）梁廷枏以为天下有正统而无道统。平情而论，宋儒道统之说只限于极少数人之传授，有时不免标榜，未见为大公之论，难怪简斋之非议也。

太史公《自序》云：“《春秋》明是非，故长于治人。”此说实本之董生（见《繁露俞序》）。历史之作，正所以明人事之真是非，而折中于正（Justice），故史家秉笔必据正立论，《易·家人》正位于内，《大学》言正心，《春秋》主拨乱反正，均从正字出发。《春秋》书元年，所以慎始。《大戴礼·保傅》引《易》云：“正其本万事理。失之毫厘，差以千里。”正其本实为史之首务。贾子《胎教篇》申言“《春秋》之元，《诗》之《关雎》，《礼》之《冠》、《昏》，《易》之乾坤，皆慎始敬终云尔”。前此魏武侯问元于吴子（起），吴子对曰：“言国君必慎始也；慎始奈何？曰：正之。正之奈何？曰：明智。智不明何以见正？多闻而择焉，所以明智也。”（《说苑·建本》）章太炎因谓“人君始立，人必观其始政，其贤者则于改元之始，悉取前人秕政，下诏构除”。即以慎始说元之义者也（《春秋左氏疑义答问》二上）。慎始盖所以正之，以正统而论，正之为义尤重于统，自古以来已视为天经地义。故史家任务，要必折中于正。Reinhold Niebuhr 从神学观点以论史学，而提出 Moral Judgment are Excuted in History 一意，且云必须 gives meaning to history，此即孔子所云：“其义则丘窃取之矣。”盖历史于事与文之外，大有事在，即〔义〕是矣。（或谓此所谓义，即《史记》所谓“制义法”，非也。按义法重在作史法例，取义浅狭，不足以语此。）历史上之裁判，既为史家应有之责任。所谓 moral judgment 者，西方或决于神断，稽之往史，古埃及倚神力为裁断，凡人之终，必受秤衡量，以定其功罪。吾谓神断之秤，不如历史之秤。历史之秤是谓之正。正者亦犹埃及人之 maat，于义同符；正统之“正”，其时义诚大矣哉！

经　学

新经学的提出

——预期的文艺复兴工作

许校长，各位学术界前辈、专家，首先本人得衷心感谢北大教授委员会诸位先生的推荐，给我一个难得的机会，在北大百年纪念论坛发言。记得我在年前香港举行的炎黄学术会议上谈到郭店楚简中最后部分的《语丛》，可相当于庄子屡次郑重提及的“重言”（“重言”应当解释为 keynotes，“重”不是重复）。古代政治领袖，像禹之“拜昌言”，这说明先哲是如何尊重传统。若干年来，出土简册的丰富，我亦曾多次提到未来的 21 世纪应该是重新整理古籍的时代，现在已正式进入 2001 年，我充满信心地预期 21 世纪将是我们国家踏上一个“文艺复兴”的时代。

长期以来，人文科学与其他先进的科学接轨，近年三代断代工程的成就，正是重要的说明。我们的历史是世界上文化持续没有间断和转换的，在外人代我们操笔政所写的历史，认为我们的信史，只能从商代讲起，似乎很有问题。郭店楚简中显示的虞夏相继蝉联的史实，我们何能加以抹杀？所以，我们的古代史有由我们自己重写的必要。汉字的远源，从出土文物和各地陶器上刻画、书写的符号看来，正是文字的前身。北大现在正进行全国各地全面的普查，是很重要的工作。

在整理简帛经典的过程中，最令人困扰的是“异文”的复杂性。陆德明当杨隋统一南北，总结六朝人的训诂工作，编著《经典释文》一书。我曾建议我们应该利用简帛的新材料，参考清代学者对异文的研究成果，去重编一部新的《经典释文》。这不仅是语文方面的贡献，实际上也是某一语汇的探讨，是文化史重点问题来龙去脉的综合性研究的基础。这是一项很庞大的工程，以后可能引导出许多新的发现，对于了解某一观念的产生与形成，可取得更进一步的认识。这里有一个基本问题——是“新经学”的提出。

我们现在生活在充满进步、生机蓬勃的盛世，可以考虑重新塑造我们的新的经学。世界上没有一个国家没有他们的bible（日本至今尚保存天皇的经筵讲座，像讲《尚书》之例）。我们的哲学史，由子学时代进入经学时代，经学几乎贯彻了汉以后的整部历史。五四以来，把经学纳入史学，只作史料来看待，不免可惜！现在许多出土的简帛记录，把经典原型在秦汉以前的本来面目，活现在我们眼前，上海博物馆购藏的楚简，《诗》《礼》部分亦已正式公布了。过去自宋迄清的学人千方百计去求索梦想不到的东西，现在正如苏轼诗句“大千在掌握”之中，我们应该如何珍惜，再作一番整理工夫，重新制订我们新时代的bible。什么是“经”？是否应考虑不限于《十三经》？问题相当复杂，我所预期的文艺复兴，不是一二人的事，而是整个民族的事，新材料引发古旧的问题，这是时代的赐予。我们不要辜负地下的宝物和考古家的恩惠。我的呼吁，可能不是我个人的想象，而是世界汉学家共同的期望。

经书是我们的文化精华的宝库，是国民思维模式、知识涵蕴的基础，亦是先哲道德关怀与睿智的核心精义，不废江河的论著。重新认识经书的价值，在当前是有重要意义的。

“经学”的重建，是一件繁重而具创辟性的文化事业，不仅局限文字上的校勘解释工作，更重要的是把过去经学的材料、经书构成的古代著作成员，重新作一次总检讨。何者才值得称为经，有资格厕于经书之林？我的不成熟看法有下面几点：

（1）训诂书像《尔雅》，不得列作经书。（龚定庵已讥讽“以经之舆台为经，《尔雅》是也”。）

（2）与《尚书》具有同等时代与历史价值、一些较长篇而重要的铜器铭辞，可选取二三十篇，作为弥补《尚书》的文献。《逸周书》可选部分入于此类，二者作为《尚书》的羽翼。

（3）古代史家记言与记事分开。记言的重要，保存许多古贤的微言大义，像《国语》一类著述可以入经。

（4）思想性重要的出土文献，可选一些，像马王堆的《经法》《五行》等。

（5）儒、道二家是中国本有文化的二大宗教思想基础，儒、道不相抵触，可以互补，各有它的优越性，应予兼容并包。《老子》《庄子》等书原已被前人确认为经，自当列入新的经书体系之内，作为一重要成员。（道藏的编纂已兼收《易》家及一些别类的子书，但嫌太广泛，不够严格。）

如果以后我的新经学观点，有人重视，认为有可取处的话，我这一点小意见不妨作为一点星星之火，引起大家的考虑。

希伯来《圣经》的文字，一向说是出于神的默感和启示（revelation），被认为是天主的圣言。吾国早期经书，像《诗》《书》《易》，亦离开不了神。《大雅·大明》记牧野之役，有"上帝临女，无贰尔心"的充满警惕的话言。《尚书·立政》述建官之制，亦兢兢地以"灼见三有焯（明）心，以敬事上帝"。在神道设教的时代，不能不倚靠神，做任何事情，要燃烧起宗教情绪，洁净心灵，加强意志，方能有高度辉煌的成就。汤恩比写了比较二十一个文明的《历史研究》的大书，最后归结到至高精神的实体（supreme spiritual reality），他相信这个实体便是神。评论家认为他了不起的贡献即在他提出这个精神实体给予人们最终形上疑惑的保证。"经"的重要性，由于讲的是常道，树立起真理标准，去衡量行事的正确与否，取古典的精华，用笃实的科学理解，使人的文化生活与自然相协调，人与人间的联系取得和谐的境界。经的内容，不讲空头支票式的人类学，而是实际受用有长远教育意义的人智学（anthroposophy）。

经书对现代推进精神文明的建设，有积极性的重大作用。汉人比《五经》为五常，《汉书·艺文志》说："六艺之文：《乐》以和神，仁之表也；《诗》以正言，义之用也；《礼》以明体，明者著见，故无训也；《书》以广听，知之术也；《春秋》以断事，信之符也，五者，盖五常之道，相须而备，而《易》为之原。"把《乐》列在前茅，《乐》

以致和，所谓“保合太和”、“致中和，天地位，万物育”，“和”表现了中国文化的最高理想。五常是很平常的道理，是讲人与人之间，互相亲爱，互相敬重，团结群众，促进文明的总原则。在科技领先的时代下，更当发扬光大，以免把人沦为物质的俘虏。道家以老子为首，《道德经》所讲的道德是高一层次，使人不滞着于人与人之间的争执。“夫唯不争，故天下莫能与之争。”故儒家者流亦奉其书为圭臬，郭店楚简出土的儒家遗著，大家认为可能出于《子思子》、公孙尼子。同墓所出简册，亦有《道德经》的精选写本。刘向父亲刘德常持《老子》知足之计，向亦著讲《老子》四篇，惜已失传，可见前贤兼治孔、老，这是老氏书必列入经的主要理由。

希腊辩师（sophists）对古典的解释，认为历史是“修辞学”的一分支学科，似有他的道理。吾国人以“文”为“史”，历史作为文学中的一门类，《文心雕龙》所以特辟《史传》篇，所谓“言之无文，行之不远”。必懂得行文的义法，然后可了然前贤立言的要恉。换句话说，必懂得修辞的法则，然后可以言文。经学的重建，是我们推进精神文明建设的基础工作之一。

古经典旧本子的出现与整理，是弘扬我们的民族精神和先进文化的光辉，培养我们对过去知识的新的理解。我们对古先文献不是不加一字地不给以批判，而是要推陈出新，与现代接轨，把保留在历史记忆中前人生命点滴宝贵经历的膏腴，给以新的诠释。

西方的文艺复兴运动是对古典的新发掘与认识，从古代文明的研究，为人类知识引起极大的启迪，像对近东的楔形文和埃及象形文、俗体字的辨认，考古工作对人文主义发挥出决定性的作用，古文明研究的扩大，使人们对整个世界的看法有崭新的认知，添加了进一步对历史文化的洞察力。反观吾国近半世纪以来地下出土文物丰富的总和，比较西方文艺复兴以来考古所得的成绩，可相匹敌。令人感觉到有另外一个地下的中国——一个历史古文化充满新鲜感、富有刺激性的古国。事实上，中国已成为世界国家的一个环节，在全球性的总的考察之下，中国的考古、古文明研究的事业，亦和世界分不开，如果自己不做，亦有人家为之越俎代庖，所以我们不能不急起直追。近时北京大学出版社有《十三经注疏》新校点本的印行，集合多位专家，历时五载，进行了精密的校勘工作，撰写新的校勘记二十馀万条，超过阮元的旧刻本。这正说明北大同人对经学的重视和关心，同时也对经学研究做出新的贡献。

欧洲文艺复兴是人文主义的产儿，过去学人，无不重视。蒋方震写有专著，请梁启超作序，梁氏奋笔为之，取清代经学，与之互相比较，一写就十几万字，成为另一部新书——《清代学术概论》。清代经学的成就，在方法与考证当然有它独到的成绩，但他们研究的对象，仍然是旧的材料，周仍旧邦，难以维新，和今天出土林林总总的文物，万万不能相比。

20 世纪 60 年代，我的好友法国戴密微（Paul Demiéville）先生多次告诉我，他很后悔花去太多精力于佛学，他发觉中国文学资产的丰富，世界上罕有可与伦比，但中国人不一定知悉。当前是科技带头的时代，人文科学更增加它的重任，到底操纵物质的还是人，“人”的学问和“物”的学问是同样重要的。我们应该好好去认识自己，自大与自贬都是不必要的，我们的价值判断似乎应该建立于“自觉”“自尊”“自信”三者结成的互联网之上，而以“求是”“求真”“求正”三大广阔目标的追求，去完成我们的任务。

在座的季羡林先生，多年以来倡导他的天人合一观。以我的浅陋，很想为季老的学说增加一小小注脚。我认为，“天人合一”不妨说成“天人互益”，一切的事业，要从益人而不损人的原则出发并以此为归宿，《阴符经》说：“天人合发，万变定机。”这是从消极的、不好的方面来讲。（“合发”是指“天发杀机，龙蛇起陆；人发杀机，天地反覆”。二者同时发生，天发是“公道”，人发是“私情”。）我讲互益，是从积极和好的方面来讲。马王堆《易》卦的排列，最后的巽宫，以益卦为结束全局，作为最后一卦。这与今本周《易》以既济、未济二卦作结不同，而异曲同工。以未济收场，表示保留“有馀”，这是中国文化一大特色。“益”，是积极而富建设性的观念。益卦初九爻辞说：“利用为大作，元吉，无咎。”上九的爻辞说：“立心勿恒，凶。”我们如果要大展鸿猷，不是光说说而已，而是要展开“大作为”，这样或许可以达到像苏诗说的“天人争挽留”的境界，是天与人所要共同争取的。经书里面，许多精义对现代人还是有极大的启迪的！谢谢各位。

2001年11月2日

天神观与道德思想

本文是一种尝试，题目虽然是“天神观与道德思想”，但讨论牵涉所及，相当广泛，可能是中国古代思想史上“从宗教到哲学”（from religion to philosophy）的主要问题。过去探讨西方思想的起源（origion of western speculation）权威的著述，像 F. M. Cornford 的著作，从希腊文献中片段的记录，整理出一条线索，指出西方思想上科学的（scientific）与神秘的（mystical）两个传统，和自然、神、灵魂几个重要观念的来历，可给我们作为借镜。他的书中，有时谈到中国的阴阳资料，可惜只限于 De Groot，*Religion of the Chinese*（New York，1910）一书，可以说完全没有用处。我们现在研究这一方面的问题，有时亦不得不借取一些西方的资料来作比较。对于某种抽象问题，易于明了和掌握到重点，在采用上必须比较谨慎。同时，本国方面的文献，尤其是经典的材料，鉴于过去一些学人往往有断章取义的毛病，本文对于原文语义上的了解，力求其妥当，尽量避免误解，像引用《尚书》《左传》上的文字，每拈一义，必求其在上下文理得到贯串，经过多次反复斟酌，才确定它的含义。因此，一些材料有许多说明和看法，都和过去不同，这一写作态度，应该事先加以说明的。

西方道德起源的问题，像命运（destiny）和法则（law）的关联性，一般研究的结果，以希腊人思想为例，可追溯到泰利士（Thales）的水为万物源之说。“水中有灵，神无不在。”已提出上帝（God）或精神（spirit）、灵魂（soul）两个观念[1]，按《管子·水地》篇已说：“水者

① 原文英译大意：The ultimate “nature” of all things is water，and that the universe is alive—has soul in it—and is full of spirits or gods.（F. M. Cornford，*From Religion to Philosophy*，p. 4.）

何也？万物之本原也。”《水经注》郦道元序，认为水为物先。又引（郭□）《玄中记》：“水之为物，泽合灵宇，神莫与并。”其说可相比方。

希腊第一位宗教诗人 Hesiod 屡屡言及“自然是道德的”（Nature is moral）。他告诉我们，为善则受福利，为恶必获天谴的道理。Oedipus 的乱伦，终受到巨大的灾害。民之失德，天降荼毒。① 古代希腊哲人的信念，认为“天秩”正是一个道德规范。② 这和我国古代“天道福善祸淫”（《汤诰》）的思想，是非常接近的。

在吾国，德字已在殷代文献中出现。《书·盘庚》说：“肆上帝将复我高祖之德，乱越我家。”“高祖”是指成汤而言；祖德的恢复，是出于上帝的意旨与力量，可见当时已认识德和天帝的坚强联系。这种道德与天神结合的观念，发轫于很早的时期了。

一、帝与天神崇拜的起源

至高无上谓之天。人既有知识，举目所见，莫大于天，因而发生敬天思想。对于天的敬畏，是出于自然的。东西各地之上世宗教，莫不以拜天为共同信仰。③ 殷代卜辞所见帝字极多，皆指天帝而言。帝赋有全能，日月星辰、风云雷雨，都出于帝的命令；至于水旱丰歉，亦由帝所控制。帝是殷代最高的统一至神，可说当时已有很具体的神明思想。《商颂·玄鸟》：“古帝命武汤，正域彼四方。”这里的帝，自然指天帝而言。王位的更替，亦由帝的命令所指使；人间世的政治和自然界一

---

① All nature is poisoned by the offence of man.（F. M. Cornford, *From Religion to Philosophy*, p. 5.）

② Order of nature is a moral order.（同前，p. 6）

③ 文廷式《纯常子枝语》二十八（页 21）：“东西各邦宗教，上世同以拜天为宗旨。”文氏又云：“人生既有知识，则举目所见，莫大于天。即使不出一源，而敬天祭之，必无异议。”

样，都要本着帝的命令来决定的。[①]

卜辞所见风云，有时亦加以帝号。如云称帝云[②]，风称帝风或帝史（使）风[③]。“帝”同时是祭名；帝祭四方谓之“方帝”[④]。帝是最高的神明（super god），抚有四方。殷人祭于四方的风神，亦举行“帝祭”。可见殷卜辞的最高天神是“帝”。帝的威力左右人间的祸福。自然界在气象上的变化和农作物的丰歉，都可由帝的命令来决定。帝是负有保护和破坏二方面的职能的。

卜辞所见诸殷王，像高祖王亥，但称为王。到了后期才有文武帝、文武帝乙（陕西周原近出卜甲）、帝辛等号。卜辞中称上帝的，只有下列诸条：

> 卜争□上帝降莫。[⑤]（武丁卜辞）
> 兄……（贞）上帝……出。[⑥]（庚甲卜辞）
> 亩（惟）五鼓上帝，若。王〔受〕又二。[⑦]（廪康卜辞）

有称“王帝”的，见于祖庚、祖甲卜辞：

> □□壬卜曰：兹下若，丝⿰于王帝。[⑧]（庚甲卜辞）
> 贞：隹王帝人不若。
> ……爯王帝，今曰……[⑨]（廪康卜辞）

帝在第二、三期的卜辞中，已由天帝转移到人帝身上，因而出现了

---

① E. O. James《史前宗教》中 Sky-religion 章，页 204—227。

② “贞帝于帝云。”见《续》二，四，一。

③ “辛未卜帝风不用雨。”见《佚》二二七。“帝史（使）风。”见《通》三九八。

④ “方帝”见《前》七，一，一；《前》四，一七，五。

⑤ 《南·师》一，三一；续存上一六八。

⑥ 《后》上二八，一四；《通》三六八。

⑦ 《甲》一一六四。

⑧ 《续存》上一五九四。

⑨ 《续》四，三四，八；《南·诚》七五；《宁沪》一，五一五。

"王帝"一名。

"天"的观念在甲骨文中所见，没有"帝"的地位那么重要。有人统计"天"字，在卜辞中出现很少，以证"天"的地位之提高，乃出于周人，有如罗马之以 Jupiter 代替希腊之 Zeus。[①] 殷代后期像武乙之射天，为偶人谓之天神，仰而射之。[②] 似乎可以作为对"天"轻蔑的旁证。虽然周人对天的崇拜加强，但对上帝的观念并没有贬低。西周文献中，上帝与天有时可以换位，师訇毁"肆皇帝亡哭，临保我氒雩四方"句，毛公鼎作"肆皇天亡哭"；《文侯之命》："惟时上帝集厥命于文王。"而毛公鼎云："惟天𦣞集厥命。"一作"上帝集命"，而一作"天集厥命"。周人仍祀上帝；武王时器天亡毁云："事喜上帝。"昭王时㝬钟："隹皇上帝百神，保余小子朕猷，有成亡竞。我隹司配皇天王。"同一器铭中"皇上帝"与"皇天王"同时出现。而周公毁铭云："克奔走上下帝。"上下帝应该是指天上的上帝和地下的王帝。其他乐器像犹钟说："先王其严，在帝左右。"郐王义楚鍴云："用亯于皇天及我文考。"文考配天，可以在天帝的左右，所以上下帝都是人们奔走祭享的对象。天帝和王帝合起来便是上下帝。周器有"上下帝"的称谓，可见他们并不是把"天"来代替"帝"。在西周人的观念里，帝与上帝支配着人们，地位仍是非常重要。不特彝铭所见如此，周初诰命所见帝庭、上帝命、上帝耿命、皇天上帝、敬事上帝、上帝监民一类的词句，层见叠出。[③]《康诰》说出由于文王修西土，冒闻于上帝，所以上帝降休，天乃大命文王，殪戎殷诞受厥命。《立政》述成汤陟大釐上帝之耿命，后来帝降罚之，乃以周式商受命。朝代的更迭，都是秉承着上帝的

---

① H. G. Creel 即持此说，见 *The Origins of Statecraft in China*。黄俊杰译《天神的源流》(载《大陆杂志》四五，四)。

② 《殷本纪》记帝武乙无道，为偶人谓之天神，与之博，令人为行。天神不胜，乃僇辱之。为革囊盛血，卬而射之，命曰射天。Granet 曾揭举此一例，同样的情形，如达拉斯人，每逢闪电行雷，便含恨向天乱射，欲以箭使上帝服从。法国蒙田 Michel de Montaigne 在他的《散文集》中谓灵魂缺乏真正对象时，把情感附托在假的对象之上，便拿这个道理来解释。

③ 参见本文附录一：《周初诰命所见"上帝"表》。

意旨。从周初文诰上所见“上帝”告诫的情形来看，周人立国，并没有对最上神的“帝”加以蔑视，可以断言。上帝和天，在后来儒家经典注释者都认为“上帝者，天之别名也”。这一说法是没有问题的。[①]陕西临潼县新出西周最早武王时器的利簋上说：“珷征商，隹甲子朝，岁鼎（贞）克闻，夙有商。”“克闻，夙有商”一句，和《康诰》的“冒闻于上帝……歼戎殷”意思很是相近的。伐商之举，为上帝所闻知，故甲子一战，遂很早得有商地。歼戎殷正由于上帝的命令。可见周人秉承上帝的情形，上帝和天二者并无轩轾于其间。

二、殷周文字中所见的“德”

“德”字原已见于殷卜辞。新订本《甲骨文编》重定“”及“”为德字[②]，盖据罗振玉说，谓借为得失字。甲骨刻辞所见习语像“㞢（有）德”[③]，“亡德”[④]，读为有得、亡得，似无不可。卜辞如“庚辰卜王贞，朕德㫄。六月”[⑤]，这德字从行；㫄字下从方，可以释为旁字[⑥]，旁义为“溥”（《说文》）、为“大”（《广雅》），此辞读为“朕德溥”，亦自可通。

《盘庚》三篇，屡见“德”字，如荒德、爽德、凶德，皆违背德的反面语；而实德、积德、敷民德，则是对“德”的肯定；又说上帝将恢复高祖之德，把德推到先王之上，显然和周人的恒言“型先文祖共明德”一类辞句正是衔接的。而《高宗肜日》言“若德”、“正厥德”和盂鼎的“正德”，毛公鼎的“先王若德”，亦是同样的成语。德的观念

① 帝与天同义同用说，参池田末利氏《释帝与天》。《封禅书》裴骃《集解》引郑（玄）《孝经注》：“上帝者，天之别名也。”

② 新《甲骨文编》，页74。

③ 《屯乙》九〇七。

④ 《屯乙》三七五。

⑤ 《屯甲》二三〇四。

⑥ 《说文》古文旁字有作的。

在殷代应该出现，我们实在没理由加以否认的。

“德”字在西周金文中，重器如克鼎、盂鼎、班毁均已见之，在西周初期，“德”字亦使用作人名。成王时器皿德鼎，形制庞大，其中三件镌着周王对德赐贝的铭文，一件是对叔德的赏赐。德和叔德，可能是同一人。如周公旦亦称叔旦，叔德正以“德”为名，可以反映周初对德观念的重视。

西周经典，每每以“德”叮咛地儆戒人们，《康诰》《召诰》《君奭》《立政》诸篇①，言之再四。而金文所见德字②，尤不一而足，其间套语、惯语与经典可以互证，有如下列：

	经典	彝铭
中德	《酒诰》：“作稽中德。”	蔡侯钟
元德	《酒诰》：“兹亦惟天若元德。”	番生毁、历鼎
经德	《酒诰》：“经德秉哲。”	者沪钟（作“濉德”）、陈曼簠
敬德	《召诰》《无逸》《君奭》	班毁
秉德	《君奭》	善鼎、伯㦰毁、晋公簠
明德	《多方》《梓材》《文侯之命》	叔向毁、大克鼎、秦公毁、虢叔钟

由上可见“秉明德”一成语，在周的旧疆到春秋时仍很盛行，虢国、秦国、晋国都习用之，秉承先王的明德，一点也不敢荒宁懈怠。至“穆穆秉德”一惯语，则已见西周邢人妄钟了。

齐、徐器上“政德”一词，则因袭盂鼎的“玟王正德”，政即是正。《晋姜》称“⺀雍明德”，和盂鼎的“敬雍德”当有关系，雍是和的意思。“⺀德”，越钟作“濉德”，陈簠作“经德”，即是常德，“濉”为⺀的繁体，《左传·哀公二年》之“经德义”，《孟子·尽心》之“经

① 参见本文附录二：《商、周〈书〉所见“德”字摘录表》。

② 参见本文附录三：《金文“德”字表一、二》。

德不回”，“经德”二字，有其长远的来历。嗣子壶的“屯德”出伯㦰毁的“前文人秉德共屯（恭纯）”。屯德，即是纯德，即《诗》所云“文王之德之纯”也。

三、畏天威与敬德观念的确立

敬和德二字联成一词，屡见于《周书》。《召诰》：“呜呼！天亦哀于四方民，其眷命用懋，王其疾敬德。……王先服殷御事，比介于我有周御事。节性，惟日其迈。王敬作所，不可不敬德。……唯不敬厥德，乃早坠厥命。……王乃初服。呜呼！若生子，罔不在厥初生，自贻哲命，今天其命哲、命吉凶、命历年。知今我初服，宅新邑，肆惟王其疾敬德。王其德之用，祈天永命。”《无逸》：“呜呼！厥亦惟我周太王王季，克自抑畏。文王卑服，即康功田功。徽柔懿恭，怀保小民，惠鲜鳏寡。……自殷王中宗，及高宗、及祖甲、及我周文王，兹四人迪哲……则皇自敬德。”《君奭》：“其汝克敬德，明我俊民在让，后人于丕时。”西周班毁：“隹民亡偕，才（在）彝。杰（昧）天令（命），故亡。允才（哉）显唯敬德，亡逌（攸）远。”这些都是周人的名言。昧天命则可招致灭亡，故必保持敬德。

大盂鼎：“今余隹令女盂，邵燮敬雝（雍）德，圣敏，朝夕入（纳）谏（谏），亯（骏）奔走，畏天畏（威）。”则称“敬雍德”；雍，和也。毛公鼎：“女毋敢家（坠）在乃服，圈夙夕，吱（敬）念王畏（威），不赐。”《周书·顾命》：“在后之侗，敬迓天威，嗣守文、武大训，无敢昏逾。”这里则云“敬念王威”“敬迓天威”。建立王威，是必须敬畏天威的。

董仲舒《对策》尝说道：“天人相与之际，甚可畏也。”《春秋纬》亦云：“天之与人昭昭著明，甚可畏也。”汉代天人相与之说十分发达，这种“畏天”的思想，萌芽甚早，《诗》《书》及金文所见，材料尤多。《雅》《颂》中言及畏天的，如：

昊天疾威。……如何昊天……胡不相畏，不畏于天。(《小

雅·雨无正》)

旻天疾威，敷于下土。(《小旻》)

旻天已威，子慎无罪。(《巧言》)

不愧于人，不畏于天。(《何人斯》)

我其夙夜，畏天之威，于时保之。(《周颂·我将》)

西周训诰，上天降威之语，尤不一而足。现摘录如下：

今我民罔弗欲丧，曰：天曷不降威；大命不挚，今王其如台。(《西伯·戡黎》)

予不敢闭于天降威。用宁王遗我大宝龟，绍天明。……天降威，知我国有疵，民不康。(《大诰》)

惟天降命，肇我民，惟元祀。天降威，我民用大乱丧德，亦罔非酒惟行。(《酒诰》)

我有周佑命，将天明威，致王罚，敕殷命终于帝。……惟我下民秉为，惟天明畏。(《多士》)

我亦不敢宁于上帝命，弗永远念天威越我民；罔尤违，惟人。……有殷嗣天灭威……后暨武王，诞将天威，咸刘厥敌。……告汝，朕允保奭，其汝克敬，以予监于殷，丧大否，肆念我天威。(《君奭》)

天惟求尔多方，大动以威，开厥顾天。(《多方》)

简孚有众，惟貌有稽，无简不听，具严天威。……今天相民，作配在下。……永畏惟罚，非天不中，惟人在命。天罚不极，庶民罔有令政在于天下。(《吕刑》)

汉人认为“敬”是殷教，《白虎通·三教》篇云：“殷人之王教以敬，其失鬼，救鬼之失莫如文，周人之王教以文。”又云：“殷人教以敬，故先祭器，敬之至也。”《殷本纪》引《汤征》：“汤曰：汝不能敬命，余大罚，殛之，无有攸赦，作《汤征》。”以敬为殷教，似亦非无所本。《周本纪》记武王入纣宫，尹佚策祝曰：“殷之末孙季纣，殄废先王明德，侮蔑神祇不祀，昏暴商邑百姓，其章显闻于天皇上帝。”一本作“皇天上帝”，《逸周书·克殷解》作“昊天上帝”。此时“天”与上帝结合为一。废除明德被列为纣的大罪，《墨子·非乐上》引汤之官刑，尹佚责殷：“上帝弗常，九有以亡；上帝不顺，降之百殃。”九有的意思，正如九州、九县①，指的是天下。《墨子》所引如果真出于殷人的刑书，则上帝对有国者的惩戒，早已著之殷人的简册了。

《大戴礼·武王践祚》谓黄帝、颛顼之道，在于丹书，引道书之言云：“敬胜怠者吉，怠胜敬者灭；义胜欲者从，欲胜义者凶。”《尚书纬·帝命验》云：“季秋之甲子，赤爵衔丹书入于丰，止于（姬）昌户，其书曰：敬胜怠者吉云云。”又见《六韬·明传》篇，可见“敬”一词来源之远。《楚语》：“敬恭明神，以为之祝……天地……各司其序，不相乱也。民是以能有忠信，神是以能有明德。民神异业，敬而不渎。”民之主敬，所以与神保持距离。至“远乎鬼神”，而仍须持敬。若《论语》云：“务民之义，敬鬼神而远之。”即其明证。《楚缯书》云：“毋弗或敬，隹天作福，神则各之；隹天作夭（祆），神则惠之，□敬隹備，天像是恻。成为天□，下民之戚，敬之毋戈（忒）。”其告诫尤为殷切，是知“敬”之观念，与事神有莫大关系。

《诗》大序：“成孝敬。”孝与敬二者相对为文。敬与祭祀关系之深，在《礼记》亦有明文。《祭义》云：“（祭）烦则不敬。”《祭统》云：“天子、诸侯，莫非耕也；王后、夫人，莫非蚕也。……身致其诚信，诚信之谓尽。尽之谓敬，敬尽然后可以事神明，此祭之道也。”又云：“天子藉千亩，妇缫丝养牲为祀，以祭先王、先公。”《乡饮酒义》：“圣立而将之以敬曰礼，礼以体长幼曰德。德也者，得于身也。”以得训德，以敬德为礼的基本。

周人的克殷，正是一股新势力，有如波斯之灭巴比伦；周人有他们立国的新观念，“敬德”便是把殷教推进了一步。“敬”是对“天”的尊崇，而德为立人的本体，敬是畏天威的表现，盛德是完美的威仪，亦

① 参见范晔《光武纪赞》。

是效法于天帝的。班固在《典引》上说：“洋洋若德，帝者之上仪。”虽语出自汉人，其义必远有所受，可无疑义。

《周颂》有《敬之》一篇云：“敬之敬之，天维显思，命不易哉！无曰高高在上，陟降厥士，日监在兹。”老天时时在看着人们的行动，不可不“敬之敬之”。《召诰》且言：“节性，惟日其迈。王敬作所，不可不敬德。”性是生之理，节制血气之性，而迈进于德。敬德须节其性，方有进德之日。召公再三垂诫，认为夏、殷二代因为“不敬厥德，乃早坠厥命”，“王其德之用，祈天永命”。故能敬则得天佑，否则遭殃。从《诗》《书》的资料看来，“敬德”是西周道德哲学的中心观念。

“敬”字的意义，根据《周书·谥法》，解作“夙夜警戒”的意思。《大学》引《汤之盘铭》：“苟日新，日日新，又日新。”清儒多说“苟日新”的“苟”字，即是《说文》训自急敕的苟[1]；金文盂鼎的，即是“敬”的省体，所以汤盘的“苟”即“敬”字。“苟日新”即“敬日新”。《说文》：“敬，肃也。”肃下云：“持事振敬也。”《释名》：“敬，警也；恒自肃警也。”“敬日新”即是日惟肃警，不敢纵逸之意。可知殷人本亦主敬。敬是旧义，周人更加强调起来。敬应当是在行动中保持警惕，所以敬亦作儆。《鲁语下》云：

> 夫民劳则思，思则善心生；逸则淫，淫则忘善，忘善则恶心生。沃土之民不材，淫也；瘠土之民莫不向义，劳也。是故天子大采朝日，与三公九卿，祖识地德，日中考政，与百官之政事，师尹惟旅、牧相宣序民事。少采夕月，与太史、司载纠虔天刑。日入监九御，使洁奉禘郊之粢盛，而后即安。诸侯朝修天子之业命，昼考其国职，夕省其典刑，夜儆百工，使无慆淫，而后即安。卿大夫朝考其职，昼讲其庶政，夕序其业，夜庀其家事，而后即安。士朝而受业，昼而讲贯，夕而习复，夜而计过无憾，而后即安。自庶人以下，明而动，晦而休，无日以怠。

---

① 参见孙志祖《读书脞录》；阮元《揅经堂续集·释苟》；陈立《释苟》；薛寿《学诂斋文集·释苟》；陈椝《经义纪闻·苟日新》条等。

这一席话出自鲁大夫公父文伯歜之母穆伯妻敬姜之口，为千古名言，可看作《无逸》篇的注脚。她解释朝日是要习（祖）知（识）地德，夕月是要共（纠）敬（虔）天刑（法）。据韦昭注“地德所以广生”：“言天子与公卿，因朝日以修阳政而习地德，因夕月以治阴教而纪天刑。日照昼，月照夜，各因其明以修其事。”大采朝日，服用五采，在春分举行；少采夕月，服用三采，在秋分举行。大采、少采的服色，向来有不同的说法，今不深论；但卜辞已见大采、小采之名①。敬姜所谓朝日识地德，日中考政；夕月敬天刑（法），此天子之事。而诸侯亦要昼考、夕省、夜儆，“惟日孳孳”，明动晦休，“自朝至于日中昃，不遑暇食”。这样勤劳认真的工作，即是《召诰》所谓“敬德”。是周人所提倡的勤劳的“敬”，和宋人主静的“敬”，实在是不相同的。

春秋很多名人对“敬”都有精警的解说，如云：

> 敬，德之聚也；能敬必有德，德以治民，君请用之。（臼季赞冀缺语，《左传·僖公三十三年》）

又每每把“礼”与“敬”对待为言，例如：

> 礼，国之干也；敬，礼之舆也；不敬则礼不行，礼不行则上下昏，何以长世？（内史过责晋侯受玉惰，《左传·僖公十一年》）

又：

> 礼，身之干也；敬，身之基也。（孟献子责郤锜不敬语，《左传·成公十三年》）

不敬便是惰。（《说文》：“惰，不敬也。”）周人认为不但对上要敬，对下亦要敬，所以说：

---

① 《小屯》乙编一二：“大采日，各云自北。”又一六：“大采雨自北征……”《佚》二七六：“今日小采，允大雨。”可证。大采、小采乃春、秋分行朝日、夕月之礼，而有云、雨，故记其异。

敬，民之主也；而弃之，何以承守！（穆叔论敬不可弃，《左传·襄公二十八年》）

敬是德的基础；人身以礼、敬为本，“无礼则身不立，不敬则身不安”（《汉书·五行志》颜师古注）。这些可说是对西周“敬德”的进一步的阐释。可见“敬”之为教，沾溉之远了。

四、天命说下的政治与道德之关联

“帝命”即是天命，帝王兴替即决定于天命。自周代殷以后，天命与王位遂成为密切的联系，于是有“受命说”之兴起。《召诰》云：“呜呼！皇天上帝，改厥元子兹大国殷之命。惟王受命，无疆惟休，亦无疆惟恤。呜呼！曷其奈何弗敬!”《大诰》：“矧曰其有能格知天命……敷贲。敷前人受命，兹不忘大功。……已！予惟小子，不敢替上帝命。天休于宁（文）王，兴我小邦周，宁王惟卜用，克绥受兹命。……爽邦由哲，亦惟十人迪知上帝命。……尔亦不知天命不易。……肆朕诞以尔东征。天命不僭，卜陈惟若兹。”三监及淮夷之叛，周公奉成王命东征，作此以申天命。这说明周所以应当代殷而有天下的道理，在《诗》《书》及彝器，屡见这种告诫之词。《酒诰》之“明大命于妹邦”，毛公鼎、单伯钟云“劳堇（勤）大命”，及“醽貉（恪）大命”，大命即是天命。《书·盘庚》云：“恪谨天命。”已成为一种套语。由于帝位的转移，故有“天命靡常，匪懈”之说，像“帝命不时”，“侯服于周，天命靡常”（《文王》），“天命匪解”（《周颂·桓》），“维天之命，於穆不已”（《诗·清庙》），见于《雅》《颂》，不一而足。至汉人更造为王者受命之论。班彪著《王命论》称汉高祖之兴有五因，东汉傅幹著《王命叙》[①]，论世祖之兴有四事，下至隋李德林作《天命论》，已是陈陈相因了。

“天命靡常”的道理，在春秋战国时有重要的发挥。《左传·僖公

---

① 傅燮子，入魏。文见《全后汉文》卷八一。

五年》宫之奇谏伐虢："臣闻之。鬼神非人实亲，惟德是依。"故《周书》曰："皇天无亲，惟德是辅。"杜注："《周书》，《逸书》。"屈原作《离骚》，有云："皇天无私阿兮，览民德焉错辅。夫惟圣哲以茂行兮，苟得用此下土。"王逸谓："皇天神明，无所私阿。观万民中有道德者，因置以为君，使贤能辅佐以成其志。"是惟有德者乃能奄有天下。《康诰》警告小子封曰："惟命不于常，汝念哉！无我殄。"故必须践德，乃克获天之助。人主承受天命，是因为他有德，而且还不懈地去实行，故天与之助力。班𣪘言："惟民之诰，在彝。""在彝"一语，可以《诗·大雅·烝民》"民之秉彝，好是懿德"解之。彝是"常"，所谓"彝伦攸叙"（《洪范》），是道德的秩序。此彝德不特人主为然，一般臣民亦应该具有之。不敬的结果，是"弃命而取祸"，即失去他受到天地生育的和气，而不能定命。《左传·成公十三年》刘康公对成子受脤于社之不敬行为，且有一段议论云："吾闻之：民受天地之中以生，所谓命也，是以有动作礼义威仪之则，以定命也。能者养之以福，不能者败以取祸。是故君子勤礼，小人尽力，勤礼莫如致敬，尽力莫如敦笃。敬在养神，笃在守业。国之大事，在祀与戎；祀有执膰，戎有受脤，神之大节也。今成子惰，弃其命矣，其不反乎！"刘康公所说"民受天地之中以生"，即是所谓"命"。"中"即《书·汤诰》"降衷有恒性之衷"，《广雅·释诂》："衷，善也。"[①] 定命的条件，是行为上动作威仪之则。所谓"则"，亦是《大雅》"天生烝民，有物有则"之则，可说是人的纪律。在君子方面，要勤礼去致敬以养神。养神的任务便是祭祀，这是国之大事的一端。《后汉书》荀爽对策："昔者圣人建天地之中而谓之礼，所以兴福祥之本，而止祸乱之源也。"荀氏用《左传》此文而说"天地之中而谓之礼"。致敬在于养神，可见敬是本于祭祀，此其所以为礼也，不敬即惰，成子惰，故有弃"命"之讥。

"定命"一词，原见于《诗》。《抑》云："有觉德行，四国顺之。讦谟定命，远犹辰告。敬慎威仪，维民之则。"刘康公说"动作礼义威

① 王念孙说。参见《春秋左氏传旧注疏证》，页884。

仪之则”以“定命”，《抑》诗言远大谟略以定命，亦必本于敬慎威仪，然后可为民之楷则，意思是相承的。

春秋以来，“天命观”每每从政治转移到道德行为方面。《穀梁传》云：“人之于天也，以道受命；于人也，以言受命。不若（顺）于道者，天绝之也；不若（顺）于言者，人绝之也。臣子大受命。”（《庄公元年》）《穀梁传》提出对于天则用“道”来受命，于人则用“言”来受命。“道”与“言”的重要性，正是贯彻“命”的两种工具，这是很新鲜的说法了。把“命”的含义从“天”扩展到“人事”和“言辞”方面来，这是进一步的发挥。古有“受命”之礼，《周礼·大宗伯》云：“王命诸侯则傧之，是来受命。”故人臣以受命之礼为重大之事，王命有如天命，不可轻怠视之。不顺于道，则天绝之；不顺于言，则人绝之。天以道天命，故天道是绝对的。吴王阖庐之被弑，吴季札至曰：“苟先君无废祀，民人无废主，社稷有奉，国家无倾，乃吾君也，吾谁敢怨？哀死生事，以待天命。”（《左传·昭公二十七年》）处大难之中，既非人力所能为，乃抱一种安命无怨的态度。后来《中庸》引孔子言：“居易以俟命，无入而不自得。”居易是处常，和季札居危的情形正相反，但期待“命运”的决定则是相同的。邾文公卜迁于绎，其史曰：“利于民而不利于君。”邾子曰：“苟利于民，孤之利也。天生民而树之君以利之也；民既利矣，孤必与焉。”左右曰：“命可长也，君何弗也？”邾子曰：“命在养民；死之短长，时也。民苟利矣，迁也，吉莫如之。”（《左传·文公十三年》）杜注：“文公以百姓之命为主，百姓之命乃传世无穷。”邾子不理对己之不利，认为一己之命不足计较，而养民实为天命之所在，能舍私命而求大命，可谓真能知命者。后来孔子因言“知天命”，“乐天知命故不忧”，而孟子亦言：“夭寿不贰，修身以俟之，所以立命。”己命之修短不足计较，但修身以待之，则兼有季札、邾子之精神。这是春秋时人对于命的理论，因举二事，以见其对儒家思想影响之一斑。

命运观念，希腊人谓之 moira。在古诗人荷马（Homer）史诗所述，天神乃要受到命运（destiny）的决定（moira above the God），而命运仍旧是要依据道德的（moira as moral），命运是超越于众神能力之上的，神的行为如果犯了错误，连 Zeus 也不能违反命运规定，亦要受到道德制裁的。

希腊在多神教孕育之下，其命运思想，是作为限制所有无论神、人之个体力量的、负有道德任务的法令①。在吾国铜器彝铭所见天命的词句，像“劳勤大命”“醽恪大命”“惠弘天命”等，如昧天命，则招致灭亡。叮咛再四，充分表示一由上天确定的命运是绝对的，是出于上帝意旨而不可侵犯的。希腊人以多神立教，神与神之间尚有矛盾与斗争，而殷、周之际，早已形成泛神，甚至超神的意识。上帝、皇上帝、皇天神、皇天上帝等名称，都是一神的尊号，而“天”无异即上帝的别名。在发挥天命的力量，更富有权威，而天帝与道德配合起来，更为巩固而有意义。

《诗·周颂》：“维天之命，於穆不已；於乎不显，文王之德之纯。假以溢我，我其收之；骏惠我文王，曾孙笃之。”《毛传》引孟仲子曰：“大哉天命之无极，而美周之礼也。”《笺》云：“天之道，於乎美哉！”训穆为美，《毛传》训纯大。《笺》云：“纯，亦不已也。溢，盈溢之言也。於乎不光明与！文王之施德，教之无倦已，美其与天同功也。以嘉美之道，饶衍与我，我其聚敛之，以制法度，以大顺我文王之意，谓为《周礼》六官之职也。”“纯德”金文作“屯德”，善鼎及伯㦰簋俱云：“虒（效）前文人秉德共屯。”其语略同“於穆”，见于金文，亦重言穆穆，或释穆为深奥（profound），谓天道深不可测，于义亦通。此颂的主要意义正在把天命与纯德紧扣起来。新出土周共王器的师訇鼎云：“臣朕皇考穆穆王，用乃孔德□屯（纯），乃用恖弘正乃辟安德。”又有“孔德”及“安德”二词，德字在铜器出现十分多，原因是古代“赐祭器，正所以章有德”呢！②

---

① Moira as an ordiance which limits all individual power, whether human or divine; and moreover, that this ordiance is even more a decree of moral obligation. (F. M. Cornford, *From Religion to Philosophy*, p. 14)

② 《史记·卫世家》：“成王举康叔为周寇，赐卫宝祭器，以章有德。”

五、作《易》之忧患心理与修德的建立

人类宗教的产生，源于对自然物的恐惧、惊异和失望，在心理上需要安慰与寄托，故宗教生于情，而学术出于智。宗教最普遍的意义是信仰。例如对于天象的敬畏，和人事的怵惕戒惧，都是这种心理的表现。《文中子·周公》篇云："《易》之忧患，业业焉、孜孜焉，其畏天悯人，思及时而动乎？"这数语颇能道出作《易》的精神。《易·卦·系辞》之制作，说者谓出于文王。孔氏《周易正义》第四《论卦爻辞谁作》下云：

> 其《周易·系辞》凡有二说：一说所以《卦辞》《爻辞》，并是文王所作。知者，案《系辞》云："《易》之兴也，其于中古乎？作《易》者其有忧患乎？"又曰："《易》之兴也，其当殷之末世，周之盛德耶？当文王与纣之事耶？"史迁云："文王囚而演《易》。"即是作《易》者其有忧患乎？……二以为验《爻辞》多是文王后事……《左传》韩宣子适鲁，见《易》象云："吾乃知周公之德。"周公被流言之谤，亦得为忧患也。

无论其辞作者为文王抑或周王，都是生于忧患而著文垂训。孔《疏》云："若无忧患，何思何虑？不须营作。""身既患忧，须垂法示于后，以防忧患之事，故《系》之文辞，明其失得与吉凶也。"故《系辞》下云：

> 《易》之为书，不可远为道也。……唯变所适。其出入以度，外内使知惧。又明于忧患与故。无有师保，如临父母。

外内使知惧，所以朝夕警惕，以求无过。《系辞》又云："子曰：危者，安其位者也；亡者，保其存者也；乱者，有其治者也，是故君子安而不忘危，存而不忘亡，治而不忘乱，是以身安而国家可保也。《易》曰：其亡其亡，系于苞桑。"六十四卦都是修德防患的事，《系辞传》于"作《易》者其有忧患"句下，列举九个基本卦，皆以修德

为主：

履	德之基	和行
谦	德之柄	制礼
复	德之本	自知
恒	德之固	一德
损	德之修	远害
益	德之裕	兴利
困	德之辨	寡怨
井	德之地	辨义
巽	德之制	行权

这九卦卦义可以修德避患，故特指出，明为德之所用。《周语》芮良夫曰："夫王人者，使神人百物无不得其极（正），犹曰怵惕，惧怨之来也。"曰怵惕者，《易·乾卦·九三爻辞》云："君子终日乾乾，夕惕若厉，无咎。"《疏》谓："君子在忧危之地，故终日乾乾，言每恒终竟此日，健健自强，勉力不有止息。夕惕者，谓终竟此日，后至向夕之时，犹怀忧惕。"这种怵惕的心理，正在养成"临事而惧"的好习惯。读《易》可以无过，必须保持内外使知惧之心，故能免咎。周公在《大诰》警告幼冲人应该"永思艰"，成为永久的敕戒。

文中子言《易》有畏天悯人之心，畏天之降灾，致罚于人，故修德以防患。先忧而后乐，这种忧患心理，富有宗教情绪，但并非对神发生恐惧。S. Kierkegaard 著 *The Concept of Dread*，说明带着原罪（original sin）的人类，对天灾的残酷，在上帝面前怖慄地忏悔，中国古代无"原罪"的意识，故《易传》的忧患心理与 dread 之心，有很大的距离。

《震》卦是重雷，为十分惊怖的天象，故云："君子以恐惧修省。"不止恐惧，而是因恐惧而自我修省。《既济》为已渡到彼岸，但始终不认为满足，其《象辞》仍云："君子以思患而豫防之。"对于防患，始终不渝，这才是《易》的忧患心理。

《易》象的作者，在解释各卦时，屡屡以"德"为言，如《坤》象云："以厚德载物。"《蒙》象云："以果行育德。"《小畜》象云："以懿文德。"《否》象云："以俭德辟难。"《豫》象云："以作乐崇德。"《蛊》象云："以振民育德。"《大畜》象云："以多识前言德行，以畜其德。"《坎》象云："以常德行习教事。"《晋》象云："以自昭明德。"《蹇》象云："以反身修德。"《夬》象云："以施禄及下，居德则忌。"《升》象云："以顺德积小以高大。"《渐》象云："以居贤德善俗。"《节》象云："以制数度议德行。"六十四卦的《象辞》中有十四卦提到德字，大抵以进德、积德为主，在不好的卦象，则意存警惕。《否》之俭德，《坎》之常德，《蹇》之修德，《节》之议德皆是。

《乾·文言》论乾，元、亨、利、贞为四德。"四德"之名，见于《左传·襄公九年》，史官解说穆姜筮得《艮》之随☳卦，谓穆姜"而与于乱，固在下位。而有不仁，不可谓元；不靖国家，不可谓亨；作而害身，不可谓利；弃位而姣，不可谓贞。有四德者，随而无咎；我皆无之，岂随也哉！"由其取恶，不能无咎，称元、亨、利、贞为四德，春秋时人已有此说。至于《乾卦》各爻的层次，《初九》保其龙德，《九二》言"德博而化"，《九三》言"忠信进德"，《九四》言"进德修业欲及时"，处处以德为主题，故云："君子以成德为行，日可见之行也。"君子之成就在乎德行。《易·十翼》的作者结合"德"义来发挥《易》的真谛，以建立《易》的道德学。

六、时义思想的形成

"时"的观念，在周《易》中有极重要的地位。《乾·彖》言："六位时成。"六爻构成的层次，代表着不同的时会。《彖辞》上每说："时之义大矣哉！"又如《既济·九五》爻，象曰："东邻杀牛，不如西邻之时也。"王弼注："在于合时，不在于丰也。"所以时有"合时"之义。如何才能合时，是要"先天而天弗违，后天而奉天时"，"与四时合其序"。当然须依天行的规则来进行。

古者"日中为市，致天下之民，聚天下之货，交易而退，各得其所”（《系辞传》），故“日中”是一日中最重要的时间。《丰》的卦辞说：“丰亨，王假之，勿忧，宜日中。”王之所至，以日中为宜。《礼记·祭义》郑注：“殷人大事以日中。”《书·无逸》说：“自朝至于日中、昃，不遑暇食。”周公自晨、午、昏，连吃饭都没有充分的时间，想见忙碌之至。殷代卜辞又作“中日”，如“中日至郭兮（曦）啓”。（《林》五四七）“中日至昃，其雨。”（《掇》，三九四）《墨子·经说》：“日中，缶（正）南也。”日中这一时刻，是太阳当值正南的时候，故被认作一日的中间定点。

“民之大事在农”（《周语》），故《尧典》以“敬授民时”为重。希腊希西阿（Hesiodos）著《工作与时令》，为 Boeotia 朴实农人之实地工作与日常生活的写照。在吾国则有《月令》及《夏小正》一类之书。

甲骨文旹字，说者谓为“之日”合文。《说文》：“古文时，从之日。”经典“时”字，除指 time 者外，尚有与“是”同用之例。《孟子》引：“夏谚：时日曷丧，予及汝偕亡。”时日即是日。《尧典》：“惟时柔远能迩。”“惟时懋哉。”《诗·文王》：“有周不显，帝命不时。”郑注：“时，是也。”《般》：“敷天之下，裒时之对，时周之命。”时均训是，可作指示代词之“此”用。惟时 = 惟是，则时又可作系词的“是”用。这种现象，近东亚述语（assyrian）在连接词，每以 cī 字用为 when, while。cī 正如汉语之“时”。希伯来的第五字母ה（Hē）用作指定冠词（definite article）之“the”，亦作疑问词，说者谓其与动词“be”（音 ha-iah）有关[①]。这一情形和中国的时字用为“是” = the 及 be，最为相似。

“时”由“之日”二字会意。“时”字用作“是”，在语法上具有冠词的 the（此）和系词的 be 两种重要意义，因其具有肯定及指示作用。《尚书·皋陶谟》云：“百僚师师，百工惟时。抚于五辰，庶绩其凝。”百官必依“时”去工作。《洪范》：“王省惟岁……岁月日时无易，

① 参见 Hugh A. Moran & David H. Kelley, *The Alphabet and the Ancient Calendar Signs*, p. 76。

百谷用成。……日月岁时既易，百谷用不成。”时间是不可改易的，宜顺其常，否则农事的收获便发生问题了。“时”一观念之所以重要，是与农事有密切关系。《周语》虢文公曰：“民之大事在农：上帝之粢盛于是乎出，民之蕃庶于是乎生，事之共给于是乎在。……是故稷为大官。古者大史顺时覛土……民用莫不震动，恪恭于农，修其疆畔，日服其镈，不解于时。”百姓是要“不懈于时”，而王者亦要“使民以时”。(《论语》)“时”有它的实际生活意义，儒家重视“时”的观念，其故在此。

孟子称孔子为“圣之时者也”(《万章下》)，以其“时行则行，时止则止”(赵岐注)，“可以速而速，可以久而久，可以处而处，可以仕而仕”。(《万章下》，又《公孙丑上》)一切因时制宜，无不得其正。赵《注》云：“孔子圣人，故能量时宜，动中权也。”赵说“量时宜，动中权”，即是孔子读《易》所体会到的“时中”的道理。孔、孟都言“权”，孔子云：“可与言，未可与权。”孟子云：“权然后知轻重。”又云：“执中无权，犹执一也。”《公羊传》论权最精：“古人之有权者，祭仲之权是也。权者何？权者反于经，然后有善者也。权之所设，舍死亡无所设。行权有道，自贬损以行权，不害人以行权。杀人以自生，亡人以自存，君子不为也。”《桓公十一年》权是“称”、是“秤”，所以别轻重，祭仲知“国为重君为轻”，牺牲一己以存国，故《春秋》美之。焦理堂云：“(《易》)《系辞传》云：‘巽以行权。’又云；‘巽称而隐。’又云：‘巽，德之制也。’称即是权，制即‘谦以制礼’之制。”焦氏又云：“盈则以反经为权；失道则以制礼辨义为权，用以自救其过。执一则害道，变通则道不穷。行权者，变而通之也。”(《易通释·权》)又焦氏释“时”云：“(《易》)于《随》赞云：‘天下随时于升。’赞云：‘柔以时升。’于《遁》赞云：‘刚当位而应与时行也。’于《无妄》赞云：‘茂对时育万物。’于《家人》之通。《解》则赞云：‘待时而动。’于《革》之通。《蒙》则赞云：‘以亨行时中。’于《蹇》之通。《睽》则两卦皆云：‘时用大矣哉！’可谓详矣。……凡称时用、时义各有所钩贯，非泛言也。《贲》传云：‘观乎天文，以察时变。’明

《贲》通《困》也。《丰》传云：‘天地盈虚，与时消息。’明《丰》通《涣》也。《经》举一隅，传已不惮遍举诸隅。而于《系辞传》总揭其义云：‘变通配四时，不烦言而决矣。’”（《易通释》）焦氏把《易传》上的“权”与“时”的含义，同以“变通”解释之，可谓得其肯要。所以了解《易经》的“时”义，需要配合“权”的道理，要懂得“变通”去衡量，以取得至当而中正，这是《大易》的至理。古代许多哲人莫不认识“时”的重要性。《孟子》引齐谚：“虽有镃基，不如待时。”范蠡亦讲究“随时”，他说：“夫圣人随时以行，是谓守时。天时不作，弗为人客；人事不起，弗为之始。今君王未盈而溢，未盛而骄，不劳而矜其功，天时不作，而先为人客；人事不起，而创为之始，此逆于天而不和于人。”（《国语·越语》）时机未到，而先时发动，自然要失败的。“随时以行，是谓守时。”说明“时”的把握在处事上非常重要，千万不能忽视的。

相反的，时运不来的，或两求亦莫能致；时际不合，则士有不遇之叹。屈原的“哀朕时之不当”，及“愿竢时乎吾将刈”，只能够期待，他只能够借文辞来发泄他的生不逢时的感慨，归之于命运的不偶。故辞赋家每每把“时”和“命”二者联结起来，称之曰“时命”。庄忌有《哀时命》之作，其辞云：“哀时命之不及古人兮，夫何与生之不遘时！”“不遘时”便是不合时宜的了。

C. N. Callahan 曾论西方古代哲学中“时”（time）有四义。Joseph Needham 著《时与东方人》（*Time & Eastern Man*）一文，对古代《墨经》、道家之论“时”诸观念，已有详细发挥。本文只就儒家渊源于《易》的“圣之时”一义与“时变”二者的不可分关系加以说明，他暂从略。《易》由卦爻所组成，王弼已说过：“卦以存时，爻以示变。”又云：“卦者，时也；爻者，适时之变者也。”（《易略例》）故知构成《易》体系基本元素的卦、爻，即代表着时与变的意义。

总之，“时”有“是”义，“是”引申为实（real）、为正（rightness）。时虽指 time，但已进而指示：此际此事之“是”，又为是非之“是”，可说是由 must be 而成为 ought to be，在这种情形下，“时”便发展为时中（timely mean），其意义已入于道德的范畴了。

附录一　周初诰命所见“上帝”表

《金縢》 乃命于帝庭，敷佑四方。

《大诰》 予惟小子，不敢替上帝命……爽邦由哲，亦惟十人，迪知上帝命。

《康诰》 越我一二邦，以修我西土惟是怙冒，闻于上帝。帝休，天乃大命文王。

《召诰》 呜呼！皇天上帝，改厥元子兹大国殷之命。惟王受命，无疆惟休，亦无疆惟恤。……王来绍上帝，自服于土中，……其自时配皇天，毖祀于上下。

《多士》 惟帝不畀，惟我下民秉为，惟天明畏。我闻曰：上帝引逸，有夏不适逸，则惟帝降格，向于时夏。……殷王亦罔敢失帝，罔不配天其泽。……惟时上帝不保，降若兹大丧。……今惟我周王，丕灵承帝事，有命曰割殷，告勑于帝。

《君奭》 我亦不敢宁于上帝命，弗永远念天威，越我民罔尤违惟人。……时则有伊陟臣扈，格于上帝。……公曰君奭！在昔上帝割申劝宁王之德，其集大命于厥躬。……乃惟时昭文王迪见冒闻于上帝，惟时受有殷命哉。

《多方》 惟帝降格于夏……不克终日劝于帝之迪，乃尔攸闻。……惟我周王，灵承于旅，克堪用德，惟典神天。

《立政》 亦越成汤陟丕釐上帝之耿命。……帝钦罚之，乃伻我有夏，式商受命，奄甸万姓，亦越文王、武王，克知三有宅心，灼见三有俊心，以敬事上帝。

《吕刑》 上帝监民，罔有馨香德，刑发闻惟腥。

《顾命》 保乂王家，用端命于上帝。

《文侯之命》 惟时上帝，集厥命于文王。

附录二　商、周《书》所见“德”字摘录表

《盘庚上》　非予自荒兹德，惟汝含德，不惕予一人。

汝克黜乃心，施实德于民，至于婚友，丕乃敢大言，汝有积德。

《盘庚中》　故有爽德，自上其罚汝，汝罔能迪。

《盘庚下》　用降我凶德。……今我民用荡析离居，罔有定极，……肆上帝将复我高祖之德，乱越我家。……式敷民德，永肩一心。

《高宗肜日》　民有不若德，不听罪。天既孚命正厥德，乃曰其如台！

《微子》　我用沉酗于酒，用乱败厥德于下。

《洪范》　人无有比德，惟皇作极。

曰予攸好德，汝则锡之福。

于其无好德，汝虽锡之福，其作汝用咎。

六、三德：一曰正直，二曰刚克，三曰柔克。

九、五福：四曰攸好德。

《金滕》　今天动威，以彰周公之德。

《康诰》　惟乃丕显考文王克明德慎罚。

今民将在只遹乃文考，绍闻衣德言。

若德裕乃身，不废在王命。

朕心朕德惟乃知。

乃非德用乂，汝亦罔不克敬典。

我时其惟殷先哲王德，用康乂民作求。

用康乃心顾乃德。

《酒诰》　天降威，我民用大乱丧德。

饮惟祀，德将无醉。

越小大德，小子惟一。

作稽中德，尔尚克羞馈祀。

兹亦惟天若元德。

经德秉哲。

惟助成王德显。

弗惟德馨香，祀登闻于天。

《梓材》 先王既勤用明德……作兄弟方来，亦既用明德。

肆王惟德用，和怿先后迷民。

《召诰》 王其疾敬德。

曰其稽我古人之德。

王敬作所，不可不敬德。

惟不敬厥德，乃早坠厥命。

王其德之用祈天永命。

其惟王位在德元。

越友民，保受王威命明德。

《洛诰》 公称丕显德，以予小子扬文、武烈，奉答天命。

乃单文祖德。

万年厌于乃德。

其永观朕子怀德。

《多士》 惟天不畀不明厥德。

非我一人奉德不康宁。

予一人惟听用德。

《无逸》 则皇自敬德。

《君奭》 弗克经历，嗣前人恭明德。

我道惟宁王德延。

惟兹惟德称，用乂厥辟。

在昔上帝割申劝宁王之德。

亦惟纯佑秉德迪知天威。

惟冒丕单称德。

惟文王德丕承无疆之恤。

其汝克敬德，明我俊民在让。

乃惟知民德亦罔不能厥初，惟其终。

《多方》 惟我周王，灵承于旅，克堪用德，惟典神天。

非我有周秉德不康宁，乃惟尔自速辜。

尔尚不忌于凶德，亦则以穆穆在乃位。

《立政》 上帝迪知忱恂于九德之行。

谋面用丕训德，则乃宅人。……其在四方，用丕武见德。……文王惟克厥宅心。……以克俊有德。

亦越武王率惟敉功，不敢替厥义德，率惟谋从容德，以并受此丕丕基。

用俭人，不训于德，是罔显在厥世。

《吕刑》 德威惟畏，德明惟明。

穆穆在上，明明在下，灼于四方，罔不惟德之勤。

惟克天德，自作天命，配享在下。

惟敬五行，以成三德。

今往何监非德于民之中，尚明听之哉。

《文侯之命》 丕显文武，克慎明德，昭升于上，敷闻在下。简恤尔都，周成尔显德。

附录三

（一）金文“德”字表一

器名	套语	铭文	出处
德鼎		王易（赐）[illegible]（徝=德）贝廿朋。	《上海·铜器》二七
德方鼎		自蒿（镐）咸，王易徝（德）贝廿朋。	同上二八
德簋			二器在美国，《文物》1959（7）
盂鼎	正德	今我隹即井（型）宁于玟王正德……	《上海》二九
	敬雍德	绍娄敬雍德，巠（经）敏，朝夕入谏。	

毛公鼎	若德	告余先王若德，用卬邵皇天，𤕦𦅫（恪）大命。	《窓》四，二
叔向簋	明德	余小子司（嗣）朕皇考，肇帅井（型）先文且（祖），共明德，秉威仪，用𤕦貈奠保我邦我家。	《大系》一二九
番生簋	誓德	不显皇且考，穆穆克誓氒德，严在上，广启氒孙子于下。	《陶》二，一六
	元德	不敢弗帅井（刑），皇且考不杯元德，用𦅫𦅫（恪）大令，甹王位，虔夙文，尃求不朁德。	《大系》一三〇
大克鼎	悊德	悤𦋺（让）氒心，宖静于猷，盄（淑）悊（哲）氒德。 易𩢷（釐）无疆，永令于氒孙辟天子，天子明𢝊（德）覭考于申（神）。	《上海》四七
梁其（基）钟	㥁德	不显皇且（祖）考，穆穆异异（翼）克㥁。	《上海》六〇
	氒德	农臣先王，得屯（纯）亡敃。	
井（邢）人妄钟	㪿德	覭盄（淑）文且皇考，克㪿氒德。贵（得）屯（纯）用鲁永（冬）于吉……妄不敢弗帅用。秉德文且皇考，穆穆秉德。	《上海》六一
善鼎		唯用妥福，唬（效）前文人秉德共屯。	《小校》三，三〇
师望鼎	哲德	小子师望曰：不显皇考寃公，穆穆克盟氒悤，悊（哲）氒德，用辟于先王㝵屯亡敃。	《金匮》五八
师訇（询）毁	首德	哀哉今日天疾畏，降丧，首德不克婁。	《薛》一四
		故亡承于先王。	《大系》一三二
伯㦰簋	秉德	隹用妥神，褱唬前文人秉德共屯，隹匄万年。	《攈》二，三

班毁	敬德	允才（哉）显唯敬德，亡逌（攸）违。	《文物》
历鼎	元德	肇对元德，孝友隹井（刑）。	《代》三，四五
敱录光鬲	宝德	敱录光康□□孝永宝德。	《薛》一六，一七六

（二）金文“德”字表二

国别	器名	套语	铭文
虢	虢叔钟	明德	穆穆秉元明德……敢启帅井（型）皇考威仪。
蔡	蔡姞簋		用妥多福于皇考德尹惠姬，用蕲匄眉寿，绰绾永令，彌氒生灵冬。
	蔡侯钟	氒德	有虔不惕，差（左）右楚王，隺隺为政，天命是逕，定均无邦，休有成庆，既忐（协）于忌，乍中氒譓（从言）。
晋	晋姜鼎	明德	余不叚妄（荒）宁，圣雍明德，宣邲我猷。
	晋公盦	秉德	敢帅井（刑）先王，秉德斅斅，晢燮万邦。
	嗣子壶	屯德	屖屖康盄，承受屯惪，旂无疆至于万意（亿）年。
曾	曾伯陭壶	为德	为德无叚，用孝用亯，用赐眉寿。
齐	叔夷钟	政德	篇（肃）成朕师旟之政德，谏罚朕庶民左右毋讳，夷不敢弗儆戒。
陈	陈曼簠	经德	不敢逸康，肇勤经德。
	陈侯因資錞	扬德	其惟因資，扬皇考邵练高祖黄啻（帝），侎嗣趄文，朝问诸侯，合扬氒德。
越	者沪钟	湿德	女亦虔秉……余其念訇乃有湿德，目克糸光朕吧。
徐	王孙遗者钟	政德	肃悊圣武，惠于政德，思于威义……余恁訇心，诞永余德。
秦	秦公毁	明德	……余虽小子，穆穆帅秉明德，剌剌趄趄迈（万）民是敕……
	秦公钟	明德	……小子穆穆帅秉明德，睿専明井（刑），虔敬朕祀，以受多福。

附录四 金文所记“天命”略表

器名	套语	铭文
大盂鼎	天……大令	……不显文王，受天有大令（命），在珷王嗣玟作邦。……古天翼临子……
周公毁	无终命	……克奔走上下帝，无冬令（终命）玗右周追孝……
乖伯毁	受大命	……朕不显祖玟，珷雁（膺）受大命。乃且克率荸先王，异（翼）自也（他）邦，又芇于大命。（此器直作大命，不以令为之。）
毛公鼎	受大命	皇天弘猒氒德，配我有周，应受大命。……唯天㽙集氒命，亦
	集命	唯先正，罭辥（襄乂）氒辟，劳堇（勤）大命。肄皇天亡昊，临保我
	配命	有周，不巩先王配命。……告余先王若德，用邛邵皇天，醽貈（恪）大命（此器亦迳作“命”）。
单伯钟	大命	逨匹先王，劳堇大令（命）。
师訇毁	天命	不显文武，孚受天令（命），亦剬殷民。……克左右先王，乍氒厶殳（肱股），用夹邵氒辟，奠大命。
番生毁	大令	……不杯元德，用醽貈大令。
师嫠毁	亹乃命	今余隹醽亹乃令（命）（按此成语亦见鄘毁、师兑毁二）。令女嗣乃且旧官，小辅眔鼓钟。
录伯㦰	惠弘天命	……自乃祖考，又劳于周邦，右辟四方，叀冂天令（惠弘天命），女肇不豕（坠）。
班毁	昧天命	……隹民亡诎才（哉）！彝悉（昧）天令（命），故亡。
沈子毁	受命	敢叚邵告朕吾考令（命）……克成妥（绥）吾考臣子顴顴受令（命）……用气霝令，用妥公唯寿。
蔡侯钟	天命	天命是遅，定邦庶邦。
叔夷钟	天命	……尸箕其先旧，及其高祖。㝐㝐成汤，又敢在帝所，尃受天命，删伐頣（夏）司（祀）。……不显朕皇且，受天命，鼏宅禹賁，十又二公，在帝之矿，严龚夤天命，保𦥑氒秦，虩事䜌夏。

秦公钟　　天命　　受天命，竈又下国，十又二公。

上文初刊于《中研院史语所集刊》第四十九本第一分册（1978年），为李济主编“上古史”之一篇。先是1975年10月，余有*The Character Tê in Bronze Inscriptions*一文，在澳洲铜器与考古学会议提出宣读，已由Melbourne，National Gallery of Victoria印行，与上文诸多复出，故兹从删汰。近时新出土铜器铭辞涉及“德”字綦夥。若𤼈公盨之提倡“厥沬惟德”，与墨子书中引述之夏书逸篇《禹之总德》遗文，可互相印证。“德”的观念，西周认为禹时已盛行，另有文详之。附记于此。

神道思想与理性主义*

一、神、民地位的升降

《周书·吕刑》云："遏绝苗民，无世在下。乃命重、黎绝地天通，罔有降格。"又云："上帝不蠲，降咎于苗，苗民无辞于罚，乃绝厥世。"上帝对于苗民加以惩罚，使他们无嗣于后。在政治措施上，是使重、黎氏把地与天隔开，使二者不得互相侵犯。据《楚语》观射父对楚昭王的对答，在少昊衰世，九黎乱德，家为巫史，使得神和民上下同等而杂糅。本来神属于上，而民属于下。因此使南正重司天以属神，火正黎司地以属民，重新划分起来。《鲁语》记着仲尼的说话："山川之灵足以纪纲天下者，其守为神，社稷之守者公侯。"《史记集解·鲁世家》引王肃云："守山川之祀者为神，谓诸侯也。"韦注谓："主山川之君为群神之主，故谓之神也。"是在古代诸侯主山川之祀，以"人"的身份而得被称为神。楚人重巫术，人、神仍旧糅合，故屈原称其君曰灵修，无异视之为神。《左传·僖公五年》："虢公曰：吾享祀丰洁，神必据我。"以为祭祀丰，则神可以依于人，仍是神、民未能完全分隔的旧习惯。

可是，《皋陶谟上》已说："天聪明自我民聪明，天明畏自我民明畏，达于上下，敬哉有土。"上谓天，下谓民。明、畏指赏、罚。把天和民对举而言。民本来是要"畏天威"的，现在却说天的明、畏是由于民的明和畏。《泰誓上》对民亦很重视，好像"民之所欲，天必从之"（《左传·襄公三十一年》及《国语·郑语》引）。"天视自我民

---

* 本文为《中国上古史》待定稿第四本之一章，审阅人为陈槃先生。

视，天听自我民听。”这无异说天的一举一动是和民脱不了关系，而且民有所要求，天必定听从他们。民的地位可以左右天，这分明是一很重要的转变。到了东周，才有民为神之主的说法。《左传·桓公六年》随季梁说：“所谓道，忠于民而信于神也。上思利民，忠也；祝史正辞，信也。……夫民，神之主也。是以圣王先成民，而致力于神。故奉牲以告曰：‘博硕肥腯。’谓民力之普存也。于是乎民和而神降之福，故动则有成。今民各有心而神鬼乏主，君虽独丰，其何福之有！”这段话是说能对民忠而对神信，才是“所谓道”。必须先使民丰足，国力充裕，然后有肥美无疾的牲畜可以事神。民不馁则神才降福，否则在君是“逞欲”，在祝史是“矫举”，这样对民是“不忠”，对神是“不信”的。季梁说：“民，神之主也。”意思应该是说祀神之先务，主要是在于民力充足，并不是说民可以为神的主宰，和民的地位可以代替了神的。汉西岳华山碑上云：“深达和民事神之义。”事神必以和民为先务，汉人亦深明此旨。《庄公三十年》传，史嚚曰：“虢其亡乎？吾闻之：国将兴，听于民；将亡，听于神。神，聪明正直而壹者也，依人而行。虢多凉德，其何土之能得？”这是说神是“依人而行”的。人君为国，宜以民为重；失民，则神无由享。神是聪明而正直的。又《僖公十九年》传，司马子鱼曰：“古者六畜不相为用；小事不用大牲，而况敢用人乎！祭祀以为人也。民，神之主也；用人，其谁飨之？”这是指斥宋公以人（鄫子）为祭牲的不合理。亦引用“民，神之主也”一句，可见这一说在东周已极通行。“祭祀以为人也”，而不是“为神也”，这是很进步的理论。民人的地位，至此已提高了。

《左传·僖公二十四年》，富辰曰：“大上以德抚民，其次亲亲以相及也。昔周公吊二叔之不咸，故封建亲戚，以蕃屏周。……召穆公思周德之不类，故纠合宗族于成周（而作《棠棣》之诗）……庸勋、亲亲、昵近、尊贤，德之大者也。”“以德抚民”是第一义，其次封建尊贤，亦是德之大者。因为“非贤无与兴功，非亲无与辅治”（《魏志》曹冏《上书》）。西周立国的政策，于此可见其端倪。富辰称“太上以德抚民”，后来叔孙豹论三不朽：“太上有立德，其次有立功，其次有立言。”（《襄公二十四年》传）《礼记·曲礼》亦说：“太上贵德。”以德居首的重德思想，即是周人的教训。因此，神之对人，亦“惟德是依”。《左传·僖公五年》宫之奇言：“鬼神非人实亲，惟德是依。”引《诗》：“黍稷非馨，明德惟馨。”“民不易物，惟德系物。”如是则非德之人，其民不和而神不享。神所凭依，将在于德。这一说法，在古《剑铭》曰：“带之以为服，动必行德。行德则兴，倍德则崩。”（亦见《北堂书钞》一二二引《太公金匮》）可见行德与否，是有国者兴亡的关键。周初已成为格言。这种以民为重点的尊德思想，显然是对人主的一种警戒。

又《左传·宣公三年》，楚（庄王）问鼎，周大夫王孙满对曰：“在德不在鼎。昔夏之方有德也，远方图物，贡金九牧……用能协于上下，以承天休。桀有昏德，鼎迁于商，载祀六百，商纣暴虐，鼎迁于周。德之休明，虽小，重也；其奸回昏乱，虽大，轻也。天祚明德，有所底止。”休美的德，虽小必获天的重视。至于巨恶，则当然天不直有所为。所以，有明德者必得到天的福祚。天是眼睛雪亮（聪明）而公正的，故云：“天祚明德，有所底（致）止。”王孙满把德远推到夏代，可见尊德必为天佑的思想，是有其远源的。

金文及经典屡屡言及“明德”。春秋之世，明德成为王室一般的教育宗旨。《国语·楚语》，庄王使大夫士亹傅太子葴（恭王名），士亹的对答指出尧、舜、启、汤、文王，是五王者皆“元德”也。“元德”一词已见金文的历鼎：“肇对（答）元德，孝友隹刑（型）。”元，大也。元德指的是盛德的大君。士亹问于申叔时，叔时又指出可以用各种故书来设教，大都和明德有关系，如云：

> 教之《春秋》而为之耸善而抑恶焉，以戒劝其心。
> 教之《世》而为之昭明德而废幽昏焉。
> 教之《诗》而为之道广显德，以耀明其志。
> 教之《语》，使明其德而知先王之务，用明德于民也。

《世》是“先王之世系也”，即是《世本》；《语》是“治国之善语”，即是《国语》之属。《周礼·小师》：“讽诵诗，世奠系。”故书奠或作“帝”，郑注《周礼·小史》：“《系世》谓《帝系》、《世本》之属。”这些都是历史教科书，是当时以诵习史册为入德之门，即是以历史教育作为昭明德的武器。

二、德的类型与礼、乐

周人以“修德”“立德”为开国训典。《周语》祭公谋父曰：“先王之训也，有不王，则修德。”韦昭注：“修文德以来之。”又《周语》单襄公引《时儆》与《夏令》二篇，阐释有关“使民以时”的办法云：“此先王所以不用财贿而广施惠于天下者也。”如是对百姓及远人都用“德”来收服人心。对远人布德，又称文德，像《诗》《书》云：“矢其文德，洽此四国”，“帝乃诞敷文德，舞干羽于两阶”。

“文”字在春秋时尝被给予统摄诸德的意义。《周语》单襄公对其子顷公解释文王所以获得“文”的称号，有很精辟的解释，其言曰：

> 周将得晋国，其行也文。能文则得天地，天地所胙，小而后国。夫敬，文之恭也；忠，文之实也；信，文之孚也；仁，文之爱也；义，文之制也；知，文之舆也；勇，文之帅也；教，文之施也；孝，文之本也；惠，文之慈也；让，文之材也。象天能敬，帅意能忠，思身能信，爱人能仁，利制能义，事建能知，帅义能勇，施辩能教，昭神能孝，慈和能惠，推敌能让。此十一者，夫子皆有焉。天六地五，数之常也，经之以天，纬之以地，经纬不爽，文之象也。文王质文，故天胙之以天下。

所谓文王“质文”，即谓他质有其文。他把敬、忠、信、仁、义、和、勇、教、孝、惠、让十一种“德”，都作为某种“文”的表现。

恭——敬
实——忠
孚——信
爱——仁
制——义
舆——知
帅——勇
施——教
本——孝
慈——惠
材——让

（以上）“文”统摄一切德；文是经天纬地，有它的“宇宙义”。

“文”字在周初彝铭上，屡屡见之。

“明德”见于《尧典》，谓“克明俊德，以亲九族”。金文师望鼎云：“穆穆克盟（明）氒心慙氒德。”慙德亦即是明德。《左传》中言“明德”者凡十数见，录四事如下：

> 《左传·宣公三年》，王孙满曰：“天祚明德，有所底止；成王定鼎于郏鄏，卜世三十，卜年七百，天所命也。”说已见上。
>
> 《左传·宣公十五年》，羊舌职曰：“此之谓明德矣，文王所以造周，不是过也。”
>
> 《左传·昭公七年》，臧孙纥有言曰：“圣人有明德者，若不当世，其后必有达人。”
>
> 《左传·定公四年》，“昔武王克商，成王定之，选建明德，以藩屏周，故周公相王室以尹天下，于周为睦”。

春秋以来，德的理论异常发达，举其要者：

（一）九德说

> 晋大夫成鱄曰：“《诗》曰：‘唯此文王，帝度其心，莫其德音。其德克明，克明克类，克长克君。王此大国，克顺克比。比于

文王，其德靡悔，既受帝祉，施于孙子。’心能制义曰度，德正应和曰莫，照临四方曰明，勤施无私曰类，教诲不倦曰长，赏庆刑威曰君，慈和遍服曰顺，择善而从之曰比，经纬天地曰文。九德不愆，作事无悔，故袭天禄，子孙赖之。”

《左传·文公七年》，郤缺曰：“九功之德，皆可歌也。”

按《皋陶谟》所言九德，就是：宽而栗，柔而立，愿而恭，乱而敬，扰而毅，直而温，简而廉，刚而塞，彊而义。

（二）楚庄子武有七德说

《左传·宣公十二年》，楚子曰：“夫武有七德，禁暴、戢兵、保大、定功、安民、和众、丰财者也。”

（三）《周礼·地官·大司徒》六德说

知、仁、圣、义、忠、和。

又《地官》师氏三德说：

至德、敏德、孝德。

（四）三德、四德说

《洪范》次六曰乂用三德，即正直、刚克、柔克。

《周语中》：“夫义，所以生利也；祥，所以事神也；仁，所以保民也。……古之明王，不失此三德者，故能光有天下，而和宁百姓。”

《左传·僖公十四年》庆郑曰：“背施无亲，幸灾不仁，贪爱不祥，怒邻不义，四德皆失，何以守国?”

而一以义、祥、仁为三德；一以亲、仁、祥、义为四德。其实“亲亲而仁民”，“亲”和“仁”意思是一样的。所以《左·僖》的四德，减去“亲”一项，剩下只有三德，表列如下：

三德 {
义——生利
祥——事神
仁——保民
}

三德中事神的“祥”，仍占重要地位。《左传·成公十六年》，申叔时亦言“详以事神”，祥字作详。

又《左传·襄公三年》云：“恤民为德，正直为正，正曲为直，参和为仁。”杜注：“德、正、直三者备乃为仁。”这虽是后起义，但“仁”的观念的提出，和被人重视而作为统摄德的要目，在《左传》《国语》二书中，仁字屡屡被提及。《左传·成公二年》有云：“神、福、仁而祸淫。”居然用“仁”字来代替“善”与“德”，这时“仁”在德目上地位的提高，很可以看出了。

在德上系以数目字，《周书》所见很多，像《立政》云：“尊上帝迪，知忱恂于九德之行。……兹惟后矣。谋面用丕训德。”这九德可能是《皋陶谟上》的“行有九德”。《吕刑》云：“惟敬五行，以成三德。”这三德有人以《洪范》的正直、刚克、柔克说之（曾星笠《尚书正读》）。德的理论不限于人的行为，又推演及于自然物。尸子之说，水有仁、义、勇、智四德（《君治》篇）。礼家、法家都说玉有仁、义、智、勇、絜五德（《荀子·法行》篇、《管子·水地》篇、《礼记·聘义》、贾谊《新书·道德说》；《孔子家语》有《问玉》篇等）。阴阳家说鬲象三德（《汉书·郊祀志》：“黄帝作宝鼎三，象天、地、人。其空足曰鬲，以象三德。”颜注以《洪范》三德说之）。这些都是重要的例子。

合神、人的音乐，谓之德音：

《左传·昭公四年》：“先王务修德音，以享神、人。”可见德音是可以交通人、神之际的。德音即是乐。《礼记·乐记》在文侯问二章指出：“弦歌诗颂，此之谓‘德音’。”一部《诗经》，就是“德音”的教材。《诗经》中提及“德音”凡十七次。“貊其德音，其德光明。”即是说有了“德音”，即充分表现其人之有明德，如“威仪抑抑，德音秩秩”。威仪是礼，德音是乐；行动能合乎礼与乐，方算有这种造诣的。

古代重视以乐为教，欲用乐音来测量人性，以乐德、乐语来培养善人。《周礼》记大司乐成均即以此设教。《尧典》记虞廷命乐正夔以四德教胄子，“直而温，宽而栗，刚而无虐，简而无傲”。四者都借乐音来作调节；人性有这四种，音乐亦然。证之《乐记》亦有相通之处：

声之直者	《乐地·乐本》章云：“其敬心感者，其声直以廉。”
声之宽者	“其乐心感者，其声啴以缓。”
音之刚者	《乐记·乐言》章云：“广大愤怒之音作，而民刚毅。”
音之简者	“繁文简节之音作，而民乐康。”

魏绛论乐与德的关联，见《左传·襄公十一年》。绛曰：“夫乐以安德，义以处之，礼以行之，信以守之，仁以厉之，而后可以殿邦国，同福禄，来远人，所谓乐也。”必先以乐和其心，能以和且平的精神与人协力为善，诸德既备，乃为真乐。不独器乐之娱心，这样才是真正的快乐。《乐记》说因不同的乐器而异声，而所立之事亦异，听之即有不同的感受，表之如下：

乐器之声别	随声引起之事	闻声而生之臣德
钟声铿	铿以立号，号以立横，横以立武	君子听钟声，则思武臣
石声磬	磬以立辨，辨以致死	君子听磬声，则思死封疆之臣
丝声哀	哀以立廉，廉以立志	君子听琴瑟之声，则思志义之臣
竹声滥揽	滥以立会，会以聚众	君子听竽笙箫管之声，则思畜聚之臣
鼓鼙之声讙	讙以立动，动以进聚	君子听鼓鼙之声，则思将帅之臣

因为乐是德音，到了后来汉初诸乐舞皆以“德”为名。《房中歌》十七章言德者，有休德、秉德、孝德、承德、教德、明德等称。《宋书·乐志》建平王宏议，祖宗庙乐总以德为名。可见乐和德关系的

密切。

礼的构成是“本于天”的。《礼记·乡饮酒》中，宾主象天地，介僎象阴阳，三宾象三光。《乡饮酒义》云：“立宾以象天，立主以象地，设介僎以象日月，立三宾以象三光，古之制礼也。经之以天地，纪之以日月，参之以三光，政教之本也。”礼以祭为最重要。祭在礼有正负二义：汉白石神君碑云：“盖闻经国序民，莫急于礼。礼有五经，祭，祭有二义：或祈或报。报以章德，祈以弭害。”祈是消极的避免祸，莫重于害；报是积极的，所以表章盛德。《鲁语》言殷先公：“上甲微能帅契者也，殷人报焉。”《孔丛子·论书》篇引《书》曰：“惟高宗报上甲微。”殷报乙、报丙、报丁诸先王，卜辞作匚乙、匚丙、匚丁，借匚为报。有德者必获报，《诗·抑》云：“无言不雠，无德不报。”这一语，《墨子》书每加以引用，而多所证发。报的意义，从人神的关系，引申到人与人方面。《墨子·兼爱下》引此语，说明“爱人者，人必爱之；恶人者，人必恶之”。《荀子·致仕》篇言：“水深而回，树落则粪本。”亦引此诗句论弟子必报师恩。《礼记·表记》引此云：“子言之仁者，天下之表也，义者，天下之制也，报者，天下之利也。”上述诸条，正说明人与人的相互关系，以德相往来乃有其必然的因果存在。从功利言，报是“天下之利”，故礼家亦以报义来说礼。《乐记》云：“乐也者，施也；礼也者，报也。乐，乐其所自生，而礼反其所自始。乐章德，礼报情，反始也。”又云：“乐也者，动于内者也；礼也者，动于外者也。故礼主其减，乐主其盈。礼减而进，以进为文；乐盈而反，以反为文。礼减而不进则销；乐盈而不反则放，故礼有报而乐有反。礼得其报则乐，乐得其反则安。礼之报，乐之反，其义一也。”《乐记》又云：“礼乐不可斯须去身，致乐以治心，则易直子谅之心油然生矣；易直子谅之心生则乐，乐则安，安则久，久则天，天则神。天则不言而信，神则不怒而威，致乐以治心者也。致礼以治躬则庄敬，庄敬则严威。心中斯须不和不乐，而鄙诈之心入之矣。”礼施于人，而乐通乎天。这一段精湛议论，又重见于《祭义》篇中。兹将“礼”与“乐”内外报、反之义，以表示之如次：

内	外
乐	礼
治心	治躬
和	顺
主盈而反	主减而进
以反为文	以进为文
以反	以报
天	人

所谓“礼乐不可斯须去身”，同于《中庸》所谓“道不可须臾离”。须臾即 Kierkegaard 所谓 The moment God in time。道在每一 moment 之间不可离开。儒家之道有双轨，即为礼、乐，其精义如此。

三、德与刑

西周尚德，但穆王时的《吕刑》篇却言：“王享国百年耄荒度作刑，以诘四方。”该文又说道：“上帝监民，罔有馨香德，刑发闻惟腥。”（言上帝下视，并没有馨香的气升闻于天，所发闻到的只是刑杀的腥气。）所以皇帝要请问下民，并指出“德威惟畏，德明惟明”。这二句十分重要，“惟畏”“惟明”，分开来说即是《皋陶谟》的“天明、畏”。“明”指赏而“畏”指罚。《礼记·表记》引《甫刑》这二句，郑注云：“德所威，则人皆畏之，言服罪也；德所明，则人皆尊之，言得人也。”这样说来，德是可以包含威和明二方面：一是消极性的刑罚，一是积极性的奖励。前者如窜三苗，后来如命三后；威与明都可放于德之范畴之内。所以《吕刑》又说：“士制百姓于刑之中，以教祗（敬）德。穆穆在上，明明在下，灼于四方，罔不惟德之勤。”大家都勤于德，而制刑之目的，所以教民得到祗德，纳刑于德教之内。故德威与德明二者兼施。《吕刑》又云：“朕敬于刑，有德惟刑。”言有德于民，惟刑为重，慎刑则民被其德，滥刑则民蒙其害，故必敬于刑。是敬于刑者，亦敬德之一端。

在《皋陶谟中》论安民之道，在以人代天工。牧民之官，无旷其职，天的任务，由人代行之。因之有天叙、天秩、天命、天讨诸事，来完成“政事懋哉”的效果。纲目如下：

天叙有典
天秩有礼
天命有德
天讨有罪

故有五典、五礼、五服、五刑。服曰天命，是谓有德而得到褒赏的；刑曰天讨，是谓有罪而应受到惩罚的。天命是“德明惟明”，天讨是“德威惟畏”。至于天叙的典，天秩的礼，都本于天道的自然规范，这种伦类和秩序，似都被认为出于天意。

这里典、礼、德、刑（罪），虽然区别为四事，但刑与德仍非完全对立。刑是敬德的一种不得已的手段而已。后来《论语》上说导以德而齐以刑，用刑远不如导德而用礼来得要紧。又说“为政以德，譬如北辰”，却特别把“德”加以强调起来。

刑与德的运用，亦有远近之别。《左传·僖公二十五年》，晋启南阳，阳樊不服，不肯属晋。阳樊人仓葛呼曰：“德以柔中国，刑以威四夷，宜吾不敢服也。”这说明对中国诸夏当用德，对外夷才用刑，而晋侯临之以兵，阳樊为近畿之地，故其民不服，因为兵者是刑之一也。申叔时亦言“德、刑”为战的武器（《左传·成公十六年》）。

到了战国，兵刑成为一般治国主要武器。荀子憧憬往古，在《议兵》篇中分析兼人之术有三：

有以德兼人者
有以力兼人者
有以富兼人者

唯“以德兼人者王”，可以达到“威厉而不试，刑错而不用”。仁义之兵，不血刃而远迩来服，“德盛及此，施及四极”。德与力之分，便是王、霸之辨了。（孟子故云：“以德行仁者王，以力假仁者霸。”）荀卿弟子韩非说明主制臣之法有二柄：刑与德而已矣（《二柄》篇）。特别把刑与德对立化，故有二柄之目。又论世代的演进分“上古、中世、当今”三个阶段，而以“德”系于上古。如《五蠹》云：“上古竞于道德，中世逐于智谋，当今争于气力。”又《八说》篇：“古人亟于德，中世逐于智，当今争于力。”以“德”属之上世，在韩非心目中，不啻视为落伍之观念了。然秦虽以兵刑得天下，但仍不忘“德”。观其名河曰“德水”，可以见之。秦盖采用邹衍之说。（《封禅书》云：“自齐威、宣之时，驺子之徒论著终始五德之运。及秦帝而齐人奏之，故始皇采用之。”是其明征。又《始皇纪》：“始皇推终始五德之传，以为周得火德；秦代周，德从所不胜。方今水德之始，改年始朝贺，皆自十月朔。衣服旄旌节旗，皆上黑。数以六为纪，符法冠皆六寸，而舆六尺；六尺为步，乘六马。更名河曰‘德水’，以为水德之始。”）刑、德观念后来与阴阳观念结合起来，马王堆新出黄帝帛书中《观》篇论刑、德语甚多，如云“赢阴布德”“宿阳修刑”，其言曰：

> 不靡不墨（缪）而正之以刑与德。春、夏为德，秋、冬为刑。先德后刑以养生。姓生已定，而适（敌）者生争，不谌（戡）不定，凡谌之极，在刑与德。刑德皇皇，日月相望，以明其当，而盈□无匡。

把刑、德分配四时，春夏为德，秋冬为刑，和《管子·四时》篇“德始于春，长于夏；刑始于秋，流于冬”正是一样。《四时》篇将刑、德加上一个“和”来配合三光的日、月、星；刑与德是相对的“正”与“反”，星之和可说是“合”了。《四时》篇说：

> 日掌阳，月掌阴，星掌和。阳为德，阴为刑，和为事。……是故圣王日食则修德，月食则修刑。德生正（政），正生事。

表之如下：

阴	阳	和
月	日	星
刑	德→政→事	

《史记·天官书》云："日变德修，月变省刑，星变结合。"《汉书·艺文志》有《刑德》七卷，列在"五行家"。《淮南子·天文训》阴阳刑德有七舍，五行家岁月皆有刑德。德在室则刑在野；德在堂则刑在术。《尚书纬》亦有《刑德放》，长沙马王堆第三号墓出土另有《刑德》残文，可见汉初此说之盛行。

刑德说亦施用于兵家，依托于黄帝。《尉缭子·天官》篇："梁惠王问曰：黄帝刑德，可以百战百胜。"《天文志》引（黄帝）《五星传》："日者，德也；月者，刑也。"汉人以生杀为刑德。《淮南子·天文训》："冬至为德，夏至为刑。"因冬至阳萌为始生，夏至阴生为始杀。《大戴礼·易本命》谓"山为积德，川为积刑"，则以刑德来解释山与川形成的原因。这些都是后来阴阳家刑德观念逐渐推演的新说。

四、五行思想与"德礼"之宇宙义

春秋时流行着朴素的五材说（five elements），《左传·襄公二十七年》，子罕论兵之重要性，所以用五材而昭文德，其说曰：

> 天生五材，民并用之。废一不可，谁能去兵。兵之设久矣！以威不轨而昭文德也。圣人以兴，乱人以废。

用兵来戡乱和振威，正是宣扬经天纬地的文德。《吕刑》所谓"德威惟畏"是也。五材，杜《注》："金、木、水、火、土也。"这五种原料，为人民生殖之本。《国语》称："地之五行，所以生殖也。"五材和粮食合称"六府"，属于九功。《左传·文公七年》，郤缺对赵宣子论德礼云：

> 非威非怀，何以示德？无德何以主盟？子为正卿，以主诸侯，

> 而不务德，将若之何！……九功之德，皆可歌也，谓之九歌。六府三事，谓之九功。水、火、金、木、土、谷，谓之六府。正德、利用、厚生，谓之三事。义而行之，谓之“德礼”；无礼不乐，所由叛也。若吾子之德，莫可歌也，其谁来之？

此文原亦引《夏书》。今《大禹谟》作“德惟善政，政在养民，水、火、金、木、土、谷，惟修；正德、利用、厚生，惟和；九功惟叙，九叙惟歌”。九叙即九功，合六府与三事言之。六府指六种物质，三事同于三才。《周礼·大司乐》亦有九德之歌，郑司农引此传六府三事说之。《疏》谓正德，人德；利用，地德；厚生，天德。按《易传》：“天地之大德曰生。”故厚生可为天德，而合称为德礼。表之如下：

德礼
- 三事
  - 天德——厚生
  - 人德——正德
  - 地德——利用
- 六府：水、火、金、木、土、谷。

《禹贡》亦言：“六府孔修。”六府当然是指水、火、金、木、土、谷六种职司。古代必定在官府设有专职以司之。谷为民食之原，所以在五行之外增加这一项目。六府一名，并见于《禹贡》《大禹谟》《左传》。可见九功之歌，事属可信。五行与六府为民生要务，厚生之本，莫重于此。是古人重视生产，故把厚生、利用与正德联在一起，成为德礼的三大鹄的。六府之有专司，征之《左传·昭公二十九年》，蔡墨曰：

> 夫物，物有其官；官修其方。……失官不食。官宿其业，其物乃至，若泯弃之，物乃坻伏，郁湮不育，故有五行之官，是谓五官。

可以证明五行本有官司负责，采集这五大类的物资，增加生产（厚生），为人民衣食日用之资（利用）。《夏书·甘誓》始见“五行”一名。有扈氏有“威侮五行，怠弃三正”的罪状，可能即是责备他滥用物资和失时之过失。后来《洪范》提出“敬用五行”，专论五行物质之用途。这些属于六府的五行、五材，即较早的朴素五行说，其性质可谓唯物论。但在正德、利用、厚生三事看来，它是属于“德礼”的。这是春秋五行和“德”关系说的第一阶段。

“德礼”既成为一专词，在春秋之世“礼”被赋予新的天地意义，和周初的“文”一词同等重要。《左传》有许多重要的话言：

> 礼以顺天，天之道也。（《左传·文公十五年》）
>
> 礼，上下之纪，天地之经纬也。（《左传·昭公二十五年》）
>
> 夫礼，天之经也，地之义也，民之行也。天地之经，民实则之。（《左传·昭公二十五年》）
>
> 礼……与天地并……先王所禀于天地以为其民也。（《左传·昭公二十六年》）

把礼与天地相准，这简直是“文”的翻版了。

《礼记·礼运》说到礼的成立，必先本于天，后法乎地，复取法五祀、四时（参郑注）。所谓“礼义”，既是“人之大端”，亦是“事鬼神之大端”。把礼和天地、鬼神的关系说明得非常透彻，这是进步的礼论。王静安《释礼》谓礼古文作丰，本为祀神之物，推之奉神人之事通谓之礼（《观堂集林》六）。从礼之器而推及礼之用，其说可取。关于礼的问题，非常复杂，这里不欲深论。

《郑语》中史伯说：“先王以土与金、木、水、火杂，以成百物……建九纪以立纯德，合十数以训百体。”这里可注意的有二事：

（一）以土为主，以杂百物。春秋时史墨说：“天有三辰，地有五行。”（《左传·昭公三十二年》）展禽说：“天之三辰，所以瞻仰也；地之五行，所以生殖也；及九州名山川泽，所以出财用也。”（《鲁语上》）他们都把五行隶属于“地”，因为五行是以土为主，金、木、水、火皆在地上孕育孳长的。①

（二）以九纪为纯德。《洪范》中有五纪，指岁、月、日、星辰、历数，实为记时的标准，可能即《尧典》敬授民时的事物。九纪和五纪，应该有密切关系。建立九纪（包括五纪之类），以定时间标准，使民事不会失时，来充分发展生产，这样叫作“纯德”，与《左传》所谓“德礼”意思亦符合。

上述朴素的五行、五材说，是从物体形质方面加以分析，而以三事为目的。这样的德礼，是以民生为主，而不是个人道德修养的意义。

德的反面为祅，《史记·殷本纪》：帝太戊时，亳有祥，桑谷共生于朝，一暮大拱。太戊惧，伊陟曰：“祅不胜德，帝其修德。”而祥桑枯死而去。德是可以胜“祅”的；人主修德，则祅孽自绝。这是秦汉所保存殷人遗说。这件事见于《吕氏春秋》、《韩诗外传》、《书》序、《尚书大传》、刘向《说苑》，及《汉书·五行志》、《郊祀志》。各书所述发生的时代，有成汤、太戊、武丁诸说。孔安国以为二木合生为不恭之罚，刘向以为草妖，今不深究。唯以德可胜祅，则汉人之论，无不皆然。

马王堆《十大经·立命》篇：“唯余一人（指帝王）乃肥（配）天，乃立王、立公、立国，置君之卿。数日、历月、计岁以当日月之行。”这指出置官正所以法天。《五行大义》卷五引《帝王世纪》，殷汤问伊挚立三公九卿大夫元士的道理，伊挚说：“三公智通于天地，应变于无穷，故三公之事常在于道。九卿通于地理，能通利不利，故九卿之

---

① 冯友兰《中国哲学史新编》引《尚书大传》：“武王伐纣，至于商郊，停止宿夜，士卒皆欢乐达旦，前歌后舞，格于上下，咸曰：‘孜孜无怠。’水、火者，百姓之所饮食也；金、木者，百姓之所兴生也；土者，万物之所资生；是为人用。”他认为这是五行思想发生于西周初期的证据（原书页55）。案此条见孔颖达《尚书正义·洪范》篇引《书传》，只有“水、火者，百姓之求饮食也；金、木者，百姓之所兴作也；土者，万物之所资生也，是为人用。”《书传》共三十三字，陈寿祺《大传》辑本卷三相同。冯氏不知何据？这里特别说明“土”为万物之所资生，和《郑语》史伯之说相符。也许伏生所记杂入后期的思想。唯史伯说：“先王以土与金、木、水、火杂，以成百物。”归之先王，则其说必远有所承。

事常在德。大夫通于人事，行内举绳，故大夫之事常在仁。元士知义而不失期，事功而不独专，故元士之事常在义。道、德、仁、义定，而天下正矣。”（《帝王世纪》辑存《殷商》第三）这样把道、德、仁、义来分说三公以下各官职，据称亦是殷代的事情。也许是道家《伊尹》四十一篇的遗说，而由皇甫谧所保存的（《海日楼札丛》四说）。

天秩（order of nature）是依据道德的，所以上天佑善而惩恶，这即是天道。试看经典的一些名言，有如下例：

（1）曹刿答庄公：“小信未孚，神弗福也。”（《左传·庄公十年》）

（2）王孙满对楚子：“天祚明德，有所底止。”（《宣公三年》）

（3）司马侯论楚“天或者欲逞其心以厚其毒而降之罚，未可知也”。（《昭公四年》）

（4）叔向对韩宣子曰：“天之假助不善，非祚之也，厚其凶险，而降之罚也。”（《昭公十一年》）

（5）宫之奇对虢公曰：“鬼神非人实亲，惟德是依。”（《僖公五年》）

（6）宁武子与卫人盟曰：“有渝此盟，以相及也，明神先君，是纠是殛。”（《僖公二十八年》）

（7）贞伯曰：“神福仁而祸淫。淫而无罚，福也；祭其得亡乎？”（《成公五年》）

（8）申叔时言德、刑、详、义、礼、信六者为战之器。是以神降之福，时无灾害。（《成公十六年》）

（9）天道赏善而罚淫。（《周语中》）

（10）天道皇皇，日月以为常，明者以为法，微者则是行。（《越语》下《范蠡》）

（11）天道无亲，常与善人。（《老子》）

再看下表：

正（善）	反（恶）
天福（《襄公二十六年》，《昭公三年》）	天殃（《晋语》三）
天祚（《晋语》四）	天罚（《昭公二十六年》，《晋语》五）
天禄（《诗》；《昭公二十五、二十八年》；《成公八年》）	天祸（《周语》；《隐公十一年》
	祸许（《僖公二十八年》祸卫；《成公十三年》祸晋；《襄公九年》祸郑；《昭公二十八年》祸鲁）
天常（《文公十八年》；《哀公六年》）	天疾（《穀梁·昭公二十年》）
天法（《昭公二十六年》）	天诱（其衷。《僖公二十八年》；《襄公二十五年》；《成公十三年》）
天赞（《昭公元年》，谷禾熟）	
天授（《桓公六年》授楚；《成公十六年》晋）	
天相（《昭公十三年》天方相晋）	

上面所列举一些祸福的字眼，都和“天”字联在一起。这说明祸福的由来，是天所主宰的。到《易》的理论，便说自天佑之，吉无不利了。天如明鉴，时时在察人的善恶。善的则予福，恶的则降祸。人的行为受到天的监视，天反映的好坏是和人的行为的善恶有互相感应的，于是有吉凶妖祥说的兴起。《宣公十五年》：“天反时为灾，地反物为妖，民反德为乱。”三者的产生，都是反常的：

天——灾（反时）
地——妖（反物）
人——乱（反德）

妖祥问题都是人所引起的。《左传》所记如：

（1）郑申繻论二蛇斗，谓：“妖由人兴也，人无衅焉，妖不自作；人弃常则妖兴，故有妖。”（《左传·庄公十四年》）

（2）周叔兴论陨石，“阴阳之事，非吉凶所生也，吉凶由人”。（《僖公十六年》）

(3) 晋伯宗论恃才与众必亡:“乱则妖灾生。”(《宣公十五年》)

(4) 闵子马对公鉏曰:“祸福无门,唯人所召。”(《襄公二十三年》)

上举诸例,皆谓吉凶妖祥由人的行为所影响而生,这样慢慢形成了汉人的天人感应说了。《汉书·艺文志》杂占亦引申缥之语,谓“惑者不稽诸躬,而忌‘𫉬’之见”乃是舍本而忧末,可见这一说的深入人心。

唐代柳宗元却持天人不相应说。他以为:

(1)“受命不于天,于其民。”“休符不于祥,于其仁。”

(2)“以天人为不相知,以礼乐为虚器。”礼乐只为少数人所利用。

而刘禹锡则主张“天人交相胜”,以天与人处于同等地位。他的理论重点:天与人互有影响,是阴骘之说;天与人实相异,是自然之说。天之能在能生殖,其用在强弱;人之道在法制,其用在辨是非。故“人能胜天者,法也”。这种天人相需的思想,是有它的远源的。春秋以来,对于“天道”的怀疑,最著名的人物要算郑国的子产。占星术者裨灶,因天象而预言郑国将要大火。子产说:“天道远,人道迩,非所及也,何以知之?灶焉知天道?是亦多言矣,岂不或信?”(《左传·昭公十八年》)子产提出人道和天道对立的看法,显然是一种进步。子产其他反对鬼神的行动,又如论禜之无益于疾病(《昭公六年》),惩罚巫祝因旱而砍伐树木(《昭公十六年》),都载在《左传》。后来孔子不甚言性与“天道”,他对天道避开,不喜欢和门弟子多谈,又不语怪力乱神,似乎很受到子产的影响。

五、天法与德法

马王堆《老子》甲本后面附抄一些已佚文字,除较后部分为《伊尹·九主》之外［《文物》1974（11）］，尚有论德之行及引《世子》（即《世硕》）等。其中论“德”颇有新义，摘录如次：

德之行五和胃（谓）之德，四行和谓之善。善，人道也；德，天道也。

认为善是人道，而德是天道。他所谓行五者，依杨倞注《荀子》言子思、孟子“索往旧造说，谓之五行”。“五行，五常；仁、义、礼、智、信是也。”四行在下文是“仁、义、礼、智”。写本又说：

君子之为善也，有与始也，有与终也。君子之为德也，有与始也，无与终也。金声而玉振之，有德者也。金声，善也；王言，圣也。善，人道也；德，天道也。唯有德者然笱（后）能金声而玉振之。

“金声玉振”一说，见于《孟子·万章》篇，故我疑心这一段言善与德皆有终与始，正如《孟子》所谓始条理与终条理，故这一章也许是荀子所述子思、孟子言及五行的逸文，这里把善看作人道，而视德为天道，把德与善对立起来，看成天人的关系。下面且说：“闻君子道，悤（聪）也；闻而知之，圣也。圣人知天道，知而行之，圣也。”能够闻君子之道而能行之即是圣，这显然是儒家思想。邹衍的五德终始，说不定和这些理论多少有关系，尤其把“德”看成天道，更值得注意。

邹衍把五行讲成五德，拿来解释人事，尤其说明帝王应运而兴的道理，构成他的一套新的历史哲学，他把握三个原则：

（一）确定每一代的帝王的运命，有他五行上所属先天的德性。

（二）根据五行相胜，互相生克，推演为五德终始，创为帝王更迭的循环说。

（三）把一年的“纪”，扩大为历年的“纪”，成为大型的终始说。

考五行相胜说，由来甚远，《左传》史墨有火胜金、水胜火之言（《昭公三十年》及《哀公九年》传），已被墨家、兵家、名家所采用。墨子《经说》之论五合，《贵义》篇之五龙，孙子《虚实》篇之论五行无常胜（山东临沂新出《孙膑兵法》有五壤之胜，“青胜黄，黄胜黑，黑胜赤，赤胜白，白胜青”之语，见《地葆》篇）。公孙龙子《通变》之引证木贼金。当日之言五行者，有常胜与毋常胜二系（参栾调甫《梁任公五行说之商榷》）。邹衍执常胜之说来解释历史，不沾沾于名实，从极大处落墨，故有其成就。《史记·孟荀列传》云：

> 驺衍睹有国者益淫侈，不能尚德，若《大雅》整之于身，施及黎庶矣。乃深观阴阳消息，而作怪迂之变，《终始》《大圣》之篇……称引天地剖判以来，五德转移，治各有宜，而符应若兹，……要其归必止乎仁义节俭君臣上下……

邹氏仍以儒家伦理为基本，而主张尚德。《封禅书》说他以“阴阳主运”，显于诸侯。主运者，应如《礼记》的《礼运》，如淳在“主运”一名下注：“五律相次转用事，随方面为服。”应如《礼运》所谓：“五色、六章、十二服还相为质。”服指服色，秦汉以来大家讨论“改正朔易服色”，似即承袭邹氏主运之观点。若“《终始》《大圣》之篇”，大圣者，明指帝王，《周书》谥法解称“德象天地为帝”。如何方配称为帝？似乎是战国季世学者讨论的主题。今观《大戴礼》书中，有《五帝德》《盛德》《虞戴德》诸篇可以见之。《盛德》论圣王之盛德，而提出“明堂者，天法也。礼度，德法也。所以御民之嗜欲好恶，以慎天法，以成德法也”。分析天法及德法二者，显然是反对法家的专以刑法御民之失的。

> 夫民善其德，必称其人。今之人称五帝三王者，依然若犹存者，其法诚德，其德诚厚。夫民思其德，必称其人。朝夕祝之，升闻于皇天，上帝歆焉，故永其世而丰其年。

这是《盛德》篇所描写的德法，是要依循天法而行的。邹子主张“尚德”，先整之于身，然后施及于民，想必和《盛德》之篇，不太违背的。《大戴礼·五帝德》所描写之黄帝、颛顼诸帝王，都是德合天地的领导人物，述黄帝一段说他：

治五气，设五量，抚万民，度四方，教熊、罴、貔、貅、豹、虎以与赤帝战于阪泉之野。三战然后得行其志。黄帝黼黻衣，大带黼裳，乘龙扆云。以顺天地之纪，幽明之故，死生之说，存亡之难。时播百谷草木，故教化淳鸟兽昆虫，历离日月星辰，极畋土石金玉，劳心力耳目，节用水火材物。生而民得其利百年，死而民畏其神百年，亡而民用其教百年，故曰三百年。

他对人民的贡献是民得其利，畏其神而用其教，这是帝德的标准，这样才是大圣。《易·文言》所谓："与天地合其德，日月合其明。"《尧典》云："光被四表，移于上下。"《尚书纬》释稽古即同天，俞正燮以法天去解释（《癸巳类稿》一）；这种与天地合德的人物，唯大圣之帝，才可以胜任。

《吕氏春秋》对邹说更发扬光大。《封禅书》云："自齐威、宣之时，驺子之徒论著终始五德之运。及秦帝而齐人奏之，故始皇采用之。"秦人学术，部分是接受邹说的。《史记·始皇本纪》李斯等议古教不同一段，证以严安上书引用邹衍语："政教文质，所以救世。当时则用，过时则舍之，有易则易也。"是邹氏主张变通。秦人在政教上主张"五帝不相复，三代不相袭，时变异也"。可易则易之，故始皇推邹衍"终始五德之传"，以秦为水德，以代周之火德。其色上黑，名河曰"德水"，以为水德之始，而事皆决于法，刻削毋仁恩和义，以合五德之数（见《始皇本纪》）。他一方面采用邹子五德之理论，一方面则去掉儒家"止乎仁义"的"尚德"部分，专尚刑法，而非"德法"，可说是修正的邹学了。

六、道、德的先后和天、人的分合问题

《吕氏春秋·季春纪·先己》篇："五帝先道而后德，故德莫盛焉；三王先教而后杀，故事莫功焉；五霸先事而后兵，故兵莫彊焉。"下至三国高贵乡公甘露元年，博士马照对曰："太上立德，谓三皇五帝之世以德化民；其次报施，谓三王之世以礼为治也。"（《魏书·少帝纪》）

五帝是先道而后德的，三王则隆礼。德在先而礼在后，这一说法，事实上是战国以后道家思想发展的结果。老子说失道而后德，失德而后仁、义、礼，把礼列在很后。司马彪《战略》傅幹说马腾曰：“古人有言：‘顺道者昌，逆德者亡。’”（《三国志·钟繇传》裴注引）胡三省注出新城三老董公之言。他把道与德分开来说，亦是先道而后德的。

最近马王堆三号墓发现的《老子》写本帛书，甲、乙本都是从“上德不德”章开始，把《德经》列前，而乙本（一）《德经》末有“《德》：三千卌□”一行；（二）《道经》末有“《道》：二千四百廿六”一行。这一卷汉初写本，是先德而后道；《韩非子·解老》篇首先即解《德经》第一章，然后释《道经》诸章，战国时，《道经》《德经》分开，不分章，只题曰“道”与“德”，而排列先后不一定。楚墓所出的确是《德经》在前，《道经》在后的。然“道”“德”一复合词的组成，在汉初已是通言“道德”，而不曰“德道”。贾谊《新书》中有《道德说》一篇，可以为证。唯董仲舒《春秋繁露》乃有“德道”一名，见于卷十《深察名号》篇，他说：“事各顺于名，名各顺于天，天人之际合而为一，同而通理，动而相益，顺而相受，谓之德道。《诗》曰：‘维号斯言，有伦有迹。’此之谓也。”这样说德道，更具另一番意思。主要意义应该是指德之道，二者不是平列关系，有点像太史公所谓的“王道”。《史公序》赞：“天之际，承敝通变，作八书。”而《自序》云：“补弊起废，王道之大者也。”能够通“天人之际”，莫过于“补弊起废”；这样可以说是“德道”，亦可说是“王道”。意思又深一层了。

道与德的结合和先后问题，先秦诸子有不同的说法：

（一）道家　道→德

像《庄子·天地》篇：“故通于天地者，德也；行于万物者，道也。上治人者，事也；能有所艺者，技也。技兼于事，事兼于义，义兼于德，德兼于道，道兼于天。”这里虽然他把德列在先，而道列在后，可是他是以道来兼德，德为道所包。

《管子·四时》篇：“道生天地，德出贤人。道生德，德生正，正生事。”则以德为道所生。

（二）法家　道→法

《经法·道法》篇云：“道生法。”法是道的产物。又《名理》云：“道者，神明之原也。”

（三）儒家　至德要道

《孝经》云：“先王有至德要道。”

刘劭《人物志》云：“《孝经》以爱为至德，以敬为要道。《易》以感为德，以谦为道；《老子》以无为为德，以虚为道。”这样的次序是先德后道；德是本质，道是作用。

上举诸例，对于道与德安排的先后，有许多异说。

《老子》经上云：“孔德之容，惟道是从。”德是要遵从道的。经下：“道生之，德蓄之。”实在是把道放在德之前，《老子》作者心目中，是道先而德后。至于《庄子》，在内篇《德充符》提出“全德为至人”的标准。他训德为和：至人“游心乎德之和”，而要才全而德不形。他说：“何谓德不形？曰：平者，水停之盛也。其可以为法也，内保之而外不荡也。德者，成和之修也。德不形者，物不能离也。”德充于内，而不形于外；遗其形骸，而与物为春。修养到（大）和的境界，便是全德。《庄子》外篇时时把道与德相提并论，《庚桑楚》云：“道者，德之钦也；生者，德之光也。”按《谥法解》：“威仪悉备曰钦。”这无异说德的总和便是道。《徐无鬼》云：“故德总乎道之所〔不〕一。”“道之所一者，德不能同也。”德者，得也；有所得则道之所一者已破而不完。失道而后德；道之所不一的才算是德；而道之所一者，德便不能同。道的层次，居德之上。又《缮性》篇云：“夫德，和也；道，理也。德无不容，仁也；道无不理，义也。”把德与道并举，说德为仁，指道为义，这似乎是后期儒家对《庄子》的解释。文中先德后道，可见在行文上先德后道，有时可以任意。虽然老庄之学主张先道而后德，基本上道的层次是在德之上，而在做文章的时候，可以把德放在道的上面；《天地》篇的先德后道正是同样的例子。《缮性》篇对世与道交相丧的理论，有深入的发挥；他的历史观是先道而后尚德，德又越来越衰，所以一代不如一代。他说："逮德下衰，及燧人、伏羲始为天下，是故顺而不一。德又下衰，及神农、黄帝始为天下，是故安而不顺。德又下衰，及唐虞始为天下，兴治化之流，浇淳散朴，离道以善，险德以行，然后去性而从于心。心与心识知而不足以定天下，然后附之以文，益之以博；文灭质，博溺心。"世愈下而道弥薄，德愈衰，以至离道而标榜以善，险德而博之以文。这无异说周不如殷，殷不如夏。《吕览·先己》篇所说先道后德，完全是道家的理论，和《庄子》并无二致。

金文如散盘，"道"字凡六见，皆作道路用。其字从首从行，其下或从止，又有从又的。其从又的如䣄鼎，曾伯簠亦相同。石鼓文有衜字，《作原章》言盩衜；《遨水章》云"遨衜既平""遨其周衜"，都指道路。《汗简》采《古文尚书》，道字有衜、衜二体。汉封泥有"衜人令印"。吴式芬等《封泥考略》谓即《汉书·地理志》之代郡道人县，以衜为道字。道字用作"原则""道理"的意义，在西周彝铭上可说是一无所见，仅是训为道路而已。后来由道路之义引申为道理，在《左传》常见天道、人道一类的字眼。到了道家，更把道字的意义扩大起来。从思想发展史来说，道的观念的诞生，应当在德的观念确立之后，所以德在先而道在后，才是思想发展的实际情形。

儒家及早期法家都喜欢用"道"字，《论语》说"志道、据德、依仁、游艺"（《述而》），已把道列于德之前。《论语》言道的地方极多；道的重要性在儒家思想亦占第一位。《孝经》所言"至德要道"只是行文的方便。至于法家管子之言道生天地，与老子同；《道法》篇言道生法，因为法家正是掌握道做总原则；法家"主道"的理论乃是采自道家的。

所以用道德二字作为联词的时候，事实应该是先道而后德，这是儒、道、法三家思想共同的地方。《老子》书《道》《德》二篇，照理仍应是先《道》后《德》，所以《史记·老聃传》云："老子修《道》《德》。""著书上下篇言道、德之意。"马王堆所出《老子》甲、乙本，《德经》放在前，《道经》放在后，乃是偶然的。

楚墓乙本《老子》卷前逸书四篇：《经法》《十大经》《称》《道原》，这都是战国由道入法的重要文献。对于道法相资为用，及法源于道的理论，有极重要的论证。

书中论道为太虚，能懂得太虚的道理，便“能通天下之精，得道之本，在握少以知多”（《道原》篇）。又说：“阳法天，阴法地。”地德尚柔，所以主张守雌（《称》篇）。

《黄帝四经》亦时时言“德”，《君正》篇云：“一年从俗，二年用德，三年民有得。”《大分篇》云：“天下大平，正以明德，参之以天地，兼覆载而无私。”强调用德的重要性。《四经》主要是以老学为基础，主张“玄德”；《老子》曰：“玄德深矣、远矣！”故此书在《大分》篇说：“王天下者有玄德。”理论重点是守雌，所以在《雌雄》篇上说雄节是散德，而雌节则为绔德。因为雄是盈（涅）之徒而雌是兼（谦）之徒。又云：“德积者昌，〔殃〕积者亡。观其所积，乃知〔祸福〕之乡。”仍是春秋以来的老调。

荀子对“天人之际”是主张分而不主张合的。他说：“故明于天人之分，则可谓至人矣。”（《天论》篇）他把天与人的界限划分起来。他说：“天行有常，不为尧存，不为桀亡。”（《天论》篇）正是针对天人行为相应说而开炮。他提出“天职”“天功”“天养”“天政”诸论点来解释自然运行的功用，并解释祸福的产生是对“类”（可说是自然律）的顺、逆，完全把天与人隔开。这和儒家思孟一派主张的五行和合——德（天道）与善（人道）之统一，墨家的天志，道家庄周的“天德”，不以人灭天，与天为徒诸说，完全反腔背调，殊不易取得一般人的同情。再加上邹衍“五德终始、天人相应”说得到政治上的强有力支援，秦汉以来，“天人之际”论，甚嚣尘上，复主合而不主分，于是荀卿的《天论》遂成孤掌难鸣；要到了柳宗元、刘禹锡，才是荀氏的同路人。《黄帝四经》上亦谈到“天道”“天极”。《四度》篇说：“失天则几（饥），失人则疾。周迁动作，天为之稽，天道不远。”可说是对子产见解“天道远”的否定。在《国次》篇说：“禁伐当罪当亡，必虚（墟）其国。兼之而勿擅，是谓天功。”同篇又说：“过极失当，天将降央（殃）。”篇末说：“唯圣人能尽天极，利用天当。”天极一词，亦见于《管子·势》篇，这里的天极、天当、天功，完全和荀子意见相反。《四经》解释“文”“武”二字，《君正》篇云：“因天之生以养生谓之文，因天之杀以伐死谓之武。”又《四度》篇：“动静参乎天地谓之文，诛□时当谓之武。”都是从天道观点来解释人文现象。《黄帝四经》是战国前期末、中期初法家接受道家思想后的作品，和荀卿时代不相上下，可见在这个时代天道观仍不轻易接受荀学的观点。

七、结语

理性主义在西方的兴起甚迟，亦是从神道中解放出来，但是古代希腊是以客观知识为中心。中世纪教权掌握一切，人的地位屈膝于神的威灵之下；人之理性，无独立价值。个人的道德心，纯为教权所支配，只有他律，没有自律的可能。到了后来才有个人的发现。我的自觉，使“理性我”的自律说缓缓抬起头来，方才形成哲学上的理性主义。中国在西周贵族提倡明德、敬德的道理，在上则配合天命，在下则践履纯德，天与人相资为用。由春秋的“德礼”（以德合礼）发展到战国的“德法”（以德配法），从礼治到法治，都是一贯地以“德”作它的内涵。

天神是辅导人，而不是控制人、约束人的；在中国，人没有原罪，不必在神的面前赎罪。人如果能自觉地遵从德礼去行事，已可说是自我肯定（self affirmation）了。可是天（神）对人，仍有所预感，有所儆戒的。天会示人以“祥”“异”。祥有吉与凶的双面性——即是德祥和灾祥。人君有至德，则瑞物出现；有凶德，有山崩川竭日食等灾异发生，表示天对其有所警告，《易》所谓“视履考祥”，后人谓之“卜征考祥”（张衡《东京赋》），都是这个意思。把德与符应的关联连起来讲，正构成邹衍政治道德学的基本骨干，发展成为秦汉以来的新的生命说和德运论。

自春秋以来，民人的地位提高，人道与天道可以对立看待。天道远而人道迩，孔子言“道”，而少言天道；从切近的人事方面着力，渺茫的天和不可知的鬼神，逐渐为儒家所略视。原有的畏天、尊天的思想，发展为儒家的则天、同天、顺天。到了荀子遂以制天为主；天神的地位反屈居人之下，人本的理性主义，可谓发展至最高峰。可是另一方面，阴阳家的兴起，承接原来的敬天传统。“序天地四时之大顺”（司马谈《论六家要旨》），以天律人，而道家的庄子，反对以人灭天、天与人分的理论，复变而趋于“天人相合”，邹衍一派之说，得以风行。春秋以来理性主义的发轫，其特别成就在于思辨的推理方面。名家在这方面的努力，为儒、墨、法各家所吸收。阴阳家亦主张符验，但所验的不在事物的自身，而在“天人之际”的验证。邹衍的方法，是“必先验小物，推而大之，至于无垠”。验小以推大，好像很接近科学方法了。《黄帝·素问·举痛论》：“五帝问曰：‘余闻善言天者必验于人。’”又《气交变大论》：“余闻之：‘善言天者，必应于人；善言古者，必验于今；善言气者，必彰于物；善言应者，同天地之化。’”这种“验”变而为“事征”，邹衍论“验”之意义，变而为“符应”之先兆（omen），后世谶纬即由此而兴。《说文》云：“谶，验也。”纬书亦多以验为名，如《易通卦验》《尚书帝命验》，即其著例。荀学之失败，变质的理性主义遂为阴阳家气氛所笼罩。邹衍之学，部分为秦汉政治阶层所接受，进一步而谶纬之说复披靡一世。秦汉以来的“天人相应”论，“人”仍旧为“天”所限制；天与人的感应，其神秘性质，一如欧洲中古的“人神和合”，距离理性主义遂越来越远了。

参考书目

阮元：《诗书古训》。

《释敬》，见《揅经堂续集》。

傅斯年：《性命古训辨证》。

刘复：《帝与天》，见《古史辨》，第二册。

胡厚宣：《殷代的天神崇拜》，见《甲骨学商史论丛》初集。

《殷代的天帝与王帝》，见《历史研究》，1959（9）。

唐文治：《易忧患卦解》。

吕思勉：《皇帝说探源》，见《古史辨》，第七册中编。

杨向奎：《三皇考》，见《古史辨》，第七册中编。

《中国古代社会与古代思想研究》上。

缪篆：《显道——中国固有之道德》上册。

钱宝琮：《太一考》，载《燕京学报》。

徐炳昶：《五帝起源说》，见《中国古史的传说时代》第五章，增订本。

唐君毅：《先秦思想中之天命观》，载《新亚学报》二，二。

《中国哲学原论——原道篇》。

陈槃：《春秋时代的教育》，载《史语所集刊》，第四十五本。

关锋、林聿时：《春秋哲学史论集》

《老子甲本及卷后古佚书》

《老子乙本及卷前古佚书》，载《马王堆汉墓帛书》壹，线装二册，1974。

《老子》，见《马王堆汉墓帛书》，附释文，1976。

《经法》，见《马王堆汉墓帛书》，1976。

《孙膑兵法》，见《银雀山汉墓竹简》，1975。

津田左右吉：《上代支那人の宗教思想》，见《全集》，二十八卷，又《左传思想史の研究》。

池田末利：《释帝与天》，载广岛大学《文学部纪要》，第三卷，1953。

《天道与天命》上下，载广岛大学《文学部纪要》，第二十八卷、二十九卷，1968，1970。

《春秋合理主义の再检讨》，载广岛大学《文学部纪要》，第二十七卷，1967。

《中国固有の宗教と阴阳思想》，载《宗教研究》182 号。

《配天考》，见福井博士《颂寿集》。

山口义男：《春秋王道に关する一考察》，载广岛大学《文学部纪要》，第六卷，1954。

重泽俊郎：《支那古代に于ける合理的思惟の展开》。

小岛祐马：《古代支那研究》。

伊藤道治：《中国古代王朝之形成》。

鸳渊一：《满洲实录所见满洲族の天地との崇拜》（满文）。

高田真治；《支那思想刃研究——天の思想》。

S. Kierkegaard. *Philosophical Fragments*.

E. O. James. *Prehistoric Religion.*

J. Needham. *Time and Eastern Man.*

H. G. Creel. *The Origins of Statecraft in China* vol. Ⅰ（《西周帝国》，1970）《天神的源流》（黄俊杰译，《大陆》四五，四）

张钟元，*The Concept of Tao in Chinese Culture*，*The Review of Religion*，1953.

陈荣捷，*The Evolution of the Neo-Confucian Concept Li*（理）As Principle，载《清华学报》，新四，1964。

S. N. Kramer. Mythologies of the Ancient World.

F. M. Cornford. From Religion to Philosophy，1912.

G. Murry. Five Stages of Greek Religion，1951.

（本文与《天神观与道德思想》合为上下篇，参考书目乃两篇所共用。）

宋学的渊源

——后周复古与宋初学术

一、问题的提出

当前新儒学的讨论成为热潮，国际学术界对于宋学特别重视，因此对于宋学如何形成应有重新认识之必要。法国 L. Vandermeersch 教授曾问我宋代儒学是怎样产生的，这一演讲即对他的发问提供一些个人的看法。

记得陈寅老在审查冯著《中国哲学史》的第三报告书中曾约略提出一点意见，他认为智圆提倡中庸、自号“中庸子”，均在司马光写《中庸广义》之前，似应为宋代“新儒学”的先觉。冯先生亦采用其说。宋代已有所谓“新儒学”是寅老首先提出来的，他把宋代新儒学的先觉人物的美誉颁给智圆，然而智圆是否真的能担当得起呢？这还是有问题的。

我们仔细考察历史，宋代初年以“中庸子”为号的实际上最早是陈充。《宋史》卷四四一《文苑三》：

> 陈充字若虚，益州成都人。……唐牛僧孺著《善恶无馀论》言尧、舜之善，伯、鲧之恶，俱不能庆殃及其子。充因作论以反之，文多不载。……自号中庸子。上颇熟其名，以疾故不登词职。临终自为墓志，有集二十卷。

牛文见《全唐文》卷六八二，充文反不传。《全宋文》卷一〇一据《藤县志》录陈充《子思赞》，有句云“忧道失传，乃作《中庸》。力扶坠绪，述圣有功”，足见其揭橥“中庸”年代在智圆之前。［智圆卒于宋真宗乾兴元年（1022），陈充则卒于大中祥符六年（1013），年七十。充于太宗雍熙中登进士，乃智圆的前辈。］宋初儒者邢昺于景德间曾指壁间《尚书》《礼记》图，指《中庸》篇而言（《宋史·儒林·邢昺传》），所以不能说重视《中庸》是出于释氏的提倡。

二、贬佛与崇儒

唐代三教平行，彼此之间并无轩轾，在朝廷上可以一起讲论。五代之季，周世宗最重要的措施是贬佛。

显德二年（960）敕天下寺院非敕额者悉废之。又禁私度僧，禁僧俗舍身，令两京及诸州每岁造僧账。是年天下寺院存者2694，废者3336（《通鉴》，页9257），是时统计僧数42444，尼数18756。世宗对佛寺予以种种限制，命民间铜器可销佛像为之，给释教以极大的打击。

周世宗是一位极端破除偶像的人物，他曾对群臣说道：“勿以毁佛为疑。”他说：“佛以善道化人，苟志于善，斯奉佛矣。彼铜像岂所谓佛耶？”唐代三教平行之局面遂被打破。他好像很信任王朴的规划，遂大举制礼作乐，有几件大事值得一述：

> 显德三年八月，端明殿学士王朴、司天监王处纳撰《显德钦天历》。
>
> 显德四年正月庚午，诏有司更造祭器祭玉等，帝国子博士聂崇义讨论制度为之图。（页9564）
>
> 同年九月，中书舍人窦俨上疏，请令有司讨论古今礼仪，作《大周通礼》，考证钟律，作《大周正乐》。（《通鉴》，页9571）
>
> 显德五年十一月，敕窦俨编集《通礼》《正乐》二书。
>
> 显德六年正月，王朴疏称：“陛下武功既著，垂意礼乐。以臣尝学律吕，宣示古今乐录，命臣讨论。”
>
> 广顺三年六月丁巳，《九经全书》刻版完成，共二百七十七

卷，历时二十八载。

由上述诸事，可见世宗提倡儒学，注重礼乐的热忱，可惜他短祚，还没有完成这些工作就发生了陈桥兵变，紧接着太祖御宇，这些工作成果就都转为宋人所有，成为宋代的业绩。上述这些人物如聂崇义、窦俨等，都变为宋的臣子了。

三、儒学史上最重要的一件事——《九经》刻版的完成

先是田敏于周广顺元年以尚书左丞身份出使契丹（9457 页）。《通鉴·后周记二》云：

> 自唐末以来，所在学校废绝，蜀毋昭裔出私财百万营学馆，且请刻版印《九经》，蜀主从之，由是蜀中文学复盛。初唐明宗之世，宰相冯道、李愚请令判国子监田敏校正《九经》，刻版印卖，朝廷从之。广顺三年六月丁巳板成，献之。

胡注云：

> 雕印《九经》，始二百七十七卷，唐明宗长兴三年，至是而成，凡涉二十八年。

按《通鉴》云：

> 长兴三年（932）春二月辛未初，令国子监敕定《九经》，雕印卖之。（9065 页）

由是可知，田敏负责此事历时凡二十八载。

自五代至宋初，《九经》有雕版刊行，并以《九经》施教、考试。乾德中，孙奭、孔维即以《九经》及第。

四、宋初之礼学

北宋礼学盛行，承后周未竟之业。《宋史·礼志》云："即位之明年，因太常博士聂崇义上书重集《三礼图》。"《宋史·儒林》："崇义于显德间，论禘祫之礼，宋初张昭奏与聂氏讨论祭玉尺寸，引及隋牛弘之《四部书目》，内有《三礼图》十二卷，开皇中奉敕撰。"崇义此书盖显德四年正月庚午奉诏撰集。今新定《三礼图》前有序，末云："其新图凡二十卷，附于《古今通礼》之中，是书纂述之初，诏（窦）俨总领其事。"俨即于周时撰《大周通礼》者。

宋初礼学著作可记者有下列诸书：

《通礼义纂》一百卷，见《太平御览引用书目》，即此。

《开宝通礼》二百卷，建隆三年表上，有窦俨序，即依《大周通礼》增修。

以后陈祥作《礼书》，集其大成，书今尚存。

五、宋学渊源之地域性——蜀学与南唐学术

五代之际，西蜀与南唐有一段时间略可休养生息，文风亦盛，人才辈出。宋有天下，众之所归——蜀士与唐儒相继仕为宋臣，如张镒、张洎及徐铉，其尤著者。

窦俨校正《三礼图》序称："博采《三礼》旧图，凡得六本。"据李至《三礼图记》，此六本者乃"张镒、洎诸家所撰，凡六本"。

张洎博览群书，长于考据，《宋史》记其读"亢龙有悔"，征引碑记传赞，以作证验，读之正如清人臧镛之著述，开汉碑征经之先例。

来自蜀者如句中正（益州人），孟昶时馆其相毋昭裔，昭裔奏授崇文馆校书郎，中正精字学，太平兴国二年，被诏详定《篇》《韵》，四年副张洎使高丽，与徐铉重校定《说文》，模印颁行（《文苑》卷三）。蜀人林罕著《说文》二十篇，目曰《林氏小说》，刻石蜀中。故知宋学

中实包含蜀学与南唐之学。

六、宋学中的汉学

初期之宋学不是全讲义理，反而注重文字、声韵、校勘之学，与清代乾嘉学风很是接近，而这方面的著作，在北宋的学术界却大放异彩。举例言之，太宗雍熙三年，徐铉奉敕与句中正、葛湍、王惟恭同校正《说文解字》。吴淑云："取《说文》有字义者千八百馀条，撰《说文五义》三卷。"徐锴有《说文系传》《说文解字韵谱》，铉为序（见《徐铉传》）。其后神宗与太原王子韶（圣美）论字学，留为资善堂修定《说文》官（《宋史》卷三二九《王子韶传》），可见北宋君主对《说文》之留心与提倡。影响所及，邻邦高丽亦有《说文正字》的刊行。该书有高丽国十四叶辛巳年号，即肃宗六年，相当于徽宗建中靖国元年(1101)。

以韵书论，宋重修《广韵》，凡26194言，191692字（景德四年十一月敕）。景祐中，复诏为《集韵》，《太平御览引书》有《集韵》，似其书先成。

治平四年，司马光上《类篇》，其序云："字书之于天下，可以为多矣，然而从其有声也而待之以《集韵》……从其有形也而待之以《类篇》。天下之字，以声相从者无不得也；天下之字，以形相从者无不得也。"《类篇》即"以《说文》为本"，编制全仿许书。

七、《四书》学的发轫

最近学人每每说，唐代《五经正义》没有完成任务，宋儒用《四书》代替《五经》（任继愈说）。《四书》是否果真能够代替《五经》，是很成问题的。由于周之贬佛，佛门大德亦有不少攻习儒书，且有著作，像僧赞宁（《宋高僧传》作者）便有《论语陈说》一书（《经义考》卷五二），后来若智圆有《中庸子传》（《闲居编》）、释嵩著《中庸解》（《镡津集》卷四），冯著《中国哲学史》已经提及，认为是《四书》学的先导。我个人则以为《学》《庸》二书的独立研究，似乎由司马光开始倡导。光著《大学》及《中庸广义》二书，朱彝尊云："取《大学》于《戴记》讲说，而专行之，实自温公始。"（《经义考》卷一五六，参拙作《固庵文录》，156页。）我觉得北宋人似乎对《小戴记》特别发生兴趣，可以宋庠一故事证之。庠的母亲钟氏梦一道士授以一书，并说以遗尔子。这本书便是《小戴记》，道士即是许真君（或即许逊，见《宋史》卷二八四《宋庠传》）。其实把《礼记》里面的某一篇取出来单行的，始作俑者是宋太宗，他曾令以《儒行》篇刻于版，即赐近臣及新第举人，张洎得之上表称谢，此事见《宋史》卷二六七《张洎传》。

八、馀论——官学与私学之分合

宋太宗对经学的提倡，详见《李至传》。太宗本人是一个大学者，他贯通三教，著有《朱邸集》《御集》等。现存日本弘教书院重经刊《大藏经》保存有他的《逍遥咏》十一卷、《缘识》五卷，俱见他的思想之含弘广大、融儒合道；他又有《莲花心轮》回文偈颂，远播及于边郡敦煌（见S.四六四四、P·三一三〇）。自著《注语》，具大悲愿，合归善道。此类长篇巨制，已收入《全宋诗》首册卷二十二至三十八。又有《佛牙赞》一律。他本人虽兼通三教，而朝廷却仍然是注重儒术的。

谈学术史的人们，每每注意的是某一个重要的人物，而忽略了他周遭的种种关系，重视个人的某种成就，好像朱子在生前被目为伪学，直到理宗以后才给予平反，他的学术逐渐为若干时代的政府所采用，历元、明、清三个朝代而不衰，成为官学，因而才会对后代产生如此重大的影响。

周濂溪的学问也是经过朱子的肯定才确立下来，以至于位居宋五子的首领地位，事实上他在当时并没有什么影响（参邓广铭说）。

我们再看宋初儒术的形成。在建隆与太平兴国已成为官学，《九经》列入考试题目，为士人必修的科目，《礼记》自五代以来，即有“《礼记》博士”之设，《中庸》《儒行》在太宗时已出单行本（《大学》篇早已出现于敦煌写经卷中）。因此我们不能认为《中庸》是出于释氏的提倡。《礼记》列入官学，是北宋尊重礼学的表现。官学的影响自然要比私学更为重大，可见私学如果没有官学的推动，那是很难得到什么巨大的影响力的。

明代经学的发展路向及其渊源

明代经学一向被人目为空疏，从清人考证学的立场来看，自容易作出这样的评价，须知考证学的目的在求真，着力于文字训诂上的诠释，明人则反是，他们治经尽量避开名句文身的纠缠，而以大义为先，从义理上力求心得，争取切身受用之处，表面看似蹈虚，往往收到行动上预期不到的实效。

先是明太祖取婺州，召见宋濂、范祖幹、叶仪，他们都是金华人。范祖幹持《大学》以进，祖问治道，对曰："不出是书。"因命知府王宗显聘仪及濂为"五经"师。叶、范皆师许谦，叶语学者道："圣贤言行尽于《六经》《四书》。"（《明史·儒林传》以二人列首）其后宋濂官江南儒学提举，命授太子标经（《明史》卷一一五《兴宗传》）。其时明室尚未有天下，已用儒书作为储君必读功课。宋濂尝被召讲《春秋左氏传》，进曰：

> 《春秋》乃孔子褒善贬恶之书，苟能遵行，则赏罚适中，天下可定也。

太祖御端门，口释《黄石公三略》，濂曰：

> 《尚书》二典三谟，帝王大经大法毕具。愿留意讲明之。

尝问以帝王之学何书为要。濂举《大学衍义》（详《明史》卷一二八《濂传》）。

凡濂所揭橥《春秋》《尚书》，皆切于实用之政治哲学。以宋濂地位，对明开国时期之学术方向起了决定性作用，濂初从闻人梦吉通《五经》，后从吴莱学，受吴氏濡染最深。莱殁，濂撰《渊颖先生铭碑》。又有《谥议》一篇，解释"渊颖"二字之取义。云：

经义玄深，非渊而何？文辞贞敏，非颖而何？于是私谥曰渊颖。

莱所著书属于经术的有《尚书标说》（上卷）、《春秋世变图》（二卷），在他的《文集》卷十二中有关于"春秋后题"五篇，特别是《春秋通旨后题》，发挥元赵复著作大旨，畅谈如何读胡氏《正传》云：

欲观《正传》，又必先求之通旨，故曰史文如画笔，经文如化工。若以一例观之，则化工与画笔何异？惟其随事而变化。则史外传心之要典，圣人时中之大权也。

点出"史外传心"的不二法门。"化工"一语，见蔡沈《书集传》序："文以时异，治以道同。圣人之心见于书，犹化工之妙著于物，非精深不能识也。"学问渊微之处正在史外传心，文外见旨，所以"要求之通旨"，不能胶着于事相，经文不同于机械的画笔，故与徒记事的史文不同。这是治经顿悟的终南捷径。宋人开其窍，元儒因之。

吴莱在上文的下面，详细记述赵复当日被发投水被姚枢救出的经过。洪武元年，濂与王祎主修《元史》，于卷二一〇《儒学传》中，列赵复为第一人。传中文字与吴莱完全一样，对读起来，知濂即采自其师之文，据以立传。

赵复后来称为江汉先生，他是一位传奇性人物。元代崇儒，老实说，他是开山祖。他把所记程、朱著作经注，尽录以付姚枢。关键是杨惟中以行中书省事的地位之大力提倡"立宋大儒周敦颐祠，建太极书院，延儒赵复、王粹等讲授"（见《元史》卷一四六《惟中传》），当时姚枢即于"拔德安，得名儒赵复，始得程颐、朱熹之书"（《元史》卷一五八《枢传》），后来枢刊印诸经，才带起了许衡。没有杨、姚二人的倡导，北方根本就没有儒学。明开国的经学，经术与政治的深度结合，照样走着这一方向，赵复的路径影响到刘因，及于许谦，由是金华亦盛行其学。《刘因传》称："初为经学，究训诂疏释之说，辄叹曰：'圣人精义，殆不止此。'又曰：'邵，至大也；周，至精也；程，至正也；朱，极其大，尽其精，而贯之以正也。'"（《元史》卷一七一）从正大精微处入手，用今语来说，以宏观为重要，不太重视微观。宋濂的路径，正是如此。

值得注意的是宋濂主修《元史》，特别削去《文苑传》，他提出的理由说道：

> 前代史传皆以儒学之士，分而为二：以经艺颛门者为儒林，以文章名家者为文苑，然儒之为学一也。《六经》者，斯道之所在，而文则所以载道者也。故经非文无以发明其旨趣，而文不本于六艺，又乌足谓之文哉？由是而言，经艺、文章不可分而为二也明矣。

宋濂力主"经""文"合一的道理，他在《渊颖先生碑铭》中有极精彩的言论，他说："自文气日卑，士无真识，往往倚人之论，以为低昂。惟渊颖经义渊深，文辞贞敏，足以药其病。"他把道与文合而为一，反对世间把文学与道的隔离分割，可谓极端的"文以载道"论者。明代文学趋向，偏于复古，和宋濂揭橥其师渊颖经文合一的相兼之说，不无关系。取消《文苑传》，把文与经尽量挂钩，这是明代学术新的总路向。

"道在六经"是明人的通旨，降至季世，文家的归有光，思想家的费密，无不皆然。永乐时，《大全御纂》序云：

> 圣人之道在六经……使天下之人获睹经书之全，由是穷理以明道，立诚以达本。

道在六经之内，舍经无从知道，道学即是经学。元人为《宋史》立《道学传》，明人却认为多此一举，以后亦不再标榜了。经外无学，成为明代士人学者的共同认识。"明太祖起布衣……而儒之功不为无助也，制科取士，一以经义为先。"（《明史·儒林传》总序）明代因承元人的旧规，以经义作为天下考试的教材。

成祖永乐十二年，遂命胡广、杨荣等纂《五经、四书、性理大全》（《明史·金幼孜传》）。由于成书太快，只有十二年九月至十三年九月几个月的工夫。成祖十二年北征瓦剌，皇长孙从，命广与荣、幼孜军中讲经史（《明史·胡广传》），可能是时《大全》正开始策划。胡广乃以左春坊大学士作为此书的负责人。记得成祖初即位，翰林坊局至讲书太子东宫的讲座人物为：

解缙	《书》
杨士奇	《易》
胡广	《诗》
金幼孜	《春秋》（进《春秋要旨》，见《明史》卷一四七《金幼孜传》）

解缙列于其首。缙于洪武二十一年上封事万言书，力劝太祖不宜观看《说苑》《韵府》诸杂书及《道德经》《心经》之类，宜专心儒学，愿集一二志士儒英……随事类别，勒成一经（《明史》卷一四七《缙传》）。《大全》的编纂，和他先时的倡议，不无因缘，他又为姚广孝主修《永乐大典》（《明史》卷一四五《广孝传》）。他于八年得罪，修《大全》在十二年，他仍在囚中，是役他不能参与，此书因而马虎成事，十分可惜！

胡广虽为修撰，乃善谀之人物。永乐十四年，进文渊阁大学士。帝征乌思藏僧作法会，广献《圣孝瑞应颂》，帝缀为佛曲，令宫中歌舞之（见《广传》）。按此曲为一厚册，原本尚存，港、台均有其书。广似为诗较专门，实非通儒，以生性缜密，故得到信任。《大全》之编制，因陋就简，剿袭成书，与唐人《五经正义》相去万里，故深为后儒诟病。顾炎武讥“弘治以后，经解皆隐没古人名字，窃为己说”，因有“《大全》出而经义亡”（《日知录》中“书传全选”条）之叹。向来以明经取士，把经学弄成教科书式的工具，作为士人入仕的“敲门砖”，汉、宋皆然，明人取士，仍循这一老套，只是不遵古义，往往自标新解。王安石说："本欲变学究为秀才，不谓变秀才为学究。"八股文的弊病，最后只剩下舞文弄墨的伎俩，既不成为秀才，又够不上学究，但养成一班有巧妙的高度表达能力的文章作手。现代的专家式教育，通过考试制度培养出来的人物，往往只晓得查书，而未必真能读书，连文字表达技巧，有时都办不到，制度害人，古今是一样的！

以上但就官修《大全》所造成的流弊论之。然明代经学家亦不无豪杰特出之士，不能像皮锡瑞在《经学历史》中一概加以抹杀。其时特出的著述，在方法上表现有若干特点，大略可称述者：

一、重旨义

注重经书的内涵意义，即吴莱所谓"求其通旨"。故著述每用"义"或"旨"字标出作为书的名称，以《春秋》为例，如金幼孜的《春秋要旨》、丞相高拱的《春秋正旨》。高书以为"朱子以来，说《春秋》多穿凿，欲尊圣人而不知所以尊，推论《春秋》乃明天子之义，非以天子赏罚之权自居，非圣人自书其功"，深斥胡《传》以天子自处之非。直抒胸臆，足破向来误说者的痼疾。

其以"义"为书名的，有姜宝的《春秋事义全考》（十六卷）、高攀龙的《春秋孔义》、卓尔康的《春秋辨义》。谈《春秋》要分其事、其文、其义三方面。作者认为《春秋》多直书而其义自现，未必尽以一字求一义。康书则分义为经义、传义、书义，兼及时义、地义，持论颇平正。又如熊过的《春秋明志录》（十二卷）、徐学谟的《春秋亿》，熊氏信经而不信传，其序称"道存乎志，志明诸言，故以明志为名"。以上各种均见《四库》著录。

二、尚稽疑

明人富有怀疑精神，自王室，以至布衣，都善于采取这种治学方法。其以"稽疑"为书名的，像周藩、朱睦㮮的《五经稽疑》（八卷）、

《春秋诸传辨疑》(四卷)，著《天中记》与《正杨(慎)》之陈耀文的《经典稽疑》是。睦㮚五世祖有熑著《道统论》数万言。㮚承家学，取《易》《书》《诗》《礼》四经，有疑者参订诸家而折中之。

《尚书》有正德时马明衡的《尚书疑义》。衡为王守仁门人，说经不免阑入时事，滥发一己之见，而以心学为主，如云："人心即人欲，道心即天理。人欲易肆，故危；天理难见，故微。"仍有取于蔡沈《书集传》序"治本于道，道本于心，得其心则道与治固可得而言"之论。

关于蔡沈《书集传》，元初有张葆舒之《订误》、黄景昌之《正误》、程直方之《辨疑》、余芑舒之《读蔡传疑》，袁仁之《考证》攻错者多。元延祐三年，陈栎著《书传折中》，亦论蔡氏之失。及明太祖考验天象，知其不合，著《七曜天体循环论》，以斥其非(《全明文》，148页)。洪武十年三月，与群臣论蔡《传》之误，刘三吾乃奉诏撰《书传会通》六卷，于二十七年四月丙戌，诏修其书，以九月己酉，五阅月而成(《四库提要》)。对《古文尚书》多所考证，引起后人之重视。明初诸帝留心天文，对经书关怀切至，太祖有以启之。仁宗洪熙元年三月，赐三公六部尚书《天元五历祥异赋》，其书保存重要天象记录，日本内阁文库有明抄本。

自宋吴棫、朱子、吴澄对《古文尚书》怀疑其伪，梅鷟因著《尚书谱》(有清抄本)及《尚书考异》，近贤多已从事深入研究(傅兆宽且为之《证补》)，不必多赘。与梅氏同时连江陈第特著《尚书疏衍》四卷，与之论难。焦竑报书，赏其段段惬心，言之破的，引证诸多有据，而排其深诋前人。是梅书在当时反应不佳，平心而论，梅氏断郑冲未见过《古文尚书》，谓出自皇甫谧。清崔述疑古最勇，竟谓《古文尚书》传授有关苏愉、梁柳、梅赜三人，皆子虚乌有，今经学人仔细考索，诸人均见诸记载，崔氏未深考，遽作是说，不免空疏。郭璞注《尔雅》，明引《尚书》孔《传》,《孔丛子·论书》篇引"孔曰"六宗说，同于刘昭注引司马绍统取"安国按"之语，不能谓晋时无孔《传》，故《古文尚书》及孔《传》问题，还是一个问题点，还有待更好的研究(参李学勤说，见《冰茧彩丝录》，491页)。

三、《春秋》为刑书

自宋濂推重《春秋》，对太祖云："苟能遵行，则赏罚适中。"《春秋》的实用价值有如断案，明儒因之有《春秋》即刑书之说，湛若水著《春秋正传》三七卷主之。其言曰："《春秋》，圣人之刑书也，刑与礼一，出礼则入刑，出刑则入礼。礼也者，理也，天理也。理也者，天之道也，得天之道，然后知《春秋》也。"明人治《春秋》，以胡《传》为主，明初驳胡之论遂夥。湛若水谓："《春秋》一书与所以褒贬去取之意，除非起孔子出来，方得原意。"宋儒论书法偏于理而忽于事，鉴戒多出于主观。所有经部著述，以《春秋》与《易》为最繁杂。《易》道广大，无所不包，宇宙一切事物，无不可援《易》以立论。《春秋》具列事实，人人可治，一知半解，设论滋多，夫子删述，何由知其是非？无案可稽，则言《春秋》等于射覆矣。以二经论著之多，其故即在此。

四、《乐经》论著特出

明代治礼不多，《四库》著录，《礼记大全》之外，只收黄道周《月令》《表记》《坊记》《儒行》数种，礼图则收刘绩及黄佐《乡礼》，如是而已，馀皆入存目。唯乐类最为特出，颖异奇瑰之作，且迈越前古，《四库》著录：韩邦奇《苑洛志乐》、倪复《钟律通考》、黄佐《乐典》（三三卷），《明史》佐传赞是书泄造化之秘。《四库》则讥其以一声列为一调之非。其最为振奇之论著，无如朱载堉之《乐律全书》，彼从数理发明十二平均律，论者称其大有造于科学史，至今攻治者极多，其言"信其可信，疑其可疑，是其所是，而非其所非"（《审度》篇），诚学术上之谠言。载堉为郑王厚烷子，王以罪削爵，锢于凤阳，载堉痛父之见系，筑土室宫门外，席藁独处者十九年，成斯巨著。其苦心孤诣，发愤而作，故能独绝于世。此外，《四库》乐经存目亦有二十六种之多。足见当时对乐律研究，成就之卓越。

《四库》经部开端提要论历代经学之弊，自宋至明，有悍（如吴澄、王柏之改经）、党（如王柏删《国风》三十二篇，许谦、吴师道以为非）、肆（如王守仁之末流）。以上三失，皆流于蹈虚，故清儒救之以实，引古义为参决，而其弊也琐。按上列三失，明人即因赵宋之旧习，诚中其要害。至若征实，明人未尝无之。明太祖以蔡《传》证之天文，知其差失，即其著例，余谓明代经学家最大毛病，无如妄改及作伪。王柏删《诗》，太祖删《孟》，其《孟子节文》日本内阁文库有明写本，令刘三吾刊削文句，令人啼笑皆非。作伪之例，如丰坊诸《世学》，钱谦益早已揭出为坊所伪。又若孟经国之伪本《孟子外书》，乃据姚士粦伪本，林庆彰君言之甚悉。其他应指出的，如杨时乔之《周易古今文全书》二一卷，香港大学有其书，所记古文字，依据《六书统》《六书精蕴》《同文备考》，企图恢复古文旧观，其意可嘉，而其术至劣，容当另论。

"义理"一词，本出于礼，所谓"义理之文"原义是指礼之实行而有光辉成就者（参拙作《史与礼》），非谓抽象的理论，清人区别学术作三分法，分为考据、义理、词章之学，考据仅是一种分析方法，非学问的本身。依宋濂所说，道与文不能分割为二，则词章只是绣其鞶帨，为"道"的外面包装而已。清人三分说，衡以宋濂的见解，是难以成立的！

元明人治经，最重要还是实践功夫。薛瑄说："考亭以还，斯道大明，无须著作，只须躬行耳。"（《明史·儒林·薛瑄传》）王阳明所以主张知行合一。宋濂门人方孝孺，名其读书之庐曰正学（本传），不肯草诏而走上求仁得仁的道路。嘉靖议礼一役，直臣死于杖下而贬逐，皆为正义而不顾任何牺牲。明儒讲道，随时可以殉道。李自成陷京师，倪元璐自缢，自言"死吾分也"（《明史》卷二六五本传）。刘宗周献祈天永命说，南都亡，绝食死，自言："独不当与土为存亡乎?"（《明史》卷二五五本传）黄道周举义旗而死，自言："此与高皇帝陵寝近，可死矣。"凡此皆正学、正气之所寄托，明儒为贯彻义理，在实际行动上表现可歌可泣的牺牲精神，这种殉道而舍生取义的行为，仿佛西方教会史上的圣者。明人所殉的道，确实是从经学孕育出来，是经学与理学熏陶下放射出的“人格光辉”，在人类史上写出悲壮的一页。明亡时候殉道的人数，萧山来镕撰《江东纪事·应天长》十首，其第十小序云：“诸生……俱以国变，或水或兵，慷慨赴义，盖不可尽数也。”（见《全清词》，214 页）可惜没有人做过统计。其可怖的程度，简直足以令人发指而眦裂的！

近世提倡新儒学的朋友们，似乎太偏重“知”的部分，勤于造论，而忽于笃行，知与行不免有点脱节，缺乏亲证，造诣与明儒之纯立于其“大”与“正”的精神，相去甚远。明儒是直接受到经学的熏陶的，明代经学的伟大地方，不在表面的道问学层次，这一点似乎应该作进一步的认识的。

甲　骨

《殷代贞卜人物通考》自序

有清之季，洹水炳灵，龟文呈兆，旷代未睹，一旦发冢，并出尘埃；既补亡之取资，尤沾溉之无尽。学者钻研其途多方，或师洨长以考文，或类广微之证史，无不锐心冥索，各立傀异。自董氏贞人之说行，然后分期断代，略有可循，而殷商遗事，晦盲否僿，近三千年莫之知者，乃得粗具端倪，寖且蔚为显学，亦一时之盛事也。

惟契文简质，通读匪易，单辞只语，咸是碎金，人地专名，罔由寻证，自非通体董理，爬梳抉剔，而欲综核名实，戛乎其难，宗颐研讨有年，窥测所得，窃以断代根柢，在于卜人，分人研究，当务尤急。惟有比次其贞卜之文辞，钩稽相关之人物，则时代序次，庸有脉络之可寻，融会旁通，庶免枘凿之难入；是故见[illegible]与宂内同版，知向隶文武丁之未安[1]，察泳有沚戓之贞，悟曩说第五期之难信[2]。凡所鰓理，稍异时贤，但求心安，非敢唐突。亦以前修未密，苴缀有待，是用属词比事，莫惮其劳，又卜辞为殷王室档案，所见人物，大都王之亲近，不出宗老小臣多子世妇之流，迹其名字，晦薶千载，《尚书》《殷本纪》《竹书》《人表》，概乎未闻者。历世绵远，凡兹钩索，未始不可补龙门之遗，苴兰台之缺，绍子氏之统绪，而激一代之风烈者也。

若夫殷礼无征，宣尼所喟。少牢特牲，乃诸侯卿士之祭[3]，肆献祼

---

① [illegible]与宂同版，见《屯甲》二三六一；与内同版，见《屯甲》二三四。又《屯乙》五三四七宂之卜辞言："乎取[illegible]刍。"知[illegible]宜属武丁时。

② 《库方》一五一一云："卜泳贞，今十三月，沚戓至。"同版又见卜人亘、宂等，原物现藏大英博物院，余复勘无误，永字旁明从水，与贞人咏同名。

③ 郑氏三《礼》目录。

享，惟《周官》凡目之存。杜君卿闲拾珠玑，凌次仲差具条例，欲以聚毳毛之冠，缀狐腋之裘，湮堕既多，望古兴叹而已。今者赖此契龟，粗得涯略，王宾之文，征诸《洛诰》，立尸之义，同乎《礼器》①。八命可证太卜之篇，莅卜亦符士丧之礼②，轩辕审兆，果见龟焦③，上甲作傩，载在《世本》。④ 他如“不兴”“惟农”之语，非《易》象《管子》莫由详⑤，合嗇大御之指，得《春秋》《公羊》而弥备。⑥ 凡此之类，留心古礼，固宜讲明，析疑抉隐，譬电坼与霜开，觅证寻源，每珠流而璧合，虽曰草昧之初辟，亦类泾渭之疏凿者矣。

宗颐束发受书，即耽《仓》《雅》，慕义之心方切，淑世之术长乖，坐阅日月之驰，弥深澒洞之叹，海隅留滞，淹忽十载。中间亦曾东走扶桑，西极罗马。曝蠹书于羽琌，索玄珠于赤水⑦，独行踽踽，窥古茫茫；冥搜遐想，惭无补于时艰，馈贫课虚，味深同乎画饼。惟是反覆龟策，耽思傍讯，非徒考史，盖以研经，冀循此途，参互证绎，庶几经文可通，三《礼》辨秩。曾谓不明故训，不甄典制，不通校勘，不娴文例，而欲尚论三古，譬诸绝潢以蕲至海，其道奚由。天下方毁经，相率侈于言史，本根之学既蹶，则皮傅奇邪之论滋起矣。余杭章氏谓说彝器款识之极，足以覆国，慨乎其言，可胜叹哉！

余书胪列旧辞，有类獭祭，钩稽名号，事等点鬼。自知绪烦而寡

---

① 立尸见《屯乙》六六九六，参《殷代贞卜人物》卷五。

② 俱详《殷代贞卜人物》前论。

③ 详《魏书》诸帝子孙传。焦即龟黓不兆也。《屯乙》四八二二及四七四一有“卜黓”语，其甲面俱不见兆。

④ 《太平御览·礼仪部》引《世本》云：“微作傩。”

⑤ 《屯甲》二一二四云：“岁卜不兴，亡匄。”《后编》下一一、一：“岁不兴，用。”《易》同人九三爻辞“三岁不兴”语可互证。“岁亩农”语，见《后编》上七、一一，《续编》二、二、一，《明义士》六六八。又云“岁今农”，见《明义士》四六。《管子·五行篇》云“岁农，丰年大茂”，可为卜辞佐证。

⑥ 《屯乙》五七八三：“合嗇，大钔于祖乙。”即《公羊》大事大袷之义。

⑦ 余于东西诸国所见甲骨，俱有载录。于扶桑有《日本所见甲骨录》，于法京有《巴黎所见甲骨录》，于瑞士则有《瑞士巴塞尔人种学博物馆所藏甲骨考释》，于英国则有《伦敦读契记》待刊，其重要者，散见本书各条下。

要，思劳而蔑功，玉少石多，其琐已甚。然而殷代荒邈，文献不足，仅此剩文，略可征信，故不惮䙫缕，撰为长编，以便来彦；所谓虫茧重厚，称其出丝，想读者之不我谴诃也。凡予所解悟与所考论者，未敢自信其是，当俟后之匡正。惟甲骨发现历五十年，丛碎繁赜，散无友纪，至于今兹，乃粗具条理，此则肇于余手，其中甘苦，治卜辞者类能道之，无庸余之烦言耳。戊戌秋饶宗颐自序。

论殷代之职官、爵、姓

设官置职，肇自虞夏，《礼记·明堂位》：“有虞氏官五十，夏后氏官百，殷二百，周三百。”历古相承，传其约数而已。郑玄注云：“夏后氏宜百二十，殷宜二百四十，不得如此记也。”（参贾公彦《周礼疏序》）亦属推测之辞。《礼记·曲礼下》云：“天子建天官，先六大。”考之周官，首立天官冢宰，《国语·楚语》云：“南正重司天以属神，北正黎司地以属民。”以神与民分掌，各有所属，如天地之划分。下土之设官，上天亦如之，犹后代天文上之天官，分为五区，天、人合应，然迹其所自始，殷代已然。

卜辞有“帝五臣”及“帝五臣正”“帝五玉臣”之文，录之于下：

（1）……𠦪侑于帝五臣，有大雨。

王有岁于帝五臣正，叀无雨。（《合》三〇三九一）

（2）庚午贞：秋，大雋……于帝五丰（玉）臣，血，……在祖乙宗卜，兹用。（《合》三四一四八）

（3）贞：其宁秋于帝五丰（玉）臣，于日，告。……入商。左卜㘥曰：弜入商。（《屯南》九三〇）

此条记大雋之事，证以他辞如：“〔壬〕戌贞：告秋雋于高祖夒六……”（《合》三三二二六、三三二二七）雋字亦作雟，卜辞屡言“雟众”“弜雟”（《合》三一九九四、三一九九五）、“雟众人”（《南地》一一三二），知雋与雟为同文，其作雋者乃雟之略形。雟众义指聚集众人。大雋者，应读为大雔，殆如《尚书·尧典》“旁逑孱功”之“旁逑”。《说文》“逑，敛聚也”，许氏引《虞书》此句。《诗·关雎》

“君子好逑”字亦借雔、仇为之。卜辞于秋收卜“大雥”（大聚敛），而祭于先公夔，又祭于天帝之五玉臣，天人协应之义也。

(4) 癸酉贞：帝五丰（玉）臣，其三百四十牢。
癸酉贞：于上甲。(《合》三四一四九)

帝五臣及帝五玉臣者，盖天帝之臣属。《虞书》：“修五礼五玉。”郑玄注：“执之曰瑞，陈列曰玉，谓三圭二璧也。”玉臣者，美词。《诗·文王》曰：“王之荩臣。”《逸周书·皇门》曰：“朕荩臣。”“玉臣”如荩臣之比。天帝之僚属有五。殷人已重视五数，频见“五族”“五鹿”一类之词汇。此帝五臣与帝五臣正，帝五玉臣乃正式之天官，卜辞或省称曰“帝臣”，如：“于帝臣，有雨。”(《合》三〇三〇九一)“惟帝臣命。”(《怀》八九一) 其祭也与上甲并祀，至用三百四十牢，祀典之隆已极，宁秋、侑岁、祈年之礼亦祀之，且必先于祖乙宗庙中占卜者。《礼记》云：“建天官在先。”此殷时“帝五臣”“帝五臣正”“帝五玉臣”一事，正足为其佐证。①

《曲礼》天官有六大，“大宰、大宗、大史、大祝、大士、大卜，典司六典。”郑玄注：“典，法也。此盖殷时制也。”陈澔谓：“六者所掌重于他职，故曰先。”盖皆事鬼神司祭祀，因“殷人尊神，率民以事

① 五官之说，自来纷纭难定，清金鹗《求古录·礼说》有《五官考》一文，谓五者设官所以代天工，故其制必法乎天。又谓六官始于周，自周以上皆五官。其《礼说》卷十三言：“月令，春帝太皞至冬帝颛顼，此天帝之名也，伏羲、神农、轩辕、金天、高阳五人，帝似五德迭兴，故亦以五天帝为号，若《月令》所言天帝也。”金氏强作区分，以二者一为天帝，一为人帝。高阆仙《文选义疏·西都赋》“事勤乎三五”句下引其说，谓金氏之说为是。

章太炎有《驳金氏五官考》，则引《逸周书·大明武解》顺天行五官，及《国语·楚语》：“古者有天、地、神、民、类物之官，谓之五官。”以为五官者非《曲礼》所举之五官甚明，若《大戴礼·千乘》篇云：“设其四佐列其五官。”则四佐者，卿也，五官者小卿也。遂谓：“《曲礼》所书本诸口说，由诸侯五小卿事展转致误。晋国军中五官为司马、司空、舆师、侯正、亚旅，与五小卿又殊。”（详见《章太炎文录续编》）盖五官得名本有多端。今由卜辞之有帝五臣正各条观之，殷之有五官，正是不易之事实。

神”（《礼记·表记》）故也。今征之卜辞，六大诸官名大致可考。惟冠以“大”字，则不常见。

（一）宰

（1）壬辰卜，宾贞：立三事，六月。（《合》五五〇六）

（2）乙未卜出贞：我三史（事）使人。

贞：我三史（事）不其使人。（《合》八二二正）

（3）辛亥卜争贞：登众人，立大事于西奠，玫……月。（《合》二四）

（4）乙未卜立事……右从𢦏，入左从𢦏。

……隹宰……从𢦏，不入右从舆。十二月。

贞：勿立事于南。

贞：不其西。

丙戌卜勿（刎）隹我，三㞢（右）不若。（《合》五五一二）

（5）丙戌其若

贞隹我三㞢（右）不若。十一月。

贞隹我三于来乙巳酢。

贞……隹……易（赐）十二月。（《合》二六〇九一）

（6）乙未……贞：立事……南，又（右）……中从……舆左……从由（曾）。（《合》五五〇四）

按第（4）（6）二辞皆乙未同日所卜，查核原片契书字体风格不一，但互勘可知实系同类记事卜辞。[1]《逸周书·尝麦解》记：“史导王于北

---

① 第（4）辞为牛胛骨，上端漶漫不明，说者多歧（见《类纂》，页346“左”条下，《综类》页32“立事”条下）。此片为明义士收藏（见《明》二三二四片）。“立事”与“宰”并举对贞，从《合》二六〇九一片“贞隹我三㞢（右）不若。十一月”。辞例与《合》五五一二正“丙戌勿隹我三㞢（右）不若”，同出一辞，两片文例、书法相吻合，疑属同版相衔接，正好缀合。因牵涉本文考证，极为重要，为便于辨认，特将缀合摹本和原片摹本附文末，以供参考。

阶，王陟阶在东序，乃命太史尚，大正（即司寇）即居于户西。南向，九州牧伯咸进，在中，西向。宰乃承王中升自客阶，作筴执筴从中。宰坐，奠中于大正之前。”不称大宰，观其坐而置中于司寇之前，恐非大宰莫属焉。其所奠之中为盛算器，卜辞言“中从”，大正近厅，在中，中庭也（朱右曾《校释》说）。

二十五祀小盂鼎：“三左三右，多君入服西。各周庙，……乙酉，□三吏□□酒……宾征邦宾陾，其旅服，东乡。”

作册令彝：“周公子明俘，尹三吏四方，受卿事寮。……令舍三吏命眔卿事寮，眔者（诸）尹，眔里君，眔百工，眔者侯、甸、男，舍四方令。”

按小盂鼎、令彝之三吏即三事。《尚书·立政》曰：“王左右常伯，常任，准人。”又云：“立政任人，准夫牧作三事。”《诗·雨无正》：“三事大夫，莫肯夙夜。”① “三事”一词可追溯至殷契，亦称三大事。《立政》称：“王左右常伯。”卜辞在宰莅事之后，分记右从、（中从）与左〔从〕，惜另同一辞字残缺，然可见朝列之分左、中、右。小盂鼎言三左三右，郭沫若《周官质疑》谓即《曲礼》之六大，未确。唐兰谓是《甘誓》之六卿，亦称“六事之人”；又云：“左不攻于左，右不攻于右”，正是三左三右。殷代师旅分为右、中、左，“王乍三自，右、中、左”（《合》三三〇〇六）。此武官之制，卜辞有：“辛酉卜左𠂤，弜将，在右立。”（《合》二七八八四）知文官亦分左右列，周制承袭之，是辞记宰之莅事而领导左右，一辞称我，乃宰之自称，此宰前虽无大字，可能是大宰。安阳后冈出土有宰鼎。殷器又有宰椃角、宰甫卣。

他辞又有宰丰刻辞记：“王田于麦菉，锡宰丰窶策小䭓祝，在五月，隹王六祀，肜日。”（《佚》五一八）王曰：“则大乙，𩁹于白禁，肩

① 《诗·雨无正》“三事大夫”，《正义》引《春秋传》曰：“王命委于三吏，谓三公也。”三吏应读为三事。两汉皆以三事直指三公，韦玄成诗“于赫三事”，颜注：“三事，三公也。”《后汉书·徐稚传》“若使擢登三事”。注“三事，三公也”。其例甚夥。今观卜辞“立三事”“我三事”诸文，正以三事指三公，远源可追溯至殷。

（侑）宰封。”（《合》三五五〇一）是宰亦参与彤日及則大乙之祭仪，而但称曰宰。

（二）宗

古代祝、宗联称。《墨子·明鬼下》记立下坛、菆社之后，必择国之父兄慈孝贞良者，以为祝宗。《乐记》：“宗祝辨乎宗庙之礼。”盖为掌礼之官，天子谓之宗伯，诸侯以下，亦曰宗老。（《国语》：“鲁公父文伯之母飨其宗老。”）或通称宗人（《仪礼·士冠礼》）。周礼有都宗人、家宗人。卜辞示（宗）字多见，其涉及官名者，有如下列：

（1）……卜宾贞：骨克般工示（宗）。[illegible]取，侑……（《合》一四九一一）

工宗或单称亍，似即官名之宗。

卫宗：

（2）令郭以多射卫示，呼[illegible]，六月。（《合》五七四六）

巫宗：

（3）辛……巫示……庚允。（《合》二〇三六五）

天宗：

（4）贞天示牧鬲，不用。（《屯南》六四三）

仅称“宗”者：

（5）辛酉卜……贞：叀示其栅（册）御，十二月。（《合》二五〇三二）

（6）己巳贞：示先入于商。（《合》二八〇九九正）

（7）癸亥，示先羌入。（《合》三二〇三九、三二〇三六，

《怀》一六四四)

(8) 贞夕,至示。(《合》一一八五八)

(9) ……叀……祝用成。……岁祖乙牢　牛白豕。……示贞:三小牢,卯子祝岁。(《合》一九八四九)

各辞所见,是否官名,因仅一见,不易遽定。“示”原义为宗庙,如“其乍亚宗”(《合》三〇二九五),与“亚”对举,卜辞有:

(1) ……卜……孙辛在示。(《佚》四二五)

(2) ……不孙辛在亚。(《甲》三〇五〇)

示字读为“宗”,则有长之义,如祝宗之比,则卫示,巫示,或指卫及巫之长。惟大宗之为官名,确见于卜辞,文云:

(1) 王在兹,大示左。(《合》八一六反)

谓大宗在王之左。《逸周书·尝麦解》记:“亚祝迎王降阶,即假于大宗少宗少祕于社。……大祝以王命作策告大宗。”大宗即大宗伯。周之大宗,有时得称为上宗,其例见《尚书·顾命》,记康王践祚仪式云:“太保、太史、大宗皆麻冕彤裳,太保承介圭,上宗奉同瑁由阼阶跻,太史秉书由宾阶跻,御王册命。”郑玄注云:“上宗犹大宗,变其文者,宗伯之长,大宗伯一人与小宗伯二人,凡三人。使其上二人也。一人奉同,一人奉瑁。”(孔氏《正义》引)“同,酒杯。”此上宗如郑玄说,即周之大宗伯矣。惟卜辞屡见上示,与下示对言,盖指宗庙之上下,而非官名。[①]

(三)史

卜辞史为官名者,有下列诸号:王史、亚王史、㝬史、御史等。

① 曹定云:《论殷墟卜辞中的上示与下示——兼论相关的集合庙主》,见《中国考古学论丛》。

言及大史有三条：

(1) 壬辰卜宾贞：立三大史，六月。(《合》五五〇六)
(2) 贞：叀大史夹令，七月。(《合》五六三四)
(3) 己卯卜贞：叀大史。
己卯卜贞：叀小史。(《屯南》二二六〇)

《屯南》一条大史与小史并见。他辞亦云“叀小史”(《合》三二八三五)。《周书·酒诰》：“矧大史友、内史友。”复有大史寮一名，卜辞言：“其叀大史寮令。”(《合》三六四二三)又一条：“大史其遷。”(《邺》三，三九，二)

(四) 祝

大祝，主祭祀读赞辞者(《说文》)，卜辞祝字甚多，用为动词，大祝一名则未见。周成王时有大祝禽方鼎。又长由盉铭云：“井(邢)白大祝射。”邢伯乃周穆王时大祝。殷卜辞祝每省作“兄”。其为官名之祝，大略如下：

(1) ……丅(宗)兄。(《合》一五二八一)

《周语》单子引述《秩官》官名有“宗祝”，亦称祝宗；《左传·成公十七年》：“使其祝宗祈死。”又《左传·襄公九年》：“祝宗用马四墉，祀盘庚于西门之外。”祝宗与宗祝义同。

兄史：

(1) 丙申卜，母……犬，兄史……(《合》二一〇三七)
(2) 上甲，史其祝父丁必(闷)。(《合》三二三九〇)
(3) ……卜，大乙史……祝。(《合》二七一二七)

祝与史古每连用，《左传·桓公六年》：“祝史正辞。”

册祝：

(1) 丙午贞：彡，尸，册祝。(《合》三二二八五)

(2) ……卜𠦪(拜)祝册……毓祖乙，叀牡。(《合》二四五九)

(3) 册祝。(《合》三〇六四八)

上述三辞祝字均从示作祝。《尚书·洛诰》："王命作册逸祝册。"语同。卜辞亦作册祝、𠕋祝(《合》三〇六四九)。按《周礼》："大祝，掌六祝之辞以事鬼神示。六曰筴祝。"郑注："筴祝，远罪疾。"孙诒让谓正字当作册，与卜辞合。书于简册以告祖先，故曰册祝。

又有"兄(祝)亚"之名，云：

(1) 祝亚束𩵦。(《合》二二一三〇、二二一三七、二二一三九)

此惯语数见，祝之次位者曰祝亚。《逸周书·尝麦解》："王命大正(即司寇)正刑书；爽明，仆告既驾，少祝导王，亚祝迎王。"亚祝即卜辞之祝亚。其他言祝者，有如下列：

祝二人：

(2) 辛亥卜：祝于二父一人，王受祐。

祝二人，王受祐，三人，王受祐。(《合》二七〇三七)

祝在：

(3) ……子卜，兄(祝)在必(闷)。(《合》三〇三六四)

(4) 癸亥贞：乞彡……兄(祝)在……不用。

翌乙丑，其彡，兄(祝)……兹用。

……兄小乙、父丁。(《屯南》六〇三)

祝至：

(5) 于父己，兄(祝)至。(《屯南》六一〇)

(6) 壬辰卜，兄（祝）至，至……（《屯南》七〇）
(7) ……兄（祝）至。（《屯南》二〇六九）
(8) 卜狄……兄（祝）至中宗……（《怀》一三〇二）

祝降：

(9) 允绅兄（祝）降。（《合》二〇四四〇）

祝往：

(10) ……己卜……于……兄（祝）往。（《合》一九二九一）

祝于：

(11) 己巳卜其启肩西户，祝于……（《合》三〇二九四）

乎祝：

(12) 弜乎祝。（《合》二七七九六）
(13) 乙巳王贞：启乎祝曰：盂方登人……（《合》三六五一八）

或言"祀祝"：

(14) 于之若，弜巳（祀）祝。（《合》二七五五三）
(15) 弜祝。（《合》三〇六七三）

以上为官名之祝见于殷契者，惟"大祝"则无之。

（五）士

卜辞士与事通，"士"一官名则未见。《尚书·立政》官名有庶常吉士，金文敫尊曰："丁巳，王在新邑，初餿工，王易敫士卿贝朋，用乍父戉尊彝……子黑。"唐兰引《广雅》："鸣，名也。《月令》：'聘名士。’子黑当是氏族名，此鸣士卿为子族，称父为父而不称考，疑是殷王士之一。”按此为成王时器，记之以备考。

（六）卜

殷契所见卜为官名，官有左卜、右卜、元卜，分别列举如下：

左卜：

（1）贞：其宁秋于帝五丯（玉）臣，于日，告。……入商。左卜固曰：弜入商。（《南地》九三〇）

右卜：

（2）辛：王其省衣。（《合》二八九七四正）
又（右）卜。（《合》二八九七四反）
（3）己酉卜，大贞：叀又（右）卜用。（《合》二五〇一九）

元卜：

（4）庚申卜，旅贞：叀元卜用，在二月。（《合》二三三九〇，即《续》一，三九，九）

以上各辞，或以“习卜”说之，然不同时期，何能共卜，已引起人之非议。[①]春秋郑大宰石㚟语楚子囊云：“先王卜征五年，而岁习其祥，祥习则行。不习，则增修德而改卜。”习字亦作袭，如不吉，则修德而重新起卜（《左传·襄公十三年》），此即习卜之事。此处当是卜官官名，分为左右，与习卜无涉。元卜之职可能相当于大卜。王贵民谓总称为多卜（《合》二四一四四）。核原片似是多㞢，即多生，非多卜也。上举（1）辞例入商之事，左卜固曰：弜入，与他辞频见之“王固曰”相敌，且载之简书，当曰卜官亦分为左右，地位之高，可以见之。

---

① 郭振录：《试论甲骨刻辞中的卜及相关问题》，见《中国考古学论丛》。

由上举诸辞，宰、宗、史、祝、卜诸官均见于殷契，惟称大者，仅有大宗、大史二例。因知六大之说如此齐整，殆出后人之拟议。

《礼记·曲礼》又言及五官，其说如下：“五官曰司徒、司马、司空、司士、司寇，典司五众。”郑玄注：“典，法也，此盖殷时制也。……众谓群臣也，此亦殷时制也。”

考《史记·周本纪》载古公亶父作“五官有司”，古代年代正当殷世，古公避狄去邠、踰梁山，止于岐下，其国规模当不大，所立五官，必如后来春秋小卿之制。《左传·隐公六年》：“翼九宗五正顷父之子嘉父。”翼为晋地，乃有“五正”之官。《大戴礼·千乘》云：“千乘之国设其四佐，列其五官。”五官下于四佐，当为小卿甚明。《曾子问》：“诸侯将出，命国家五官而后行。”郑注：“五官，五大夫典事者。”古公亶父之五官，殆即此类。《左传·定公四年》：“卫祝佗（子鱼）言：武王克商，成王定之。……分唐叔以大路、密须之鼓、沽洗，怀姓九宗，职官五正，命以唐诰而封于夏墟。”其时封康叔于殷墟，分以殷民七族，而封唐叔于夏虚，分以隗姓九宗及五正之官，故知此五正乃为侯国小型官制之五正。

殷代天上既有“帝五臣正”“帝五玉臣”，使人推想此五臣正自是殷时职官上五正之反映。惜五正之内涵，卜辞记载不详。而五正是否如《楚语》所谓“天、地、神、民、类物之官谓之五官”，抑如《左传》蔡墨所说五行之官，即指“木正句芒，火正祝融，金正蓐收，水正言冥，土正后土”，则无从征实。按句芒之为神名，见于《墨子》，其字亦作“句亢”，出马王堆《五星占》；祝融则常见于楚帛书与包山简；蓐收见《楚辞·远游》，其名出现均较晚，后土见于包山简亦作矦土，四神之名卜土则殷人崇祀至隆，名称亦不一致，见于卜辞有云：

(1) 土巳（祀）。（《合》一四四〇三）

即土祀，亦称有土：

(2) 甲寅卜㱿贞：燎于㞢土。（《合》一〇三四四正）

亦曰土方帝：

(3) 贞：尞土方帝。(《合》一四三〇五)

(4) 尞于土方帝。(《合》一四三〇六)

(5) 贞：尞于土宰，方帝，二告。(《合》一一〇一八正)

虽未见后土之名，而祀土则必为事实。其加一㞢（有）字作为指定词冠于“土”之上，可知殷人尚地道而未尊天道，此必与其《易》卦首坤之义有关。其祀典重四方之祭必兼祀土，故合称曰土方帝，此一名称不止一见。可推知其所谓帝五臣正之五正，可能指四方与（中）土，合此而为五官之神。殷之五正质朴如此。后代礼家及星占家乃为排比五帝及佐诸名，恐事出后起。《礼记·曲礼下》云：“天子祭天地，祭四方……诸侯方祀。”郑玄注：“祭四方谓祭五官之神于四郊也，句芒在东，祝融后土在南，蓐收在西，玄冥在北。”《诗》云：“来方禋祀。”方祀者各祭其方之官而已，五祀：“户、灶、中霤、门、行也。此殷时制也。”郑氏以为殷时有五官之神及五祀之祭，今征之卜辞五官之神，除土称有土之外，句芒等名均未之见。郑玄注《礼记》屡屡言为“殷时制”，其说多出于悬揣。殷人既隆土之祀，五方观念极强，对中央尤为重视，其实卜辞已有“中土”之称，向来未引起学界注意讨论，例如：

(1) ……于中（中）土尞。(《合》二一〇九〇)

(2) 癸酉贞：方大出，立中（中）于北土。(《合》三三〇四九)

上举（2）辞“立中”与“北土”对言，知“立中”即指“中土”，“于中土尞”，后代“中央土”之为天地核心一说，自是已植基于殷代，从可知矣，天上设官，必与地下相应，可于官制见之。

本书前论殷之隆祀，侑岁、宁秋于帝五臣正，用牲至三百四十宰，此为天官，乃天帝之五臣正也。地下设官亦曰五正，天上与下民，建官分职，取得一致，正为天人合一思想之来源。礼家言“天子建天官先六大”，于此可明天官列在首先之义。本书引证《尚书》《礼经》，若三事左右之见于《立政》。“上宗”之名同于《顾命》，“祝册”之见于《洛诰》，筴（册）祝之同于《周礼》。卜之官职亦分左右，卜辞称“左卜固曰”与“王固曰”相比拟，具见卜官地位之高。又解释殷时五正之内涵，仅指四方与土，称曰土方帝，为五帝说之萌芽，至于加入诸帝及佐诸名，则恐事出后起。殷人重视土祀，必与其《易》卦首坤有关，观孔子言“得之坤乾”，凡此皆前人之所未言者。

一

一般谈殷商官制，必列举内、外服，其说出于《尚书·酒诰》，文云：

> 越在外服：侯、甸、男、卫、邦伯。
> 越在内服：百僚庶尹，惟亚惟服，宗工越百姓里居。

《逸周书·商誓》：“及百官里居献民。”下文云：“百姓献民。”（李学勤谓上文：“百官当作百姓。”[①] 按以《康诰》证之，百官即百工。）

《召诰》云：

> 命庶殷侯、甸、男、邦伯。

《康诰》云：

> 侯、甸、男、邦、采、卫，百工播民。

《康诰》多一“采”服。《周礼·职方》：九服乃有候、甸、男、采、卫、五服之语。较后之史料，若：

《顾命》云：

---

① 李学勤：《商誓研究》，见《选堂文史论苑》，上海古籍出版社 1995 年版，页 303。

王若曰："庶邦：侯、甸、男、卫。"

《康王之诰》云：

王若曰："庶邦：侯、甸、男、卫。"

只举其四而不及采。卜辞有大采、小采乃为天象；未见采字为服名；而其外服四者：侯、甸、男、卫诸名，卜辞均见之。侯有：多侯、亚侯、侯甸、侯奠；甸有：多田、多田（甸）、多奠、亚甸诸异名；任有：多任、侯任、亚任。（《白虎通》男作任，与卜辞同，《书·立政》：有常任、任人。）卫有史卫、卫射亚等。

内服之庶尹、亚、宗工、百生，亦具载在卜辞：

三尹：（1）癸亥贞：三尹即（飨）于西。（《合》三二八九五）

多尹：（2）癸亥贞：王令多尹垦田于西，受禾。（《合》三三二〇九）

（3）贞：王其㞢（侑）曰：多尹若。（《合》五六一一）

（4）弜不飨。多尹飨。（《合》二七八九四）

白（百）弜事：（5）庚申卜；王叀余令百伊事旅。（《合》二〇〇八八）

伊祝：（6）允伊，祝降。（《合》二〇四四〇）

尹工：（7）丁卯卜贞：令追奇，有尹工。（《合》五六二五）

小尹：（8）令小尹步。（《屯南》六〇一）

伊为尹字繁体。《尚书·酒诰》："越尹人祇辟。"见于《梓材》官名有："尹旅、趣马、小尹。"《逸周书·商誓》有"尹师"。上举卜辞所称"多尹"诸官名，正与文献相吻合，可知西周官制，可追溯于殷代。（卜辞有"三白羌"，《合》二九三），此"白"为"百"假借，非"伯"。）"百伊事"即畿百官之长也。《书·顾命》曰："百尹御事。"

卜辞云："王勿御百绅事……"(《合》二〇〇九一）可为佐证。"百绅"，《类纂》1233页绅条下多释为"伯绅"，恐有未妥。

亚有：（1）多亚：戊……贞：其多亚若。(《合》五六七八）
（2）多田亚任：……以多田（甸）亚任。(《合》三二九九二）
（3）𠱫亚：其参（三）亚，叀王豊用，吉。(《屯南》二三四六）
（4）马亚：贞：其令马亚射麋。(《合》二六八九九）
（5）亚厌：乙未贞：其令亚厌帚叀小……

宗工有：（1）多工：甲寅……史贞：多工无尤。(《合》一九四三三）
（2）尹工：丁亥卜，宾贞：令鼎奇毒侑尹工于舞。(《合》五六二三）
（3）宗工：……戌卜……登众……宗工。(《合》一九、二十）
（4）北工：贞：令在北工登人。(《合》七二九四、七二九五）
（5）百工：癸未卜：有祸百工。(《屯南》二五二五）
（6）司工：壬辰卜贞：叀㠯令司工。(《合》五六二八）

《尚书·虞书》："允厘百工。"又《酒诰》："越在内服，百僚庶尹，惟亚惟服宗工。"又："越献臣百宗工。"《逸周书·商誓》："及百官、里居献民。"百工、宗工诸名，俱于文献有征。

百姓：（1）叀多生飨。(《合》二七六五〇）
（2）辛卯卜即贞：叀多生射。(《合》二四一四〇）

多生即百姓，有时与里君联言。史颂簋云："里君百姓。"卜辞所见有"多君"(《合》二四一三四、二四一三五），疑亦属同类职官。《国语·

周语》引《夏令》有“司里”，又引《周之秩令》有云：“司里授馆。”司里一职，殆闾师之类。《尚书·毕命》：“康王命作册毕分居里成周郊。”孔传云：“分别民之居里，居里所司之官员即为里君。”

《礼记·曲礼》云：“五官之长曰伯。”《礼记·王制》曰：“千里之外设方伯。”卜辞言“伯”有下列诸名：

三封伯：（1）甲申贞其执三（封）伯于父丁。（《合》三二二八七）

多伯：（2）……丑，王卜贞：今祸……伯征盂方。……（《合》三六五一〇）

（3）癸亥，卜永，贞：𠂤克氏多伯，二月。（《合》英一九九）

方伯：（4）壬戌卜：王其二方伯。（《合》二八〇八六）

（5）甲……隹王来征方伯炎。……（《合》三六五〇九）

五官之长者，郑玄注云：“谓为三公者，《周礼·九命》作伯。”是方伯非三公不足以当之。卜辞有“三公父”，辞曰：“……己卜三公父，下岁，叀羊。”（《合》二七四七四）又多公（《合》二七四九五）之名，及大公（《合》二〇二四三）、公宫（《合》三六四五一）之号。殷时确有三公之职。《尚书·康王之诰》：“太保率西方诸侯……毕公率东方诸侯……”郑玄注：“《顾命》曰毕公入为司马。”周原卜辞有公，说者谓即毕公。西周甲骨有大保之官（H11：50）；他辞有保老（《屯南》一〇六六、一〇八二）、右保（《合》二三六八三），周康王时作册大鼎云：“大扬皇天尹大保休。”大保之前加上皇天尹尊称。周初召公为大保，周公任大傅，姜太公为大师。大保一职，明见于卜辞。

望与祈亦为官名。卜辞有望人（《屯南》七五一），有斦工（《合》九五七五）均可作官名解。《左传·昭公二十年》，梁丘据云：“海之盐蜃，祈、望守之。”杜预注：“祈、望皆官名。”又《左传·昭公二十六年》：“诸侯莫不并走其望，以祈王身。”望人盖守山川之祀者也。卜辞所见，望乘、望㳄、望皆主望祭之官，乃以职为号。卜辞有斦字，文云：

癸酉卜，争贞：令多射卫。

庚寅卜，争贞：令登罘䖵。斦工卫、㞢禽。（《合》九五七五）

以斦工卫与多射卫对举，足证斦工应是官名。斦既为官名，故称曰斦工，斦可读为祈。《礼记·祭法》："相近于坎坛，祭寒暑也。"则字作"近"。王念孙《广雅疏证》释云："相近当为禳祈，声之误也。禳犹却也，祈，求也，寒暑不时，则或禳之或祈之。"按近从斤声，斦字亦然，卜辞所见斦字诸辞如下：

翌乙卯彭，子𣎆（束）。

斦宾。（《故宫新》七四一七七四）①

贞：斦祀，今秋。

叀印，斦牛于天。（《屯南》二二四一）

按子束人名下面斦字乃动词，自可释祈，又斦宾、斦祀，读为祈宾、祈祀亦合（不宜如胡厚宣说以为人名）。又祭天祈牛，与他辞"叀𡆥犬于天"（《合》二二四五四），文例正同。

卜辞有𡗜（黄）尹，黄可读为衡，《书·君奭》："在太甲时则有若保衡。"《诗·商颂·长发》："实惟阿衡，实左右商王。"阿衡，毛传解为伊尹。卜辞云："癸未卜㱿贞：黄尹保我吏。"（《合》三四八一）"丁亥𠬝黄尹，𡧊二豕、二羊、卯六牛，五月。"（《怀》八九九）黄尹自即衡尹，书言保衡，保当是太保，其名已见上。

官名以臣之号别多，小臣最常见，白川静已有文详之。有一例称为鬲小臣，其文如下：

癸酉卜贞：多妣，鬲小臣卅，小母卅，十妇。（《合》六三〇）

……贞：今庚辰，角用鬲小臣卅，小妾卅于帚。九月。（《合》

① 胡厚宣：《记故宫博物院新收的两片甲骨卜辞》，见《选堂文史论苑》，页282。

六二九）

以献（鬲）小臣与小妾对言，则似用为人牲。其例罕见。按令簋：“王姜赏令贝十朋，臣十家，鬲百人。”大盂鼎：“锡夷司王臣十又三伯。人鬲千又五百夫。”一以臣与鬲分言，一以王臣与人鬲分言。若卜辞之鬲小臣，则为二者合称，献（鬲）小臣可用作人牲，其地位甚低。

《逸周书·商誓》：“里居献民”，《周书·酒诰》：“殷献臣侯甸男卫。”献臣、献民，与鬲小臣均指地位低贱之臣民。其他言及臣之官名，大抵如下：

元臣：𫠦㞢元臣。（《合》五八五六）

朕臣：丙子卜贞：朕臣商（赏）。（《屯南》二六七二）

多辟臣：……亥卜多辟臣其。（《合》二七八九六）

辟臣：叀辟臣弄。（《合》二七六〇四）

王臣：吴弗其𫠦王臣。（《合》五五六七）

众人臣：贞：叀吴乎众人臣。（《合》五五九七）

奠（甸）臣：叀登奠臣。（《合》六三五反，《英》一八〇六）

[illegible]臣：……丁亥卜㱿贞：乎即比韦，取[illegible]臣。（《合》六三四正）（按[illegible]即夜，可读为掖，即掖臣。）

州臣：宾贞：州臣有往，自寛得。（《合》八四九正，又八五〇，多见。）

臣子：甲寅卜：臣子来罚。（《合》二二三七四）

幸臣：……幸臣。（《合》一四〇〇二反）

小丘臣：……小丘臣。（《合》五六〇二）

小藉臣：己亥卜贞：令吴小藉臣。（《合》五六〇三）

小𢀛：贞：小𢀛得。（《合》五六〇〇）

《书·立政》所记又有表臣一名，卜辞未见。

按𢀛即臧，臧，获也，指奴隶。《方言》三：“臧、甬、侮、获、奴婢，贱称也。荆淮海岱杂齐之间，骂奴曰臧。”

二

再谈爵与姓。

爵字契文作，其辞云：

> 乎子商、爵，侑祖。(《合》九一四反)
>
> 贞爵示。贞勿爵示（丁丑卜宾）。(《合》六五八九正、反)

《王制》：“爵人于朝，与士共之。”贾疏：“爵人于朝，殷法也。”爵示可释为爵于宗人，是殷法有爵人之说可信。

卜辞屡见立人、立官之事，立读为莅事之莅，此即卜任用官员之事。[①] 其辞略举如次：

立人：

> (辛巳卜宾贞)：叀翌甲申立人。
>
> 辛巳卜宾贞：勿叀翌甲申立人。
>
> 宾贞：立人。
>
> 宾贞：勿立人。(《乙》六六九六)

立官：

> 壬辰卜宾贞：立三大史，六月。(《合》五五〇六)
>
> 乙亥卜贞：立三史业……舟……（《合》五五〇七)

令立于某地：

> (辛）未卜：王令……子尹立帛。
>
> 壬申卜：王令以疾立于狉。
>
> 壬申卜：王令夒以子尹立于帛。
>
> 壬申卜：王令壴以尹立于章。(《屯南》三四一)

---

① 钟柏生：《论任官卜辞》，见《中研院第二届汉学会议论文集》下册，页895。

殷有公之爵号，公之见于卜辞计有三公父、多公、大公诸称，已见上述。大公即太公望一名所自出。《小雅·天保》：“禴祠烝尝，于公先王。”《中庸》：“上祀先公以天子之礼。”诸公字均可视为爵称。

至于侯、伯、子诸爵，张秉权曾作统计：

侯	41
伯	40
子	122

今按除去异体之外，实则

侯	45
伯	45
子	138

至于妇名，张氏统计得74，第一期52，四期22，本书所得共100名。卜辞所记，多帚或与多臣对贞，如：

丙午贞：多帚亡疾；丙午贞：多臣亡疾。（《合》二二二五八）

多帚似可指世妇，与多臣共为通名。帚下一字必为专名，其字有时加女旁，如帚嫀、帚姘、帚娘、帚姘之类；有时不加，如帚周、帚壴、帚宝；或与子某相符者，如帚儿之与子儿，㞢子之与帚㞢。或与贞人名相应者，如帚喜、帚壴、帚㞢，帚宩、帚吏等。过去学人考释，多视帚下一字为私名，今观其多同于地名，则此说似未甚妥。今且以帚好为列，好字为子增益女旁，子于卜辞亦为地名，如云“在子”（《乙》八六〇二），“子方”（《屯南》三七二三，《合》五六二二）又称子白（伯）（《续》五，二〇，五），则子又为伯爵。山西出土有子甗，安阳、舞阳出土均有子爵。[①] 殷陶文有“子”字，刘一曼文中列七十四号[②]，具见

---

① 见《考古学报》，1979（1）；《考古》，1984（5）。

② 刘一曼：《殷墟陶文研究》，见《庆祝苏秉琦考古五十五年论文集》。

子乃是方名、地名，似可解作以国为氏，或以邑为氏，较为合理。[①] 唐《括地志》称："故子城在渭州华城东北。"贺次君《辑校》云："渭州无华城县，应是兰州金城县。汉金城西魏改名子城县。"即子方的地望。兹再举一例，如帚女亦作帚汝，以证《书序》之女鸠、女方，是女必为汝。与帚好之为帚子，女与子俱是方国之称，直可视为氏姓矣。周时妇得称为妇氏。召伯虎簋云："余惠于君氏大章，报妇氏帛、束、璜。"则以妇氏与君氏对举。

卜辞有三族（《合》六四三八、三二八一五），多子族（《合》五四五〇、六八一二）称谓。殷代一族必为一氏。《左传·定公四年》谓分鲁公以殷氏六族："条氏、徐氏、萧氏、索氏、长勺氏、尾勺氏，使帅其宗氏，辑其分族。"征之卜辞，攸或即条氏。[②] 徐或即徐氏之一支，又即索（《合》四〇〇六五有"自索"），即勺氏，尚待证。《左传·定公十一年》谓宋公母弟辰等"入于萧以叛"，萧为宋邑，今安徽萧县西北，或殷萧氏之所在。《左传·定公四年》又谓分康叔殷氏七族："陶氏、施氏、繁氏、锜氏、樊氏、饥氏、终葵氏，封畛土略。自武父以南及圃田之北竟，取于有阎之土以共王职，取于相土之东都以会王之东蒐。"以上七族，或以陶工、旌旗之工、马缨之工、釜工、篱笆工、锥工说之（杨伯峻注）。樊氏、饥氏或为地名，尚不易定，然据此可见其遗民氏族之梗概。《周礼·小史》主次序先王之世，昭穆之繁，系世必先辨姓，太史亦掌氏姓，卜辞中史有王史、大史、小史诸官名，知当日已有史官专掌奠系世、辨氏姓之务，异时倘能就卜辞所见地名之兼为氏姓者勿稽辑录，以存《殷世本》之旧观，庶几当日胙土、命氏之情况，可得其厓略，聊补古史之阙遗。

三

《国语·晋语》司空季子曰："黄帝之子廿五人，其同姓者二人而

① 曹定云：《帚好乃子方之女》，见《庆祝苏秉琦考古五十五年论文集》。
② 见《甲骨文通检》，地名分册，页167。

已，唯青阳与夷鼓皆为己姓。凡黄帝之子二十五宗，其得姓者十四人为十二姓。姬、酉、祁、己、滕、箴、任、荀、僖、姞、儇，依是也。唯青阳与苍林氏同于黄帝，故皆为姬姓。”除姬姓之外，其馀十一姓与黄帝不同，是时子与父可以不同姓，知姓之由来，非缘于血统而别有所受，殆与胙土封地有关，试以黄帝之十二姓为例，征之出土资料，记之如下。卜辞云：

姬　……王其……姬菉……其𠯑。(《合》二七五四七)

辛酉卜：隹姬壱雨。(《合》三三二九一、三四二一七)

其又殴于妣辛。(《合》二七五四七)

殷地名有姬麓，《国语》云：“黄帝以姬水成。”又云：“我氏出自天鼋。”韦注谓天鼋即分野之玄枵。姬原为水名。周祖姜嫄以姬为姓，其后姬姓有鲁、卫、晋诸大国，不具记。

酉　卜辞无征，铜器有酉族徽者二十馀器，酉爵出陕西耀县，亚酉尊出安阳。罗泌《路史·国名纪》云：“酉，即酉水，为黔之彭水。”

祁　罗泌云：“蕲也。”卜辞有斳侯(《戬》四四，一一；《簠室》六三)又“贞：袁于斳。”(《合》四八八反)祁，太原县，薮有昭余祁，周昭王娶于房，房为祁姓。晋有祁侯，辛贾为祁大夫。

己　殷陶文有“己”字(刘文列二九)。山东益都铜刀上铸“己”字。卜辞有“杞”(《合》三六七五一)，常见为杞侯炋。《国语·郑语》：“己姓有昆吾、苏、顾、温、董。”又《晋语》曰：“青阳与夷鼓为己姓，青阳、方雷氏之甥，夷鼓、彤鱼氏之甥。”《说文》：“邔，南阳县。”又纪侯国在山东。

滕　春秋滕为小国，金文有滕侯盨、簋、戟、剑等。卫邑亦有滕。《左传·闵公二年》云：“益以共、滕之民为五千人。”

箴　卫有鍼(见《左传·成公六年》：“师于鍼，卫人不保”)，地在濮阳。鲁大夫鍼巫氏(《左传·庄公三十二年》)，陈有鍼子(《左传·隐公八年》)，按楚官名鍼尹字亦作箴、或葴尹，故知箴即是鋮。

任　卜辞任字作“”，如：

……丑……多任……（《合》一九〇三四）

甲辰……壬雀弗其只侯任，在方。（《怀》四三四）

乙卯卜祀矢……子任。（《合》二〇〇二〇）

贞：令菁以文取大任亚。（《合》四八八九）

《路史·国名纪》：“仓颉为任大夫。”《诗经》：“仲氏任只。”金文有任氏从鼎（《三代》六，三一，二），《世本》任姓为谢、章、薛、吕、祝、终、泉、毕、任诸国。

荀　《诗·曹风·下泉》：“郇伯劳之。”《逸周书·王会》作荀伯。《易林》亦作荀伯。《左传》荀息，《潜夫论·志氏姓》作“郇息”。《左传·僖公二十四年》富辰曰：“郇，文之昭也。”《说文·邑部》：“郇，周文王子所封国，在晋地。”《水经注·汾水》：“汾水又西径荀地，古荀国也。”陕西张家坡出荀侯盘（1961年），山西闻喜县上郭村出荀侯匜。

僖　卜辞有“侯喜”。如：“余步从侯喜”（《合》三六四八二），“戊戌，帚喜示一屯，岳”（《合》三九〇臼），“喜入五”（《合》九〇〇反）。《路史·国名纪》：“齐之釐城，周简王十二年有釐虒。”其地待考。

儇　卜辞有字，“辛丑卜争贞曰：方凡于土……其敦，允其敦，四月”（《合》六三五四）。其字形构从爪从○，疑为环字，于此为方国名，或读为人儇。

依　卜辞有“衣入五十”（《合》五八八四反）。郑史伯十邑有依、畴、历、华（见《国语·郑语》）。

卜辞从女诸字，皆女子专名，或即其姓，金文有叠加女或母旁作繁形者，如1963年洛阳庆家沟出土鼓母方罍款识字作𡢿，从壴，增二攵二母，应是鼓字，殆即“韦、鼓（顾）既伐”之鼓，卜辞只作壴。

《郑语》之祝融八姓，在《帝系》则为陆终六子，略记如下：

樊——昆吾（己姓所出）　卫　《墨子·耕柱》："夏后开（启）铸金于昆吾。"《符子》作昆虞。己姓，有苏、顾、温、董。金文作鉢（鉢甫人作滕匜），信阳平桥春秋墓出樊君樊大人器。

惠连——参胡　韩　秃姓，有舟人，《国语·郑语》十邑有蔽、补、舟、依，卜辞云："舟入。"又有敝菉，或与敝地有关。

钱——彭祖　彭姓，有彭祖，豕韦，诸稽。卜辞言"彭入"，彭为大国。

求（莱言）——郐人　郑　妘姓（金文字作嫄），有邬、郐、路、偪阳。晋襄公母偪姬，周之偪阳。即卜辞之"葡"；郐又作桧，《诗谱》云："居溱、洧之间。"

安——曹姓　邾　曹姓有邾（金文邾公釛钟）。

季连——芈姓　楚　所谓"夔越、蛮芈"。金文芈作嬭，卜辞有芈。

李学勤有《谈祝融八姓》一文，证八姓传说，反映一定历史事实，非出于捏造。① 殷代人物，见于史书记载者，若《左传·襄公九年》虞阏父为周陶正，《史记·陈杞世家索隐》作"遏父"，《左传·昭公元年》阏伯居商丘，阏、遏音近。《列仙传》黄帝陶正有宁封子，卜辞方国有宁方。《左传·昭公二十年》有逢伯陵君齐，《国语·周语》称"皇妣太姜之侄伯陵之后"有逢公，殷之诸侯，契文作夆。殷之人名，大略见《汉书·古今人表》，本书《通检》所录，依其氏姓，著其梗概，以备寻检，或可苴补班氏之缺略。

《殷本纪集解》引张晏说："禹、汤皆字也。"《谥法》："除虐去残曰汤。"按此读汤为荡涤之荡，殷卜辞则字作唐，张世南《游宦纪闻》论："殷人以讳事神，而后有字。……既讳其名，又讳其字，以其采地称之。"按谥可以表德，而私名则有所讳忌，故殷人习惯每以地称人，

---

① 《李学勤集》，黑龙江教育出版社 1989 年版，页 74—81。

大抵举地名以名其人，如贞人之名，实其采地之名，故与地名多数类同，余另有文论之。

人名与官名联系之例，大抵有下列诸通例：人名之上+（加）爵名，如：

子某：子央（《合》三〇〇六、三〇〇七）
子渔（《合》二九九一、二九九二）
子商（《合》三七一、五三六）
子安（《合》四五四、九〇五）

人名之上+官名，如：

小臣某：小臣鬼（《合》五五七七）
小臣妥（《合》五五七八）
小臣墙（《合》五六〇〇）
小臣中（《合》五五七五、一六五五九反）
亚某：亚旋（《甲》三九一三、合二八〇一一）
亚旁（《甲》二四六四）
亚卓（《前》八，一三，二；《合》三一九八四）
（寝）某：宴孜（《录遗》一五一）
宴小䊦（《佚存》四二六、五一八）
巫某：巫甹（《合》二一一一五、三三〇七七）
巫尌（《合》二一八八〇）
巫先（《合》二一八八〇）
巫妟（《合》五六五〇）
戊：咸戊（《合》一〇九〇二、一三九〇七），殆即巫咸。

徐国器镈钟有曰寻楚㝬（胡）者，其名乃用二至三个国名与氏联结而成。夏后分封，以国为姓，试举有斟氏、寻氏为例，其后嗣分化为若干，氏名与地名之组合如下：

斟氏＋灌→斟灌　斟氏之在灌地者。

（姒姓）＋寻→斟寻　斟氏之在寻（山东）地者，河南亦有鄩，《昭公二十二年》云“郊鄩”，在河南巩县。

＋六→斟㓮　斟氏之在㓮者，名见徐器。

＋戈→斟戈　斟氏之在戈地者。

＋谌→斟谌　斟氏之在淇地者。（见《十钟山房印举》）

此盖自夏商以来演化之概况，其通例亦约略可睹矣。[①]

结语

古书有篇名曰《秩官》者，见《国语·周语》单襄子引述云：“周之《秩官》有之。”其列举官名有：“宗祝、候人、虞人、甸人、廪人、工人。”韦昭注：“《秩官》周常官篇名，惜其文久已亡佚。”殷代官制，前人讨论者，有白川静《小臣考》、胡厚宣《论余一人》、沈之瑜《说史》、王贵民《说御史》诸篇，近时王君著《商周制度考信》，于商、周官制作一初步综考，然尚非全面。

张亚初、刘雨合著《西周金文官制研究》归纳出西周职官二百一十三事，而殷代职官研究至今尚付阙如。本书于官名人名，略著其名目，俾便寻检，或不无涓埃之助。

本书条目大纲，初由沈之瑜先生厘定，及今刊成，去沈先生谢世，已四年矣。

本文原为《甲骨文通检》第四册前言

① 参看拙作《古史地名学发》，见《中国地名考证文集》，页105—111。

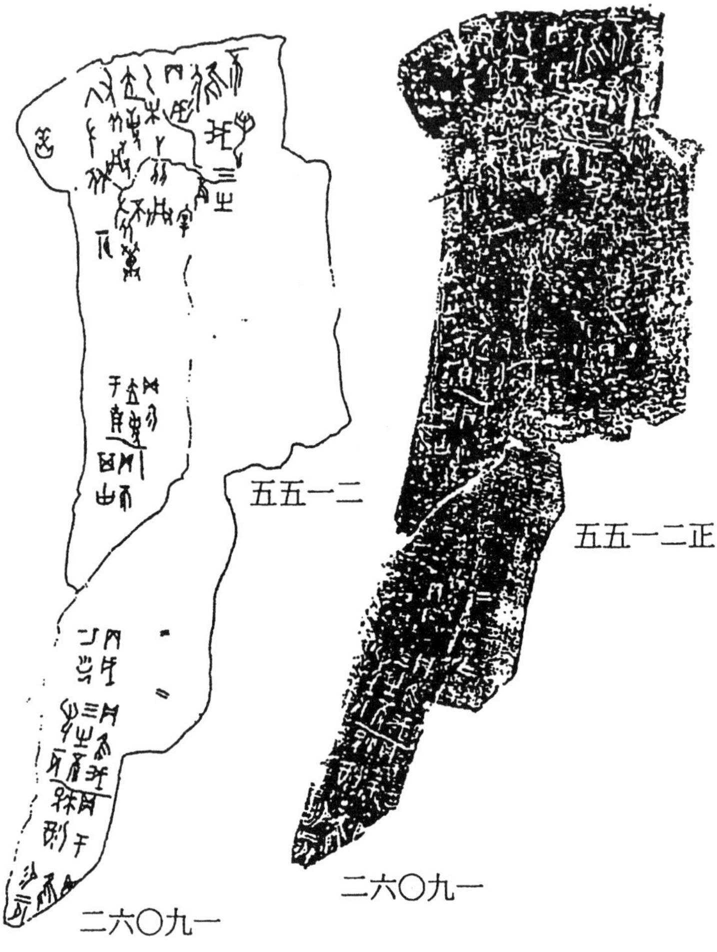

五五一二　五五一二正

二六〇九一　二六〇九一

本书页 252 注释所述摹本

贞人问题与坑位

《甲骨文合集》之辑刊，为殷契资料作一总结。然亦有漏收及缀合可商榷者。[①] 怀特、英、法、日本天理所藏甲骨，拓印成书，均在其后，故未及著录。地不爱宝，小屯南地、周原新获弥富。甲骨出土，其地不限于殷墟。[②] 大江以南且及彭蠡，近世江西吴城所出，最令人瞩目；余去岁游石钟山，见其博物馆展品有字骨版多片[③]，据云周初之

---

① 拙作《叶字说》引陈邦怀《甲骨文零拾》一六〇背，原版藏天津博物馆，《合集》竟失收。参严一萍《合集书评》，新《中国文字》第一期。又其《殷周甲骨文总集》十六册已出版。蔡哲茂有《甲骨文合集缀合补遗》（《大陆杂志》六十八卷六期、六十九卷二期、七十二卷一期、七十三卷四期、七十六卷三期），又《读英国所藏甲骨集上册》亦与《合集》多所缀合（《大陆杂志》七十四卷五期）。《合集》所收，亦多重出之片，见蔡哲茂《甲骨文合集的重片》（《大陆杂志》七十六卷二期）。

② 殷墟以外之有字甲骨详细调查，参萧良琼《周原卜辞和殷墟卜辞之异同初探》附表“安阳以外及两周甲骨简表”（见《甲骨文与殷商史》，第一册）。

③ 1982年石钟山泛舟压西周遗址出土骨器，上刻有下列诸字： 。又残片刻划积画数目字，似是筮卦，摹写如下：

五八号　　五三号　　五六号

物。又西安龙山文化中期遗址，1985 年 5 月所出兽骨、兽牙及骨笄十五枚，上有刀刻符号，考古家言是甲骨前身。[①] 由是观之，甲骨资料有待于补列者多矣。

1982 年秋，余适合肥，与赵诚、沈建华、许礼平三君同游黄山，因有编辑《甲骨文合集》索引之议，归港而后，商其事于利荣森先生，蒙其慨诺以北山堂基金资助，而中文大学中国文化研究所前所长郑德坤教授亦力促其成，乃延建华至港工作。计划伊始，复邀姚孝遂、赵诚两先生南来一月，共商体例。溯自 1983 年 4 月至 1984 年 4 月，一年之间，建华写成卡片计十六万张。其贞人部分，中间得赵诚先生再度莅港初步勘对。既而建华以事返沪，余请其赓续工作勿使中辍，其尊人沈之瑜先生复相助为理。1986 年 10 月，余自江西至沪渎，力主分册整理，因定首册区分为先公先王及贞人各一类，复增延朱顺龙、濮茅左二君襄助剪贴校阅，竭数月之力，整比成编，此《甲骨文通检》一书编订动议及进行之经过也。余自 1959 年以后，研究兴趣旁及域外交通与敦煌经卷，已无馀力专治殷契，此书虽自余倡始，而工作则建华独任其劳，孜孜矻矻，耗时三载，方克奏功，可谓勤矣，余仅受成而已。今者首册已杀青完稿，不可无一言。

三十年前，余撰《殷代贞卜人物通考》，主张分人研究，考证结果，知贞人往往跨越数代，且有晚期之名如泳与黄，实已见于武丁、祖甲之卜辞。[②] 其说已逐渐为人所证实，如泳（）之确为贞人署名而见于第二期出贞之版（《甲》二九〇六），屈万里亦言之（《甲编考释》，页 376）。黄卜旬之辞见于《合》二六六六二、二六六六三者（即《燕

① 香港《文汇报》1987 年 3 月 2 日报道。石兴邦先生莅港，承以幻灯片见示，得知字形大略，厚谊可感。穆海亭有《谈花园村遗址出土断骨上的刻划符号》一文（黄崇岳《虞代与龙山文化》引用，载《中原文物》1987 年第 2 期）；又宗毅《陶文与甲骨文》中亦述及（安阳甲骨学会《甲骨学研究》，页 46）。

② 人名永之作泳，且作大字，见《英国所藏甲骨集》一二六号（摹本见《库方》一五一一，即《合》第十三册三九六八〇）。

《英国》一二六

此外又有下列两版，其为同名可见。

《合集》五六三

上版泳与黄同见于武丁期。

又蔡哲茂缀补一巨骨，贞人为𣪊与争，卜问王令，人物有黄，可与《合》五六三互证，足见黄是武丁时之人物。附图见《大陆杂志》六十九卷二期，第九十三片。

齐文心读《簠人》此条为王黄，又引《怀特》十二片残辞有黄王，见所著《关于商代称王的封国君长的探讨》（《历史研究》1985 年第 2 期），惟据蔡缀同类辞有“令□隹黄”之语，尚待研究。

下页图版见《合》三七五三反、正，《前》四，一三，一，未收反面，严一萍曾摹录之，且云：“第五期有贞人泳，据此版可知泳的渊源远在武丁时已经存在。”（《甲骨学》，页 1230）其实《通考》卷九早已举出，或将晚期永字释辰，与永分为二字，实非。新《甲骨文编》谓“永、辰同字”是也。

与泳有关人物，可补充者，如“叀泳令，丁亥卜宁……”（《七集》孙一），此见于贞人宁之辞。铜器有人名□，与□同记名者，出中再簋（芝加哥美术博物馆藏，图见香港出版之 *Orientations*，页 57，1987 年 9 月）。□为武丁时人，详拙著《殷代贞卜人物通考》，页 775。屰、逆是一名，《后编》下一一，一五有“卜屰贞”之记录。故此非西周器，可能属晚殷器。

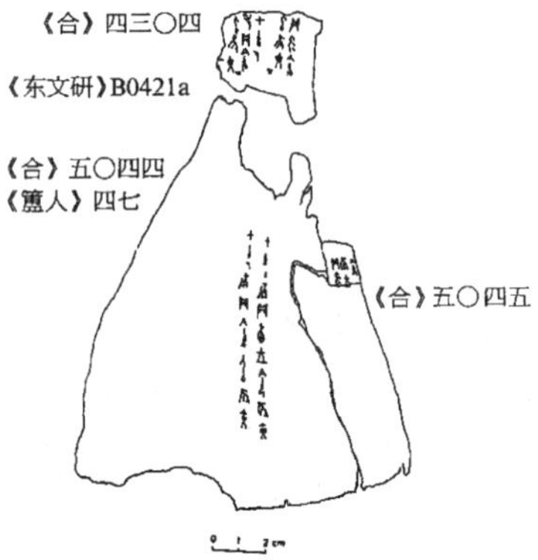

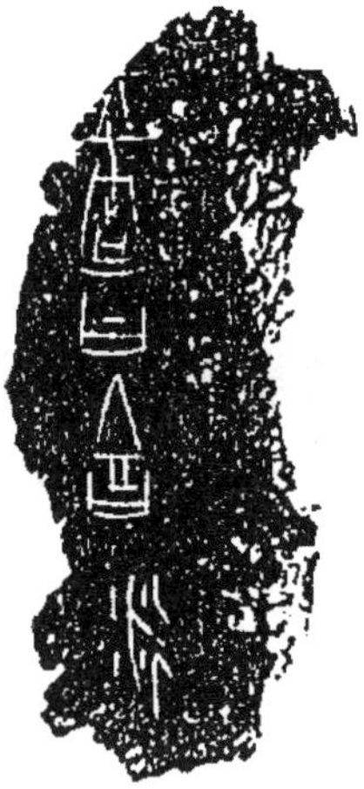

《合》三七五三反

《合》三七五三正

下版泳记名于贞人出之骨上。屈万里认为出与泳同是贞人名。

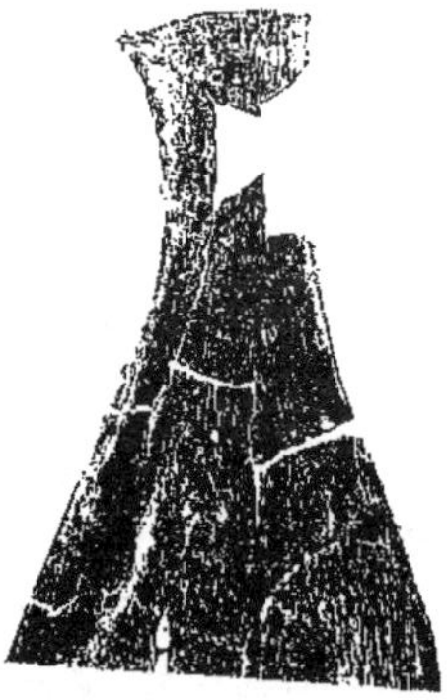

《甲》二九〇六

大》四四五，《林》一，五，一三）近贤均认黄是第二期贞人。[1] 在拙书结论八“论贞卜者与地名”一项，指出“贞卜人物之名号，其中不少原为地名，此等称谓，有时不是某一个人之私名，可以指若干人。例如春秋之齐侯晋侯，可指若干世之齐君晋君，不能专属小白与重耳”。（《通考》，页 1200）张秉权先生继之撰《甲骨文中所见人、地同名考》，罗列约九百条，力称“甲骨文中的人名似乎不是他的私名而是他的采邑或方国之名，所以隔代之人可以同名”[2]。以今观之，贞人名号，亦多非私名而为邦方之名，可无疑义，新出资料个别可证明，《屯南》八六九有[illegible]方，知卜[illegible]贞雨之[illegible]，原亦为方名（《合》一二三四三，即《甲》三五八五，参《通考》，页 641）。卜辞所见贞人名之称某方者，[illegible]方之外，又有亘方、大方、木方、帚方、‖方、卢方、邑方等等。方即其采地所在。宋罗泌云：诸侯有国以处其子孙，大夫有采以处其子孙。采者，服事之称也。一作寀。《尔雅》郭璞云：“官地为寀。”又作深，《集韵》音菜，云“臣食邑”。引《尚书大传》（般庚）云：“古者诸侯始受封则有采地……其后子孙虽有罪黜，其采地不黜，使其子孙贤者

① 从下二版，知黄在第二期为贞人。贝塚茂树列黄为第一期（见《京大人文》序论，页 37）。

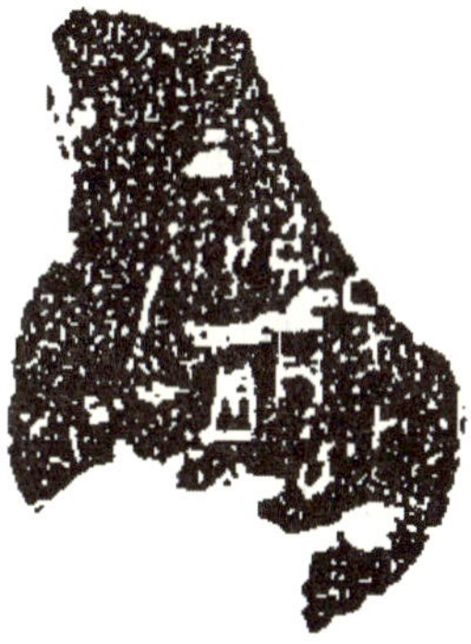

《合》二六六六二

《合》二六六六三

② 张秉权：《甲骨文中所见人地同名考》（《〈清华学报〉庆祝李济七十论文集下》，页 773。又《〈丙编〉考释》，第六一二版）。

守之，世世以祠其始受封之人。此之谓兴灭国，继绝世。”（《路史·国名纪丁》）废祀则失其国，是贞人之名，多非私名，盖以邦方之名呼之。

古礼于（私）名盖有所讳。《左传·桓公六年》申繻论名有五，谓“周人以讳事神。名，终将讳之。”《曲礼》：“卒哭乃讳。”郑注：“敬鬼神之名也。”《玉藻》：“于大夫所有公讳，无私讳，凡祭不讳，庙中不讳。”《淮南子·氾论训》：“溺则捽父，祝则名君，势不得不然也。”由于卒哭之后，迁庙乃神事之，敬鬼神之名，故讳之也。惟祭祀时于祝嘏之辞不讳，则平时必讳。周制太祝在事神之际可直呼君之名。卒哭则讳之。是在平时每讳其私名。殷时想亦同然。①

贞问为国之大典礼，“问事之正曰贞”。贞人为主祭而问事者②，其人可能不少为殷之同姓封君。其贞卜记录，存为档案，著之龟策，辄书其邦方之名，以昭隆重。其为王亲贞者，但记某日卜王或某日卜，王贞，从无书庙号或其私名之例。《周礼》“凡国大贞”，郑玄注云：“大事，宗伯莅卜。”贾疏以为：“大贞事大…… 故大宗伯临卜，其馀陈龟、贞龟则小宗伯为之。”周时贞问者必大、小宗伯，为周之宗室；以是例之，殷之贞人，当亦殷之宗室封君入勤其事者。贞人既多以邦方为名，故异代不妨同称，事实必非一人。近时石璋如先生著《扶片的考古学分析》，举出与扶同坑所见之贞人，几乎第一、二、三期至第四期皆有之，各期之扶，如果同是一人，其人安得如是高寿？余考扶亦为地名。（贝塚茂树书序言摹出京都一片：“□戌卜宾贞……在，……”页112。）扶可为邦方之号，则原非一人，异世同称，较为近理。余所以主张分人研究者，如甲骨上所记王贞之王，当为何王，称卜某贞之某，当属何世之邦君，正为今后研究之课题，分人研究即在同名之下探讨其称

① 卜辞中偶记私名者，如而伯龟、易伯㚤，甚为少见。

② 卜与贞实异其事。贞人非全为卜官，此点张秉权有详论。见《〈丙编〉考释中辑（二）》，页447。又锲刻字者与钻凿者当异其职掌。贞人不得为专门技术之事务官。在不同日所锲刻，而书体刀法全出一人之手，子、彶一整甲可以为证，故知锲刻当别由写官书手负责，与贞人无涉。说亦见张氏《〈丙编〉考释下辑（二）》，页94长文。

呼之种种关系，寻求其活动之概况与年代之隶属，如宾、㱿、韦、亘等常见之名，均可作个案研究。近时学者能就某一贞人名号，综合甲、金文资料从事探索者，仅见韦与壆、扶三人而已①，而所论犹非全面，尚有待于后来之努力。

《丙》六一二："子卜贞：帚鼠子曰戠：帚妥子曰萬。"此卜为子命名之俗。张秉权谓"萬在卜辞所见也是地名"，"似乎该是一种官名而非私名"（页96）。古者吹律定姓。《国语·周语》云："司商协民姓。"韦注："掌赐族姓之官，谓人始生，吹律合之，定其姓也。"《大戴礼·保傅》引青史氏云："太子生而泣，太师吹铜曰：声中某律。"铜谓律管。《周礼·大师》："掌六律六同，以合阴阳之声。"郑注《典同》云："故书同作铜。"《屯南》卜辞："……其奏商。"（四三三八）殷时必有五声（宫、商、角、羽等字均见②），以律定姓，即依五音视其所属之声而以为姓，故萬当为姓，自非私名，亦非官名，因之同时得为地名。殷代可能有"司商"之官，掌赐族姓之事。其妇某之子始生时，为之定姓则为事实。贞人之名既多为地名，其中必有举其氏姓者，可以推知。

贞人之名，其字亦有从女旁③，或于其上加妇称者，如永之有妇永，内之有妇内。向来未明其故，由今思之，盖小邦封君与殷王室为婚媾关系，如春秋齐姜、秦嬴之比。《国语·周语》富辰论周室婚姻利内则福，历举挚、畴、齐、许、申、吕为说，此殆其类也，故外邦诸妇有时亦纳贡物。《丙》九五："帚内亍四。"此谓自内（可能即芮）之妇致贡也。《国语·周语》云："侯卫宾服。"韦注："谓之宾服，常以服贡，宾见于王。""必以所贡，助祭于庙，《孝经》所谓'四海之内各以其职

---

① 专谈韦者，有周永珍：《殷代韦字铭文铜器》（《出土文献研究》）；专谈壆者，有陈炜湛：《历组卜辞的讨论与甲骨文断代研究》（同上）；专谈扶者，有石璋如文。

② 殷代遗物有陶埙及编钟、编磬，经过实测，证明殷人已具有五度谐和的观念，知殷人已具有发明十二律之前提条件。详李纯一：《中国古代音乐史稿》第一分册。

③ 贞人与诸妇同名之例，详《通考》，页1195、1196。可增益之例，如娅（《乙》八八九〇）、姛、嫞、妸、嬉等。

来祭’者也。”刻辞凡言卂、言入，皆指以所贡助祭。贞人记名而兼为卂者、入者，凡数十见，妇某卂贡亦同于贞人，此贞人之名所以必为邦方之名，以其为王室之侯卫，以时贡纳助祭，故贞人若禾亦称禾侯，先亦称先侯，亚亦称亚侯，专亦称侯专（参《通考》结论），其明证也。国之大事为祀，凡祀，侯卫各以其职来祭。卜辞言某贞、㞢于某，即谓邦方之入助祭者占问其吉否，助祭必有致贡之物，所谓卂若干、入若干者，即识其贡纳之数。向来目为记事刻辞，殊嫌笼统，今知为助祭贡纳之物数，其上一字当为邦方之名，故与贞人之为地名正若合符节，而㞢之义当指助祭于庙（非指侑乐），昭然若揭矣。

又地名之字或多从水。《说文》“方”又作汸，下云“方或从水”，可以为例。《甲》三六一三有汸字，即方之繁体。贞人名号之为邦方者，其字或增益水旁如彭之作澎，壴之作澍[①]，此又贞人之名与邦方地名关涉之佐证。主持贞问之人物既多为邦国小君，可能即夏、殷以来之巨室。史书可参证者，如韦亦称子韦、侯韦，《诗》“韦、顾既伐”，《世本》“豕韦，防姓”，东郡白马东南有韦城。彭即大彭，彭固为祝融八姓之一，春秋彭为宋邑。河即河宗氏，见《穆天子传》。先即侁侯，逄即逄伯陵之国，夏有逄蒙，《穆传》有逄公。乐者，宋有乐氏，乐喜，见《左襄传》（二九，七）。宾即宾氏，周有宾孟，齐有宾媚人。聊举大略，其详当另论之。

近年学者，喜从坑位侈谈断代，惜乎从不完整之坑位资料，予以辨析，欲求准确，事有至难。小屯南地虽有遗物出土，但坑位详细记录，仍未问世，故疑难滋多，一时不易解决。过去中研院共十五次之发掘，关于坑位迟未发表，有人推定各组卜辞，别作安排，立论仍颇含混。其

---

① 涉及贞人之地名，从水之例，补列若干如下：河〔何〕涂〔余〕（《续》二，一，五；五，四，三） 漾〔羊〕 洚〔夅〕（《佚》六七八） 况〔兄〕（《佚》九五六） 泳〔永〕 汓〔子〕（《甲》一五九） 汏〔大〕（《乙》二〇三五） 沐〔木〕（《粹》一一七四）澍〔壴〕澎〔彭〕漟〔喜〕洍〔亚〕（《乙》六二〇七）泺〔乐〕（《前》四，一三，七） 潢〔黄〕（《前》二，六，一“在潢贞”） 冲〔中〕（《后》下三六，六“令冲”）。

他如谓“自组只用龟甲，而宾组则龟与骨兼用”①。实则甲、骨并用，各坑所出皆然。在材料未能集中以前，此类笼统拟测之分系观点，不免陷于言之过早之流弊。最近石璋如先生刊其《小屯丁编——遗址的发掘》，自第一次至第九次甲骨出土之详细记录，现已完全公布。我人正可依据坑位记录，以观察贞人活动之概况。石氏近日著文，以贞人扶为例，取《小屯甲乙编》及《屯南》之有坑位记录之资料作详细研究，具体而微，别开生面②，又提出甲六基址（第七次发掘之 E 区）其穴窦中所出甲骨二处（第七次：H10 与第五次：H20）。从有字甲骨，说明其与贞人及祭祀之关系，皆发人所未发，足供研讨。今由《丁编》记录，知同坑甲骨既包有各期之物，同坑所见贞人，又往往赅有各期之人，则同坑之关系，只可用以考察其包含之内容，而难以作为论断其先

---

① 近年讨论坑位之论文，自刘一曼《考古发掘与卜辞断代》（《考古》1986 年第 6 期）以下多篇，今不备举，参严一萍《甲骨断代问题》前言。石璋如订正分两系之说，见《扶片》一文。同《集刊》石文，第 462 页。

② 参看石文附表十三、十五、十八及二十二，甲、乙组及村南与丙组所列各坑贞人出勤次数比较表。在表十三，扶一见，而第一期之贞人 9 人，第二期 2 人，第三期 4 人（据石氏所分期）。故石氏云：“在这里表上，没有绝对理由，非把扶放在第四期不可；它可以放在任何一期，甚至可以放在第一期，因为第一期差不多半数的贞人都是只有一片，扶的条件还要优越而有二片。……”在表十五中，第一期贞人 10 人，同版者 2 人，第二期贞人 4 人，第三期贞人 14 人，同版者其中有 7 人，第四期 2 人，又有第五期之小臣宰丰。石氏说：“此区系第三期贞人发展到最高潮。扶是承着发展下去，故宜列于第四期。”表十八村南只有第一期贞人 1 人（㱿）及第四期的扶与徣 2 人，石氏说：“第一期一片为早期遗留。”但何以二、三期全无，却说不出理由。表二十二只有第四期的扶与史 2 人。照上述情形，石氏认为扶当列于第四期。如扶是一位跨有四个时期的人物，从武丁到文武丁时代，他始有“独占之优势”。如果各期之扶是同一人，试问如何一人而能跨有四个时期之久？石先生在结论说：“扶片分布虽广，扶的年龄纵然很大，其任职的时代以第四期的可能性为最大，其事迹发展亦以由甲组而乙组而村南，最后为丙组的程序为最合适。”扶如何能勤王事自武丁下降以至文武丁之世？此理之难通者，故知各期之扶，只是举其邦方名号，绝不可能同是一人，只可视作同地首长之异世同名。石先生此文见史语所《集刊》第五十六本第三分册，承其先时寄赠，谨此致谢。石氏另文《甲六基址与三报二示》，据穴窦中所出卜辞启示，此处即殷人祭三报二示及示壬配偶妣庚之处。由墓中陈设，知殷时有左食右乐之俗。

后之依据。如是，仅有极少数同版之贞人方能参互推定，确证其年代。试以贞人扶而论，在横十三丙北支一坑之中，有扶记名者十五片，可谓为扶之标准坑。石氏云：“最可注意者为‘宾’‘扶’同在一版上（即《甲》二三六一）[①]，严一萍谓宾系子宾。”（《集刊》石文，页435）石氏于此仍保留屈说。今按屈氏《考释》分明释为卜宾，且有考证著语，彼亲自摩挲原骨，必不妄言，故此宾、扶同版贞人一片，仍是断代关键性之资料，不宜抹杀。[②] 石氏所论甲、乙、丙及村南四组，由于基组之叠压现象，其时代先后尚有层次可言：甲组基址被压于乙组早期基址之下，故甲组地区较乙组为早，乙组晚期基址与丙组同压在水沟之上，故乙组早期基址较丙组为早。村南部分基址据石氏观察，又较丙组为早。

---

① 此二三六一骨，宾、扶同版，与二三六六号贞人彭及二三六九卜人𠂤出于同坑（深度3.15米至3.4米）之中。又扶与中同版，见《库方》一二四八，《考古》1976年第4期，页240，肖楠说。余书早已举出，见《通考》页657。扶之年代以二、三期为最合理。

② 严一萍在《甲骨断代问题》图一三二（页128）将“卜穷”摹作“子穷”，与屈书大异。细察拓片，似未必符。曾请张秉权、刘渊临两先生再为核对原物，近承刘氏告知，经将该片取出目验，由于残缺过半，宾上一字，无法确定。惟刘氏表示，从其反面而钻凿较浅看来，此片应属早期之物。蒙蔡哲茂先生惠函见告，附此致谢。又有人认为《甲》二三六一（《合》二一〇二九）扶和卜人宾同版。或云“均为残辞”，见林沄《小屯南地发掘与殷墟甲骨断代》（《古文字研究》九，页31）引谢济说。今将《合》二一〇二九原片列下，实当释作“在宾”，此处宾乃是地名。至甲骨上但记卜扶二字，不著贞辞，下留空白，如《合》二〇一一三，其例相同，不得以残辞抹杀之。

《合》二一〇二九

如是各组之地层关系应如下表：

丙组

村南

乙组

甲组

甲乙组在于下层，时代为早。此四组之中，甲组以五：H20（甲六基址）为重要，贞人记名者一至四期皆有之，共63片，15人。石氏以扶列于第四期，只得一人。乙组之大连坑（乙一基址）贞人记名者225片，共33人，亦奄有一至四期。村南只有㫃、徣、扶三人；丙组仅有扶、史二人，石氏认为全属第四期。然据其文中表第二十五，甲组五：H20坑是最下之坑位，时代最早，同坑贞人以武丁期人物为主，所出扶记名之一片即《甲》三四八三："乙巳卜扶：𠂤侯敖。"此人实见于武丁时贞人㝬之辞（《续》五，五，二"乎侯敖"）。故屈万里据此断言扶必属于武丁，自有其坚强证据。此片不出于上层之丙组而出于下层最早之甲组，此处坑位与人物正可结合，证其必为武丁时期，极有助于断代，安可漠然置之？扶、宾同版之外，宾之卜辞亦言及扶。《乙》五三四七："卜宾贞：乎取扶刍于□。"原物为巨龟①，同版中又有贞人㱿，

① 此片为贞人宾言及扶之证据。

《乙》五三四七

此武丁时期扶已存在之确证也（参《通考》，页757）。

至于依据称谓以论年代，困难更为倍蓰，因异代而称谓相同者比比皆是，从事断代者，势必借助于书体、文例，然往时所定之标准，仔细比勘，亦复乖迕百出，须重新厘定。[①] 盖断代者大抵以字形为主，非有绝对之依据，如宾之卜辞亦有作极细小字者，若《甲》三四三〇，在第五次E59，1.8至2.0深度出土者，有类蚊脚，倘无宾贞之语，几被误为子、彸之书体。[②] 徒依字形论其时代，意见多歧，难为定论。《小屯丁编》附表中，三家之说兼收，以示待定。然如《甲》九八一，辞中有贞人彸（屈氏有详说），而董、严以为第一期，《甲》九五五有贞人扶，而屈氏以为第三期，此则自身矛盾而不自觉者，姑举一二例，以见误失之难免。

缀合固极重要，即掌有原版者，亦难以绝对准确。张秉权先生《丙

① 同日、同事由不同贞人所卜，试举一例，如：
丙寅卜宾贞……子鬲亏晄（畯）……四方，十月。（《后》下八，一）
丙寅卜兄贞令子▨鬲亏……（《前》五，四，二）
如是，宾与兄应属同期之人。
《合》二九七三〇号何之卜辞有十三月，可见第二、三期仍行十三月之制，《通考》结论举例已甚多，可参看。

《合》二九七三〇

② 此为宾之细字者。

《甲》三四三〇

编》，苴缀丛甎，煞费苦心，考释持论大致安妥，力主审慎从事，余夙佩服其态度之公允。严一萍先生于缀合功力至深，著论间或纠正时贤之违失，近年致力于相同称谓之不同时代之讨论等等，均足令治契学者作深长思。[①] 学术在求真，不在争胜，本《通检》仓卒问世，对于甲骨资料所见王室称谓及贞人，全面钩稽，提供第一步之线索，或不无涓埃之助，但恐仍多遗漏舛误，甚望用者有以纠擿而苴正之。

1987 年春

附　贞人与地名对应略表

宾　在宾（《合》二一〇二九）至于宾（《丙》四〇三）宊叙（《合》九三一九）

亘　亘方（《粹》一九三、《京》二九八一）于亘（《后》上三一，一；九，二）亘入（《乙》二二〇四）𣪊亘（《合》二〇三九四、二〇三九六）在亘（《合》六九四三）

㱿　㱿亍（《屯南》九一〇）

争　往争（《合》二一四三三）

韦　在韦𩁹贞（《人》一一四一）乎翦韦（《京津》五六六）

𡆥　𡆥来马（《丙》三四二、《金》六九九）𡆥来犬（《丙》三四二）𡆥子（《京津》二〇九七）

永　步于永（《英》二五六二，即《金》五四四）步永（《合》四一七六八）永𩁹（《合》四一七六八；《前》四，一一，四）永入十（《丙》三七八）

① 缀合之事甚难。以扶为例，《甲》二三四片，屈万里在《考释》中，只取一九六 + 二三五 + 二四八 + 二五四，而不与二三四缀。石氏《丁编》附表注此片云“严与一九六合”。核对此数片实同出于一坑，宜为一版之折。严缀甚是，见《缀合新编》〇一六，《合》一九八一七采之是也。故此片自是卜丙。余前引用是片时，《甲》未经人缀合，故误。

匌 匌方（《屯南》八六九）

大 大方（《粹》八〇一、一一五二，乙一二一、二二九，《合》八七、二〇四七五）在大（《合》一〇四一〇正）田大（《前》二，二七，七；二，二八，一）

行 有咒在行（《前》三，三一，一；《合》八一三九）

先 先侯（《前》二，二八，二）在先贞（《前》二，二六，一）先来（《丙》三二九）

壴 在壴卜（《甲》二八六九）在自壴卜（《文录》六八二）壴入（《丙》二〇〇、三二九、四五三、五一六，《乙》一二一二、四〇六八、四二二一、七三七八）步自壴（《屯南》二一〇〇）叀壴（《合》六）

彭 在彭贞（《续》六，一，六）于彭（《合》八二八三）

旅 乎取旅（《佚》七三五）

岳 使人于岳（《前》一，五〇，六）

专 于专（《乙》八一一）省专牛（《丙》一二六）侯专（《前》五，九，二）

木 在木（《前》二，一一，二；二，一五，一）木方（《甲》六〇〇）狩木（《虚》二九）在自木（《南北·坊》二，一六一）自木（《存》二，六三八）于木（《粹》一二七三；《人》二五二〇）

亚 亚受年（《丙》一〇）亚侯（《邺》〔三〕四三，九，二五；《屯南》五〇二）亚田（《屯南》八八八）在亚（《甲》三〇五〇、《合》二一九一二）

葡 葡受年（《丙》三三二）

喜 在自喜卜（《粹》一二一一，《文录》六八一、六八二）喜入（《丙》三八二、《乙》四五九七）侯喜（《前》三，二七，六）

吠 （扶）在扶（《京人》，页112）

尹 尹方（《前》四，四一，一：《金》二〇九）

𢀛 𢀛方（《乙》九〇八〇，《甲》二三八〇＋二三八五＋二三八一，《合》六七六七、七〇〇一、二〇四六〇、二〇四六四）于𢀛（《巴黎》一四）

邑 邑方（《京人》五图三七）**邑示**（《甲》三〇三七）

宁 𢦏令宁（《续》五，一四，五）

子 子方（《前》七，一，四；《后》下三四，三；三六，三；《京津》三〇八九、四三九〇）**涉子**（《合》二二〇八六）**至子**（《合》二一〇六五）

𠂤 在𠂤（《佚》四〇二，《合》二一七四〇、二一七四一、二二〇八八）**田𠂤**（《前》四，三六，三）**涉𠂤**（《佚》八九）**步𠂤**（《屯南》四五一六，《合》五八一二）**往𠂤**（《合》四〇一四）**至于兹𠂤**（《合》四〇二五，四〇二六）

余 于余（《前》二，一三，四）**在余贞**（《前》二，一三，五）**自余入**（《丙》一〇四）

我 在我（《合》八三〇八、二一七四三、二二一七三）**我来**（《丙》四二、一二五、三三三、三八〇）**我受年**（《丙》五五）**我受稻年**（《京津》五六六）

陟 于陟（《甲》三五三九）

𢓊 在𢓊贞（《后》上一〇，四；《菁》九，四；《续》三，三一，九）

‖ ‖方（《前》五，一四，七；《合》一九六二一）**在‖行贞**（《文录》三五）**在‖卜**（《诚》一五二）

叶 叶亍（《乙》二〇一八）

卩卩 取卩卩（《珠》二三）

史 史亍（《诚》四二六）

口 小臣口（《甲》六二四）**在口内贞**（《丙》九三）**至口**（《乙》八八二〇、八八五四）

𣪘 田𣪘𦊔（《乙》五三四七）

逆 往屰𠂤（《乙》八八九六）**田于屰**（《簠游》一〇二）**田𢓜**

（《佚》二三四）**逆入**（《丙》四三）

教 于教（《甲》二〇六；《前》五，八，一）

车 于车（《乙》八〇八一）

卯 在卯贞（《前》二，一〇，四）

宣 田宣（《前》六，三〇，七）

射 迖于射（《前》二，八，三）**步射**（《甲》三〇〇八）**入射**（《金》六〇九）

卢 卢方（《续存》一九四七，《屯南》六六七）**田卢**（《佚》七二）

乐 在乐贞（《续》三，二二，五；三，六，五；《遗》二六三；《菁》一〇，三；《后》下一〇，四；《后》上一〇，五；《掇》二，四八九）

佣 章佣（《粹》一，一九三）

俚 麓俚（《粹》六六四）

口（丁） 在丁（《屯南》六〇三）**往于丁**（《屯南》二三七八）**步于丁**（《合》一九五五五、一九五六三、二〇二六九）**入丁**（《合》二一〇三九）**至丁**（《合》一九四六二）

黄 在黄餗（《屯南》六〇三）

取 在取（《合》六五八五反）

旧 在旧（《合》六〇八八、六〇八九、六五三〇正）**至旧**（《屯南》七四二、八七一、一〇九九、三七四四）

竝 竝方（《屯南》二九〇七）**竝受又**（《屯南》一二六一）

御 御方（《合》六八六、四八八八、六七五九、六七六〇、六七六一、六七九九、六八〇〇、六八〇一）

回 至回（《合》二二〇四五）

甲骨学断代之争近数十年，尤以文武丁一说，犹如洙泗断断不已。以发掘机构而论，至今意见仍难一致。刘渊临先生手拓小屯全数甲骨，接触原物最多，近时持论力主贞人扶当属武丁期，同于屈说。[1] 尝见一年轻人学位论文，以翼鹏先生主张武丁期，备受讥骂，甚为可笑。今知侯敔一片出于最早之坑，自不得隶于第四期，屈说何可轻议乎？国人治史，过于重视时间观念，孔子生年所差只有一岁，而聚讼不决，难免韩非“郑人争年”之诮（《外储·说左上》）！19 世纪史家 Lord Acton 云：“研究的对象是问题而不是断代。”（Study problems not periods.）深愿古史家，三复斯言。

本文原为《甲骨文通检》第一册前言

① 刘说详见所著《卜用甲骨上攻治技术的痕迹之研究》（中华丛书本，1984），第四节“扶是小屯早期的贞人”，页 144。他说：“扶与宾同版，见《甲》二三六一。宾，张秉权认为是盘庚时代，见《丙》五七。又扶与中同版，见《库》一二四八。在卜甲里，无论是背甲或腹甲，有贞人扶的，攻治技术所留的痕迹，都是早期的现象。所以我认为扶是小屯早期贞人。”

敦　煌

我和敦煌学

敦煌学在我国发轫甚早。我于1987年写过一篇《写经别录》，指出叶昌炽在《缘督庐日记》中，他已十分关注石窟经卷发现与散出的事情，有许多重要的报道。近时荣新江兄发表《叶昌炽——敦煌学的先行者》一文，刊于伦敦IDP News 1997年第7期，说得更加清楚。

20世纪80年代以后至今，国内敦煌研究，寖成显学，专家们迎头赶上，云蒸霞蔚，出版物包括流落海内外各地收藏品的影刊——英京、俄、法以至黑水等处经卷的整理集录，令人应接不暇，形成一股充满朝气的学术生力军。以往陈寅老慨叹敦煌研究为学术伤心史，现在确已取得主动地位，争回许多面子。此后，海外藏品，陆续影印出来，学者们不必远涉万里重洋，人人可以参加研究了。

我一向认为敦煌石窟所出的经卷文物，不过是历史上的补充资料，我的研究无暇对某一件资料作详细的描写比勘，因为已有许多目录摆在我们的面前，如英、法两大图书目录所收藏均有详细记录，无须重复工作。我喜欢运用贯通的文化史方法，利用它们作为辅助的史料，指出它在某一历史问题上关键性的意义，这是我的着眼点与人不同的地方。

张世林先生两度来函，要我写《我与敦煌学》一文，万不敢当，久久不敢下笔。我本人过去所做的敦煌研究，荣新江兄已有文评述，见于复旦大学出版的《选堂文史论苑》（页265—277），我的重要著述和对学界的影响，详见该文，不必多赘。现在只谈一些值得记述的琐事，追忆我如何对敦煌资料接触的缘遇。

我最先和敦煌学结缘是因为从事《道德经》校勘的工作。1952年我开始在香港大学中文系任教，那时候《正统道藏》还是极罕见的善本，我还记得友人贺光中兄为马来亚大学图书馆从东京购得小柳气司太批读过的《正统道藏》，价值殊昂，当时香港及海外只有两部道藏，无异秘笈。我因代唐君毅讲授中国哲学的老、庄课程，前后三载，我又研究索统写卷（有建衡年号），做过很详细的校勘工作。我和叶恭绰先生很接近，他极力提倡敦煌研究，他自言见过经卷过千件，对于索统卷他认为绝无可疑（可参看他的《矩园馀墨》）。以后我能够更进一步从事《老子想尔注》的仔细探讨，实导源于此。正在这时候，日本榎一雄在伦敦拍制斯坦因（Stein）搜集品的缩微胶卷，郑德坤先生方在剑桥教书，我得到友人方继仁先生的帮助，托他从英伦购得了一部，在 20 世纪 50 年代，我成为海外私人唯一拥有这部缩微胶卷的人物。我曾将向达《唐代长安与西域文明》中的伦敦读敦煌卷的初步记录核对一遍，这样使我的敦煌学知识有一点基础。我讲授《文心雕龙》亦采用英伦的唐人草书写本，提供学生参考。1962 年，香港大学《中文学会年刊》印行的《文心雕龙研究专号》最末附印这册唐写本，即该缩微影本的原貌。当时我已怀疑榎氏拍摄的由第一页至第二页中间，摄影有夺漏。1964 年我受聘法京，再至伦敦勘对原物，果有遗漏。这一本专号所复印，实际上是唐本的第一个（有缺漏的）影印本，如果要谈《文心雕龙》的版本，似乎应该提及它，方才公道。

所谓"变文"，本来是讲经文的附属品，源头出于前代陆机《文赋》"说炜晔而谲诳"的"说"，与佛家讲诵结合后，随着佛教在华的发展，逐渐形成一崭新的"文体"的变种。但从"变"这一观念加以追寻，文学有变种，艺术亦有变种，两者同时骈肩发展，和汉字的形符与声符正互相配合。文字上的形符演衍为文学上的形文，文字上的声符演衍为文学上的声文。刘勰指出的形文、声文、情文三者，形与声二文都应该从文字讲起。所谓变文，事实上应有形变之文与声变之文二者。可是讲变文的人，至今仍停留在"形"变这一方面。古乐府中仍保存"变"的名称，声变则凡唱导之事皆属之。试以表示之如下：

变文	形文→变相	图像之属
	声文→字音节奏	韵律唱腔之属

我写过一篇从《经呗唱导师集》第一种《帝释天乐般遮琴歌呗》加以说明的文章。姜伯勤兄因之撰《变文的南方源头与敦煌唱导法匠》，唱导是佛经唱诵音腔的事，我所说变文的声变之文应该是这一类。大家热烈讨论形变之文的变相，只讲到“变文”的一面，对于声变之文这另一面则向来颇为冷落，甚至有误解。王小盾博士对这一点有深刻的认识，可惜不少人至今尚不能辨析清楚。南齐竟陵王萧子良在鸡笼山邸与僧人讲论的是“转读”问题，即谋求唱腔的改进，与声调完全不相干。到了唐代教坊有大量的“音声人”，音声人还可以赏赐给大臣。《酉阳杂俎》记玄宗赐给安禄山的物名单，其中即有音声人一项，《两唐书·音乐志》音声人数有数万人之多。敦煌的乐营有乐营使张怀惠（P·四六四〇）与画行、画院中的知画都料董保德（S·三九二九）相配合，一主声变的事务，一主形变（变相）的事务，两者相辅而行。变文之音声部分，还须再作深入的研究。敦煌乐舞方面，亦是我兴趣的重点，我于1956年初次到法京，看了P·三八〇八号原卷，写有专文补正林谦三从照片漏列的首见乐曲的《品弄》谱字，由于我在日本大原研究过声明，又结识林谦三和水原渭江父子，对舞谱略有研究。我于1987年初提出研究舞谱与乐谱宜结合起来看问题，我讲敦煌琵琶谱，仔细观察法京原件及笔迹，事实是由三次不同时期不同人所书写的乐谱残纸，黏连在一起，把它作为长卷，长兴四年才写上讲经文，可以肯定琵琶谱书写在前，无法把它作为一整体来处理。叶栋当它全部视为一套大曲是错误的。我这一说已得到音乐界的承认。我主张乐、舞、唱三者应该联结为一体之说，引起席臻贯的注意，他力疾钻研乐舞，把它活现起来，因有乐舞团的组织，我忝任顾问，他二度到香港邀我参观，深获切磋之乐。1994年9月6日我到北京，在旅馆读 *China Daily* 的文化版得悉他病危的噩耗，十分痛惜。1995年7月，敦煌乐舞团随石窟展览莅港表演，我追忆他写了一首律诗云：“贺老缠絃世所夸。紫檀搊拨出琵琶。新翻旧谱《胡相问》，绝塞鸣沙不见家①。孤雁忧思生羯鼓，中

---

① 庄严所藏敦煌《浣溪沙》佚词，起句云“万里迢亭不见家，一条黄路绝鸣砂”。

年哀乐集羌笳。潜研终以身殉古，叹息吾生信有涯。”表示我对他的哀悼。

敦煌各种艺术尤其是壁画，我是最喜欢的，由于长期旅居海外，无条件来作长期考察，无法深入研究，只得就流落海外的遗物作不够全面的局部扪索。我所从事的有画稿和书法二项。我们深感唐代绘画真迹的缺乏，所谓吴道子、王维都是后代的临本。1964 年我在法京科学中心工作，我向戴密微先生提出两项研究工作，其一是敦煌画稿，后来终于写成《敦煌白画》一书，由远东学院出版。我年轻时学习过人物画像的临摹，有一点经验，我特别侧重唐代技法的探索，粉本上刺孔的画本，法京有实物可供研究，亦为指出，我方才明了到，布粉于刺孔之上留下痕迹断续的线条便于勾勒，这样叫作粉本。近日看见胡素馨（S. F. Fraser）的《敦煌的粉本和壁画之间的关系》一文（《唐研究》三期），文中在我研究的基础上归纳出粉本草稿有五种类型，计壁画、绢幡画、藻井、曼陀罗四类，绢幡画则可分临与摹二类。实则临与摹二者，临是依样而不遵照准确轮廓，摹则依样十足。这些画样，画人运用起来可以部分摹、部分临，亦不必限于幡画。

书法的研究，我在接触过 Stein 全部微卷之后，即加以重视，立即写一篇《敦煌写卷的书法》附上《敦煌书谱》，刊于香港大学 1961 年的《东方文化》第五卷。后来居法京排日到国家图书馆东方部借阅敦煌文书。先把法京收藏最早的北魏皇兴五年书写的《金光明经》和永徽年拓本的唐太宗书《温泉铭》作仔细的研究。以后遍及若干重点的经卷写本，作过不少专题研究，除作解题之外还注意到字体的花样，1980 年秋后在日本京都讲学，承二玄社邀请为主编《敦煌书法丛刊》，分类影印，从 1983 年起，月出一册，共二十九册，前后历时三载。每一种文书都作过详细说明或考证。由于翻成日文，在国内流通不广，周绍良先生屡对作者说“各文书的说明，极深研几，应该合辑成一专书，独立出版”。至今尚无暇为之。本书又有广东人民出版社刊印本，题曰《法藏敦煌书苑菁华》共八册。

我于 1963 年出版《词籍考》一书，戴密微先生了解我对词学薄有研究，约我合作写《敦煌曲》，由于任老旧著《敦煌曲校录》录文多所改订，与原卷不相符，须重行勘校，我又亲至英伦检读原件，时有弋获，如《谒金门》开于阗的校录、五台山曲子的缀合等等。任老后出的《总编》和我有一些不同看法，特别对《云谣集》与唐昭宗诸作，我有若干专文进行讨论，已收入另著《敦煌曲续论》（台湾新文丰出版公司，1995）中。《昭明文选》的敦煌本，亦是我研究的专题，我首次发表敦煌本《文选》的总目和对《西京赋》的详细校记，我现在汇合吐鲁番写本另附精丽图版与详尽叙录勒成专书，将由中华书局印行。

《文选》序有"图像则赞兴"一句话，我作了详考，在《敦煌白画》里面，我有一章讨论邈真赞的原委。法京友人陈祚龙君从敦煌写本邈真赞最多的 P·三五五六（九人）、三七一八（十七人）、四六六〇（三十九人）三卷及其他录出，辑成《唐五代敦煌名人邈真赞集》一专书，开辟一新课题，继此有作，得唐耕耦、郑炳林二家。1991、1992 年间余复约项楚、姜伯勤、荣新江三君合作重新辑校，编成《敦煌邈真赞校录并研究》，方为集成之作。

所谓敦煌学，从狭义来说，本来是专指莫高窟的塑像、壁画与文书的研究，如果从广义来说，应该指敦煌地区的历史与文物的探究。汉代敦煌地区以河西四郡为中心，近年出土秦汉时期的简册为数十分丰富，尚有祁家湾的西晋十六国巨量陶瓶。又吐鲁番出土文书中有敦煌郡所领的冥安县佛经题记。所以广义的敦煌研究应该推前，不单限于莫高窟的材料。

1987 年得到香港中华文化促进中心协助，与中文大学合作举办敦煌学国际讨论会。1992 年 8 月，该中心帮助我在香港开展敦煌学研究计划，在中文大学的新亚书院成立敦煌吐鲁番研究中心，延揽国内学人莅港从事专题研究，由我主持出版研究丛刊，主编专门杂志。先时于《九州学刊》创办《敦煌学专号》，出过四五期。后来与北京中国敦煌吐鲁番学会、北京大学中古史研究中心、泰国华侨崇圣大学中国文化研究院合作，办一杂志即《敦煌吐鲁番研究》，由季羡林、饶宗颐、周一良主编，每期三十万字，至今已出版第一卷（1996）、第二卷（1997），

第三卷正在排印中。此外香港敦煌吐鲁番中心复出版专题研究丛刊，由我主其事，先后出版者有八种。我提倡辑刊《补资治通鉴史料长编》，用编年方法，把新出土零散史料加以编年，使它如散钱之就串，经过数年工夫，已稍有可观。

兹将香港敦煌吐鲁番中心已出版《敦煌吐鲁番中心研究丛刊》开列如下：

(1) 饶宗颐主编《敦煌琵琶谱》

(2) 饶宗颐主编《敦煌琵琶谱论文集》

(3) 饶宗颐主编，项楚、姜伯勤、荣新江合著《敦煌邈真赞校录并研究》

(4) 荣新江编著《英国图书馆藏敦煌汉文非佛教文献残卷目录（记录S·六九八一——一三六二四号)》

(5) 张涌泉著《敦煌俗字研究》

(6) 黄征著《敦煌语文丛说》(获“董氏文史哲奖励基金”一等奖)

(7) 赵和平著《敦煌本甘棠集研究》

(8) 杨铭著《吐蕃统治敦煌研究》

(9) 饶宗颐主编《敦煌学文薮》

《补资治通鉴史料长编稿系列》，由饶宗颐主编，已出版及排印的有八种：

(1) 王辉著《秦出土文献编年》

(2) 饶宗颐、李均明著《敦煌汉简编年考证》

(3) 饶宗颐、李均明著《新莽简辑证》

(4) 王素著《吐鲁番出土高昌文献编年》

(5) 王素、李方著《魏晋南北朝敦煌文献编年》

(6) 刘昭瑞著《汉魏石刻编年》

(7) 陈国灿著《吐鲁番出土唐代文献编年》

(8) 李均明著《居延汉简编年》

其他在撰写中有下列各种：

胡平生著《楼兰文书编年》
姜伯勤著《唐代敦煌宗教文献编年》
荣新江、余欣著《晚唐五代宋敦煌史事编年》

莫高窟储藏的经卷图像早已散在四方，据粗略统计有数万点之多，目前正在清查，作初步比较可靠的全盘统计。这些秘笈为吾国文化史增加不少的研究新课题，同时开拓了不少新领域，为全世界学人所注目。近日欧洲方面，特别在英京已有《国际敦煌学项目通讯》（*Newsletter of The International Dunhuang Project*，缩写为 *IDP*）的刊物。我和日本藤枝晃教授被推为资深 Editor 人物之一，殊感惭愧。目前我所从事的研究工作，还有甲骨学、简帛学部分，忙不过来，只好挂名附骥，聊尽推动之责。我于上文列出的各种工作，我要衷心感谢得到国内多位年轻有为学者的支持，还希望有力者对我们鼎力充分的饮助，使我能够继续完成这一心愿。以渺小之身，逐无涯之智，工作是永远做不完的，我这一点涓滴的劳绩，微不足道，匆促写出，倍感惶悚，就到此为止，算是交卷了吧。

唐宋的皇帝、军阀与曲子词

——关于唐昭宗御制的《杨柳枝》及敦煌所出他所写的《菩萨蛮》与他人的和作

词体的产生，向来是中国文学史上热烈讨论的问题。最近数十年来，由于敦煌资料中出现许多写明某词牌名目的曲子词，更引起一些不同的看法。为《敦煌歌辞总编》写序的王悠然先生大力突出敦煌曲子的“民间性”。他引用任氏的新说：“唐词派……还陷于只要‘花间’，不要‘民间’的大嫌疑中。……范老《通史》面对……敦煌民间歌辞……只勉强提到一首残辞的一段而已，其馀的力量只管用去捧温（庭）筠登上唐词坛的正统宝座。……请问：温庭筠是啥子‘劳动人民?’”王氏补充道：“真想不到‘花间’与‘民间’的两间，竟然会被大史家混为一‘间’，岂非史坛的怪事!”他居然责备范文澜是个史盲，其实捧温飞卿为词的开山祖，是传统的说法，如果真的错误，亦不应该由范氏来负责。到底敦煌写本中的曲子作品是不是都出于民间？许多曲子，任书考证出于民间所作，是否正确？是不是唯有“唐代民间文艺才是唐代文艺之母”？经过仔细考察之后，他所谓出于民间，事实每恰恰相反。例如唐昭宗的《菩萨蛮》，敦煌写卷中收存有三首和作，任氏强调出于工匠之手，视为民间作品，这一新说是大可商榷的。本文重点即在指出敦煌卷中所见的曲子，有的不特与民间绝无关系，且出于最高统治者和军阀的大手笔，下面讨论的是非常有趣的例子。

一

唐季五代时候，虽然天下大乱，正如韦庄在《秦妇吟》中所说

“内库烧为锦绣灰，天街踏尽公卿骨”，尽管杀伐不已，战祸频仍，人主仍然好声乐，吟咏闲作，李唐末代皇帝哀帝的父亲昭宗[1]便是当时这样的重要角色。《旧唐书·昭宗纪》说他“攻书好文，有会昌之遗风”[2]。他所作的曲子词，像题宝鸡驿壁的《巫山一段云》，登华州城楼的《菩萨蛮》，朱彝尊的《词综》列为唐词的冠冕。当日连军阀出身的朱全忠亦会诌几句，《通鉴·唐纪八十》云：

> （天复）三年（903）二月戊戌，全忠辞归镇，留宴寿春殿，又饯之于延喜楼，上临轩泣别，令于楼前上马。上又赐全忠诗，全忠亦和进。又进《杨柳枝》辞五首。百官班辞于长乐驿。[3]

后一“进”字《通鉴》另一本作“赐”，标点本采用“进”字，似是不对的！据《旧唐书·昭宗纪》云：“上临轩泣别，又令中使走送御制《杨柳枝》词五首赐之。”《新五代史》卷一《梁纪》亦说“赐《杨柳枝》五曲”。刘昫是五代人，所记当更近实情，故以作“赐”为合。如果作“进”，则全忠不止能诗，且亦工于填词了。据元胡三省注：“《杨柳枝》辞，即今之令曲也。今之曲如《清平调》《水调歌》《柘枝》《菩萨蛮》《八声甘州》，皆唐季之馀响。又唐人多赋《杨柳枝》，皆是七言四绝。”《杨柳枝》辞是酒令，为饮宴时文娱之作品。《通鉴》记载唐武宗会昌四年（844）秋“上闻扬州倡女善为酒令，敕淮南监军选十七人献之”[4]。昭宗亦喜欢这一套，曾经举兵犯阙的李茂贞，史称他在“乾宁元年来朝，大陈兵卫，献妓女三十人，宴之内殿，数日还藩”[5]。好酒令歌伎正是会昌以来的遗风，可惜昭宗这《杨柳枝》词五首久已失传了，没有留下来。

在伦敦大英博物馆的敦煌写卷，列S·二六〇七的卷子，虽然有几

---

① 哀帝李柷是昭宗李晔的第九子。

② 会昌是武宗年号，说见下面。

③ 标点本，页860。

④ 胡注：“酒令者，行令而饮酒也。唐人多好为之。”见《通鉴》，页8001。

⑤ 《旧唐书·昭宗纪》。

段残缺，其中抄录的曲子多首，其中《菩萨蛮》六首，有二首即是唐昭宗登华州城楼的名作。原文如下：

登楼遥〔望〕秦宫殿，翩翩只见双飞燕。渭水一条流，“千山与万丘”。野烟遮远树，陌上行人去。何处有英雄，迎归大内〔中〕？

飘摇且在三峰下，秋风往往堪沾洒。肠断忆仙宫，朦胧烟〔雾中〕。思梦时时睡，不语长如醉。何日却回归，玄穹知不知？

王灼《碧鸡漫志》录这二首，推许昭宗为“作者”。庄绰《鸡肋编》说：“华州子城西北有齐云楼基，昭宗驻跸韩建军，尝登其上，赋《菩萨蛮》词云：‘安得有英雄，迎归大内中’者是也。”沈括《梦溪笔谈》五云：

今此辞墨本犹在陕州一带佛寺中，纸札甚草草。余顷年过陕，曾一见之，后人题跋多盈巨轴云。

这词宋人记载甚多，可惜沈括当日所见到的纸本，后面许多跋语他没有记录下来。这首词亦有称之为“诗”的，像蔡居厚《诗史》云：“陕郊有唐昭宗诗。”① 但据沈括引《新五代史》称，所作原是三章，实不止二首。《新五代史》二十八《韩建传》：

昭宗登齐云楼，西北顾望京师，作《菩萨蛮》辞三章以思归，其卒章曰：“野烟生碧树，陌上行人去，安得有英雄，迎归大内中？”酒酣，与从臣悲歌泣下，建与诸王皆属和之。建心尤不悦，因遣人告诸王谋杀建，劫天子幸佗镇。

但《旧唐书·昭宗纪》则云：

（乾宁）四年七月甲戌，帝与学士、亲王登齐云楼，西望长

① 《诗话总龟前集》四十二引。

安，令乐工唱御制《菩萨蛮》词，奏毕，皆泣下沾襟，覃王已下并有属和。

此事《新唐书·昭宗纪》及《通鉴》都不载，但可确定的有下列数点：

（1）作词时间是乾宁四年（897）七月甲戌日；据陈垣《二十史朔闰表》，乾宁四年八月二日朔为甲戌，是时已入八月矣。

（2）原制《菩萨蛮》三首，为人传诵的只有二首，其实应尚有一首。

（3）属和的人物见之史传确知的，亲王有覃王，方镇大臣有韩建。

二

兹将其他各首《菩萨蛮》的历史背景，加以说明如下：

同前一首（图一）

> 御园照照红丝罢。金风坠落沾枝架。柳色政依依，玄宫照渌池。　每思龙凤阙，惟恨累年（左为“去”，右为“力”）。计日却回归，象似南山不动微。

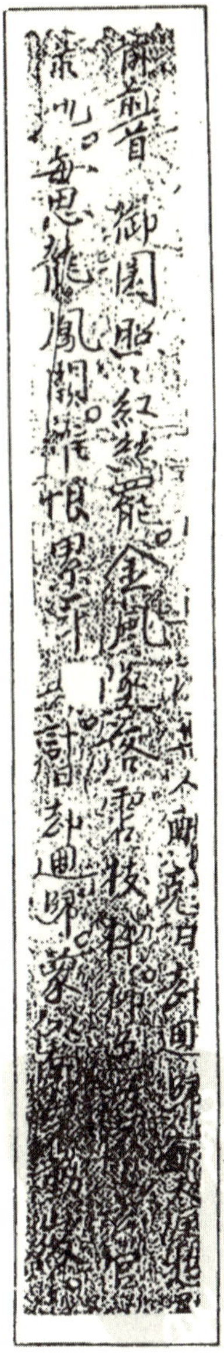

图一

这一首向来不得其解，亦不知作者为谁。因其中有“御园”、“红（朱）丝”、“玄宫”、“龙凤阙”、“不动微（太微）”诸字眼，是帝王身份才用得上。我疑心应当是昭宗御制三首之另一首。试为笺释如下：

红丝即朱丝。此用《公羊传》典故。昭公二十五年云：

……日有食之。鼓，用牲于社。日食，则曷为鼓用牲于社？求乎阴之道也。以朱丝营社，或曰胁之，或曰为闇，恐人犯之，故营之。①

日食用朱丝以营之，是助阳抑阴的意思。其时岐下李茂贞诸将犯阙，朝廷岌岌可危，已成日食景象。照照即“昭昭”，宋玉《九辩》云：“去白日之昭昭兮。”五臣注：“白日喻君。”昭昭而作照照，因此处必用仄声，此是昭宗自喻。“罢”字吃紧，“红丝罢”者，言无朱丝以营之，叹朝廷上扶阳抑阴之无人。昭宗用这一典故非常切合其身份。

“玄宫”出《庄子·大宗师》：“颛顼得之，以处玄宫。”李颐注：“玄宫，北方宫也。”《墨子·非攻下》：“高阳乃命禹于玄宫。”《艺文类聚》引《随巢子》：“天命夏禹于玄宫。”玄宫乃指帝之所居，非昭宗本人不足以当之。“不动微”指太微宫。《太平御览》卷六天部引《大象列星图》云：“北斗七星近紫微宫南，右太微北，是为帝车，以主号令，运乎中央而临制四方。北斗五星一名天极，一名北极。”此首末句云：“象似南山不动微。”微即太微，昭宗自比于太微帝星，意谓尽管局势像“邦之杌陧”不安，我还是如南山屹然不动的太微帝座。如在他人，安得有这种口吻？故可断为昭宗御制，又考昭宗登齐云楼时在七月。《本纪》云：“乾宁三年七月癸巳，驻华州。四年七月甲戌，制《菩萨蛮》。”词云“金风”，季节亦合。《类篇》六中：“椓、架，所以举物。”架又作“椓”，此写本架字从木作樑，可补字书。

任氏称：“右辞因作者率意，歌者传讹，写者信手：演出许多矛盾，难以疏解。主要在红丝二字之扞格：若是丝，则‘照照’、‘点点’及‘罢’字俱非。若非丝，‘红丝’又别指何物？……‘柳色依依’当非秋柳，何来金风？‘微’亦费解。”他于是大奋其如椽之笔，肆加改窜。把“照照”改为“点点”，把红丝“罢”改为红丝“挂”，把“金”风改为“因”风，完全以意为之，信口开河。又定这首词是“从李晔来

① 何休注：“社者，土地之主也；月者，土地之精也。上系于天而犯日，故鸣鼓而攻之，胁其本也。朱丝营之，助阳抑阴也。”

华州之臣工将回长安而有所作”。词中无数典故，出自帝王口吻，任氏均漠然置之，反说是作者率意，歌者传讹，非妄说而何？

又一首：

> 千年凤阙争雄〔离〕弃。何时献得安邦计？銮驾在三蓬（峰），天同地不同。　宇宙憎嫌侧，金（今）作蒙尘客。阃外有忠常，思佐圣人王。

此首口吻，可能出自覃王。“宇宙憎仄”，正说明是时帝与诸王处境之艰窘。首句“争离弃”，是原无奔华州之计，而离京出走。“銮驾在三蓬（峰），天同地不同”指韩建强胁帝“且驻三峰”之下。“地不同”三字似对韩建深致不满，殊可玩味。“金（今）作蒙尘客”，谓从主上蒙尘于此。末二句，从巴黎P·三一二八卷，“常”与“王”协韵，可从。S卷作“思佐□圣人”，中缺一字留空格，恐有讹误。

考覃王之嗣用，本于乾宁四年六月，被任为凤翔节度使，以代李茂贞。王赴镇，而茂贞不受代，围覃王于奉天。七月……韩建移书李茂贞，贞乃解除奉天之围，覃王遂归华州。[①] 覃王回华州正是七月之事，隔一月即与诸王同被韩建所杀。

此首，任书谓与昭宗李晔先作二首，体属联章。按称为和作则可，联章则殊属不必，彼不知昭宗原作是三首，不是二首。史明谓覃王有和，此首口气唯覃王可以当之，故兹定为覃王所作。

伦敦本此首多缺，因原纸写此词部分有残泐。幸巴黎P本全首完整，文字清晰，可以互补。法京本总题在曲子《菩萨蛮》之下共抄三首。前二首即“敦煌自古出神将”。此首既为覃王作，其年代可以论定，法京是本字体，明出五代人手笔，足见当时昭宗及诸王和作，流传人口，故被书写杂厕于同词牌之他作。可惜，法京本只录此一首，不及韩建诸作，未由参校。

同前一首：

---

① 参见《通鉴》标点本，页8505。

常惭血怨居臣下，明君巡幸恩沾洒。差匠（匠）见修宫，谒（竭）诚无有终。 奉国何曾睡？葺治无人醉，克日却回归，愿天涯总之（知）。

按此首核实应是韩建和作，其坚证有二：

（一）“血怨”指乾宁四年（897）八月间建坑杀十一王事。《旧史》十五《韩建传》：（乾宁）四年二月，有诣建告睦王已下八王谋杀建，建囚八王于别宅。……八月，建以兵围十六宅，通王以下十一王并遇害于石堤谷。

（二）“差匠修宫”一句，即指建初佐李茂贞修宫室。《通鉴》：“乾宁三年十月丁巳，以韩建权知京兆尹。先是茂贞曾上表请罪，愿得自新，仍献助修宫室钱，韩建复佐佑之，竟不出师。”[①] 其后建正式被任命为修宫阙使。在光化元年九月，诏以韩建为修宫阙使，诸道皆助钱及工材，建使都将蔡敬思督其役。既成，二月，建自往视之。[②] 胡注：“《实录》云：茂贞进钱十五万助修宫阙。按十五万乃百五十万贯。”

此词“血怨”二字任氏书前后均改作“血愿”，语殊不可通，今知韩建杀十一王对昭宗诚为血怨，其心深负疚，故用“血”字。

潘重规指出：“任氏误解‘差匠见修宫’，以为是华州修造行宫之工匠和昭宗的作品，事实上是说不通的！因为‘常惭血怨居臣下’、‘竭诚无有终’，决不符合工匠的身份口吻；况且‘差匠’的意思是差遣工匠，所以作词的人应该是差遣工匠的人而不是工匠。”[③] 其说甚的！而任氏先有成见，不肯接受潘说，在《总编》仍坚持原有说法，不符合上下文义。唯潘氏不知韩建后来正式被派遣为修宫阙使，词中“葺治”二字，出于负责修宫阙之职，不是凭空而来；今为补苴二桩证据，这样说来，此词便可读通了。

《旧唐书·昭宗纪》：

---

① 参见《通鉴》，页8495。

② 参见《通鉴》，页8514。

③ 《敦煌词话》，页41。

> 三年……秋七月，壬辰，岐军逼京师。
>
> 癸巳，次渭北，华州韩建遣子充奉表起居，请驻跸华州，乃授建京畿都指挥安抚……等使。
>
> 甲午，次富平。韩建来朝泣奏……愿陛下且驻三峰，以图恢复。
>
> 乙未，次下邽。丙申，驻跸华州，以衙城为行宫。时岐军犯京师，宫室廛闾，鞠为灰烬，自中和已来葺构之功，扫地尽矣。

“葺构”二字，正如此词中之“葺治”，韩建自护驾起，至李茂贞愿助修宫钱，而建佐佑之，“葺治”二字乃有着落。

此词不特和韵，而且和意，昭宗原制云“思梦时时睡，不语长如醉”，此则云“奉国何曾睡”“葺治无人醉”。韩建表示他竭诚为国，以尽劳勚，葺治宫室，是没有喝醉酒的！收句最末一字，潘氏辨认为“西”，然于字形不近，我看或者是“之”或“知”的同音字，今从王佩诤校，订作“知”，以协原韵。

《旧五代史·韩建传》云：

> 乾宁三年四月，昭宗遣延王、通王等发兵讨李茂贞，为茂贞所败，车驾幸渭桥，即日次富平，将幸河中，建奉表迎驾……许之。
>
> 七月十五日，昭宗至华下，下宫士庶相继而至。且寻加中书令，充京畿安抚制置等使，又兼京兆尹京城把截使。
>
> 昭宗久在华州，思还宫掖，每花朝月夕，游宴西溪，与群臣属咏歌诗，歔欷流涕。
>
> 建每从容奏曰：臣为陛下修营大内，结信诸侯，一二年间，必期兴复。
>
> 乃以建兼领修创京城使，建自华督役辇运工作，复治大明宫。[1]

---

① 《旧五代史》，页204。

《旧史》所记，与欧史略异。建复任修创京城使，故词中对于葺治之事，念念不忘。

任氏太注重“民间性”，连这一首词的写作权，都不肯给予韩建，偏偏说是华州修葺行宫之工匠，对李晔“飘飖”一词之和作，又从末句“愿天涯总知”，说明是“民间派”文学水平不高之表现；且说“韩建为方面之臣，幕中何至无文人可操觚，尘下如此”。我人既了解韩建之为人及当日历史背景，任氏出于工匠之说，自可不攻而破。

> 自从銮驾三峰住，倾心日夜思明主。惯在紫微间，笙歌不暂闲。受禄分南北，谁是忧邦国？此度却回銮，须交（教）社稷安。

王重民云：“南北指南北司，南司指廷臣，北司指宦官。（僖宗）中和元年孟昭图上疏云：‘……北司未必尽可信，南司未必尽无用，……’与此疏对阅，其事迹明白。”[①] 按《通鉴》系孟氏上此疏于是年七月庚午，是时僖宗日夕与宦官同处议天下事，待外臣殊薄，故孟氏有此议。疏入，而田令孜屏不奏，辛未，矫诏贬孟氏为嘉州司马，遣人沉于蟆津。[②] 唯此词所言之南北司，似另有本事。《旧唐书·昭宗纪》：

> 乾宁二年（895）五月甲子……茂贞、行瑜极言南北司相倾，深蠹时政，请诛其太甚者。[③]

是时韩建陈入觐缘由，上拜召升楼，赐之尾酒，宴之于同文殿，李茂贞、行瑜极言南北司相倾，深蠹时政，请诛其太甚者，乃贬宰相韦昭度、李磎，寻杀之于都亭驿[④]，杀内官数人而去[⑤]。《通鉴》卷二六〇云：

---

① 《曲子词集》。
② 参见《通鉴》，页 8255、8256。
③ 《旧唐书》，页 753。
④ 按此指南司。
⑤ 按此指北司。

……行瑜与茂贞、建各将精兵数千入朝。（五月）甲子，至京师……三帅奏称：南北司互有朋党。

……始三帅谋废上，立吉王保，至是闻李克用已起兵河东，行瑜、茂贞各留兵二千人，宿卫京师，与建皆辞还镇。[①]

词中所言分南北，应指是时之事，与僖宗无关。《旧唐书·昭宗纪》云：

八月，延王（戒丕）自太原还。韩建奏曰，自陛下即位已来，与近辅交恶，皆因诸王典兵，凶徒乐祸，遂致舆驾不安，比者。……而建以诛逆闻。[②]

三帅以南北司既受禄而互相倾轧，又诸王掌兵，以召危乱，今诸王已除，社稷可安矣。故此首口气，疑亦韩建所作，以剖明其心迹，若然，则当在是年八月，与七月帝登齐云楼令乐工唱御制《菩萨蛮》，相隔只一月而已。“此夜回銮”句，任氏以为在光化元年，乃想当然之论。

三

今总结上列考证，重新订定诸词之作者如下：

昭宗御制三首：

（1）向来已确定，不必讨论。

（2）向来已确定，不必讨论。

（3）《御园照照红丝罢》。

覃王作：

（4）《千年凤阙争〔离〕异》。

韩建作：

① 《通鉴》，页8469、8470。

② 《旧唐书》，页762。

（5）《常惭血怨居臣下》。

（6）《自从銮驾三峰住》。

这样便可全部讲通。任氏不知韩建亦好文事，不必委诸部属。《新史·韩建传》称："建初不知书，乃使人题其所服器皿床榻，为其名目以视之，久乃渐通文字。见《玉篇》喜曰：吾以类求之，何所不得也。因以通音韵声偶，暇则课学书史。"欧史谓其通声偶，是建本人亦能诗可知。本传又云："（昭宗）作《菩萨蛮》辞三章以思归。……酒酣，与从臣悲歌泣下，建与诸王皆属和之。"似建和作不止一首，可能有三首，一与诸王同作，今不可见；一为修宫所作；一在杀诸王之后，故有"常惭血怨居臣下"之语。君臣各制三章，自是讲得通的。

敦煌曲子里面有年代定点的甚少，这一组唐昭宗的《菩萨蛮》及别人的和作，其历史背景非常清楚，有的写作时日在史籍上尚历历可考，何得轻易视为民间作品？

现在，我附带要谈几件事：

（一）曲子的分类问题

《总编》采用分类体例，每每把同一组词割裂安排于数处，凭任氏本人一时的体会，主观性地归纳，很不可靠。如《常惭血怨》一首，他既视为修葺行宫工匠的作品，列于"力作"四首之一，以为是民间作品，故特别加以捧场，可谓无目！

（二）曲子的入乐问题

任氏强调在敦煌发现的一切是有音乐性的歌词，而反对不主声而专主文的"唐词派"。其实，过于主声和过于主文，其失唯均。在没有充分证据以前，是不能说敦煌所有的曲子都是入乐的。像上面所谈的上酒的《杨柳枝》和昭宗的御制《菩萨蛮》，当日尝命乐工唱出，自是入乐；至于覃王及韩建的和作，就未必入乐，史书没有记载，如硬欲说它曾付之歌唱，又有什么必要呢？

（三）对曲子原文改字的问题

任书最为人诟病的是他任意轻易改窜原文。如"照照"即"昭昭"，不得任意改为"点点"；"血怨"，不得以同音改为"血愿"是。

那些随便改字，充满篇幅，大家普遍认为即任书最大毛病。

（四）他不知当时的军阀们都喜欢酒令，随时即兴亦会诌几句曲子

不要小看那些军人像韩建之流，他喜欢舞文弄墨，何必假手于幕下？

再说《杨柳枝》令词，胡三省《通鉴》注："《杨柳枝》在唐季酒令盛行之日，亦作为酒令常用之物。"观薛能诗句"鞍马传杯用《柳枝》"可证。唐末官僚在宴会中很喜欢歌唱作歌辞，《旧唐书》卷一七七：

> 天复三年，（朱）全忠自岐下还河中。……（崔）胤……持板为全忠唱歌，仍自撰歌辞，赞其功业。

可见唐末五代军人喜欢唱令词的习惯。这类作品，出于军阀，和民间都没有一点关系。

通过上面的详细研究，大英博物馆S·二六〇七卷子中抄在一起的六首《菩萨蛮》这一组词，是昭宗御制和王子及近臣所作，史实证明应该是覃王及韩建的作品，怎样能说是民间作品？

曲子的"民间性"，应有限度，不能一手遮天地，说什么都是民间性！需知诗有本事诗，词亦有本事词。敦煌曲子有明显史实背景可作为年代定点的寥寥可数。而这一组曲子，由于向来研究者未能深入，引起许多不必要的误会，把分明是王室和官僚的作品，随便看成民间性，岂不是误人了么？

1988年7月初稿，1989年7月改定

孙光宪《北梦琐言》十五："文宗、宣宗皆以诗赐大臣。昭宗驻跸华州，以歌辞赐韩建，以诗及《杨柳枝》辞解赐朱全忠……"余上文论标点本《通鉴》应作"赐"朱全忠，不当作"进"。孙氏所记，又一佐证，补记于此。

原载《明报月刊》，1989年8月号

宗　教

中国文化史上宗教与文学的特殊关系

宗教一词意义出于对神虔敬的表示，西周彝铭中有“敬德”一词可以比方。人的宗教理想（ideál religceux）是“法”Loi（希伯来称forah）——神的秩序（ordre divin）的认识与奉行，神的意旨（volonte divine），其本质就是正直、公道（justice 希伯来称 sedhek）。殷代龟和骨的占卜刻辞，最新统计近六万片，几乎每片都出现“贞”（）字亦写作鼎，贞是“问事之正”，指通过占卜手续，由神的指示取得“正”的答案。

一般把它只说作“问”，而忽略了“正”之终极一义，只是片面的理解。吉的占卜叫作“恒贞”，在《包山楚简》中“恒貞（贞）吉”的成语，比比皆是。“恒贞”又称“永贞”，是太祝所冀求的神所宠赐的福祉（bénédiction 希伯来称 berâkhâh）。所以“贞”的涵义可相当于sedhek，是殷周以来占卜神学上一个极重要的观念，我另有专文《贞的哲学》讨论之。

中国原始宗教上事神的角色，依照楚国观射父谈话的分析，有宗、祝、巫、史四种重要人物。表之如下：

宗——管上下之神祇、氏姓所出。《尚书》，伯夷作“秩宗”，即此。

祝——即大祝，能知山川之号、宗庙之事，《周礼》说“大祝掌祈福祥”。《说文》：祝，祭主赞词者。

巫——主接神。

史——主安排神的位序（《楚语》“家为巫史”句韦昭注）。

祝的地位较高，须有先圣之后之有光烈者“方可充任”，他的职掌最接近文学之事。《周礼·春官·大祝》下云：

掌六祝之辞，以事鬼、神、示，祈福祥，求永贞。六辞者：祠、命、诰、会、祷、诔。

殷卜辞里面，宗、祝、巫、史等官名均出现，足征其说之可据。大祝负责六辞，由他执笔拟撰赞词来“求；恒贞”而取得福祉，六祝之辞共有六种文体，都和祭事有关，这即是中国文化上文学与宗教特殊关系最深之一例。六种文辞已有孙诒让的《周礼正义》的详细考证。现在可以补充的有不少出土的文书可以帮助解说。

祠：《说文》：“春祭曰祠。品物少，多文辞也。”像秦简有“马禖祭祝辞”。

命：铜器铭文中有“出厥命”一类字句，如“永盂（西周恭王器）叠见之”。——此例极夥。

诰：如何尊（成王时器）前言“王誥宗小子”，下言“廷告于天曰……”，结云“王咸誥”。誥即诰的异文（用唐兰说）。此铭可说是诰辞之具体例证。《尚书》中的《盘庚之诰》《大诰》《康诰》均是。文内有时渗用“乌虖”（呜呼）之感叹词，是带警惕性有浓厚情感的文书。

会：指会盟、誓戒之文，如《侯马盟书》《诅楚文》之类。

祷：铜器铭辞之末，多系祝嘏祈永命之语。如㝬簋其例常见。

诔：对死者之纪念文字。《左传》鲁哀公之诔孔子是有名之一例（哀十六年）。

大祝的六辞可说是祭祀文学，祀与戎是国之大事。曹丕说过“文章，经国之大业”，这一类配合国家典礼的文学作品，在古代大都出于太祝之手，是“经国”性质的文章，可惜文献资料保存不多。现在出土文书的长篇文诰，像墙盘的历述先德，中山王譻壶铭的告戒嗣王，都是语重心长、词严义正的作品，与《尚书》典谟训告之文可相媲美。

中国文学的主要观念，最早为人提出的要算“志”和“德”二者，“诗言志”之为中国文学思想的最早观念，一般文学批评史言之已详，为大家所熟悉；太祝六辞中的诔，亦是“道志”的文字。《墨子》说：“诔者，道死人之志也。”（《鲁问篇》）“诗言志”指生人借诗来表达自己的意向，是作者的感受通过韵文的诗来表现；“诔道志”则是代死人来称述，剖明死者的内心之所寄托。有时诔与谥一样为君对臣属死后的一种评价。不过谥与诔不同，诔以道志而谥以表“德”。诔与谥是对一个人死后的总结性的称述，有褒有贬，要恰如其分。孔子死后，鲁哀公对他的诔词有些不妥地方，引起孔子学生子贡有“失志为昏、失所为愆”的非难和讥议。因为不能把孔子的志业说得恰切的缘故。古代文学，言志之外还有述德一端。《春秋传》云：“诸侯相见，号辞必称先君”，彝铭多数称述先德。最好之例证像西周的师訇鼎先言：“臣朕皇考穆王，用乃孔德、余小子肇淑先王德、夙夕尃由先祖剌（烈）德。”又云“皇辟懿德”，“用厥剌祖卩（节）德”。连续用许多德字作为“leitmotiv”。“德”观念的出现可追溯到夏代，墨子引古文尚书《禹之总德》云：“不慎厥德，天命焉保”（《非命》下），《尚书》言皋陶迈种德。到了西周“敬德”一词成为普遍套语。墙盘说：“上帝降懿德”，美德是上帝所降给的。《周书》警戒王者失德则天命不能保，似即发挥夏代尚德的旧训。个人方面亦以敬德为主，谥即所以表其德，把一生的积累德行作一总结。子孙对先人的德行必须永远不忘记作为榜样，所以文学上亦产生了“述德文学”，与“言志文学”并行，后代陆机的《述祖德赋》、谢灵运的《述祖德诗》，便是它的支流，谈中国文学观念的人，只谈言志而没有谈述德，这是很遗憾的！

文学对于死者的称述与祭礼及丧礼有密切关系，《荀子·礼论》云：“祭祀，敬事其神也，铭、诔、系、世，敬传其名也。”这些铭诔文章原属丧礼的一部分。《楚辞》的《招魂》、《大招》亦然。刘勰说：“招魂可谓祝辞之组缅也。”它是对死者的追悼文字，应亦是与述死者的志之诔辞同属大祝的文学的体系，有人称之为巫系文学，巫只是为死者招魂而已，不同大祝之主司文学，其说不甚妥当。刘师培谓“中国文学起于巫祝之官”，只说中了一半。

中国原始宗教的规律与生活，儒家之说，以一个“礼”字概括之，礼本是一种事神致福的社会性行为。礼制为祭祀、会盟、宴饮、朝聘等等系列划分等级的仪节。古代的主要祭品有“二精”之说，二精即指玉和帛。禹会诸侯于涂山，执玉帛者万国，玉和帛为助祭献礼的精品

（韦昭注："明絜为精"）。玉在古代是礼器，近年出土之丰富，从辽宁红山至江南良渚，所出品类之夥且精，证明《礼》书《山海经》祭祀与仪节用玉之可信。《逸周书》记纣自焚后周人俘获胜利品，玉即有198005件（《世俘解》），近时江西新淦大洋洲商墓出土大小玉器有1072件。足见非夸大之言。浙江反山出土一套两端镶玉的卷布轴，证明当时麻葛类丝织物已广泛地存在，帛的应用必定相当普遍，二精之说是可信的。

礼与乐的产生都与祀神有关，《尚书·尧典》云："有能典朕三礼，佥曰伯夷。"故以伯夷主秩宗之官，故《郑语》称其能礼于神以佐尧。这时所礼之神，当然包括自然神和宗族神。乐律在中国发生可追到七千年前的裴李岗文化，河南贾湖墓葬出土十六支骨笛，有的上有七孔，经过精密测音，证明当日已使用七声音阶。山西龙山文化的陶寺（公元前2500—前1900）出土鼍、土鼓和特磬（相当于夏代），其时音乐已有高度成就。《吕氏春秋》引孔子说：

> 舜以（夔）为乐正，夔于是正六律和五声，以通八风。……舜曰：夫乐，天地之精也……惟圣人能和乐之本。

《尚书·舜典》说：

> 八音克谐，神、人以和。

舜以乐施教，和悦神人，共致和谐的境界。舜的先祖虞幕，"能听协风以成乐"。父为瞽叟，又是乐正，知其学有渊源。似乎这个时候，"乐"比"礼"还来得重要。由于乐律智识的早熟，古代必有一段时期用乐设教取得神人的和悦。为了配合音乐，依律和声，遂有"诗"的产生，《诗经》的颂，即以美盛德之形容，以其成功告于神明的作品，这亦即中国文学和宗教有特殊关系之又一例证。

灵龟的信仰，在七千年前贾湖遗址出有加工龟甲上刻三个类似甲骨的文字，安徽含山凌家滩的玉龟中置玉版，说明龟卜文化源远流长，非始于殷人，显示其尊神及率民事神的程度。所有祭祀活动的记录，一言以蔽之，无非是占卜文字，“占”亦是文章之一体。刘勰已言之。殷代龟卜之外，还有筮卦，用数字来表示阴阳。殷代已有六十四卦，镌刻于各种骨、石、陶、铜器之上。马王堆帛书的《周易》，卦名与卦序与今本不同，例如乾卦作键，键是锁之牡者（阳性之 key），因为乾坤是易的门户，辟户为乾，故借键为之。卦的命名包有抽象与具体的相生相反的对比意念，充分运用文学上的比兴之类推思维方式。“比”是譬喻（analogical mode of thinking），兴是借具体事物以引起他人的警悟、理解。比与兴二者大量引用间接的隐喻，而非直接的换喻，以义类推。一卦可代表许多事物，引起占卜者高度的联想作用，易卦的推理几乎是一种文学手段。古代中国占卦而外又有占梦，与巴比伦相同。《周礼》太卜所掌又有：“三兆、三梦以觇国家之吉凶，以诏救政。”三兆等原亦有颂，皆千有二百，应该算是文学作品，可惜都已久佚不传了。

占卜文学在古代宗教记录是一大宝库，殷、周人占卜不止用一种，何以既用龟卜，同时又要筮卦？它的道理，在《洪范》中有详细的说明。目的在取得天和人一致地同意，名曰“大同”。凡谋事必卿士从、庶民从、龟从、筮从，几方面都取得 agreement，天、人共同支持，然后决定执行。《洪范》一文过去受到许多人的怀疑，现今细读，与出土资料尚是吻合。

殷代繁冗的祭祀及占卜手续，到了周人手上，加以重大改革。殷有统一大神，即帝与上帝作为一切自然界的主宰。周人似乎取自夏人所尊的“命”再与“天”结合，提出“天命”观念来证明他代殷取得政权的合法性。（马王堆帛书《经法》云：“黄宗不受命于天，定立于地”，则溯源至黄帝。）强调有德然后有位，失德必失其位。西周文诰处处发挥这个道理，“天”的地位和“天”对人的影响力至此得到绝对的确定。“天示象，现吉凶”，天地间灾异现象的产生，由于人主有过失故天显示凶的预兆，王者如果能修行德政可以补过。《周礼》所谓“以诏救政”，“救”即是“补救”的意思。这样叫作“救政”，当时人们相信天人之间有绝对的因果关系。

周人采用尧的礼教，大大揭橥礼的重要性，一切人事活动的秩序以礼为核心。《礼记》称“周尊礼尚施”，和殷人的“尊神（尚祀）”、“先鬼而后礼”这是宗教施为上的一大转变。孔子本是殷人后裔，但他奉承周人之教，处处以礼为重，他说：“吾从周。”他作《春秋》即是“博文约礼”的实践表现。《左传》注家都认为孔子修《春秋》，约以周礼，意思是说：按礼以正之，以定人伦之是非。《春秋》之文字极为简质，其指数千，即是“约之以礼”的实例。可是孔子说“天道远人道迩”，舍其远而取其近，《论语》中“天道”只有一见，孔子所重在于人事道德行为，宗教意味已大大减少。马王堆本《系辞传》后面有《要》一章，记孔子与子贡的问答，孔子说他之学易和卜筮者不同。他说：“我观其德义耳”，“吾与史巫同途而殊归”。孔子学易归宿于“德义”。注重在义理方面，这是他学易的态度。儒家自孔、孟喜欢谈仁，以人学为主，他们没有建立宗教的野心，使到后来儒家始终不能成为正式的宗教。

“道”的抽象观念，兼有天人而义较浑圆，可以训始训大训虚训理，《管子·心术》：“虚无无形之谓道。”老子云：“有物混成，先天地生。”“字之曰道，强为之名曰大。”故张揖《广雅》中训“大”之字，道排列于首位，在天地之前。《庄子·缮性》：“道，理也。”帛书《经法》最后一篇为《道原》，描写宇宙生成的起讫，始于“恒无”而终于“恒一”，提出一为道之本。又《成法》篇云：“一者，道其本也。”后来因有“大一”一名之产生，“主之以太一”是老、庄共同的主张。到了淮南子遂作《原道》篇，他又说：“浑沌为朴未造而成物谓之大一。”（《诠言训》）这一派形成道家的主流，他们竟把儒家的礼、乐说成“出于大一”，如《吕氏春秋·大乐》和《礼记》的《礼运》都有同样的说法。以后大一给神化了，可以下行九宫。这是道家的统一抽象神，比“帝”又推进一步了。

还有从天地间的大气体会出来，以“气”是万物的动力的说法。庄子说：“伏羲得之，以袭气母。”《说文》：“羲，气也。”羲的本义即是气。《楚帛书》气字作槩，伏羲作雹戏，《易传》以为画卦始于伏羲，又谓“一阴一阳之谓道”。伏羲是元气的创造主，以后易学家及道家无不尊伏羲为祖师。

道和气两个抽象观念，后来文学家都充分加以利用，刘勰著《文心雕龙》首列《原道》，云：“圣因文以明道。”唐代韩愈亦著《原道》。他的朋友柳宗元亦言：“文以明道。”其学生李汉说：“文者，贯道之器。”以后许多文学批评家都主张“文以载道”，其实，庄子书中已有“道可与载”的句子。

至于“气”，孟子有“志，气之帅；气，体之充”之说。春秋时，屠蒯说：“味以行气”（左昭九年）。其后曹丕遂主张“文以气为主”（《典论》），韩愈亦言“气盛则言之高下皆宜”。这些人所共知，不必深论。这一文学观念，无不以儒、道思想为其骨干，而道家尤为重要。

宗教思想之与文学，就好像一物的内蕴与外廓互相依存着表里的关系。宗教必待文学而后有高度的表达，文学作品因时代而转移，必借重宗教思想来充实它的内容。东汉以后，佛教输入中国，中国文化起了极大的变化；道教的茁长，亦吸取佛教思想架构各方面作为其养料，创造出许多新型的作品。举例言之，中国古代没有创世纪形式的长篇文字，史诗更不待论。晋时，王浮作《化胡经》，《十一变》词中乃有“洪水滔天到月支，选擢种民留伏羲”之文，伏羲竟成为 Chosen People 了。此后《元始上真众仙记》引《真书》有盘古真人开辟天地之说，其实剽窃儒书，变本加厉！佛教徒刘勰居定林寺，娴习“文字般若”（prajna of letters），著《文心雕龙》从“正”（mārga）见立论，调和文、质两极，矫正当日齐梁“文章且须放荡”之偏见，故刘知幾誉其“识具圆通”，开阳儒阴释之先路。

若夫文学心灵的培养，取资于宗教为常见之事。文学家不一定有某种宗教坚定信仰，儒、释、道三教著述，既多所涉猎，自然对他们的思想起了渗透的作用。以唐、宋诗人来说，王维山水诗中充满禅悦意味。李贺诗中用许多“生”“死”字眼，有人以为是受到《楞伽经》的影响。苏轼的浸淫道书，黄山谷对禅宗的深入，都是重要的例子。他如文学手段在宗教家手上多方运用，王梵志之于偈颂式五言诗，全真教徒之采取词牌，甚至改易词调的原名，自创新格，各极其胜，互相采获。宗教家如何利用文学作为它的宣传工具，中国人对宗教采取宽容态度，各教彼此间的互相渗透，更是常见的现象。本文但揭其大要，侧重古代，以溯原为主体，至于详细分析，非另著一书讨论不可，惟有期之异日矣。

1993年12月26日接受法京高等研究院颁授该院成立125周年以来首位人文科学博士时的演讲辞，中文稿稍作修订。

道教与楚俗关系新证

——楚文化的新认识*

一、总论

读过《楚辞》的人，自来即有“奇文崛起”“楚人多才”的赞叹。在前些时候，疑古风气笼罩之下，还有一些史学家抱着怀疑的态度，说道湘江流域是蛮陬遐壤荒江寂寞之滨，何来此斐亹动宕之文辞？自王国维以来，把古史地域，尽量加以缩小，他考证商人活动不出大河附近，这种狭隘观点影响所及，遂有以上不必要的推想。他们把历史估计得太低了！目前由于地下新材料的层出不穷，在在证明纸上记载的可靠性。新的看法，不但不是缩小，而反是扩大。清初顾栋高在《春秋大事表》所揭示“春秋时楚地不到湖南论”，他的推测，已完全给人予以否定。殷商遗物在湖、湘境内，都有重要发现。从考古实物可以证明，像湖北黄陂盘龙城的商代中期宫殿遗址，即其一例。高至喜因之有《楚文化不过长江辨》之作（《求索》1981 年第 2 期）。

楚文化一名词，所以能够成立，因为楚可说是南方文化的综合体。它吞并许多小国，“汉阳诸姬，楚实尽之”。吸收北方中原华夏文化，和南方若干地区土著民族独特的崇祀鬼神的巫文化溶合、升华，构成楚文化的特色。保存在荆楚地区的丰富神话，处处可看到楚人想象力、创造力的卓越与雄伟，在楚辞文学里更有充分的表现。

从楚地出土新资料，更可体会到春秋战国时期列国文化制度的纷歧及其多型性，真是多彩多姿。从音律、星占、历法各方面均可见之。由

---

* 本篇为 1983 年 12 月应香港大学冯平山图书馆金禧纪念学术讲座的讲稿，兹重作增订，添入“四面先君”一新材料。

曾侯乙墓钟磬铭，知悉楚国音乐上使用的律名，以吕钟为黄钟。六律之中有四个称曰某钟，而且特别指明其浊音；它不沿用周律，自成一体系。该器铭还记着周、曾、齐、晋各地不同的律名。马王堆出土的《天文气象杂占》，以楚云列首，而兼述十几个国家云气不同的名目。历法方面，在云梦出土的秦简《日书》，记着秦楚月名对照表。楚国本身自有一套月名，和缯书上所见沿用《尔雅》十二月名又复不同。《史记·太史公自序》称："齐、楚、秦、赵，为日者，各有俗所用。"许慎《说文·叙》言："言语异声，文字异形。"其实应该再说音乐异律，星辰异占等等，这些已得到考古遗物的证实。

马王堆出土有许多新事物，如《周易》写本后面多出"昭力"一章，帛书《老子》卷前古佚书的"经法""十大经"等，天文有任氏、北宫等，皆前此记载所未知。有些资料尚未公布，有的已经有人整理出来，今不赘述。

楚文化既为一综合体，如果仔细分析，可从物质及精神两方面加以观察：物质工业，在楚国最发达而值得称道的，要算冶炼钢铁和丝织技术的进步。1964 年统计单就长沙的 186 座战国墓中出铁器约 30 种 241 件，其中含钢质的铁剑有 31 把，最长的达 106 公分。无怪秦昭王称赞道："楚之铁剑利。"马王堆出土的各种纹样和不同质地的丝绸，绚烂夺目，配合在遣册上记录的丝织品的名目，令人惊叹。湖北江陵马山近年出土的虎纹罗纱单衣、立凤文绣绢锦衣，精巧绝伦，出口种类繁多，故有"丝绸宝库之目"（图见《江汉考古》1982 年第 1 期）。楚国铸铜工业，其造型有气魄极为雄伟的，宁乡岳阳出土的大铙，最重的有 154 公斤，为北方所未见。它如铜镜（长沙楚墓的出土铜镜达 470 个。据称有 1/4 的楚墓出土有铜镜）、料珠（长沙出土最特出的是蜻蜓眼式），都是特出的产品。凡此种种，在《湖南省博物馆》一书中，已有代表性的图片和说明。该馆各负责人，都有专门的报告，今不缕述。

现在欲讨论的，侧重于精神活动方面。楚人的高度成就，最显著的是表现在文学和艺术上的宏业。《楚辞》所以成为千古瑰奇伟丽的文章，是由于有它的特殊的神话背景与宗教信仰。在楚墓所出器物上纹样及图绘，亦同样表现这种壮观。陈家大山帛画绘着龙凤及巫女（龙实有二足，不是一足之夔）。有人说象征引魂升天。马王堆所出盖在棺上的铭旌，上面示天界，中为人间，下面为地界，侧绘飞龙。与楚人“世叙天地”的观念正相符合。1973年长沙子弹库出仙人佩剑戴切云冠骑龙之图，和《楚辞》“驾飞龙”的文句可以印证，表现升仙的意识。随县曾侯乙墓漆棺上的图案，绘有执戈逐疫的方相氏、引魂上天的羽人、人面鸟身珥蛇的禺强、带角的土伯、啄蛇的秃鹫（见《古今注》）诸神怪；且有建鼓舞蹈，十日并出等图纹。江陵望山出土的彩绘木雕漆座亦有鸟啄蛇状，都可和《楚辞》的神话比证。近年长沙五里牌战国墓出土十弦木琴，琴身有极绚美复杂的图绘，前侧绘十二只振翅的凤鸟（象征十二律），背面绘有人珥双蛇，说者谓是夏后启上天奏广乐的形状（《大荒西经》）。前人谓，《楚辞》“托云龙、说迂怪”，认为“夸诞”（《文心雕龙·辨骚》），现在都可从楚墓的图绘事例，得到了证明。充分表现楚人的想象力与艺术成就。

以上说明楚人的思想为谲怪瑰诡的神仙鬼怪所弥漫，所有作品充满着不可思议的魅力。西方学人喜欢采用 Chamanisme（萨满教）的原理，去了解楚辞。虽然，它和巫术结上不可避免的宿缘，但从深一步看，楚人本身有他的宗教意识，和巫医关系非常密切。从马王堆出土各种文书看来，既有甲乙本的《老子》和其他战国末期关于黄老学的《十大经》一类的佚书，自然，这分明是道家的著作，但其他的简册，像《日书》《刑德》《导引图》《却谷食气（经）》《养生方》《五十二病方》等等，事实上几乎包括《汉书·艺文志》中的数术、方技略，这些写本相当后来《道藏》内涵中最重要的部分。

楚人信巫鬼，崇奉“黄神”，使用禹步祝咒之术用以治病。宁乡出土人面方鼎应该是象征黄帝四面，如果这说可信的话，楚国黄（老）之学根深蒂固，可以追溯到殷商时代。结合新旧材料尤其在帛书《五十二病方》中的记载，说明东汉三张之设鬼道，为人治病请祷等等活动，实际上秦汉之际，在楚国地区已是司空见惯。北周甄鸾斥责三张之术“造黄神”杀鬼之法，这在《五十二病方》中已证明所谓“黄神”不是他们所杜撰，而有悠远的来历，实在出于楚国的巫医。许多名目可以看出当时民间流行的医术，正和鬼道有许多雷同之处，加以马王堆出土各种房中术养生方等等方技之流行，正是后来道教徒的课题。这时虽无道教之名，而有道教之实，民间道教方技有关书本的被人普遍采用，甚至入墓作为殉葬品，可以看出秦汉之际，黄老学在理论与方技是双轨并道。理论即思想史上所谓“道家”，方技即宗教史上所谓“道教”，原来是互相配合而逐渐发展的。道教的成立，一般都认为起于三张，但目前新资料告诉我们，《五十二病方》应该是鬼道的前驱。楚文化内涵的“巫”，以前是非常笼统含糊，现在通过各种新出地下资料知道和医术早已结在一起。关于楚国的巫医，已可掌握到具体的资料，使我们对于楚文化内涵有进一步的认识。道教的萌芽，可以提前，道教的形成，与楚国巫医存在着非常密切的关系。我在下面将举出许多事实。这点新的看法，是否有当，还望各位专家多多指教。

二、分论

（一）四面先君与黄宗四面、黄神考

《文物》1984年第5期，洛阳古代艺术馆发表《洛阳魏唐造像碑摭说》，其小结中有一段关系宗教史非常重要的文字云：

> 今陕西耀县石刻中有“开皇二年四月佛道民范匡谨敬造石老君一区”、“开皇六年正月卅日造，道民袁神荫敬造天尊像一区”、“开皇八年……大都化主、开府仪同三司、封丘县开国子夏侯董□”、“开皇八年道民徐景晖为母造四面像一区”、“开皇十九年二月八日，道民刘子达为亡弟子岳敬造四面先君一区”。其中“佛道民”、“道民”、“大都化主”和“天尊像”、“石老君”、“四面先君”与北齐造像碑“道民大都宫主”都是道家的称呼。说明北齐至隋，从洛阳到耀县等地，随着佛道合流，造像风格也混合在一起，不像北魏那样易于区分了。……（页53）

这里道民称为“佛道民”，说明道教与佛氏的合流。最堪注意的是“四面像”和“四面先君”一称谓。“先君”，我怀疑是“老君”的简写。北朝人习惯把“老”字写作尩。《颜氏家训·杂艺篇》说“先人为老”，《张猛龙碑》张老作张尩。北齐姜纂造像记老君作尩君（李详说）。尩字再简化去人旁即成先字，这亦有可能的。无论如何，四面先君即是“四面老君”，和“石老君”同指道教的教宗——大都化主……老君何以四面？这是出于黄帝四面的传说。黄帝在马王堆帛书中称为黄宗。后来复称为黄神，道教徒即使用黄神的印来赶鬼。分述如次：

黄宗四面 古书有黄帝四面之传说。《尸子》：子贡曰：“古者黄帝四面，信乎？”

马王堆帛书《十大经》云：

> 昔者黄宗质始好信，作自为象（像），方四面，传一心，四达自中，前参（三）后参，左参右参。践立（位）履参，是以能为天下宗。（《立命篇》）

此文即黄帝自为四面像之明证，而称黄帝曰黄宗，当出于楚人所传之黄老学说。

湖南宁乡黄材地方出土的殷器人面方鼎，四周作四个人面像，状貌慈和。我认为此器即象征黄宗四面。殷卜辞有黄尹，又有黄宗，卜辞黄亍凡两见：

> 王𡆥曰……其衍于黄亍（续五，九，二）
>
> （王）曰𡆥其……黄亍（京六三九）

黄尹或指黄宗之佐，故为祭祀之对象。《封禅书》载黄帝作宝鼎三，象天、地、人，又称：黄帝铸鼎于荆山之下，荆山为楚人发祥地，黄帝制鼎于楚域，古有此传说。此器镌“大禾”二文于器内近口处，表示大受年，大有年之吉祥语，当为后来“大和”一语所自出。《易》乾卦云：“保合太和，乃利贞。”马承源从右向左读为“禾大”，把禾字说为方国名，亦是一说。彝铭和卜辞一样，往往左、右读都可以（详附注）。栾书缶即从左至右读，与此读为大禾同例。禾借用作和，见金村出土之璜云“上弁（变）下动，相畲禾同。”禾同犹言和同（裘锡圭《随笔》页86、87）。钟铭屡称“禾钟”，如邾公钎钟、卯田镈（《集成》一、一五）；皆借禾为和、为龢，其例甚多，故大禾，应读为大和、大龢。宁乡月山铺出四羊方尊高达58.5公分，羊代表吉祥，与此人面鼎皆为巨器，殷文化已远被湘水南域，且有黄宗四面之信仰，故铸鼎以象之。若然，楚地黄老学中之黄帝传说，渊源殊远，有鼎为证，知殷代楚俗已如此。黄宗后来称为黄神，说见下。

黄神 唐时永州有黄神祠。柳宗元《游黄溪记》云“由东屯南行六百步，至黄神祠”。“始黄神为人时，居其地。传者曰：黄神王姓。”“始莽尝曰：余黄虞之后也；故号其女曰黄皇室主。”此说见《汉书·王莽传》，引莽所著《自本》，称为黄帝之后。《新嘉量》云“黄帝初祖”是也。韩国乐浪尝出土莽时封泥“天帝黄神”玺印。班固《幽通赋》云：“黄神邈而靡质兮。仪遣谶以臆对。”李善注谓“黄，黄帝也”。然黄神一名非始于王莽。《淮南子·览冥训》：“西老折胜，黄神啸吟。”上文言及黄帝，高诱注谓黄神即是黄帝。马王堆所出《养生方》第二简云：

> 黄神问于左神曰：阴阳九徼（窍）十二节俱产而独先死，何也？（下略）

又马王堆出《五十二病方》云：

> 热者，古曰：肸诎肸诎，从灶出。毋延。黄神且与言，即三唾之。
>
> 其祝曰：浸熘浸熘虫，黄神在灶中。□□远，黄神兴□。

《五十二病方》为楚人所作，其祝辞已屡次提及黄神，谓黄神在灶之中。古者祀后土于中霤。《释名·释宫室》：“中央曰中霤。”《礼记·月令》郑注：“中霤，犹中室也，土主中央，而神在室。”灶居室之中，黄神为后土，故自灶出。（此与《周礼》以灶祠祝融说异）班固言黄神，遗谶应对。汉代纬书有《孝经中黄谶》，可证。汉末有标榜所谓“中黄大乙”者，见黄巾与曹操书。《道藏》有《中黄八柱经》（属太平部），“八柱”一名，出《楚辞·天问》。道教徒用黄神制鬼物。《抱朴子·登涉篇》：“古之人入山者，皆佩‘黄神越章’之印。”此类之印章，传世甚多。宝鸡出土东汉陶瓿朱书“黄神北斗”（《文物》1985年第3期）。又镇墓之言：“黄神生五岳，主死人录。”“黄神越章”一印的意义，近时吴荣曾著《镇墓文所见到的东汉道、巫关系》一文（《文物》1981年第3期）中有详细考证，惜未能引证马王堆资料。甄鸾《笑道论》及释玄光《辨惑论》都说：“三张之术畏鬼科；又造黄神越章杀鬼。”其实黄神的来历甚远，非出于三张之杜撰，原亦是楚南巫医赶鬼治病所请之神，后来道教徒踵用之。

禹步 禹步见《抱朴子·仙药》篇。其步骤是先举左足，三步九迹。《五十二病方》中言禹步使用于治病不止一见，列举如下：

> 蚖北乡（向）人，禹步三。问其名，即曰某某年□，□饮半音（杯）。曰□□□已，徐去徐已。……
>
> 尤（疣）……以晦往之凷（块）所，禹步三。道南方始，取凷言曰：今日月晦，靡（磨）尤北。……
>
> 颓 操柏杵，禹步三。曰……
>
> 痔 以月十六日始毁，禹步三，曰：月与日相当，日与月相当，各三……
>
> 痈 取……羽……二□二，禹步三，□□一音（杯）。
>
> 魃 禹步三。取桃东枳……

所有治病行巫术，必用禹步。秦汉之际，楚俗已如此。故扬雄《法言》云：“巫步多禹。”云梦秦简《日书》中亦载禹符、禹步。禹步三，成为定例。后来道教徒袭用之。踵事增华，据说有九十馀条种，举足不同，而咒颂亦异（见《道藏·洞神八帝元变经·禹步致灵第四》）。

符箓 云梦《日书》言及禹符左行。马王堆三号墓出土有社神图、符箓等文书，尚未正式公布，但说明道教之使用符箓，可在楚俗中寻出来源。

刑德 《太平经》卷四十一刑德甚详。《淮南子·兵略训》《汉书·艺文志》有关刑德之记载，可窥一斑。马王堆汉墓出土《刑德书》三卷最为具体。内有关刑德九宫图等，其说为道教徒所吸收。

由于先秦已有黄宗四面的传说，老出于黄。老子《道经》中“谷神不死”数句，即出自《黄帝书》，见于《列子·天瑞篇》引用之。《汉书·艺文志》有《黄帝四经》《黄帝君臣》《杂黄帝》等书。班氏自注有一则云：“起六国时，与老相似也。”帛书《十大经》自是黄帝书之一种。可见黄宗四面像在六国时已甚流行。老学本于黄帝，汉世称黄、老。是老君四面很明显是出自黄宗四面。如果宁乡的四面方鼎，即是黄宗四面，追溯其源，实起于殷代。由此观之，四面像原来是出自道教老祖宗的黄老。

佛家造像亦有四面像。以前曾有人问我四面佛的来历出自何处，我不能回答。现在看到六朝时西北地区佛、道交流的情形，道民亦可以称曰“佛道民”。两教互相吸收，四面佛像很可能是佛家取自道教。在泰国四面佛像非常流行，它的来源或许另有所本，这里恕不涉及。

附注：

铜器铭文每有自左至右读之例，如虞侯壶

年子=孙=永宝用

乍宝壶其万

壬戌虞侯政

佳王二月初吉（山西省博物馆）

邓子仲盆盖

疆子=孙=永宝用之

盆其眉寿无

其吉金自乍晬

亥邓子仲择（湖南省博物馆）

佳八月初吉丁

它器如嵩父匜〔枝江县出土〕曾子原彝盖〔随县鲢鱼咀出土〕，皆自左至右读。

（二）说魃——由《五十二病方》论“楚人鬼”与“鬼道”

楚人好鬼，见于记载甚多。

《吕氏春秋·异宝》：“楚越之间有寝之丘者名甚恶。荆人畏鬼，而越人信禨。”（《淮南子·人间训》云：“荆人鬼，越人禨。”《列子·说符》同。）

桓谭《新论》：“楚灵王信巫祝之道，躬舞坛前。”（《御览》七三五引）

王逸《楚辞章句》：“楚国南郢之民，沅、湘之间，其俗信鬼而好祠。”

《史记·封禅书》：“既灭两越。越人勇之乃言‘越人俗鬼，而其祠皆见鬼，数有效。’”

文中引东瓯王见鬼为例证。

> 《隋书·地理志》下：“大抵荆州率敬鬼，尤重祠祀之事。昔屈原为制九歌，盖由此也。”
>
> 柳宗元《永州龙兴寺息壤记》：“永州居楚、越间，其人鬼且禨。”
>
> 《夔州图经》：“夷事道，蛮事鬼。”（《蛮书》引）

《九歌》有《山鬼》篇，旧注引《淮南子》“山出嘄阳”。时人新说谓是野人，如湖北神农架所见之怪物，现在已知是一种人猿，有如狒狒的动物，今不深论。越为楚所吞并，故越俗同化于楚。汉武平两越，乃令越巫立越祝祠，亦祠天神上帝百鬼（《封禅书》）。越巫、楚巫可合而观之。巫与医不分，古称为巫医。巫有治病之俗，在苗、瑶少数民族至今尚然。秦汉时楚巫治病详细情形，可于马王堆《五十二病方》中见其大概。该书记治病之方，杂用鬼道，试举一例。

> 魃：禹步三，取桃东枳（枝），中别为□□□之倡而笄门户上各一。
>
> 祝曰：濆者魃父魃母，毋匿□□□北□巫妇求若固得。□若四膻（体），编若十指，投若□水。人殹（也）而比鬼。每行□，以

采蠡为车。以敞箕为舆。乘人黑猪。行人室家。

此文书逐魃之方，兼记祝辞，皆为有韵之文。魃字有二义：一训鬼服，一训小儿鬼。《东京贼》“魃蜮”薛综注：“小儿鬼。”《汉旧仪》说“逐疫鬼，立桃人、苇索等物”。上辞云“取桃东枳”，又云“编若（指鬼）十指”，即用苇索编系之。东枳者，《太平广记·甄异传》书夏侯文规事云：“桃之东南枝，长二尺八寸，向日者，鬼憎之。”所以取东枝者，以其得阳光，鬼所怕也。其事已始于汉初。其云“黑猪”者，《易》睽卦上九爻辞：“见豕负涂，载鬼一车，先张之弧，后说之弧。”弧应训桃弧。《左传·昭公四年》：“桃弧棘矢，以除其灾。”（详《癸巳类稿》《桃茢桃符义》）《易》“载鬼”句，可于魃之祝辞取得解释。

《急就篇》：“射魃避邪除群凶。”注：“射魃谓大刚卯也。”《说文》：“攺，毅攺，大刚卯；以逐鬼彪也，从攴巳声，读若巳。”攺字亦见于《五十二病方》，云：

……巳；不巳，斧斩若。即操布攺之二七。

《五十二病方》极有助于对鬼道治病之了解。其祷祝之法有“祝曰”“唾曰”……各种方法，略述如次：

髼：唾曰：歕，桼三。即曰：天啻（帝）下若。以桼弓矢。今若为下民疕（疡也）。涂（塗）若以豕矢（粪也）。以履下靡（磨）抵之。

祝曰：啻（帝）右（有）五兵。壐（尔）：亡？不亡？泻刀为装。即唾之。男子七，女子二七。

此为治漆疮病，因漆而引起疮疕（疡）之法。用唾者，鬼畏唾。《睽车志》记：“疑白昼见鬼，唾之。鬼畏唾沫。”钱钟书《管锥编》引唐人小说有详说（见页778）。今据此病方，唾鬼之术，实远出于楚之巫医。至祝曰一条，须加细论，以其他辞句“巳，不巳，斧斩若”为例，应读“亡？不亡？”句，责问鬼逃亡不逃亡。其上“壐”字，宜为一字独用，有如他辞之吁、嗟之例。此玺字当同于后来之“哝”，非你、我之“你”。哝字，禅字语录多作聻，如慧南祖师云：“聻，便下座”是。《广韵》聻字在韵目“六止”列于“你”字之下，训指物貌，乃里切。玺字从尔增土旁，可读为哝，古时有书写“聻”字于门以下吓鬼之俗，见《酉阳杂俎》，“谓：阴刀鬼名，可息疟疠”。杨联陞先生近有一文，区别聻与聻为二字（见《清华学报》），强调聻应读如哝。今病方此二条曰泻刀，曰斧斩若，即取斩鬼之意。古人迷信，凡疾病皆谓由鬼缠身，鬼斩除，则疾自去。如鄙论玺即是哝之说可信，则斩鬼与玺（哝）二者之间，实不无关系，其渊源亦可于楚俗见之。《管锥编》（页675）云“鬼死称聻，不晓昉自何时”。今由《病方》，略可得其端倪。（五代《祖堂集》中尼与聻二字兼用，即以尼、聻为今之呢，作疑问语词。）

治漆疮可涂以豕矢，病方中所见，尚有用鸡矢、马矢等。此种以鬼道治病，即古所谓祝由。《素问》：黄帝曰：“古之治病，可祝由而已。”此“已”字即《五十二病方》所见言病止之已。祝由字亦作祝榴。《病方》每言“祝尤”，明人作《说文长笺》之赵宧光云“太医十三科，其最后曰祝由”。又云，“祝尤，古医之巫咸也”。然则此术乃出于巫咸，《离骚》：“巫咸将夕降兮”，自然是楚学也。三张以鬼道用符水为人治疾，实亦楚巫之支流。《汉旧仪》称颛顼后为疫鬼。楚地鬼之名目甚繁，见于云梦《日书》者尚待研究，《酉阳杂俎·诺皋记》上记鬼名尤烦琐。贵州仲家作解，以为疾病乃触犯某鬼而为之作解，病即告痊。所列鬼名，形形色色，有二百名之伙，正是“楚人鬼”之流衍。水家至今道场文字称为鬼书，其巫师曰鬼师，仍是鬼道之遗也。

三张以鬼设教，说者谓其继承巴蜀的妖巫鬼道而革新之。今由马王堆所出新资料，了解楚之巫医治病、祷祝之详细情形，得知三张实远有所受，故论道教之渊源与秦汉间楚俗流行之巫术，其间甚多关联之处。谓其继承巴蜀，不若谓其接武荆楚之为愈也。

（三）道教杂考

醮　汉《祀三公山碑》云“醮祠希罕”。纬书《元命包》：“楚立唐氏以为史官、苍云如蜺，围轸七蟠。……于是立礼正，推祷醮于庙堂之间。”（《北堂书钞》引）沈寐叟谓：“醮字始见于此。”然宋玉《高唐赋》已云：“醮诸神，礼太一。”更在其前矣。楚唐氏疑与唐眛有关。眛善言天文之事。马王堆出土云气占可明“苍云如蜺”之说。醮事因云气占而生，源亦见于楚俗。

四辅　道藏之书区别曰三洞四辅。四辅之名，见于马王堆帛书《周易》卷后有黄帝四辅。又《养生方》简云：“四辅所贵。”《十大经·果童》篇：“黄帝问于四辅。”四辅原出黄老之书，楚人传其说。《礼记·文王世子》言及四辅，说较晚出。

天师　马王堆《养生方》：“黄帝问于天师曰：万勿（物）何得而行……”是秦汉之际，已出现天师一名。近时吴荣曾据南宋时记录蜀中熹平二年石刻记米巫祭酒张普事，内有“祭酒约施天师道法”语，遂谓“东汉末年，把‘天帝神师’简化为天师”（《文物》1981年第3期，页61）。不知“天师”一名来历甚远，非汉末始有。庄子已见之。

五斗米与五斗粥　三张之教称为五斗米道，《后汉书》章怀注引刘艾记：“巴郡巫人张修疗病，愈者雇以五斗米，号曰五斗米师。”五斗米为医治者之酬劳。马王堆《五十二病方》有一则云：

> 以青粱米为鬻，水十二而米一。成鬻五斗，出，扬去气，盛以新瓦瓮，冥（幂）口以布三□，即封涂厚二寸，燔，令泥尽火而歠之，痏已。

饮粥可以治痏（疾），必用粥五斗，“五斗”之数，有其特殊意义。近时沈寐叟引《度人经》说五斗为北斗五星。时贤或采其说（如四川大学王家祐的《张陵与天师道》一文），恐未确。

以上列举一些道教的用语，已出现于楚人有关文献之中。在在可见楚俗和道教之密切关系，略著其凡，以待进一步的研究。

原载《明报月刊》1985年5月号。收入北京大学拙著《中国宗教思想史新页》演讲集，略作补充，特别提供关于“大禾”应释大和、大龢的证据。

简帛

从郭店简追踪古哲之“重言”
——儒、道学脉试论

中国文化自19世纪受到西方文化的冲击，卷起洋务运动的热潮，对自己旧文化的真义，完全失去了信心。20世纪的新文化运动，提倡民主、科学两个要素，于是有所谓本位文化与全盘西化不同主张的争论，影响至于今时尚未完全结束。近半世纪以来，由于考古学的发展，地下的宝物，不断出土，简帛上先秦经典的早期写本大量面世，使人们对古文献记录的可信性大大增加。许多逸籍的出现，开拓古代学术史的新视野，使人们对古书形成的书写及编纂的过程有新颖的认识。

20世纪末期以来，出土文献已知道的有湖北地区的楚简、西北敦煌附近悬泉驿的汉简和长沙的吴简，这些宝贵的遗产，目前正在整理进行之中，预计要到21世纪初期，方能够完全公布。所以我说21世纪应该是一个极重要的古籍经典整理的新世纪。历史上只有西晋太康时期的汲冢遗书可相比拟，大量逸书的出现成为史无前例的巨大收获。这些出土文献需要我们花长时间好好去整理、研究。我们很需要一支工作队伍，才能像西汉刘向、刘歆父子参与中秘认真地去完成古书整理（校雠）的任务。

近期公布的湖北荆门郭店的楚简，引起世界学人的瞩目。在北京甚至有人说道：“对国际汉学界而言，九八之夏，‘热’的不是世界杯，而是郭店楚简。”［《书品》，1998（4）］北京中华书局出版的《郭店楚简》所披露出土的经典新资料，有三项重要的内容：第一是最早属于战国时期的《老子》写本；第二是《礼记》里面的《缁衣》全文，以前被认为是汉代作品，现在应该提前了；第三是一些后来全未见过的儒家逸书和零星片断格言型的句子的记录，整理者给以标题曰《语丛》。证明墓主人是一位儒、道兼通的人物。

这些所谓《语丛》，还没有受到应有的重视。我个人认为这是极有研究价值的崭新经典文献，这即《庄子·寓言》篇所称“寓言十九，重言十七”的“重言”。庄子说明他立言的体例，有寓言、重言、卮言三类，十分之九是譬喻式的寓言，又有他自己发挥、漫衍其词的卮言，尚有十分之七则是重言。什么是重言呢？庄生说：

> 重言十七，所以已言也，是为耆艾。年先矣，而无经纬本末以期年耆（来者）者，是非先也。

重言是为人所（尊）重之言，是先前老辈（耆艾）所说的话，为一般人所尊重而具有“经纬本末”作用的格言。虽然它的年代在前，但如果没有经纬本末的意义，可以期待来者去发扬的，便不足以为“先”。这样看来，重言是足为后世师法、永远为人所尊重的名言（杨守敬据日本高山寺的《庄子》写本“年耆”二字旁各有二点，认为“年耆”二字是“来者”的误抄）。因此，楚简《语丛》所抄写的东西，很可能就是墓主人随手摘记的先代耆艾的重言。

马王堆《易传·缪和》亦出现“重言”一词，云：“缪和问于先生曰：‘凡生于天下者，无愚知贤不宵（肖），莫不颐利达显荣。今《周易》曰：困，亨贞，大人吉，无咎。又言〔不〕信。敢问大人，何言于此乎?’〔子曰〕此耶（圣）人之所重言也。”（《续修四库全书》本）可见“重言”一词，在秦汉之际，使用之广泛。

先代的重言，大部分是庄子依据之来著论的。《庄子》外篇有《胠箧》（第十）。司马迁说他“作《渔父》《盗跖》《胠箧》，以诋訿孔子之徒，以明老子之术”。江陵张家山 136 号墓（汉文帝时）中有《盗跖》竹简，“跖”字写作“貁”。《盗跖》一向被认为是赝品，但汉初已为人所诵习。马其昶《庄子故》引王安石说“此篇之赝，不攻自破”，可知其不然。司马迁亦亲见其书，言自可信。今郭店简《语丛》中出现下列文字：

> 斀（窃）钩者戝（诛），斀（窃）邦者为者（诸）侯，者（诸）侯之门，义士之所廌（存）。（《语丛》四・九）

简上文字，清晰可辨。《史记・游侠列传》引此称“窃钩者诛，窃国者侯，侯之门，仁义存”。《庄子・胠箧》篇云“圣人不死，大盗不止”，有一段论盗跖“彼窃钩者诛，窃国者为诸侯，诸侯之门，而仁义存焉，是非窃仁义圣知邪？”由《语丛》所记，知此数句乃战国以来楚人流行之重言，庄子作《胠箧》时借用之，并不是他自己所写的东西。

《语丛》中有分明见于《论语》的，如：

> 志于衍（道），虘（据）于悳（德），
> 㕧（依）于𢟪（仁），游于埶（艺）。（《语丛》三・五〇、五一）

以上诸句，见《论语・述而》上孔子曰。分明出于孔子。可是《语丛》没有指出它出自孔子之语。可能是战国时视为重言而引述之。另一条记着：

> 亡（毋）啻（意），亡（毋）古（固）。（《语丛》三・六四上）
> 亡（毋）義（我），亡/亡勿（物）不勿（物）。（《语丛》三・六四下）
> 𪚦（皆）至安（焉）。（《语丛》三・六五下）

《论语・子罕》：“子绝四：毋意，毋必，毋固，毋我。”与此数句相同，而序次则作意、固、我、必。借“義”字为“我”。《说文》：“義，己之威仪也。”字从我从羊。又读“古”为“固”。增益两句，“亡物不物”及“皆至焉”加以引申，亡物不物者，似是杂用《庄子》“物物而不物于物”之义，既采《论语》作为重言，复取《庄子》解释之，分明是儒、道兼用。

韩愈《论语笔解》说："此非仲尼自言，乃弟子记师行事。""子绝四"一句，自来注家有许多争论，有说孔子自无此四者，一说只有绝二而已。今看楚简，并不言出自孔子，亦无"绝四"二字，只是视为前人的重言。这亦可能原本是古先的重言，而儒家采用它。

《语丛》中又有略同于老子的，例如：

凡勿（物）繇（由）宔（亡＝无）生。（《语丛》一·一）

这即老子所谓"天下之物生于有，有生于无"（马王堆乙本《德经》第四一章）。

多畓（好）者，亡畓（好）者也。（《语丛》一·八九）

老子所云"善者不多，多者不善"（马王堆乙本《德经》第六八章），"甚爱必大费"（马王堆乙本《德经》第四四章），意思正相似，即"去甚去泰去奢"之旨。

限于篇幅，只举出一些例子，说明先秦流行的先辈的重言为儒、道诸子所承袭采用。

冯友兰在《新理学》开头就说："本书是'接着'宋明以来理学讲底，而不是'照着'讲底。"其实先秦各家，"接着讲"和"照着讲"二者都有之，很不容易分别清楚。庄子自称"重言十七"，他坦白承认许多是"照着讲"的。《淮南子》说："世俗之人多尊古。"（《修务训》）故记古以自重。至于"接着讲"，承"先代之流"，后浪推前浪，自然如此，是不用多说的。

重言的重要，吕不韦因之设《重言》一章来讨论。葛洪《抱朴子》外篇亦著《重言》篇，指出"希声而会大音，约说以俟识者"。重言每每用极简括的语句，去表达深远的含义，省其辞而约其旨，不管细事，以免多费唇舌。所谓"敬其辞令"，是古人立言的要诀。

从《语丛》发现的一大堆材料，对于分辨儒、道思想脉络、源流有极大的帮助，这些古代重言，零玑碎璧，正待去好好利用，对古代思想脉络寻求"一点"新的认识。

郭店楚简中有一篇《性自命出》，精义纷披，很需要作深入研究。令人想起当年傅孟真著《性命古训辨证》，欲用语言学方法，否定阮元之说，可惜此文尚未出土。傅说当否，已有杨向奎等的评论。这一新资料对我们的启发是十分重要的。

我曾谈到古典文献的整理与研究，旧义的重新认识与估定，很可能引发一次文艺复兴运动。以欧洲为例，当日通过东方拜占庭带动研究希腊、罗马的古典风气，引起人文主义的一股热潮。从阿拉伯文巨册著作中拾取钩稽，加以重构，非常艰辛；何况摆在我们眼前就有大量的出土文献，以简牍而论，从先秦到两汉吴晋，数字之巨，令人吃惊。可以依据它去仔细研究，这不是得“天”独厚，而是得“地”独厚，安可辜负它，不加以充分利用！汤因比曾说吾国唐代有儒家带动的文艺复兴，他似乎即指韩愈的古文运动，那只是文章体貌的改革，不能代表文化的意义。这批简牍的整理刊布，还需一段长时间，要到 21 世纪方能完成面世，所以我说 21 世纪将是古文献整理的全盛时代，亦即古典文化重新评估、振兴的时代；可能带来的自家文艺复兴运动，代替上一世纪的受西方冲击下的新文化运动，这应算是一种进步的文献学工程，更富有学术意义。

许多人喜欢别出心裁，重视创见，不肯去“接着讲”。其实文化是一长流，没有间断，洋务运动以后，提倡西化，无异要把它切断。然而“抽刀断水水更流”，时到今日，仍旧要接着去讲，回归到炎黄的文化。西来的东西，只是旁流的汇集，并没有把主流放弃掉。我的讲法是下面的方式：

照着讲

接着讲

参着讲

这样发展下去，文化前途长远而壮大的局面，相信是无可限量的。这一大堆新材料，如果我们不去努力，西方学人就会越俎代庖，代替我们工作的。

大家都知道，人文与科技，二者应该并重，不能偏废。香港在倡导科技之余，如能够同时亦参与这一项人文工作，以港地的人才之众，经济力量之雄厚，给予支持，成就必大有可观。如能实现，那时的香港亦不难成为文艺复兴时期的佛罗伦萨了。

从云梦《腾文书》谈秦代文学

关于最近在湖北云梦出土的一些简书，1976 年夏天我在法国巴黎已看过这些材料，在《大公报》的《图书》第 28 期亦曾有刊载，我感到非常有趣。我愿意对这些材料提出我的看法。

秦代的文献资料向来非常缺乏，在文学史上几乎是一片空白。我们今天可以看到的秦代文学材料，有清朝严可均编的《全秦文》。他用个“全”字，是指所有的秦代材料，可是他所收集的只有十六人，仅有一卷，而且多数材料都来自《史记·秦始皇本纪》和《李斯列传》；这十六个人的文章里头还有些是不可靠的，好像李斯名下有一篇《用笔法》。大家知道李斯是一个写篆书的名家，篆书是经他整理的。他帮秦始皇做过“书同文”的工作，可是这篇《用笔法》采自一本宋人所著叫作《墨池篇》的书，此为晚出的资料，我想是不可靠的。

秦代的文学材料极少，今天我们有新材料出现于云梦。这一大批出土竹简，是 1975 年在湖北云梦睡虎地十二个坟墓中的第十一号墓的木棺里发现，竹简的数量竟有一千多条；在《文物》1976 年第 5 期载有简单的报告。在这些新材料中，有一种是秦始皇二十年南郡太守名字叫“腾”的文书，另一种是《大事记》，又有法律文书，还有一些是治狱案件的，而我今天特别要讲的是关于前面所举的第一、二两种资料。1976 年《大公报》的《图书》的第 28 期已经把这两种的原文加以发表，很值得提出来再作研究。

《腾文书》是一篇很好的散文，笔调很像韩非子的句法，行文很精彩，念起来有铿锵的节奏，是一篇水准非常高的散文。这居然出于一个南郡太守的手笔。那个太守腾，并没有注明他的姓，他究竟是谁呢？在《史记》里有两篇关于秦代的材料，一篇是《秦本纪》，一篇是《秦始皇本纪》，而后一篇出现“腾”的名字：

(1) 十六年九月，发卒受地韩南阳假守腾。

(2) 十七年内史腾攻韩，得韩王安，尽纳其地，以其地为郡，命曰颍川。

这两条中，“腾”字都没有写姓，和云梦秦简相同。第一条的“假”，意思是代理，指太守的名字叫“腾”的。另一条说内史腾攻韩；内史是个官名，知道翌年腾已被调作内史，他被派去攻韩，把那个韩王名字叫安的俘虏了，后来把韩那个地方平定，以其地为颍川郡。我们知道秦有三十六郡，这三十六郡的设置是慢慢地一年一年地设立，得了某些地方，就逐渐设置的，而南郡和颍川郡都属于二十六郡之列。腾这个人对秦的统一事业有很大的贡献，最要紧是攻打韩国，俘虏韩王。这篇文书是写于始皇二十年，那时他做南郡太守，他和十六年的南阳假守腾，我认为是同一人，要不然没有那么巧合的，这名字叫腾的，在始皇十六年做代理南阳太守，后来被调到内史去，直至二十年的时候，再外放出来做南郡的太守，于是年发表这篇文告。我们知道南郡这个地方，很早就置郡的。《秦始皇本纪》开头就有一段记着始皇父亲庄襄王死后：“当此之时，秦地已并巴蜀汉中，越宛有郢，置南郡矣。”这时秦始皇刚刚登位不久，已经有南郡了。《秦本纪》：“昭襄王二十九年，白起攻楚，取郢为南郡，楚王走。”据此，南郡该在昭襄王二十九年白起拔郢那时候就设置了。南郡地方在战国的末年是一个非常重要的地区。秦人先打败楚国，掘他的老巢，以建立南郡。始皇把其他各国慢慢打败，最后只剩下楚国，所以这个南郡到后来还很重要。一直到始皇二十年，南郡还是有问题，《腾文书》正可证明这一桩事实，腾有很大的功勋，平定韩国，后来又做南郡太守，从这篇文告，可以见他在贯彻执行法家的路线，而对秦在未统一六国的前夕，强调明法、急法的逼切措施。

《腾文书》是警告当时南郡那个地区的官吏应该守法，特别强调法律的重要性，又特别提到令、丞都不应该违背法、律、令。令是县的首长，丞是他的助手，一个太守之下还有县、道（《汉书·百官公卿表》：县有蛮夷曰道。《地理志》：南郡所辖有“夷道”），那时候一定有些不守法律的，所以太守腾才公布这个文告。这篇文告完全站在法家立场说话，和韩非子的文章十分接近，秦是以法律为第一位的；我记得章太炎有一篇文章叫作《秦政记》，他里头特别讲到秦法律严厉的情形。他举出秦昭王有病，百姓置牛为王祈祷，昭王认为这是非令而擅祷，虽爱寡人，仍是违背于法的。太炎说：“使君主和人民没有感情，彼此不相爱，块然循于法律之中。”块然好像一块石头一样，大家都生活于法律里，老百姓跟国君一样地共同遵守法律，没有情感可言。我们今天念这篇腾的文书，也有这种感觉，完全是以法律为第一位。文章写得非常好，这是很重要的发现，

至于《大事记》记载从秦昭王元年到秦始皇三十年为止，亦是云梦出土之文献简书。这个材料是按照年份记录下去，是一个不很完备的记录，因为它里头有些只有年，没有事情记载，好像秦昭王元年就是空白，有好几年上面亦没有记事情，但仍然是按照年次安排，到秦始皇三十年为止。这材料是今天我们可以看到地下出土的先秦有纪年的史料，可以说是第二次的发现。第一次的发现，是在晋朝武帝时河南汲县魏王的坟墓里的一些竹简文书，后来的《竹书纪年》便从这个地方而来。晋初几个大学者像荀勖、和峤等人都参与整理；《穆天子传》这本小说，也就是在同时出土的。我们现在看到的《竹书纪年》不是原本，是经过明朝人整理的。我们学历史的都知道，有所谓今本的《竹书纪年》和古本的《竹书纪年》。原来的《竹书纪年》已经失掉，清代许多学人花了很大精力，在各方面的类书、历史书找到一点一滴的资料，然后凑合起来，像王国维的《古本竹书纪年》是比较有分量的著作。这个云梦竹简所记从秦昭襄王元年到秦始皇三十年的大事，写在竹简上面，一条只能写几个字，这篇《大事记》只有五十三根，虽是不多，但材料很宝贵，这是到现在历史上第二次发现有年份的先秦纪年史料，这一材料在《文物》1976 年的第 5 期已正式发表了。我认为这桩材料有三个值得注意的地方：

（一）这材料是简单的，只是记某某年攻打什么地方，多数是这样非常简单的一个记录，大多数不写月日；我没有太仔细地统计，大概只有十几条有写，其他则没有写明月日。关于不写月日的问题，我们知道太史公的《史记》，有部分利用古籍的《秦纪》，那是他写《秦本纪》的主要根据。《秦纪》这本书是很重要的，可惜已失传了。他在《史记·六国表序》就提到这句话："独有《秦纪》，又不载月日，其文略不具。"云梦《大事记》的竹简，我不敢说就是《秦纪》，但是起码它的写法就同《秦纪》有类似的地方，多数不载月日，可见当时写历史的人并不是有意写历史的，却喜欢用日记方式去将事情记载，这正是所谓"断烂朝报"，当时《竹书纪年》也有这个情况。我们开始念《竹书纪年》时，会觉得记载那么简单，真是惜墨如金，不敢多写几个字。今天我们看到这批云梦竹简材料，便可参合《秦纪》，得到合理的解答。

（二）其次在云梦这篇秦简里头，屡次见一个"今"字，好像他将秦始皇叫作"今"。里面出现"今"字有两次：一次是今多少年，好像是"今元年"；有一条是"今二十八年，今过安陆"。安陆是湖北一个县名。这两个今字，就是指秦始皇，他没有称"今上"，就只一个"今"字。这可以帮助我们解决一些问题，当晋初《竹书纪年》出土的时候，荀勖做过整理的工作，荀勖有一篇《穆天子传序》，经过多年的传写，里面有二处提到"今王"，都被误作"令王"。另外，他说当时在魏墓出土的竹书，引和峤云："'纪年'起自黄帝，终于魏之今王。"（《史记集解·魏世家》引）亦有一个"今"字，这是对的。荀勖的《穆天子传序》，后来因不同的本子，既错"今王"作"令王"，宋人又把"令王"读成"灵王"，于是有些研究《穆天子传》的，像近人写《穆天子传西征讲疏》的，就说这个应该是"令"字，但这是不对的。我们今天从云梦竹简上的"今"字，可以看到这"令"字分明是错误的，这是可以确定的。

（三）第三要讲的是牵连到腾的问题：秦简《大事记》有一条说到昌平君，在"秦始皇二十一年韩王死，昌平君居其处"。同书又说："新郑反，昌平君徙于郢。"我们知道内史腾在秦始皇十七年已把韩王俘虏了，据秦简韩王就在二十一年死去，昌平君即被外调居于韩地。昌平君本是楚国的公子，他很早就在秦的宫廷任职。《秦始皇本纪》云：“（九年）令相国昌平君、昌文君发卒攻（嫪）毐，战咸阳。”《索隐》云：“昌平君，楚之公子，立以为相，后徙于郢，项燕立为荆王，史失其名。”我们知道秦有乱，昌平君以相国身份参加平定嫪毐。他是楚国的公子，却去帮助秦。在历史上没有谈到昌平君住在韩的地方，亦没有记载他徙居郢的时间，这二条可补《史记》之不足。到秦始皇二十三年，楚国又有暴动，这时项燕便立昌平君为荆王，反秦于淮南。昌平君原是楚国公子，这时徙居在郢，所以楚国人仍然希望他能再起来与秦斗争，在这时他就被拥戴起而抗秦。至二十四年，王翦、蒙武破荆军，昌平君死，项燕也自杀了。在二十五年以后，秦人才正式平定六国，这是《史记·秦始皇本纪》的讲法，清朝学人像梁玉绳的《志疑》，却有许多修正的意见。秦简有这二条，说昌平君在韩王死后到韩的地方去住，后又徙郢，就可知道时六国虽然逐个被秦人击破，但是他们的势力还潜伏着的，所以必须屡次派朝廷的大员去镇压。南郡虽是很早经秦廷置郡，但周遭楚人的势力仍然很活跃。我们看秦简《大事记》上分明写着：“始皇十九年，南郡备警。”试想在秦始皇二十年的时候，楚的地区还有很多问题，腾被派往南郡做太守，便发表这个文告，表面叫人家奉公守法，要遵守法律令，但骨子里一定有一个历史背景，目的在对付楚的反对力量。到了秦始皇二十三年的时候，楚有一次暴动，他们却利用昌平君来图谋复国，南郡原是楚的旧地。在秦始皇二十年到二十三年这个期间，一定是有很多问题的。在始皇二十六年，初并天下，其赦令中说道：“荆王献青阳以西，已而畔约，击我南部，故发兵诛，得其王，遂定其荆地。”苏林注：“青阳是长沙县。”这说明荆楚的复国分子，中间曾袭击南郡，所以秦简说“南郡备警”，事正吻合。我们可想而知，楚国最后被秦始皇平定，但楚人始终不甘心，后来项羽继续出来反抗到底。而六国的潜势力，在秦大统一后仍是很强大。《腾文书》提及“乡俗、淫佚之民不止，即是废主之明法”。所谓乡俗，即指六国的人民仍保留他们的旧习惯，很是明显的。

我今天就从这两件材料加以解释，这是一种比较个人的看法，所以提出来商榷。

我们从这件地下文献看来，南郡太守腾责所属令、丞，遵守法律。其实“令”的职位，在秦的时代地位并不太低，他常常可以向中央提出不同的意见，试举一个比较偏僻而在文献上不太被人注意的材料来谈谈。在《汉书·艺文志》子部的纵横家部分，著录有“《秦零陵令信》一篇。难丞相斯”。这篇文章在汉成帝时尚保留在中秘（国家图书馆），这是与始皇时代的丞相李斯辩论的，零陵令的名字叫信，没有记姓，这是秦的习惯；秦简上的南郡守腾也没有著姓。这篇文章全文已逸，今天只有一条材料保存在《文选·吴都赋》的刘逵注中。文云：“秦零陵令上书曰：‘荆轲挟匕首卒刺陛下，陛下以神武扶揄长剑自拔。’”这句话就是讲荆轲刺秦王的时候，这位陛下当然是指秦始皇。“扶揄”是什么东西呢？当是一把剑的名字。荆轲刺秦王，秦王把这把剑拔起来，这剑有个名字叫“扶揄”。左思的《吴都赋》上说：“扶揄属镂。”西晋时刘逵见到秦零陵令上书，故引证它来解释扶揄这两个字。扶揄据所知有许多不同的写法，它是一把剑名并没有问题的。“属镂”乃是吴王夫差送给伍子胥自杀的剑，这是谁都知道的。扶揄的不同写法在宋本《太平御览》卷三百四十四兵部七五剑下引《广雅》作“蔡偷属镂”（中华本，页1580），可是清朝王念孙作《广雅疏证》，他在这一条居然作蔡伦，不作蔡偷。很奇怪，王念孙没有下注语，他避开不谈，但是我们知道蔡伦是造纸的人，哪里有一把剑名叫蔡伦呢？但据此王念孙用的《广雅》本子有作蔡伦的。我们可以推定，本应是“蔡偷”，“蔡伦”是写错的。剑名应该叫“扶揄”，是秦始皇拿来对付荆轲的剑，而我无意中发现这一条，可以补订《广雅疏证》。荆轲刺秦王事在始皇二十年，《腾文书》发表在始皇二十年四月，正是同一年的事。

零陵在秦时尚是一个县。其时零陵可能属于长沙郡，到汉武帝元鼎六年才置零陵郡。秦零陵令写文章上书与李斯辩论，想必在始皇二十年荆轲事件之后。他们辩论的内容是什么？因为文章失掉，无法知道。现在残文中只剩下一把剑名，《汉书·艺文志》说此文目的是难李斯，可惜不知所难为何事。我们回头看在《腾文告》的竹简里头有一段说道：

> 凡良吏明法律令……又能自正也，而恶与人辨治，是以不争书。
>
> 恶吏不明法律令，不智（知）吏（事）……缔随（偷惰）疾事，易口舌……毋公端（正，按此避秦政讳。）之心，而有冒柢（抵）之治，是以善虏（斥）事，喜争书。
>
> 争书：因恙（佯）嗔目扼捾（腕）以视（示）力，讦询疾言以视（示）治，诓讼丑（醜）言麃斫以视（示）险，阬阆强肮（亢）以视（示）强，而上犹知之殹（也），故如此者，不可不为罚。

上面这一段文章是非常好的。以零陵令的地位而可以上书与丞相李斯辩论，可见秦时低下的官吏尚容许和上级辩难。我们知道韩非子的书中有讲“难”的四篇，中有有关辩论技术的掌故。在春秋时代，辩士一方面是纵横家，一方面亦是法家；法家参用纵横家之术，纵横家一定要辩论的。韩非子的《难》篇，文章非常好，所以念《韩非子》的人不念《难》篇是不会写辩论文的。可是韩非子本人是反对政治上的辩难。他在《问辩》篇说：

> 问者曰：上之不明，因生辩也，何哉？对曰：明主之国，令者最贵者也；法者，事最适者也。言无二贵，法不两适，故言行而不轨于法令者必禁。
>
> 乱世则不然：主有令而民以文学非之，官府有法，民以私行矫之。人主顾渐其法令，而尊学者之智行，此世之所以多文学也。……是以乱世之听言也，以难知为察，以博文为辩；其观行也，以离群为贤，以犯上为抗。人主者说辨察之言，尊贤抗之行，故夫作为法术之人，立取舍之行，别辞争之论，而莫为之正。……故曰上不明则辩生焉。

韩非极力反对“辩”，因为“辩”有妨碍于法令的推行。《腾文书》

指出良吏和恶吏的区别，在于良吏不与人辩，而恶吏则触冒犯上，善斥事而善争书。他所谓“争书”，即韩非所谓辞争之论。他所谓“阬阆强肮以视强”，即韩非所指犯上的抗行。腾的主法律令而非辩，与韩非的意见一致，同是反对文学的。虽然腾在文告中尽力强调应该守法、去辩，而零陵令仍是胆敢上书和丞相非难，他的文章尚为后代人所珍视。在法家盛行的时代，那么威严的丞相，也有人可以上书和他辩难，这是很有趣的事情。此外另有一篇亦是非常偏僻的文章，它的篇名保留在《史记》的注解里。这是一个辩士遗秦将章邯书，而这封信现在也看不到了。只是在《史记集解·李斯列传》提到这篇文章的名字，复有一句亦有“今王”二字，文云：

> 李斯为秦王死，废十七兄而立今王也。

这个今王当然是指胡亥。这篇文原载杜预的《善文》中，《善文》是杜预编的一本总集，《隋书·经籍志》里有著录，共有五十卷。《善文》一定是非常好的文章，而杜预编的《善文》在《昭明文选》之前，可算是最早的总集。严可均辑此文，题曰《辩士隐姓名遗秦将章邯书》，题目则是他安上的。韩非与南阳守腾都是反对争，反对辩；可是秦世仍承纵横的余波，辩士之端，是难以消除的。法令虽然滋彰，而辩仍不止，故文学虽为法家的眼中钉，仍照旧为人所喜欢，所以刘勰云：“秦世不文，乃有杂赋。”（《文心雕龙·诠赋》篇）正是一个很好的例子。秦的文学材料虽然非常少，但是还有很多可以讲，可惜只是太零碎罢了。平时我们念秦代的文章，只有李斯那一篇《谏逐客书》，家弦户诵，那是因为《文选》收入的缘故。这篇文章在一般古文家心目中的评价是很高的；现在我们再看南郡守腾这篇文章，我觉得也可以选来念，亦是代表法家的大手笔，足以和韩非媲美的。

谈到古文，从前唐宋八大家就有好几个人是学韩非子的，算起来起码会有一半，例如唐的韩、柳，宋的苏老泉、苏东坡与王安石都是。所以，韩非子的文章，后来桐城派最后的一位大师、专讲义法的吴汝纶的儿子吴闿生（北江），我们可以看到他的《桐城古文义法》的选本，只选两个人的文章：第一个是韩非子，第二个就是太史公，如果念熟了这两个人的文章，肯定会写古文。该书开头就选韩非子的《难》篇给人诵读。所以从文学上观察，韩非子文章对后来的散文影响非常大，八家的文章以至桐城派，假定要写议论文，一定是不能离开韩非的。今天看了腾这篇文章，便想到这个问题，而腾这篇文章亦相当优美，很值得指出作范文。关于他的历史背景，我亦顺便讲这么一点，以供进一步的研究。

附记一 《南郡守腾文书》影本及摹本

据 1976 年《考古》第 5 期图版叁一至八，又该期 307 页摹本，该文书已正式发表。原貌历历可睹，凡十四简，分为二部分：第一部分从“廿年四月丙朔丁亥南郡守腾”起，讫“以次传别书江陵，布以邮行”，共八简，三百二十七字。“邮行”以下留有许多空隙。第二部分于“凡良吏明法律令”起，讫“志千里使有籍书之以为恶吏”，共六简，应是第一部分的附件，故放置在一起；或拟定第二篇名曰《课吏》，似未甚妥，因为没有根据。第一部分文书末言“别书江陵，布以邮行”，《汉书・地理志》南郡首县为江陵，原是楚的郢都；秦的南郡，江陵当亦属首邑，故文告在此处分发。

附记二 《腾文书》所见之秦代联绵语

诬讠

或改读为啴谐，于字形难通。按《字汇补》：诬，诬字。讠或讼之省体。此二字或许可读作“诬讼”。

庾斫

秦简隶体如此。或以《方言》郭璞注扬越古语训无知之“却斫”释之，然“却”字与庾字形相去极远。按《说文》斤部：“斫，击也。”庾当读爊。《广雅・释诂四》：“鏕，煴也。”《说文》金部作鏕，读若奥

（小徐本），字亦作鏖。《汉书·霍去病传》“鏖皋兰下”，注谓“苦击而多杀也”。故麌斫犹言鏖斫；二字重言俱训“击”。所云“诬（诬）讼（讼）丑言麌（鏖）斫以视（示）险”，麌斫有如今人谓双方互相攻击。险字简文甚显晰，或读为俭，非也。《荀子·不苟》篇：“是奸人将以盗名于晻世者也，险莫大焉。”此即险之义，不必改读为俭。

阬阆强肮

《说文》阜部：“阬，阆也。”二字分言，秦简阬与阆合为联绵字。《字林》：“阆，高貌。”扬雄《甘泉赋》：“闶阆阆其寥廓兮。”李善注引《说文》作门高大之貌。肮字，《说文》所无，而亢或体作颃。扬雄《解嘲》：“邹衍以颉亢而取世资。”《汉书》作亢，《文选》作颃。段注云：“颉亢谓邹衍之强项傲物。”肮与亢、颃当是一字，故强肮即强亢，犹言强项也。《后汉书·杨震传》，灵帝称震玄孙杨奇云：“卿强项。”又《酷吏列传》汉光武谓董宣为强项令。章怀注：“强项言不低屈也。”朱骏声云：“项，读如亢也，是犹直项。”（《通训定声》项字注）项可读亢，故知秦简之强肮，即汉人语之“强项”；此四字为新出资料，可补《说文》注之不及。

1976年10月19日在香港大学演讲稿

艺　术

关于中国书法的二三问题

首先我得感谢谦慎书道会、书海社及二玄社、每日新闻社诸先生们的好意安排，为我举办这个有纪念性的展览，又要我说几句话。

我对于书道，不敢说是专家，只是一个票友。现在姑且从文学史研究者的立场，来谈几点我对于中国书道的肤浅看法，敬请在座各位行家加以指教。

打开过去许多书论名著，劈头儿必从六书说起，像晋初卫恒的《四体书势》，唐代徐浩的《论书》，无不如此。究竟六书是什么性质的东西，似乎应该弄明白这一点。尤其近人的新说非常混乱，有的说六书就是“六甲”，有的说六书是“六体”（六种不同的字体），我却不甚同意。我们看荀悦在《汉纪》上说“书有六本”，即是指六书而言。卫恒说：“因而遂滋，则谓之字，有六义焉。”① 他把六书称为六义，是很有道理的。书之有六义，就好像诗中有六义。如果不从文字构造和作用上来看六书，而很低级地把它说成六甲，或者单纯地从字形来观察，都很不符合汉晋间人的说法，所以我还是维持旧说，不必要去另立新义。

秦书有八体，各书所说大体相同。汉代尉律，“以八体试之”，“书或不正，辄劾之”。②《汉书·艺文志》作“六体”，《文心雕龙·练字》篇：“汉初草律，明著厥法。太史学童，教试六体。”《隋志》言秦世既废古文，始用八体，汉时以六体。似乎汉六体即由秦八体减去其二，二者或者即是篆与隶书。《汉书·艺文志》小学家类收有“八体六技”，向来对“六技”一名尚未明白。王应麟疑六技是新莽的六书，清儒有

---

① 《四体书势》。

② 《说文解字》序。

的说“六技”是“六书”之讹（谢启昆），有的说“六技”是“八篇”的误字（李赓芸），越说越离谱，故姚振宗大加反对。[①] 庚元威在《论书》上说：“史籀始著籀书，今六八之法虽存，十五之篇亡矣。”所谓六八之法，据《初学记》，有“六书八体，六义八法”诸名目，六义就是六书，八体和八法或者所指相同，那么“六技”应为“六八之法”中之“六”，是否即是六书，亦无法证明。虽然六技的内容弄不清楚，但八体必须考试是没有问题的。可见汉人对于书道训练的严格，而且在尉律上加以规定，这是很值得重视的，汉代字学所以发达，不为无因。

二

书的字形姿态，古人称为“字势”。卫恒说：

> 自黄帝至三代，其文不改。及秦用篆书，焚烧先典，而古文绝矣。……古无别名，谓之字势。

他讨论四种主要的字体，名其书曰“四体书势”。“势”字特别使用在书法上，有它的特殊意义。

在晋以前，崔瑗著有《草书势》，蔡邕有《篆势》，顾怀三《补后汉书艺文志》都加以著录。相传王羲之有《笔势传》一卷，言及“曹喜、李斯笔势”，又称张芝见蔡邕作笔势，遂作《笔心论》。魏刘邵有《飞白书势》，虞龢《论书表》称“卫恒写诸杂势一卷”，“并上录势新书”。庾肩吾《书品》言：“字势发于仓史。”用“势”字来形容书体，是东汉以来流行的习惯。

以后便有人借书势之“势”字来论文，建安七子的刘桢便说：“文之体，须使其辞已尽而势有馀。”陆云亦言：“往日论文，尚势而不取悦泽。”到刘勰著《文心雕龙》竟特别作《定势》篇，来畅论“即体成势”和“并总群势”的道理，以后弹琴的手法亦称为“势”，这些都是

---

① 见《汉书艺文志条理》。

采取自书法的字势。

“势”在书道、文学都有极重要的意义。书法一直到董其昌，还是抱紧一个“势”字，他在《容台别集》第二说：“米元章书……及钱穆父诃其刻画太甚，留以势为主，乃大悟。”又《画禅室随笔》亦言：“须结字得势。”可见要成为书家，对于“势”字应该仔细去体会。

二

清方濬益在《彝器说》上称：“考文须自审书势始。”（《缀遗斋彝器释》）他指出：

（1）凡画中肥而首尾出锋者，蝌斗也，古文体也。

（2）画圆而首尾如一者，玉箸也，籀篆体也，考文固然必审书势，写字更加倍要审字势了。

先秦书势的演变，由于新资料的层出不穷，一时不易加以整比说明，如果依方氏的说法，第（2）类是纯圆笔，第（1）类则为中肥笔，前者为篆籀系，后者为古文（蝌蚪）系。玉箸篆体见于石鼓文、秦刻石，人所习知。古文系的中肥笔，我们看《三体石经》中的“古文”类便可明白。《三体石经》为魏邯郸淳所书[①]，魏时尚未中绝。若追溯先秦，如下列各处的器文，便是佳例。

（1）山西浑源的吉日剑。

（2）楚酓肯鼎铭。[②]

大概六国时期，此类书风相当盛行，可惜后代书法，摹仿者不多。

---

① 江式《上古今文字表》。

② 楚国晚期的蚊脚书，是鸟书的变体。

六朝时宗炳制出九体书[①]，庾氏更定出百体[②]，下至僧梦英的十八体书，非常复杂琐碎。

三

篆书一般老生常谈的是玉箸篆，体瘦长而笔画首尾匀称，以李斯《峄山碑》为代表，然秦权所见有笔画肥硕而扁平的，像始皇二十六年的《大字诏版诏书》[③]。

东汉以来，篆书尚有上肥下细的悬针体。僧梦英的十八体篆，最后二项即为悬针篆与垂露篆，大家都说是东汉曹喜所作，前者用以"题五经篇目"，后者用以"书章表奏事"，都有它的实际用途。庾元威《论书》百体的第一种即为悬针、垂露。王愔《文字志》："垂露书，如悬针，而势不遒劲，阿那若浓露之垂，故谓之垂露。""悬针，小篆体也。字必垂画细末，细末纤直如悬针，故谓之悬针。"唐玄度《论十体书》《墨薮》等均有说明，大都认为悬针体是东汉曹喜所作。现存悬针篆之资料非常少，玺印、墓志题额之外，有《说文》木部残本与口部十二字、空海《篆隶万象》（部分），元结《峿台铭》、敦煌出《千字文》，又后世所传《歌风台碑》，四行行八字，元大德间摹刻，传为曹喜书[④]，但有人以为伪品，无论如何，是可以看出悬针体的书风。

刘熙载说："玉箸在前，悬针在后，自有悬针，而波、磔、钩、挑，由是起矣。"（《艺概》）然近时出土文物足以使人了解悬针非创始于曹喜，楚器文已近这一路，他若《侯马盟书》、新出土《湖北曾侯乙墓漆书》，以用焦笔钩挑，时露飞白，可见六国前后，此类首粗末细的悬针型笔画已甚流行，曹喜不过是加以发扬光大之一人，羊欣《古来能书人名》称："曹喜篆小异李斯，见师一时。"在玉箸盛行的时候，他别作

---

① 见庾元威《论书》。

② 百体亦见《酉阳杂俎》。

③ 山西左云川土，《文物》七三，一二。

④ 《金石萃编》二十一引《金石存》。

悬针体，故能另开一格。

自李阳冰、徐铉以来，玉箸篆又极盛。至于今日，悬针篆已无人问津，唐本用悬针体书写的《说文》竟失去不传，只有木部、口部残本而已，此道可说现已中绝。我人看《峿台铭》，笔力的劲健，结构的邃密。清人篆书，邓完翁玉箸多用住笔，吴让之笔画，或中间收缩而收笔稍壮，赵之谦、徐三庚受《天玺碑》影响，间用悬针法于笔画之间，化悬针体为笔画。但悬针体在唐代实极重要，且篆势收笔用悬针，是米元章所谓"无垂不缩"之实践工夫。所以悬针体实有提倡的必要，加以春秋六国用此型书写的资料如《侯马盟书》等，可供参考者甚多，重行振兴曹喜的书风，在今日是不难，而且是必要的。

四

写字当以篆法植基。五代北宋人多致力于此。徐铉小篆，画的中心有一缕浓墨，可见行笔用力之直。[①] 北宋书家章友直（伯益）工篆法，为太学篆石经，执笔由高处直落到地如引线，传于其女，王荆公称其堪"与斯、冰相上下"[②]。故写字宜先习篆，从一画做起，反复练习，以养其力，以培其势。一画分横笔、竖笔；方圆，由此而生。一生二，二生三，故篆法为一切书之母。不从此门入者，笔不能举，力不能贯，气不能行，石涛论画，起于一画，书法之理亦有同然，切不可忽。

日本书法自奈良时代以来，由于王羲之笔迹之传入，大尚"王样"，至五山僧人乃起巨大变化。一山一宁善颜鲁公"屋漏痕"之法。[③] 其弟子虎关，尤好山谷，他有《跋黄山谷真迹文》，称黄书"雄健奇丽"，又复"攲斜拙变"。又畅论羲之书古人认为俗书的道理。[④] 五山僧人喜欢黄字，有如其喜欢黄诗，自此风气丕变，不复如前此之醉心王

---

① 《梦溪笔谈》卷十五。

② 《临川集》卷九十一。

③ 见《济北集·一山国师行状》。

④ 《济北集·清言》。

书矣。

一山论书法，“上字终画与下字始画，如毛发相承。近世樗寮（张即之）真迹有此法”。此即字与字之相接，求气之连贯，不可不注意。否则只能写一二个大字，不能成行，无行气之可言。

虎关更另具只眼，《跋山谷真迹》云：“黄字顺篆法，有梵画。……顺篆可以矫俗，梵书非黄子所学，则至神之品与之偶合。”点出黄书已顺篆法，可见写字应以篆书为基础，“顺篆”一义，可以供人深长思。

字的外形是“势”，而内在条件却是“力”。势是文，而力是质，文与质两不可废。力的养成，“顺篆”正是关键功夫，有势无力，只是虚有“字样”而已，虎关能看出山谷行草中有篆法，眼光十分深入，故为指出，以供研究，想不河汉予言。

大风台刻石

湖北随县曾侯乙墓出土漆器上二十八宿题识

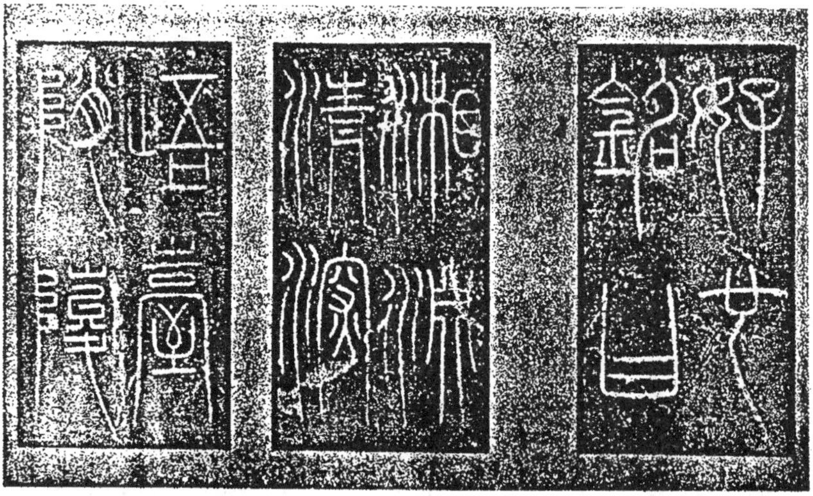

唐元结峿台铭

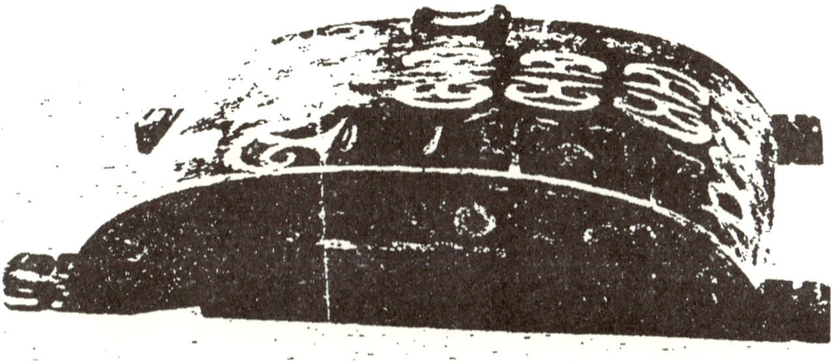

漆二十八匼　长86公分，宽49公分

此图为匼的器盖，里表均涂黑漆，盖面用红漆绘青虎、白虎、卷云纹和北斗星座并书写二十八宿名称。二十八宿名与《史记·天官书》所载基本相同。器旁阴刻“后匼”“□□之匼文字”。《说文·匚部》：“匼，古器也，从匚，曶音。”随县战国墓中出土的此类器物，不少的铭文为匼，证明《说文》所释有据，而且也是我们第一次见到匼的具体器形。

词与画

——论艺术的换位问题

不久以前，“故宫博物院”举行画竹特展，有两幅文徵明绘的朱竹，一幅题嘉靖十三年甲午二月五日，一幅署嘉靖乙卯 戏写朱竹。诗塘上都录高启的《水龙吟》云：“琪园丹凤飞来，几时留得参差翼。箫声吟断，彩云忽堕，碧云犹隔。想是湘灵泪，弹多处、血痕都积。看萧疏瘦影、隔帘欲动，应似落花狼藉。 莫道清高也俗，再相逢、子猷还惜。此君未老，岁寒犹有少年颜色。谁把珊瑚，和烟换去，琅玕千尺。细看来、不是天工，却是那、春风笔。”这首已载入他的词集《扣舷集》中。文徵明前后两次用同一首诗来作为他所绘朱竹的题句，可见他对这一首词有极度的爱好。我们却可由此体会到有时画家亦要借重“词”来充实画的内容，来增加读画者在联想上产生情感的共鸣，而不惜把一首好词一题再题，这说明画和词也有彼此相需的密切关系。

谈到词史上的掌故，我们也许会想到清代词人项莲生的名句：“不为无益之事，何以遣有涯之生。”这一句话经过谭复堂在《箧中词》的品题，几乎成为家弦户诵了。其实这句话儿原出自张彦远的《历代名画记》。所谓无益之事，本来指的是画的玩耍。在项氏之前，浙西词人厉鹗亦尝套用过这一句，他在《赏延素心录》题辞中说：“张彦远云：非为无益之事，又安能悦有涯之生；海内不乏雅流，得此亦悦生之一助。”（《樊榭山房集》八）但没有项氏那样，能够引起多数读者的共鸣，项氏画龙点睛地把“悦”字改为“遣”字，“何以遣有涯之生”比“安能悦有涯之生”来得多么令人动容，句子活起来了，从此遂成名句。“无益之事”便从“画”转移到“词”的身上去。这正说明艺术转位的可能。词家借重画家的话头，侵入到绘画的畛域，向画史借借东风，便可铸造崭新的语汇。搞文学史的人都知道项莲生，便会想到这一名句。但恐怕有许多人未必会想到他原是从张彦远那里偷来的！

今天要讨论的便是这两件所谓“无益之事”的相互关系。

本来诗与画的关系，以前尝有人谈过（钱锺书《中国诗与中国画》，开明书局《廿周年纪念集》）。词可说是诗的巨浸中的一支流。诗和画本质上二者截然不同。但彼此有时亦会跳出自己的圈子，掠取另一方的“美”，来建立自己的美，诗和画如此，词与画何曾不是如此。互相利用，每每有越俎代庖的现象。西方艺术理论像法国的 Gautier 论画便有所谓“艺术换位”之语（Transposition d'art）。现在我们要讨论的是曲子词和画的关联之某些突出的地方，画人如何运用词意以入画，画的原理与技法又如何被词人加以吸收作为批评的南针，在“出位”的手段下，彼此如何互相利用，互相得到益处，这将是文艺批评史和画史上一个重要而有趣的题目。今天借这机会特别提出来向各位请教。

一、词画的出现及其影响

两宋为词的黄金时代，词人辈出。其兼擅写画的，每以词为题语。于是遂有所谓“词画”者。刘克庄《后村题跋》中有《杨补之词画》一文。略云：“善画者不必妙词翰，有词翰者，类不工画。……杨补之其墨梅擅天下，所制梅词《柳梢青》十阕，不减《花间》《香奁》。……词画既妙，而行书姿媚精绝，……宜颜曰‘逃禅三绝’。”所谓“词画”，实指词与画二者兼精而言。杨补之的墨梅，和梅词所以绝妙，是因为别开生面，他把梅花分成四个阶段来描绘，各系以词，此事是乾道元年在江西写成的。兹据《式古堂书画汇考》卷十四录其词如次：

杨补之四梅图并题词卷

渐近青春，试寻红瑙，经年疏隔。小立风前，恍然初见，情如相识。为伊只欲颠狂，犹自把、芳心爱惜。传语东君，乞怜愁寂，不须要勒。

嫩蕊商量，无穷幽思，如对新妆。粉面微红，檀唇羞启，忍笑含香。休将春色包藏，抵死地、教人断肠。莫待开残，却随明月，走上回廊。

粉墙斜搭，被伊勾引，不忘时霎。一夜幽香，恼人无寐，可堪开市。晓来起看芳丛，只怕里、危梢欲压。折向胆瓶，移归芸阁，休薰金鸭。

目断南枝，几回吟绕，长怨开迟。雨浥风欺、雪侵霜妒，却恨离披。欲调商鼎如期，可奈向、骚人自悲。赖有豪端，幻成水彩，长似芳时。

范端伯要予画梅四枝，一未开，一欲开，一盛开，一将残，仍各赋词一首。画可信笔，词难命意，却之不从，勉徇其请。予旧有《柳梢青》十首，亦因梅所作，今再用此声调，盖近时喜唱此曲故也。……乾道元年七夕前一日癸丑，丁丑人杨无咎补之书于豫章武宁僧舍。（又《大观录》十四）

他这四首《柳梢青》的画词，对后人影响甚大。不能作画的词人，则和他的词；能画又兼能词的，则依样继作“词画”。兹列举所知：

（一）徐禹公　《梅花三昧图卷》。徐为杨无咎门人，见吴升《大观录》卷十五，有无咎题《柳梢青》十首。及张雨元至正间作次韵《柳梢青》，及宝祐丁巳赵孟坚跋称述逃禅画派。

（二）周密　和《柳梢青》。其序云：“余平生爱梅，仅一再见逃禅真迹。癸酉冬，会疏清翁孤山下，出所藏双清图卷尾补之自书《柳梢青》四词，辞语清丽，翰札遒劲。……因次韵，载名于后，庶异时开卷索笑，不为生客云。”（《全宋词》，页3283）

（三）陈允平　《柳梢青》四首和逃禅。（《全宋词》，页3108）

（四）张雨　次韵《柳梢青》元至正间作。（见《贞居集》）

（五）虞道园　和逃禅《柳梢青》。序云：“至顺癸酉立春，客有持逃禅翁此卷相示，清润缊藉，使人意消，因所题《柳梢青》调亦赋一首。”（《学古录》四）

（六）柯九思　至正元年追和逃禅四首。见《丹丘集》，亦见《式古堂书画汇考》。在杨补之四梅图卷后。有跋云：“补之词翰称妙一代，此卷尤佳。其《柳梢青》四词可以想象当时风致。勉强续貂以贻好事。丹丘柯九思书于云容阁，至正元年冬十有一月日南至也。”

（七）文嘉 仿杨补之《柳梢青》，和补之《咏梅词》四首（即未开，半开，盛开，将残）并画其前。时万历己卯二月九日也。（《穰梨》卷二〇）

（八）马扶羲（元驭） 《梅花》卷跋云：“辛巳……偶读柯敬仲题杨无咎画梅词子，情词婉转，想见前辈风流，不觉神往，挥汗写成四枝。更索吾青门老友（按即邵长蘅），倚和前词，以鼓痴兴。……”

杨无咎的梅花四枝，引起词人画家的兴会。和作者计宋二人、元三人、明一人、清二人，共九人。继作梅画的，有他的门人徐禹公及文嘉、马元驭。踵武的人如细征考，恐不止此数。可见他的“词画”影响之巨。他在宋人词中又有三香三逸之目。周密《声声慢》“逃禅作梅、瑞香、水仙，字之曰三香”，又“逃禅作菊、桂、秋荷，目之曰三逸”（《全宋词》，页3278），他是一位梅、菊、水仙、花卉画的大家，对南宋书画界有很大的带头作用。词与画的结合，杨无咎在写梅上是有特出成就的。赵希鹄说他学欧阳询楷很逼真。“以其笔画劲利，故以之作梅，下笔便胜花光、仲仁。”（《洞天清禄集·古画辨》）他是得力于书法的。

朱彝尊《曝书亭集》跋题杨补之墨梅谓：“‘横枝清瘦只如无。但空里疏花数点’，梅花有魂，二语摄之，此惟逃禅杨叟能写出。”可惜他的作品，现在可见到的不多。只故宫博物院《集古图绘册》中存一小幅墨画梅花，一枝独秀。上面有元刘因、危素许多人的题诗。刘后村言补之梅宜于巨轴。精彩处在于大幅，今不可睹，十分可惜。

二、诗意与词意——以词入画

文学作品以 Theme 为内在主要条件。用古诗作画的题材的，称曰“诗意”，起源甚早（韩诗、毛诗皆有图）。汉末刘褒画云汉图、北风图。相传嵇（康）、阮（咸）有十九首诗图。至用“诗意”二字，施于画上的，似以阎立德的沈约《湖雁诗意图》为最早（见《宣和画谱》）。五代时，能作枯木断崖云崦烟岫之态的成都杜楷有《秋日并州路诗意图》，见《图画见闻志》。故宫画目中，明人作品以诗意为题的，不一而足。董其昌《霜林秋思》，自题："玄宰写唐人诗意。"（《故宫目》五，页462）孙枝画杜甫《诗意》（同上目五，页470）。文嘉、文伯仁、李流芳，都有极精的诗意图册。石涛的《东坡诗意图》，以画配诗，相得益彰，尤为出名的剧迹。

以词作为画的题材的，称曰"词意"。其事宋人已有之，楼钥《攻媿集》卷七十称孙浩然的"一带江山如画，风物向秋潇洒"一词。王诜尝画此《离亭燕》词意，作《江秋晚图》。此词他处作张昪，一作张昇（《全宋词》，页111）。"词意"二字，始见于此。后来画家用"词意"二字作画材的，有沈周《渔家傲词意图》、《柳梢青词意图》（《式古》卷二五）。清钱载写墨兰题云："玉田词意。"（《故宫目》五，页569）清余集有《落花人独立，微雨燕双飞词意轴》（《瓯钵》，三，一五）。

还有以词刻入版画的，亦有用"词意"一名。像万历时刊本之《诗馀画谱》，一名《草堂诗馀意》[①]，亦以"意"字作书名标题。

明人善画古人词意，如董玄宰画太白词"平林漠漠烟如织，寒山一带伤心碧"（《大观录》一九）及写宋人词册王半山词十一首（《续梨》六），都是重要的例子。

三、以词题画

张志和《渔歌子》，为词中最早期作品。据朱景玄《唐朝名画录》称："张志和依渔歌五首，乃为卷轴，随句赋象。"《图绘宝鉴》谓"颜鲁公以《渔歌》五首赠之，张乃随句赋象，人物舟船烟波风月，皆依

---

① 此书万历四十年，黄冕仲跋。《版刻图录》PL 六八二收苏轼《水龙吟》咏笛一幅。

其文写之，曲尽其妙”。故李调元《诸家藏画簿》收有张志和《渔父图》（《函海》本七）。五代卫贤作品，郭若虚记“张文懿家有其春江钓叟图，上有李后主书渔父词二首”（《图画见闻志》）。是李煜亦曾作《渔父词》题画。宋道诚《释氏要览》卷下法曲子云：“南方禅人，作渔父拨棹子唱道之词，皆此遗风也。”盖尤盛行于缁流。至元至正十二年吴镇写《渔父图》及题词《渔歌子》十六阕，遂集以渔父为题一类词画之大成。《大观录》七称：“吴仲圭仿荆浩渔父卷，水墨轻清，写景空旷，十六词行书秀劲。”此卷现在美国。元盛懋《松溪泛月图》有姚绶题《渔歌子》二词，如“只钓鲈鱼不钓名”，亦是名句（《故宫》五，页230）。明人编词集，若崇祯间，潘游龙的《古今诗馀醉》竟将“渔父”列为词中之一类项目。

把一词题在画卷上，北宋时最有名的，要算米友仁的《白雪》。他有序云：“余戏为潇湘写，千变万化不可名，神奇之趣，非古今画家者流也。惟是京口翟伯寿余生平至交，昨豪夺余自秘著色袖卷。……以《白雪》词寄之，世所谓《念奴娇》也。”（《全宋词》一三一）此卷收入《画苑掇英》，亦见《铁网珊瑚》画品著录。又宋无名氏的《玉楼春思图》上有小楷书鱼游春水词，极婉丽可诵。辽宁博物馆藏①。

金人以词题画，像故宫藏明昌名士武元直的水墨画赤壁图，有正大五年赵秉文草书和东坡词题句，健笔纵横，为该图生色不少。

元人取古今词题画的，试举二例：一是王蒙于至正二十五年为卢士桓作《听雨楼图卷》，已有倪瓒、张雨许多人的题句，及洪武二年僧道衍跋，而韩山人奕又替他钞上蒋捷一词，即有名的“少年听雨歌楼上，银烛昏罗帐。壮年听雨客舟中，天阔云低，断雁叫西风。　而今听雨僧庐下，鬓已星星也。悲欢离合总无情，一任空阶点滴到天明”。后为跋云：

> 右竹山先生所赋之词，今偶获观此卷，因举是词诫甫，俾书于卷末。夫听雨一也，而词中所云不同如此，盖同者耳也，不同者心

① 《文物》1964（3），《两宋名画册说明》。

也。心之所发情也，情之遇于景接于物，其感有不同耳。诚甫中年人，有楼听雨，吾意其在与僧庐之下者同其情，诚甫乃曰：吾听雨，吾知在吾之楼而已。遂书。竹山姓蒋，名捷，字胜欲，义兴人。卷中诸先辈之词之腔，《虞美人》也。韩奕。

借用蒋词扣紧“听雨”楼名，题跋寥寥数十字，却成为一篇很隽永的小品文。[①] 另一例亦是王蒙绘的《林泉读书图》，有自跋云：

余观《邵氏闻见录》，宋南渡后，汴京故老呼妓于废圃中饮，歌太白《秦楼月》一阕，座中皆悲感莫能仰视，良由此词乃北方怀古，故遗老易垂泣也。予亦尝填《忆秦娥》一阕，以道南方怀古之意：“花如雪。东风夜扫苏堤月。苏堤月。香消南国，几回圆缺。钱塘江上潮声歇，江边杨柳谁攀折。谁攀折。西陵渡口，古今离别。”自太白倡此曲之后，继踵者甚众，不过花间月下男女悲欢之情。就中能道者，惟有“花蹊侧。秦楼夜访金钗客。金钗客。江梅风韵，海棠颜色。尊前醉倒君休惜，不成去后空相忆。空相忆。山长水远，几时来得”。自完颜莅中土，其歌曲皆淫哇喋嚶之音，能歌此《忆秦娥》者甚少，有能歌者求余画，故为画此词之意。王蒙。

（以上二则并据史语所藏怡寄斋钞本《大观录》，缺“谁攀折”三字，据《浮山集》补之。）这一画跋中保存了一首很悲壮的汴京故老“花蹊侧”的佚词，和他自己所谱的“花如雪”的新作，均不是寻常的陈腔滥调，十分珍贵。这幅《林泉读书图》在明季却辗转到了岭南，方以智在隆武戊子冬于东日堂中见过此图，并临成长卷，既重录王蒙跋语，并加题识，见《浮山集》，现已不知流落何许。[②]

---

① 《“中央图书馆”馆刊》已刊行《韩山人诗集》。

② 兹略举宋金元时代，早期以词题画的例子，以后从略。

四、词人生活与画卷

元明以来画卷题句的风气越来越流行，李士行的《江乡秋晚》卷题句，有二十八人之多。可见元人已是如此。词人风流倜傥，亦喜欢此一套玩意。

以编《词苑丛谈》一书著名的吴江徐釚（电发）他有一幅《枫江渔父图》，渔父比他自己的浪迹江湖。前面张尚瑗序，题咏诗词，就占了一卷（见《穰梨续》一五）。釚有《枫江渔父题词》（题徐菊庄编），内诗馀三十五首（内阁文库有其书）。毛西河题枫江渔父小像云："家近垂虹亭子。""釚工画，李武曾题其墨松云：'虹亭笔墨无不好，以诗掩画谁能知。'渔洋亦尝题其画蟹。"（《雪桥诗话》）

清初号称词坛青兕的陈其年，亦有一幅《紫云出洛图》，为他所嬖爱的徐郎九青而作，图是陈鹄所写的。卷中题咏，自张纲孙、孙枝蔚、王士祯、龚贤以下共七十六人，《穰梨》卷四十全卷即录此图题咏。吴檠序云："九青图者，阳羡陈其年先生为徐郎所画小照也。徐郎名紫云，为如皋冒辟疆歌儿。"当日词人，不少就过着这样荒唐的生活。画与诗词有时亦成为极无聊的点缀品。

王渔洋司李扬州时作《浣溪沙》，一时和者甚众，有图记其事，曩于京都神田鬯盦家中见之。

我们又看"故宫"藏文徵明的《江南春》图轴，坡陀芳树，远岸桃柳，把江南风物，用多么柔媚的笔调表现出来。南齐柳恽有《江南曲》云："汀洲采白蘋，日落江南春。""江南春"三字出此。文氏以八分书自题"江南春"三字。又有题记云："嘉靖丁未春二月徵明画，并书追和云林先生词二首。"他追和的词，在倪云林诗集中，列于七言古，只有《江南曲》一首，即"春风颠，春雨急，清泪泓泓江水湿，落花辞枝悔何及"。后面转韵"柳花入水化绿萍，江波摇荡心怔营"一首。并没有上面押"笋"字的一首。倪集附录乐府亦无之。这是乐府体，明人都把它看成词。最初追和倪词的是沈石田。"中央图书馆"有明钞本《江南春词》一册，为姚宫詹希孟旧藏，有清名藏书家黄丕烈约两篇题跋。此书嘉靖十八年有袁表（邦正）刻本。明钞本录前后和《江南春》的，共三十九人。起沈周而讫于王问，尚缺二十人的词，乃是不全本。开卷云："《江南春》三首，瓒录上求元举先生元用文学克用徵君教之。"① 祝枝山和词题记称："按其音调，乃是两章，而题作三首，岂误书耶？"石田对倪迂此词，特别感到兴趣，一和再和。文徵明亦然。钞本中载文徵明跋云：

> 徵明往岁同诸公和《江南春》，咸苦韵险。而石田先生骋奇抉异，凡再四和。其卒也韵益穷而思益奇，时年已八十馀，而才情不衰，一时诸公为之敛手。今先生下世二十年，而徵明亦既老矣。因永之相示，展诵再三，拾其遗馀，亦两和之，非敢争能于先生，亦聊以致死生存殁之感尔。嘉靖庚寅仲秋文徵明记。

文氏于二十年后又再追和此词，我们欣赏文氏这幅《江南春》图，应该和这册《江南春》词集一起吟咏，才能了解当日文人活动的背景。集中和词的人物，多半是吴门书画名家，石田、枝山、衡山三人之外，唐寅、王宠、王谷祥、文嘉、文伯仁、文彭皆在其列，可谓极一时之盛。于此可见明人书画文艺生活的一斑，前辈的流风馀韵，何等令人追慕！

作江南春图的，文徵明外，嘉靖辛卯，居节复画一幅，篆书江南春，亦和这二首词，《石渠宝笈》三编著录。今存"故宫博物院"（《书画录》卷五，页408）。居节和词，为钞本《江南春词》所不载。

五、以词证画史

词亦史料之一。宋词中有不少涉及画人画事，可补一般画史之不逮。举例如次：

---

① 元举见倪集卷二《画竹诗》"吾友王翁字元举"。元用亦见集同卷题王元用秋水轩。

花光及僧泽翁

宋季王沂孙《一萼红》："丙午春，赤城山中题花光卷。"花光即画梅名家，会稽僧仲仁，住衡州花光山。见《画继》五，刘后村《大全集》一〇七花光梅跋谓"补之画梅花，尤宜巨轴。花光则不然，直以矮纸稀笔作半枝数朵，而尽画梅之能事"。汤垕《画鉴》："花光长老以墨笔作梅如花影然，别成一家，政所谓写意者也。"

王栢《酹江月》"题泽翁梅轴后"。泽翁即僧仁济字，玉涧之甥，姓童氏。学杨补之梅。有关泽翁事，参《国华》二五期《君台观左右帐记》。又《永乐大典》二七七五"梅"字号。尚有其他涉及梅之题咏。

温日观

有关日观史料甚少，神田喜一郎撰有考证（Quelque ducuments sur Wen-je-kauan. —1966. Paris，M. S. á. M. Demiéville）。然南宋词中，如：曾寓孙《减字木兰花》"题温日观葡萄卷"（《全宋词》，页 3431）、张炎《甘州》"题曾必传藏温日观墨葡萄画卷"（《全宋词》，页 3522）、鄜州刘沆《甘州》"余客燕山，心传曾君携日观葡萄见示，辄倚玉田甘州韵，形容墨妙之万一云"（《全宋词》，页 3431）数首可补神田之缺。

郑所南

张炎《清平乐》"题处梅家藏所南翁画兰"（《全宋词》，页 3497）有关郑思肖之资料（参《韩山人诗集》五古《郑所南画兰》，后附小传）。

黄一峰

张炎《南楼令》"黄一峰游灵隐"，此首温肇桐"黄公望史料"所缺。

黄山图

陈莘《沁园春》序"挂黄山图十二幅，恰满一室，觉此身直在黄山中也"（《全宋词》，页 2196），由此知黄山在宋时已成为绘画的主要题材。

六、以画法喻词

借用画理来说词，清人颇喜用之。试举其大略：

（一）皴劈

邹祇谟《倚声初集》序“南宋诸家，蒋、史、姜、吴，警迈瓌奇，穷姿构彩。而辛、刘、陈、陆诸家，乘间代禅。……逸怀壮气，超乎有高望远举之思。譬诸篆籀，变为行草，写生变为皴劈……”

（二）开阖

刘体仁《七颂堂词绎》：“中调长调转换处，不欲全脱，不欲明黏，如画家开阖之法，须一气而成，则神味自足。”

（三）写意

吴衡照《莲子居词话》四：“咏物词，如画家写意，要得生动之趣，方为逸品。”举杨蓉裳《芦花》“正半钩微月，淡如烟，空江冷”及（宋）荔裳《燕子》“一片落红看不得，飞去也，又衔来”。“一以神韵胜，一以姿致胜，均得传神之妙。”

（四）钩勒

周济论清真词云：“清真浑厚，正于钩勒处见。他人一钩勒便刻削，清真愈钩勒愈浑厚。”

（五）点染

刘熙载《词概》论点染，引柳屯田《雨淋铃》，“伤离别”二句是点，“晓风残月”二句是染。

上举数事，可为词学批评理论增加一些小节目。诸人之中，周济亦是画家，他著有《折肱录》一书，为论画名作。书中论六法的“气韵生动”，宜作“气运生动”，即是“斡运元气，贵于笔法自然”，而使“其豪力能于枯破处透空而过”。这是他论画的崭新见解。蒋宝龄在《墨林今话》称许他能够“洞中肯窍”。《折肱录》有一条论画理的钩法说，“钩须不尽，皴须疏落”，“大局垂成，然后钩处合龙，皴处加致。先粗皴故气壮，后加致故神浑，粗如指箸，细如牛尾，合同而化，一片神行”。他论周词于钩勒处见浑厚，必于皴处加致，乃能浑化。如董、巨之画，愈看愈觉其浑厚者，因钩皴不止一次。如周词的层层脱换，故愈见其厚。这非深懂画中三昧，言之不能如此透彻精辟。

词人亦言词中有画，一如诗中有画。明闺秀徐小淑《络纬吟》，其《霜天晓角·归舟》，董斯张说她“善绘事，此为画中词，词中画，吾不能辨”（《词苑萃编》引）。可见词中有画，画中有词，这和“诗中有画”“画中有诗”情形并无二致。

七、词人与画人——画人之词与词人之画

试以清代论，词人而兼画家的，为数甚多。清初吴梅村、严秋水，即其首选。吴是画中九友之一，严则人比之倪迂。故集中时见题画之作。画人之工词的，如改琦（七芗）以善写美人著名，其词亦具美人仪态之美。所作《玉壶山房词选》，由郭麐为之删定。郭氏评云：“烟波渺然，孤云无迹，四山弄影，时见髻鬟，七芗词意似之。”可谓确论。画人无锡华胥（字羲逸）他的词集名曰《画馀谱》，魏禧云：“羲逸工画，若曰吾以画之馀力为之。”“尝见所绘人物，闲丽婉雅，宜其诗馀学而辄工也。”（《国朝词综》四引）龚翔麟的《红藕庄词》中有《斗婵娟》赠画师华希逸一首。华胥名他的词集曰“画馀”，有如扬州八怪画家之一的高翔，自题其画为“书馀”①。借诗馀的名称，套入书、画，多么有趣！

词与画在本质上有共通点，即是一个“秀”字。王国维谓“温词句秀，韦庄骨秀，李重光神秀”。以秀字来论词，甚有见地。故词人之画，亦以秀见长，清毛奇龄写词风格，近于齐梁；他绘的美人，如日本阿部所藏的那一幅是多么清秀。郑文焯词的风格近于白石的清空一路，所绘山水，亦很疏秀。若改琦的人物，可以说是韶秀。前二家是词人之画，画如其词；后一家是画人而兼工词，词如其画。因个性修养之异，

---

① 高语人曰：“吾之画，吾书之馀也，犹之词之为诗馀云尔。”见姚世钰《孱守斋遗稿》四。西唐山人《书馀说》，翔于画每钤“西唐山人书馀”一印。

而有清秀、疏秀、韶秀之分，用一“秀”字来概括他们的作品，没有什么大错。

画家亦有专以某一词人的作品作为画材的，像近代上海人物画家任熊（渭长），专把清人姚燮的词写成画幅，杜文澜记其所绘一百二十帧，一句一图，设色精彩，复临摹以为珍玩（见《憩园词话》卷四）。顾文彬富于收藏，他喜欢集宋人的词句来题画，如题王麓台仿宋元山水卷集稼轩，又题其“云山卷”集玉田，在《庞虚斋名画录》中载有多首。这种玩意见，正可见出在彼此相互为用的原则之下，词和画时常交流的现象。任何一种艺术家，时会选取他自己范围以外的材料，来作为表现的媒介，如是方才感到新颖可喜而满足。“诗馀”变为“画馀”或“书馀”，这都是一种心理补偿。这样因为“出位”，而每每有新的表现和成就。

八、尾声

今天似乎是一个学、艺隔阂的时代，自专门之学兴，学术与艺术分家了，如果忽略“艺术换位”的道理，则彼此将永远不相携手，我们看以往的学人、词人，甚至画人往往是三位一体的。毛西河是极其博洽的学者，亦是能吟几句六朝小调的词人，复能耍几笔人物画。郑文焯是标准的词人，他亦能作苍润的山水，又是博综古今的学者。所以我们要了解过去文学史上错综的问题，一接触到那些文人的生活情形，可以恍然知道他们如何把诗词和书画在实际生活上加以享用，和彼此间互相换位，采取另一方的优点，加以融会吸取，不但没有扞格之处，而且往往越俎代庖。方虚谷说文与可“所学是诗不是竹”（《桐江续集》二十），无异说他把竹“诗化”了。我们看宋马逵的一幅山水画《柳汀放棹图》，虽没有题上“杨柳岸晓风残月”的词句，但读书的人，马上就会联想到柳永这一名句。这岂不是已经把画加以词化了吗？可是到底画还是画，诗词还是诗或词，形式上完全歧异。它们实在没有换位，只是越位观摩；离位之后，仍然回到本位。

如果说画和词真是无益之事，但我们却可从它的相互关系上悟到“艺术换位”的道理。姑且借用庄子所谓“无用之用”的一句话头，这也许正是“无益之益”。

1973 年 3 月 26 日史语所主办，台大傅斯年先生纪念日演讲稿

补　记

董其昌撰书《明故墨林项公（元汴）墓志铭》云：“陶隐居论书曰：不为无益之事，何以悦有涯之生。世无达人，鲜知其解，其在槜李项子京乎！”则认为这二句话是出自梁陶弘景；如是，张彦远又远有所本了。

关于《江南春》词，《四库提要》卷三十八总集类存目一有著录。文嘉和云林江南春词绘图纸本，收入香港大会堂“明清绘画展览第十四”，这是万历乙亥年所画的。星州陈之初君藏有文徵明于嘉靖庚寅仲秋写《江南春》字卷。和词诸家事迹，详梁廷枏撰《江南春补传》。

李东阳《麓堂诗话》云：“尝题柯敬仲墨竹曰：‘莫将画竹论难易，刚道繁难简更难，君看萧萧只数叶，满堂风雨不胜寒。’画法与诗法通者，盖此类也。”此言以画法通诗法，于词固亦有同然。

原载《故宫季刊》八卷三期，台北，1973

明季文人与绘画

明季文人大都兼擅书画。诗人吴梅村之为画家（作“画中九友歌”），人咸知之。至如竟陵钟惺，亦是能手。尝见其一帧密林叠嶂，自题：“天启辛酉夏，戏傚黄子久笔意。”（载《神州大观》第八册）。邓实云：“钟伯敬以诗名，不谓其能画；仿大痴得苍莽之象。晚明士大夫擅文艺者，多兼绘事，亦一时风习使然，董华亭（其昌）提倡之力也。”实则，元季明初，亦有此种现象。刘基为开国文豪，亦擅绘事，有《蜀川图》留传于丹阳孙氏；兼能写梅，世有藏本，偶一为之，亦有可观者；流风馀韵，下逮明之末叶。文人墨戏，初不求工，而自有奇趣，未必由华亭所影响也。

一、画人眼中“画士”“士画”流品之分野

顾凝远《画引》论列明代画人姓氏，以董其昌崛起云间，特别目之为“中兴间气”。其馀画家，分为以下若干名目：

(1) 士大夫名家宗匠（如沈、文、唐）；
(2) 文士名家（如陈道复、陆治、徐渭）；
(3) 画名家（周臣四人）；
(4) 今文士名家（李流芳、钟惺五人）。

画名家大概是指以画为专业，非“文士”者流。所谓“文士名家”，即文人而兼擅绘画者，而钟惺亦在被称述之列。

清初周亮工最喜欢搜集同时人画品，所作《读画录》，月旦人物，

独具只眼。[①]“故宫博物院”藏周亮工《集名家山水册》，见《石渠三编》著录。所收画迹其中有石溪，而无石涛、八大，可见在周亮工集画时期，此二位画僧尚未成名，不为人注意。又该册中有龚贤题记，论清初画坛云：

今日画家以江南为盛；江南十四郡，以首郡为盛。郡中著名者且数十辈，但能吮笔者，奚啻千人？然名流复有二派，有三品：曰能品、曰神品、曰逸品。能品为上，馀无论焉。神品者，能品中之莫可测识者也。神品在能品之上，而逸品又在神品之上，逸品殆不可言语形容矣。是以能品、神品为一派，曰正派；逸品为别派。能品称画师，神品为画祖。逸品散圣，无位可居，反不得不谓之画士。今赏鉴家，见高超笔墨，则曰有士气。而凡夫俗子，于称扬之词，寓讥讽之意，亦曰此士大夫画耳。明乎画非士大夫事，而士大夫非画家者流，不知阎立本乃李唐宰相，王维亦尚书右丞，何尝非士大夫耶？若定以高超笔墨为士大夫画，而倪、黄、董、巨，亦何尝在搢绅列耶？自吾论之，能品不得非逸品，犹之乎别派不可少正派也。使世皆别派，是国中惟高僧羽流，而无衣冠文物也。使画止能品，是王斗、颜斶，皆可役而为皂隶；巢父、许由，皆可驱而为牧圉耳。金陵画家，能品最夥，而神品、逸品，亦各有数人。然逸品则首推二溪：曰石溪、曰青溪。石溪，残道人也；青溪，程侍郎也，皆寓公。残道人画，粗服乱头，如王孟津书法。程侍郎画，冰肌玉骨，如董华亭书法。百年来论书法，则王、董二公应不让；若论画笔，则今日两溪，又奚肯多让乎哉！

龚氏又论：

画有六法，此南齐谢（赫）之言。自余论之，有四要而无六法耳。一曰笔，二曰墨，三曰丘壑，四曰气韵。笔法宜老，墨气宜

① 亮工卒于康熙十一年，此书殆于康熙十二年，由其子在浚编集而成。

润，丘壑宜稳，三者得而气韵在其中矣。笔法欲秀而老，若徒老而不秀，枯矣。墨言润，明其非湿也。丘壑者，位置之总名；安置宜安，然必奇而安，不奇无贵于安；安而不奇，庸手也；奇而不安，生手也。今有作家、士大夫家二派：作家画安而不奇，士大夫画奇而不安；与其号为庸手，何若生手之为高乎？倘能愈老愈秀，愈秀愈润，愈润愈奇，愈奇愈安，此画之上品，由于天姿高而功力深也。宜其中有诗意，有文理，有道气。噫！岂小技哉！余不能画而能谈，安得与酷好者谈三年而未竟也，当今岂无其人耶？因纪此而请与相见。（《虚斋名画续录》卷三龚半千《山水册》）

此二篇为极重要文字。其论逸品极严，清初入选者只二溪而已，不若后来《桐阴论画》，动辄誉人为逸品也。又减六法为四法，以位置居四者之一；可见今人论画，喜言构图，在龚氏眼中，极不重要，因尚有笔、墨与气韵三条件，绝不能忽视也。且构图位置，不在求安，而在求奇。安而不奇是庸手，作家画是也；奇而不安是生手，士大夫画是也。与其取庸手，不如生手之为高，奇与安二者之间，安不如奇。惟士大夫画始能出奇翻新，作家不易办到，是无异谓“画士”不如“士画”。

又其论四法之关联性：笔欲老而墨欲润，丘壑欲稳而奇，三者得则气韵自生。故气韵乃一综合体，离开笔与墨无所谓气韵，故非笔与墨无以表现气韵。笔与墨初为二途，然笔、墨交融之后，即在画面呈显气韵矣。故笔欲老，愈老而愈秀，秀即笔之有神有力处，不秀则疲苶乏神采，不老则稚弱无气概，何能出奇？秀而且润，则笔与墨交会。由秀而生润，益见笔之高妙及墨之光彩，加之构图之奇而且稳，“气韵”自然回绝。画之上品，舍此何求？八个“愈”字，充分说明四法之相生相养。故龚氏四法之说，窃以为视谢赫尤中肯綮也。

龚氏区别清初画人有三品两派之说：能品、神品为正派，逸品为别派。能品称画师，神品为画祖，逸品则为散圣。于逸品推许二溪（石溪、青溪）；能品、神品为画士，逸品则为士画。是说方亨咸（邵村）有进一步之讨论，其与周亮工论画云：

半千"画士""士画"之论详矣，确不可易。觉谢赫《画品》犹有漏焉。但伸逸品于神品之上，似尚未当。盖神也者，心手两忘，笔墨俱化，气韵规矩，皆不可端倪，仁者见仁，知者见知，所谓一而不可知谓神也。逸者轶也，轶于寻常范围之外，如天马行空，不事羁络为也。亦自有堂构窈窕，禅家所谓教外别传，又曰别峰相见者也。神品是如来地位，能则辟支二乘果。如兵法，神品是孙、吴，能则刁斗声严之程不识，逸则解鞍纵卧之李将军；能之至始神，神非一端可执也。是神品在能与逸之上，不可概论，况可抑之哉！半千之所谓神者，抑能事之纯熟者乎？总之，绘事，清事也，韵事也。胸中无几卷书，笔下有一点尘，使穷年累岁，刻画镂研，终一匠作，了何用乎？此真赏者所以有雅俗之辨也。岂士人之画，尽逸品哉？（《读画录》卷二）

邵氏训神为笔墨俱化，训逸为轶于寻常范围之外，而以士人之画，不尽为逸品。又主神品宜在能品、逸品之上，与半千以逸品居能、神之上，大异其趣。此由于对"神"字解释之不同，故品次亦复不同。

方以智则分画笔有匠笔、文笔二途，而皆未合中道。其言曰：

世之目匠笔者，以其为法所碍，其目文笔者，则又为无碍所碍；此中关捩子，原须一一透过，然后青山白云，得大自在。（《读画录》卷三《张尔唯传》）

匠笔为法所囿，文笔又以法不大具足为其所累。明季画人对此二者间之轩轾，持论各有不同，而其轻"匠"重"文"，则所见一致，因画人多为文士故也。

石涛于康熙甲戌（三十三年，1694）秋为鸣六写枯树册题记云：

此道从入者，不是家珍，而以名振一时，得不难哉！高古之如白秃、青溪、道山诸君辈，清逸之如梅壑、渐江二老；干瘦之如垢道人；淋漓奇古之如南昌八大山人；豪放之如梅瞿山、雪坪子，皆一代之解人也。吾独不解此意，挟其空空洞洞、木木默默之如此，问讯鸣六先生，予之评订，其旨若斯，具眼者得不绝倒乎?

此册现藏美国洛杉矶（Los Angeles）。[①] 石涛品题之同时画家，白秃指石溪，清溪为程正揆，道山即陈舒[②]，风格属于高古；查士标（梅壑）、渐江，妙在清逸；程邃（垢道人）长于干笔，八大特色在淋漓奇古；梅清（瞿山）、梅庚（雪坪子），则以豪放见长。石涛所标揭者，仅此数子，可以代表其一种看法。石涛此文，作于康熙三十三年，与龚贤之为周栎园（亮工）题记作于康熙十年，盖迟二十载，应属后期之论，此时已不复较量画士与士画之分别矣。

二、文人与画家相兼之类型

（一）散文家兼画家

侯方域 四公子之一，以散文著名，为陈贞慧之婿，寓居宜兴。集中撰《倪云林十万图记》，即贞慧藏品。论“云林画多得之气象萧疏，烟林清旷；此独峰峦浑厚，势伏雄强，其皴擦、勾斫、分披、纠合之法，无一不备，神至之笔”。可谓知言！画颇罕见。《画家人名辞典》不见其名。杨锺羲曾睹其画，于所著《雪桥诗话》称藏有朝宗画山水，朝宗题句云：“江柳依依江草齐，乱山无语送斜晖。幽人夜把孤篷去，满载一船春色归。”（《晚晴簃诗汇》一九五“弘智”条）

王思任 季重好为古文词。粤人何吾驺之《元气堂诗集》卷前即有王思任序。或称其写山水林屋，皴染滃郁，超然笔墨之外。其评天台山云：“恍惚幽玄，不记何代；片时坐对，人化为碧。”观此数语，季重之画不远矣（《无声诗史》语）。可见其对山水体会之深。季重画，至乐楼藏一轴，胎息子久，烂漫可喜。

（二）诗人兼画家

钟惺 伯敬与谭友夏并以诗鸣，其画论者谓“得之于诗，从荒寒一

① 图见 *The Painting of Tao-chi*，页 108，安那堡印。

② 见《读画录》，舒自松江移居金陵。

境入，故神趣冷逸，无一毫喧热气”（《桐阴论画》）。

金陵八家之叶荣木（欣），评者谓其画近竟陵之诗：“竟陵之诗淡远又淡远，淡远以至于无。荣木画似之。每见其所作，断草荒烟，孤城古渡，令人动秦月汉关之思。”此以诗喻画，尤觉新颖可喜。

程嘉燧 孟阳诗有《松圆》《浪淘》等集，钱牧斋誉其照见古人心髓，于汗青漫漶、丹粉凋残之后；合辙古人，后生一开心眼，谥之曰松圆诗老（《列朝诗集》丁集下，页576）。朱彝尊则讥其格调卑、才气弱。渔洋谓孟阳七律，于明末为一派；举其警句如“梦里楚江昏似墨，画中湖雨白于丝”，“回峰冻雨皆成雪，出雾危峦半是云”均可入画。孟阳画入逸品，深静枯淡，意趣闲逸，如其诗之娟秀绝尘，不以气势取胜。惟挹之令人扫除町畦，不得以卑弱为病。①

（三）曲家兼画家

祁豸佳 止祥最工戏曲，周亮工称其“常自为新剧，按红牙，教诸童子；或自度曲，或令度曲，自倚洞箫和之，借以抒其愤郁。尝于维扬舟中为作山水花卉四十叶”。张岱谓其“有书画癖，有蹴踘癖，有鼓钹癖，有鬼戏癖，有梨园癖”。又称其“精音律，咬钉嚼铁，一字百磨，口口亲授”（《陶庵梦忆》卷四“祁止祥癖”条）。祁氏一家富藏书，复尽购徐迎庆家藏词曲书，故于曲艺特精（参《远山堂曲品剧品校录》）。止祥山水傲石田，气势淋漓，笔力挺拔，有一种不可羁勒之概。或讥其欠静趣，岂为曲家叫嚣之习所累耶？

（四）画家兼为诗人

程邃 穆倩尚气节，钱牧斋赠序，称其“萧森老苍，眉宇深古，处乱不易方”，以异人目之（《有学集》二十二）。诗不多见，或谓其学杜，五律警句如：“黄河冰腹厚，白草马蹄新。”（《清诗汇》十六《过万年少隰西草堂》）一唱三叹。黄宾虹云：“今观其画，沉郁荒凉，涩

① 渔洋《精华录》五云：“偶得松圆老人画，爱其风格不减云林，因用云林自题：‘萧萧风雨麦秋寒’一首韵题之。”孟阳画构图学倪者甚多，宜渔洋之倾倒也。孟阳于崇祯十六年十二月卒于新安，年七十九，虽不得目为遗民，然以诗人而为画家，如孟阳者，不数数觏。

老生辣之味，俱从身世感慨中出，在在非可磨灭。”洵为知言。余谓穆倩精篆刻[1]，画复苍劲古朴，富金石味。多收藏。朱彝尊记渐江僧藏题吴道子绘之“光武帝燎衣图”，后即归之穆倩云（《曝书亭集》五四）。

胡宗仁　钱牧斋称其“有诗二千馀首，钟伯敬为论定，见其手稿，每自夸其‘寒星彻夜疏，明月为我至’，以为神来之句，亦可见其清意”。（《列朝诗集》丁集上，页467）钟惺《隐秀轩集》谓其有王、孟之致，幽澹萧远，多人外之趣。《读画录》摘其佳句“渚云乍去犹拖水，山月初生不过林”。皆诗中画也，惜其集无力板行。

恽格　南田一代畸人，诗画俱臻妙境，录其题杨柳一绝：“数点昏烟月一潭，绿阴桑火过春蚕，从今移入图中看，不必攀条忆汉南。”情韵不匮，诗如其画。故钱饮光（澄之）言：“南田题画云：笔端点点，俱通元气，可谓良工心苦。”“故知南田画者，当与读南田之诗。”明季画人，几无不能诗者，求如南田之工者鲜矣。

吴历　渔山诗集曰《墨井集》。尝学诗于钱谦益，钱序其《桃溪诗稿》称：“渔山不独善画，其于诗尤工，思清格老，命笔造微，盖亦以其画为之。”（《有学集》四八）其句云：“江边春去诗情在，塞外鸿飞雪意寒。”以寄其冥漠之思，亦颇有画意。

姜实节　鹤涧画樵云林，笔意超隽。张云章《朴庵集》称“其所居曰艺圃，清流演漾，古木丛茂。……求其画者，必得其题句以为重。虽不识者，见其画与诗，意其遗世独立，不让古之遗民焉。”石涛为其弟子洪正治写兰册，实节于甲申夏（康熙四十三年，1704）亦为之题句。

（五）书家兼为画家

邢侗　邢氏（子愿）筑来禽馆于古犁丘，刻《来禽馆帖》。晚岁书名益重，喜作荆草拳石，古秀烟润（《图书宝鉴续纂》），独具一格，以书入画，自有苍莽逸趣。《神州大观》五收其辛亥（万历三十九年）作蒲石一幅。

---

① 安徽图书馆藏有其《古蜗篆居印述》，道光四年钤印四册。

倪元璐 倪氏（鸿宝）行书，从章草取态，或称其“如番锦离奇，另一机轴，间写文石，以水墨生晕，苍润古雅，颇具别致，文心之馀绪也”（《无声诗史》）。陶元藻谓“鸿宝画幅，山皆峻嶒兀奡，林木则苍莽郁葱，皴法喜用大小劈斧，不屑描头画角，取媚于人”（《越画见闻》）。所作松石，气宇轩昂，以雄心高浑，见其魄力，但多图露圭角，习用方笔，画法与字法，正出一辙。

黄道周 “石斋善画，人初不知也。临难前作水墨大画二幅，长松怪石，极磊落。”（《五石瓠》）书法运笔多转折，每得大处落墨。其诗句自云“阅物不至细”是也。山水如《雁宕》等幅，构图奇特。大泼墨山水，尤觉淋漓尽致。今观其画亦如其书，泄天地之奇观，虽工力非深，亦足令人惊叹。

明季文人，多兼擅诗文书画词曲，惟致力有浅深，故造诣亦异。本文称之为诗人兼画家者，以其主要成就在诗，而画仅为副业而已；称之为画家兼诗人者，以其成就在画且复工诗，馀可类推。

三、诗格与画风之对应关系

明季画人，几乎无不能诗，而真诗人之工画者，更难指数。诗写情性，由于性分有殊，因习乖异，故诗之为状，亦复各具面目。性由天定，习因人力；人之才气，本乎情性，至于学习则出乎陶染。风力有刚柔之分，体式由研习而得。括而论之，不外先天之性，与后天之习二者而已。诗格之形成如此，画风亦何独不然？故画格之表现，与其诗格之风范，每每有相应之处；无他，由于性分、嗜好倾向之相同故耳。

此时之画家，不能一一论述，兹就至乐楼藏品中之画家，大约区为三大类论之：

（一）为才人之画：作画不专，而才气横溢，偶有著笔，爽气逼人；或构图奇特，毫无轻媚习气，如杨龙友、张大风、黄向坚、傅山、查继佐之俦是也。

（二）为能手之画：术有专攻，工力深至。虽体貌各殊，而为真正画家之画，陈洪绶、蓝瑛、萧云从、顾符稹、文点之俦是也。

（三）为缁流之画：禅机所触，不求甚似，发乎性灵、以成自家鼻孔，无可、担当、髡残、渐江、石涛、八大之伦是也。

由于学有浅深，习复相异，丘壑殊观，笔墨异采，综其画格，可有八体：

一曰繁缛：峰岭纵横，解衣磅礴，吴彬、龚贤是也。

二曰疏简：萧寥数笔，断绝尘襟，程嘉燧、八大是也。

三曰干渴：干皴渴擦，神理自足，程邃、戴本孝是也。

四曰湿润：风雨不来，青障犹湿，查士标、笪重光是也。

五曰秾丽：工致精绝，六法全备，蓝瑛、王鉴是也。

六曰闲澹：扫除蹊径，独出幽异，邵僧弥、沈颢是也。

七曰圆劲：行草中锋，别有真趣，邹之麟、程正揆是也。

八曰险侧：不立队伍，无坚不摧，黄道周、倪元璐是也。

刘勰《文心雕龙》论文分八体（《体性》篇），兹略仿其意，非谓画风止尽于此八种，亦非谓每一画人仅各独具一体，兹但从大略言之。明季画人之成就，石涛花样，最为繁出，其他多各握其一端（extreme），而发挥尽致，大都不喜中庸之道，而危侧趣诡，故能标新格。

试观各家之诗，正可因画风而窥其体性，沿根讨叶，求其会通。李流芳之画，“略加点染，灵旷欲绝”（《庚子消夏记》）。而诗亦“信笔输写，天真烂然”（《列朝诗集》）。钟惺诗幽深孤峭，画亦如之。李日华小诗跌宕风流，画亦仗诗以发其妙，钱牧斋谓其“诗以画寿，非以画掩”。二者相得而益彰。徐枋画用笔整饬，诗亦仿佛，绝无恣肆。渐江画极枯瘦，寒石生罅，诗偈亦如香雪，沁人肺肝。傅山诗字，脱尽羁缚，不可响迩，其画亦如狂士。八大诗如谜语，画亦时寓寄托，有同谐谑。故知画人之诗，与其画正沆瀣一气，各由天资，摹体成性。诗与画互为表里，举一可以反三，不遑缕举。

四、诗意图举例

此时期之画人，均喜写“诗意图”，盖上承宋明人传统。[①] 间以古人诗句入画，试举数例如次：

（一）戴本孝：《杜诗山水册》

凡十二篇，引首吴云题“秦山吴水”。用杜诗《白盐崖》《再过吴氏》《夜宴左氏庄》《东柯谷》《瞿唐崖》《麦积山寺》《仇池》《东屯》等为题材，每诗后附有跋语，自云：“近于六法，惟绠汲于陶、杜句中，每为真鉴首肯。”时在庚午（康熙二十九年，1690），鹰阿年七十，盖晚年之作。吴云题记云：“其诗中之画，画中之诗，合而为一。”“此不是诗，不是画，即其人耳。”陆氏《续穰梨》十一著录。

（二）傅山：《李商隐诗意轴》

题李商隐《晚晴诗》。字有小异。首句“夹城”作“郏城”，第五句“并添”作“并临”，取“天意怜幽草，人间重晚晴”两句意，缎本水墨，《续穰梨》十一著录。

（三）邵弥：《唐人诗意册》

共十页，设色，题王维：“空山不见人，但聋（闻）人语响。”柳宗元：“黄叶复溪桥，荒村惟古木。”孟浩然：“松月生夜凉，风泉满清听”等句。自跋云：“为暑所苦，松月生凉之境，令人梦想，故复写此，不厌其重出。”《穰梨》二十九著录。

（四）高简：《陶潜诗意册》

至乐楼藏绢本八开，写陶公诗小册，如《读山海经》句，简淡可爱。

（五）叶欣：《百陶诗》

叶为金陵八大家之一，尝为周亮工摘陶句作小景百幅，周为作百陶舫藏之，事见《读画录》。

---

① 元王恽《秋涧集》卷七三有赵大年画摩诘诗意，式古堂著录有《摩诘句图》《明人诗意图册》。

（六）查士标：《书画合璧册》

八对幅，题曰“士标画邵郗先生诗意”写方亨咸诗句。《故宫书画录》卷六著录。

所谓“诗意”不特写前人佳句，亦写时人诗句。明末清初，此风甚盛，如至乐楼藏石涛写《黄砚旅诗册》，其尤著者也。

五、投赠、题咏诗什与画史资料

各家文集及总集中，作者与画家交往投赠题咏之什，不少为画史重要资料，涉览所及，略述其概：

丁云鹏 吴江俞安期有《丁南羽画维摩说法图长句》云：“更兼秘本久不传，丁生创出遥齐肩；神手疑悬造化力，慧眼应破天人权。”① 詹景凤有《丁南羽画山水歌》云：“丁生傲兀思离奇，登楼十日众不知。科头独坐青松石，坦腹空山白日迟。兴来大嗷忽高踞，援笔熻赫生风雨，千里移来屋壁看，江山杳霭知何处？”② 詹氏工书画，具眼睥睨一世，独推丁生，自非同于寻常之阿好。

魏学濂 子一论画，屡为方以智所称引。黄宗羲撰《子一魏先生墓志铭》云：“加之旁通艺事，章草之书、倪黄之画、阳冰之篆，孤姿绝状，触毫而出，无非诗书之所融结，学侣挹其精微，词宗称其妙绝，一时盛名无出其右。”惜其早世，未获大成，亦明季画人之具风骨者。

黄道周 漳浦于狱中写《孝经》百卷，夫人蔡氏写《心经》百卷配之。蔡夫人亦工画，全祖望记仁和小山堂赵氏有叶子一册，末题曰“石道人命蔡氏石润写杂花凡十种，时崇祯丙子（九年，1636）”，钤以“玉卿私印”，夫人之字也，“石耕”则石斋先生之章也。全氏记此画卷并录其词，载《鲒埼亭诗集》卷二，为明季画史，增一故实。

杨龙友 钱牧斋《有学集》卷五有《为（赵）友沂题杨龙友画

① 《明诗纪事》庚签卷二五，《万有文库》本，页2554。

② 《明诗纪事》庚签卷七下，页2243。

册》，邢昉《石臼集》有《观杨龙友画山水册子董宗伯书跋作歌》，及《题杨曰补所藏杨龙友画云山图》二长古，可为研究杨画之助。龙友自题画云："胸中自写块垒气，笔底何妨斧凿斑。生卷老云皴白石，不将媚骨点青山。"[①] 真能自道其甘苦者。

陈洪绶 老莲画"水浒叶子"，流行于代。彭孙贻《茗斋集》有七古题其"水浒叶子"云："吴后千年有陈子，更开生面尤绝伦。观其下手万象变，神鬼触案窥纤新。离奇衣纹古面貌，愈拙愈秀无前人。"[②] 可供参证。

恽格 太仓沈受弘有《赠毗陵恽正叔一百韵》[③] 记恽早岁经历，有关隆武史事，极为重要。

顾符稹 王士禛有昭阳顾符棋《画栈道图画歌》云："顾生画学李思训，尤工栈道兼骡纲。丹青金碧妙铢黍，近形远势穷毫芒。"[④] 可见顾氏画以金碧工细见长。《画家辞典》误其名，稹字作祯，宜据正。

萧尺木 桐城方授（子留）赠萧尺木一律云："眼枯未忍望钟陵，早见钟山梅下僧。四海有情空入画，千秋何事欲传灯。敢当倒屣怜贫病，聊与科头数废兴。我梦不离灵谷树，欲随君住白云层。"[⑤] 子留明亡后逃之四明山，悒郁而死，年才二十七，与尺木同抱沧桑之痛。王渔洋有《萧尺木楚词图画歌长古》句云："萧梁王孙笔诡谲，攀挐顾陆提僧繇。丹黰粉黕写此本，墨花怒卷湘江潮。"（《精华录》卷一）可作萧氏"离骚图"解题读也。

程邃 恽南田有《醉歌吟赠黄海程穆倩》，自注称程君为（杨）机部，黄石斋门下士。曹溶与程遇于维扬，作长歌以赠。富平李因笃有《高歌行寄程穆倩》，句云："君有长歌二千字，两京板荡须臾事。"[⑥] 诗

---

① 《明诗纪事》辛签卷六上，页2776。

② 《明诗纪事》辛签卷十二，页2905。

③ 《清诗纪事》卷三，页405。

④ 《精华录》卷二，页20。

⑤ 《明诗纪事》辛签卷十六，页3012。

⑥ 《清诗汇》卷四一，页10。

中颇有关晚明史事。

渐江　汤燕生（岩夫）诗皆唐音，篆书古淡入妙，《访渐江大师朔园》一律，有“药栏秋兴闲今古，留客听泉蔓草坡”① 之句。知渐江所居，有朔园一处。燕生又题渐江丁酉写岑嘉州逸句，赞云：“偶然落笔，标格奇至。梧树挺森，峰岩峭邃。中有高斋，亢爽孤寄。”谓此画仿佛有清閟阁、困学斋遗意。图见《神州大观》第三册。

沈颢　朗倩画以小幅为佳。钱牧斋有题石天《石厓秋柳小景》云：“刻露巉岩山骨愁，两株风柳曳残秋。分明一段荒寒景，今日钟山古石头。”② 王渔洋有和作，其为文士所重如此。

戴本孝　务旃游华山，渔洋赠诗云：“扪虱雄谈事等闲，馀情盘薄写孱颜。洛阳货畚无人识，五月骑驴入华山。”③ 粤程周量《海日堂集》有《送戴务旃游西岳》五古四首，又《送本孝之兰州》云：“去年送君华山去，一杖冥冥入烟雾。自写真图箧底归，今来又指兰州路。叹君马首何太频，天都白石情相亲。即今大雪满天地，犹作骑驴行路人。”秦陇之行，亦画苑之佳话。

大汕　其《离六堂集》，世颇罕觏。集中有《乞高望公画诗》七绝，自题画之作甚多，又题王石谷、高澹游画（镜）、题白水（镜）、石溪、高谡园画册、龚半千画册，均有裨画史。

浏览所及，偶举一二以示例，其他资料，有待同好之钩索研讨耳。

六、结语

明季文人，不作匠笔，贵为士画，而耻为画士，大都以山水为园林，以翰墨为娱戏，以文章为心腑，而以画幅为酬酢。信手拈来，朋友之间，以艺互相感召，题句者盖以诗答画，赠画者实以画代诗。得其人之画与诗，可慰相思之饥渴。王士禛记画家宋珏一绝句云：“来时梅瘦

① 《明诗纪事》辛签卷三一，页 3338。

② 《有学集》卷一，页 19。

③ 《精华录》，页 79。

未成花，别后垂杨金作芽。他日相思如见画，板桥西望是吾家。”见画如见人，画之为用，驾乎友情之上。故画之至佳者，往往为赠与至交之作。如至交而兼为画人者，则其画必更佳，而其意义为更深，以其为真正知音故也。[①]“音实难知，知更难逢，逢其知音，千载其一。”（《文心雕龙》语）明人作画题诗，非以沽利钓名，但求知音之赏，此张怡所云“乃能于中得解”“于此道大有神会”者（周亮工《读画录》序），正谓此耳。

① 程邃为查士标作画题云：“我梅壑乃画中之得禅者也，想必有以教我。”非相知之深，孰肯为此言乎？

总后记

时间过得真是很快，《九秩导师文集》好像就是昨天的事情，转眼间，今天就要忙《八秩导师文集》的编选出版了。

三十年间，我们一些导师进入了历史，尤其可痛的是，在2014年的9月9日晚9时，我们的创始院长汤一介先生，在教师节前夜，在院庆前夕，永远地告别了我们……

为了筹备中国文化书院院庆三十周年的节日，我们翻阅着一张又一张泛黄的照片，查阅着一条又一条昨天的消息，看着先生们熟悉的笑脸，回忆着如梦如烟的往事，我们的情感沉浸在历史的记忆里，我们如同要回家的孩子，寻找着我们的“大先生”，那个“可以领我们回家的人”。

孔子云：三十而立。

面临而立之年的“中国文化书院”，依然“脚踏大地，仰望星空”，三十年来，我们为“理想、梦想、现实与历史责任”而努力着，追求着，坚持着，我们不曾放弃过自己，力争做好中国文化传统的守望者努力推动中西文化的对话。

这套《八秩导师文集》，比起《九秩导师文集》而言，似乎更容易执行，那些按九十岁为标准，如果今日健在都已百岁的老人，很多先生都已经成为历史的过往，其子女后人，其学生弟子的寻找，也真的不是一件容易的事，而书院同仁坚持努力，有三年余，方有十五卷《文集》的问世。

《八秩导师文集》，如同另起炉灶，过程艰辛，不必细言。自定议之日，依然延续《九秩导师文集》之定位，献礼“中国文化书院建院三十周年”，同期出版的还有《中国文化经纬丛书》20卷、《中国文化书院大事记》等，不揣浅陋，以“家底”示人，与海内外学术界文化界同仁分享，其高义并非能简单地说，我们希图助力“中华民族文化的伟大复兴”……

三十年的生命历程，三十年的尘烟往事，我们仅以神圣的虔诚的名义，用我们的心、汗水、泪水，献给母院——永远的“中国文化书院”三十岁的生日，并以孩子们的名义，向先贤致敬，向先生致敬，向未来致敬！

《八秩导师文集》能够刊行，特别要感谢东方出版社的鼎力支持。也要感谢江力同志，这套文集的编辑历经两年，他从约稿、审定、编辑，做的工作最为辛苦。

谢谢为这套丛书著者付出辛劳、做出贡献的家属、亲友及学生们！

王守常

2014 年 12 月 12 日